上海交通大学财务系列教材

金融风险分析与管理

刘海龙　编著

中国财政经济出版社

图书在版编目（CIP）数据

金融风险分析与管理/刘海龙编著．—北京：中国财政经济出版社，2013.1
上海交通大学财务系列教材
ISBN 978－7－5095－4244－6

Ⅰ．①金…　Ⅱ．①刘…　Ⅲ．①金融风险－风险管理－高等学校－教材②金融风险－风险分析－高等学校－教材　Ⅳ．①F830.9

中国版本图书馆 CIP 数据核字（2013）第 006690 号

中国财政经济出版社出版
URL：http：//ckfz. cfeph. cn
E－mail：ckfz@ cfeph. cn

社址：北京市海淀区阜成路甲 28 号　邮政编码：100142
发行处电话：88190406　财经书店电话：64033436
北京中兴印刷有限公司印刷　各地新华书店经销
787×960 毫米　16 开　25 印张　470 000 字
2013 年 1 月第 1 版　2013 年 1 月北京第 1 次印刷
印数：1—3 060　定价：52.00 元
ISBN 978－7－5095－4244－6/F·3452
（图书出现印装问题，本社负责调换）

序

近年来，中国资本市场得到空前的发展，上证指数从1 000点起步在两年的时间里上升到6 000多点，市值翻了好几番。人民币升值压力巨大，市场流动性泛滥，房地产价格上升势头甚猛。这一切告诉我们，中国已经从一个资金缺乏的国家逐渐变成一个资金充裕的国家，从一个家底单薄的国家逐渐变为家底殷实的国家。随着国民财富的持续增长，个人财产性收入的不断提高，如何管理好自己的“财富”，或者说如何做好“理财”，就成了一个全社会关注的问题。

社会需求对于一个学科的发展来说至关重要。过去，在计划经济体制下，企业谈不上有真正的财务，资金来自上级的下拨、利润是上级下达的指令性计划，没有自主的融资、投资和分配活动。改革开放之后，企业和政府的关系逐渐得到理顺，在经营计划、物质分配和利润分成方面有了很多的自主权，企业开始对投资有了回报要求，积极开展引资活动，利润成为企业自主追求的目标，财务管理最主要的工作是融资和投资。不过在企业内部，财务和会计通常归属在一个部门，在很多人的概念中，财务就是会计，会计就是财务。财务管理则是会计学中一个分支学科。

随着市场经济的发展，财务的作用越来越大，除了传统的融资、投资、利润分配和日常营运资金的管理外，实务中财务经理们遇到的新问题不断出现，财务开始有了许多专门化的领域，如财务分析、税务筹划等。金融市场的发展，又极大地推动了一些新领域的发展。各种金融创新产品的出现，丰富了企业财务管理工具，拓展了理财视野。金融市场本身的千变万化，促使财务管理变得更加灵活，拓展了理财的深度和广度。金融风险管理、收购兼并、企业价值评估等不断被纳入财务学的范围中来。此外，随着中国经济在世界经济中的地位和作用不断提升，跨国经营已成为未来企业发展的必然趋势，财务又面临一个如何在跨国背景下运作的问题。所有这些都加剧了财务学本身内涵的迅速扩张，也使得当今的财务学与金融市场的关系越来越密切。

上海交通大学财务系列教材就是在这样一个背景下推出的。这个系列丛书包括财务学中的几个主要领域：公司财务、跨国公司财务、财务分析和企业价值评估、金融风险管理、收购兼并财务、税务筹划、公司治理等。公司财务是整个系列丛书的核心，因为后者均可以看成是公司财务中的一些专门问题。丛书以教材为主，配套有相应的案例集。这些案例集与教材之间有一定的呼应，但每一本也是自成体系、相对独立的。

编写这套丛书的一个基本思想是：(1) 着眼中国实际。首先在资料的收集上，以中国企业的实例为主，将中国企业在财务管理整体环境变迁下的种种变化呈现给读者，让人们能够用一种历史的眼光看待财务学在中国的发展；其次，丛书还将特别关注中国企业当前财务管理中的一些热点问题，特别是跨国经营和创新金融领域，介绍国外最新发展动态，丰富国内企业这方面的知识和经验。(2) 比照国际一流商学院的财务类教材，在内容选择、素材采集、写作风格等方面展现自己的特色，一改过去国内教材拼凑、剪贴、刻板的面孔，丰富和发展国内的财务类高端教材。

上海交通大学安泰经济与管理学院
王方华
2007 年 12 月

前言

《金融风险分析与管理》是2009年版《金融风险管理》一书的补充和修订，主要是增加了交易行为风险管理和大量的案例、实例和算例，删除了比较难懂的操作风险管理、流动性风险管理、资产负债管理和全面风险管理的内容。目前已经出版的金融风险管理方面的教材，对中国金融风险管理学科的发展起到了重要的推动作用，同时对本书的写作也有很大的帮助。作者从事金融风险管理研究与教学已经9年有余，在此期间一直参考和学习已经出版的各类金融风险管理方面的教材，受益匪浅。为此，作者希望在多年的教学经验和讲稿的基础上编写出更有特色的教材，本书主要内容如下：

第1章绪论。首先通过案例说明金融风险在现实中存在的普遍性和加强金融风险管理的重要性，这一部分主要介绍了管理金融风险的必要性，金融风险的概念和特征，金融风险的种类、产生与发展。最后概要介绍了金融风险管理的基本工具和方法。

第2章金融风险度量方法。介绍了金融风险最基本、最常用的度量方法，主要包括均值—方差模型、期权费用法和金融风险度量的VaR方法，给出了投资组合的边际VaR、增量VaR和成分VaR的概念和计算方法。

第3章市场风险管理。主要介绍了市场风险的概念和特征，并通过实例说明市场风险管理的重要性，其核心内容是着重说明运用互换管理利率风险、运用期货管理商品价格波动风险和运用期权管理汇率风险的基本思路。

第4章信用风险管理。主要介绍了信用风险的概念、特征及分类。在传统信用风险度量方法中，介绍了信用分析的专家制度、多元判别分析和多元Logit等传统的信用风险度量方法。在现代信用风险度量方法中，介绍了信用度量制模型和KMV模型两种方法。最后介绍利用互换、远期、期权管理信用风险的思路和中国创新的信用风险管理工具。

第5章交易行为风险管理。首先提出5个问题，然后给出常见的若干种交易行为及其存在的风险，充分认识投资成功与失败的关键因素是心理素质，这一部分对其依据的理论基础——行为金融理论进行了简单介绍，并将该理论用来分析股票市场与期货市场，指出了重要的共性与区别，分析了有效市场理论与投资原则，最后给出一个案例。

第6章风险预算管理。介绍了风险预算管理的产生与发展、概念与意义、特征与流程。风险预算管理的流程包括战略性资产分配、基准组合设计和投资经理结构与投资经理选择三个层次，最后指出了风险预算管理应注意的问题。

第7章投资组合保险策略。分别介绍了买入持有和停损策略、静态和动态投资组合保险策略、VaR套补的投资组合保险策略。这部分内容虽然大多数业内人士都比较了解，但是将其看作是金融风险管理的重要方法具有特别重要的意义。

第8章商业银行风险管理。主要介绍了经济资本的概念和测度方法，巴塞尔协议与商业银行经济资本配置。

第9章金融风险案例。主要分析了碧桂园股份掉期协议、中信泰富累计期权合约、太子奶集团危机案、远期运费协议套期保值案例和摩根大通巨亏事件5个案例，而且这5个案例的分析也与前几章有密切关系。

本书的内容特征可以概括为“三多一新”，“三多”是指案例多、实例多和算例多，“一新”是指突出和加重了交易行为风险管理的内容，之所以说它“新”，是因为在目前已经出版的有关金融风险管理的教科书中还没有发现这部分内容，同时交易行为风险管理已经引起实际工作者和专家学者的高度重视。本书虽然不求全面，但求通俗易懂、普及基础、突出重点、强化差异、深入浅出，书中每章都配有复习思考题，适合作为高等院校金融学及相关专业高年级学生和研究生学习金融风险管理的教材，更适合作为金融MBA教学参考书，同时也可以作为金融风险分析与管理人员的入门书。

本书是在刘海龙教授金融风险分析与管理课程讲义基础上完成的，在写作过程中，作者参考了大量的国内外论文、论著和教材等文献，借鉴了大量的前人研究成果。为此，对这些文献的作者与编者表示感谢。尽管作者倾注了大量的精力和时间来完成这本教材，但错误和不当之处在所难免，希望读者多提宝贵意见。

刘海龙

2012年12月于上海交通大学

目 录

第 1 章

绪论

从东南亚金融危机到美国次贷危机，再到欧债危机，人们不禁要问，金融风险管理的理论与方法在不断发展，各国政府和金融机构对金融风险管理也在不断加强，为何金融危机屡屡发生。虽然本章不能完整回答这个问题，但是一定会使读者受到启示，对于回答这个问题有所帮助。本章 1.1 中介绍了几个典型的金融风险案例；1.2 中主要介绍了管理金融风险的必要性，金融风险的概念和特征，金融风险的产生与发展，理论解释与现实原因；1.3 中介绍了金融风险的分类；1.4 中介绍了金融风险管理的概念、程序、策略和工具。

1.1 金融风险的几个案例

远的不说，就说 1998 年东南亚金融危机到 2008 年美国金融危机再到 2012 年欧债危机，十多年的时间，多少企业和地区因此造成巨大损失，甚至一些国际著名企业和金融巨头倒闭或濒临倒闭，也有很多中国企业遭受了严重损失，以下部分和后续几章中会详细分析和介绍几个典型案例的来龙去脉。

1.1.1 汇率风险案例

首先了解欧元诞生的过程。1969 年 3 月，卢森堡首相皮埃尔·维尔纳在欧共体海牙会议提出建立欧洲货币联盟的构想；1979 年 3 月，在法国、德国的倡导和努力下，欧洲货币体系宣告建立，同时欧洲货币单位“埃居”诞生；1991 年 12 月 10 日，通过了《欧洲联盟条约》（通称《马斯特里赫特条约》），将欧共体改称为欧洲联盟。《马斯特里赫特条约》规定，最迟在 1999 年 1 月 1 日，如成员国超过 7 个，即可开始实施单一货币，1994 年 12 月 15 日，马德里首脑会议决定将欧洲单一货币定名为欧元，取代埃居；1999 年 1 月 4 日的第一个交易日，欧元兑换美元的汇率为 1 欧元兑 1.18 美元；2000 年 10 月，欧元对美元的汇率降至历史最低点，那时 1 欧元只能兑换 0.82 美元；2002 年 1 月 1 日，欧元正式进入流通领域。

某地区是中国纺织生产基地和纺织品集散地，1999～2003 年该地区从西欧国家进口纺织设备资金达 200 多亿元，仅先进无梭织机就超过 2.5 万台。只用了 5 年多的时间，该地区就一举迈入世界纺织业的先进行列。从 2002 年开始，欧元在国际金融市场上强势反弹，而美元趋跌；与此同时，意大利、德国等欧洲国家提出中国企业向他们购买纺织设备，终止使用以美元支付的惯例，转为以欧元计价结算。由于长期以来没有汇率风险意识，在外方同意延期付款的条件下，有关企业接受了以欧元结算的条件。为此，2002 年下半年全市开立欧元信用证 14.3241 亿欧元，付汇 8 596 万欧元；2003 年 1～5 月开立欧元信用证 4 169 万欧元，付汇 3 846 万欧元。但是，2002 年 1～12 月，欧元兑美元累计涨幅达 21.6%（1.04/0.855－1）；2003 年 1～5 月，欧元兑美元的涨幅又在 2002 年底的基础上上升了 14%（1.19/1.04－1），见图 1－1。这意味着在上述时间段内，该地区纺织企业因为汇率变化产生了 2.37 亿元人民币的巨额损失。也就是说，白白多支付了 2.37 亿元人民币。根据图 1－1 欧元兑美元的汇率，这些损失基本上可以通过假设当时汇率是 1 美元等于 8.26 元人民币粗略估计出来。

2002 年 1 月：1 欧元＝0.855 美元，相当于 0.855 美元×8.26 人民币/美元＝7.062 元人民币；2002 年 12 月：1 欧元＝1.04 美元，相当于 1.04 美元×8.26 人民币/美元＝8.590 元人民币，也就是到 2002 年 12 月每付 1 欧元与 2002 年 1 月相比，相当于多支付 8.590 元人民币－7.062 元人民币＝1.528 元人民币，因为实际付汇 8 596 万欧元，就相当于多支付 8 596×1.528＝13 134.69（万元人民币）。同样，2003 年 5 月：1 欧元＝1.19 美元，相当于 1.19 美元×8.26 人民币/美元＝9.829 元人民币，也就是到 2003 年 5 月每付 1 欧元与 2002 年 1 月相比，相当于多支付 9.829 元人民币－7.062 元人民币＝2.767 元人民币，因为实际付汇 3 846 万欧元，就相当于多支付 3 846×2.767＝10 641.88（万元人民币）。两次付汇总额相当于多支付 13 134.69＋10 641.88＝23 776.57（万元人民币），该地区纺织企业多支付了 2.3776 亿元，这个估计与文中提到的损失相差不多。

1.1.2 深南电套期保值风波

（1）深南电概况

深圳南山热电股份有限公司（以下简称深南电）成立于 1990 年 4 月，是以生产经营供电、供热，从事发电厂（站）的建设工程总承包、提供技术咨询和技术服务为主营业务的中外合资股份制企业。公司成立初期，虽然仅仅拥有 3 台单机容量为 2.45 万千瓦的小型燃机，却为缓解当时深圳市电力紧缺的状况发挥了重要作用。1993 年 11 月，经深圳市人民政府批准，公司进行股份制改组，将部分净资产折为发起人股 10 300 万股，经次年 4 月首次公开发行，A 股上市时总

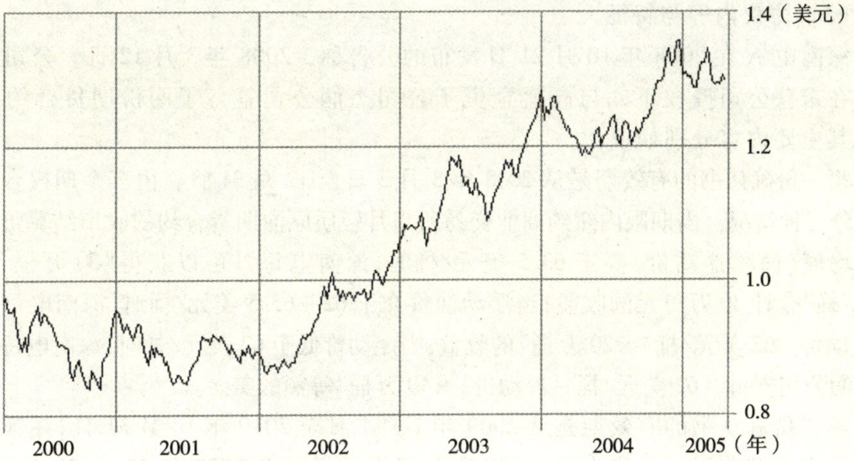

图1-1 2000年1月至2005年3月欧元兑美元的汇率走势

股份14 300万股；职工股155.5万股于1995年1月23日上市交易。公司由原中外合资深圳南山股份有限公司经改制后于1994年成立。公司是以燃料油为原料，生产电力和热能，所产电力全部销售给深圳供电局，所产水蒸气通过热力管道向外销售。电力工业是国家重点支持的基础产业之一，整体而言，属国家垄断工业，电力供应、电价等均受国家严格控制，受政策影响较大。电力的总体需求相对比较稳定，中国电力从整体上讲仍供不应求，但就广东省而言，从1994年底开始出现电力供过于求的现象。1994年7月1日和11月28日，公司A股和B股分别在深圳证券交易所上市。截至2004年12月31日，公司总股本为54 796.6万股，主要股东包括深圳市能源集团有限公司、深圳市广聚电力投资有限公司、腾达置业有限公司、国家电网深圳能源发展集团有限公司等。

公司经过十多年的发展，已由昔日投资仅780万美元、装机容量7.5万千瓦，单一经营供电、供热的燃气轮机发电厂，发展成为总资产超过45亿元人民币，净资产近17亿元人民币，拥有总装机容量达150万千瓦的全国最大型燃机发电企业，是深圳市能源电力行业的骨干企业之一。公司自创立以来累计向深圳市供电超过200亿千瓦时，为国家纳税超过10亿元人民币。自上市以来，累计向股东派发现金红利超过12亿元人民币，为股东创造了满意的投资回报。在取得良好经济效益的同时，公司亦取得了较好的社会效益，得到了社会各界的广泛认同。公司先后有14项指标入选深圳市和中国企业新纪录，为深圳市的经济发展做出了积极的贡献，树立了良好的上市公司形象。

（2）协议内容与特征

深南电 A 在2008 年10 月21 日发布的公告称，2008 年3 月12 日，公司有关人员在未获公司授权下，与高盛全资子公司杰润公司签订了两份期货合约确认书，其主要内容分别如下：

第一份确认书的有效期是从2008 年3 月3 日至12 月31 日，由三个期权合约构成。分三种情况：当期限内纽约商业交易所当月轻质原油期货合约的收市结算价的算数平均值（简称浮动价）高于63.5 美元/桶时，深南电每月可以获得“20 万桶 ×1.5 美元/桶”合计30 万美元的收益；当浮动油价介于62～63.5 美元/桶时，深南电可获得“（浮动价 -62 美元/桶）×20 万桶”的收益；当浮动价低于62 美元/桶时，深南电每月需向杰润公司支付“（62 美元/桶 - 浮动价）×40 万桶”等额的美元。

第二份确认书的有效期是从2009 年1 月1 日至2010 年10 月31 日，并且赋予了对手方杰润公司一个优先权，也就是杰润公司可以在2008 年12 月30 日18 点前宣布是否继续执行第二份合约。第二份确认书的基准油价较第一份提高了3 美元/桶，当浮动油价高于66.5 美元/桶时，深南电每月可以获利34 万美元；当油价介于64.8～66.5 美元/桶之间时，深南电每月可获得“（浮动价 -64.8 美元/桶）×20 万桶”的收益；当油价低于64.5 美元/桶时，深南电每月付给杰润公司“（64.5 美元/桶 - 浮动价）×40 万桶” 等额的美元。

详细分析第一份协议内容，可以看出该协议相当于深南电出售给杰润公司两个看跌期权，一个是约定价格为62 美元/桶的看跌期权，另一个是约定价格为63.5 美元/桶的看跌期权，从图1-2 可以看出，虽然两个期权费用 c_1 和 c_2 都是不知道的，但可以推测两个期权费用 c_1 和 c_2 的和是1.5 美元/桶，这样图1-2 恰好反映了第一份协议的内容，清晰地体现了协议双方的损益情况。图1-2 中细线分别表示两个看跌期权到期的损益图，粗线是两个看跌期权合成后到期的损益图。

（3）双方的利益与风险

从深南电的角度看：①从合约中不难看出，深南电在已实施的对赌协议中的获利条件是轻质原油浮动价高于62 美元/桶，但当浮动价高于63.5 美元/桶时，哪怕油价涨得再高，深南电每月最多也只能获利30 万美元。而对于高盛子公司杰润公司来说，若未来油价浮动价跌入62 美元/桶以下时，每下跌1 美元，杰润公司则将多获利40 万美元，同时深南电也亏损40 万美元。由于2008 年前段时间油价处于相对高位，深南电自3 月1 日实施合约以来的7 个月内，至少获得了210 万美元的收益。公司第三季度季报披露，公司前三季度共实现净利润2 800.72万元，其中就包括这210 万美元的收益。但是国际原油市场风云突变，原本轻松赚钱的筹码有可能成为亏损的祸根。②这个协议看上去并不公平，因为

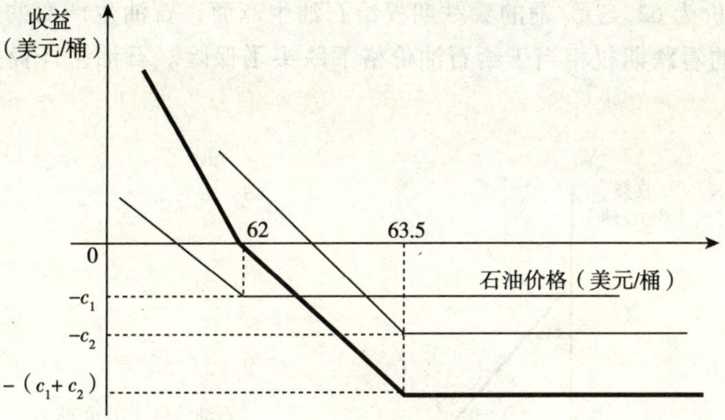

图 1-2 购入两个看跌期权的损益图（杰润）

油价高于 62 美元/桶时，深南电能够获得的收益有限，而油价一旦低于 62 美元/桶，深南电的损失是无底的，油价跌得越多，其损失就越大。深南电签订这份对赌协议的时候，正是油价飙升的时期，那时石油均价在 100 美元/桶左右。由于对赌的前 7 个月油价一直没有跌破过 62 美元/桶，所以，当时杰润公司已累计支付了 210 万美元到深南电全资子公司香港兴德盛有限公司账户。③事实上，深南电预防的是原油价格上涨的风险，但是该协议没有达到这个目的，因为原油价格大涨，深南电所获得的收益是杯水车薪。相反，在原油价格大跌时深南电应该享有较低成本的好处也没有达到，因为无论价格跌得多么低，深南电的用油成本都不会低于 62 美元/桶。

从高盛的角度看：高盛买入看跌期权，当油价上涨时对高盛是不利的，但亏损是固定的较少金额，风险相对较小，而在盈利时可能出现巨额利润。对于国际大投行来说，它并不单纯依靠这种产品赚钱，该协议更大的作用是投行内部风险对冲的一种手段。高盛可能一方面在期货市场做多油价，同时又通过这种期权协议来平衡以后油价大跌的风险。否则，明知道与深南电的对赌协议一签订就要每月向深南电白送 30 万美元，为何高盛还要设计这样一份愚蠢的对赌协议呢？其实，高盛完全可以为石油生产商设计一个 20 万桶标的数额反方向的石油期权进行对冲，不仅能够赚取中间费用，还可以获得差价收益。对冲操作可以是这样的，当石油价格在 62 美元/桶之上时，石油生产商每月给高盛 40 万美元（2 美元/桶 ×20 万桶），石油跌破 62 美元/桶之后，每下跌 1 美元，高盛给石油生产商 20 万美元的套期保值收益，这完全可以覆盖高盛与深南电对赌协议的财务风险。通过期权对冲，高盛稳赚手续费，另外还赚得对冲者之间每月 10 万美元的差价收益和深南电一份免费 20 万桶标的额的看跌期权收益。这种对冲相当于高盛卖出约定价为62美元/桶的看跌期权给石油生产商，石油生产商购入约定价为62美元/桶的看跌期权相当于给石油价格下跌买了保险。石油生产商到期损益见图1－3。

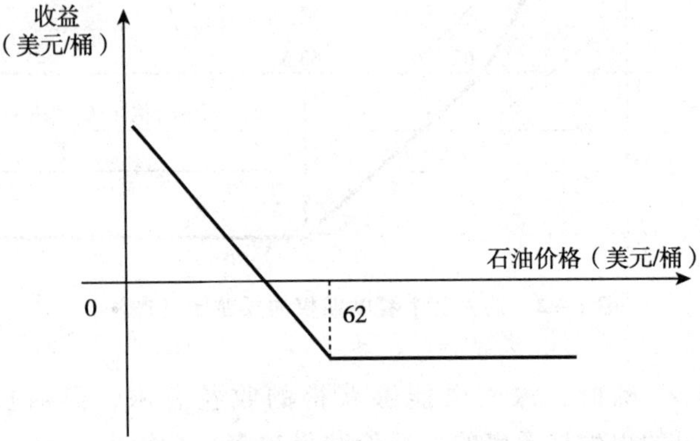

图1－3　石油生产商购入约定价为62美元/桶的看跌期权

高盛找到一个石油生产商来支付深南电每月30万美元的对赌损失，自己不仅可以获得每月10万美元的期权差价收益，而且，当石油价格跌破62美元/桶之后，每下跌1美元，高盛还可以获得20万美元的期权收益，因为深南电是按照40万桶的标的额来赔付的，这就是杠杆给高盛带来的好处。投行高盛对冲交易的收益如图1－4所示。

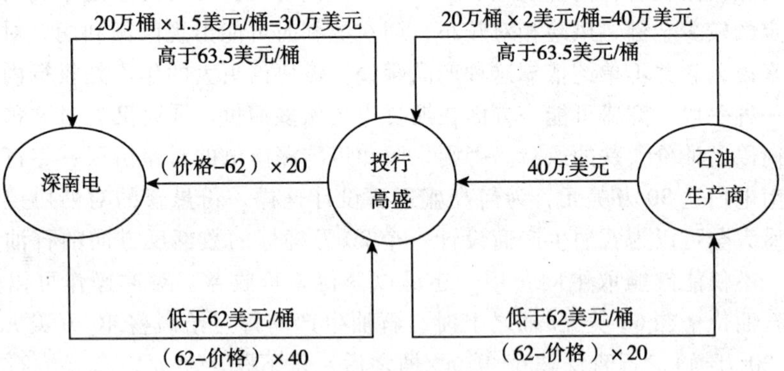

图1－4　高盛对冲交易收益情况

由图1－4可以看出，三种情况高盛的最低收益是10万美元。

当然，也可能高盛本就是石油期货市场的多头，在石油上涨到100美元之后，高盛要对自己的多头部位进行对冲。如果高盛这笔200手相当于20万桶的多头部位在62美元/桶左右建仓，到2008年3月份高盛这笔合约账面盈余已经达到几亿美元，每月给出30万美元的保险费只是很小的一部分，就可以达到套保石油跌破62美元/桶的风险。一旦石油跌破62美元/桶，每跌1美元，高盛可以获得40万美元的收益，覆盖200手石油多头合约跌破62美元/桶之后，每下跌1美元导致的20万美元损失，深南电赔付的钱完全可以对冲高盛在期货市场的损失，还能获得额外20万美元的收益。

（4）协议是否投机

公司累计完成综合发电量53.30亿千瓦时。其中，南山热助电厂（含新电力）完成发电量33.36亿千瓦时（含天然气发电量10.50亿千瓦时）。

通过调查研究发现深南电燃油发电每千瓦时对原油的消耗大约200克。按此推算，则其全年发电量需要耗油784万桶，即使扣除10.5亿千瓦时的天然气发电量，仍需耗油629万桶。而深南电和杰润公司签订的期权合约头寸为每年480万桶，完全涵盖在公司正常的原油需求范围之内，由此推断，深南电签订期权合约的初衷是套期保值。

从套期保值对冲风险角度看，这不是理想的避险工具。尤其是在中国企业对海外做空机制和杠杆风控知之甚少的情况下，选择如此复杂的金融衍生工具做套期保值，无疑要承担相当大的风险。更何况对冲风险的能力太弱。下面分析深南电和杰润公司签订的期权合约头寸为每年480万桶是否在生产需要范围之内。

按照石油的平均密度1千克=0.00735桶计算，公司累计完成综合发电量53.30亿千瓦时，需要原油783.5万桶（53.3亿千瓦时×0.2千克=10.66亿千克，10.66亿千克×0.00735=0.07835亿桶=783.5万桶），减掉天然气发电量10.50亿千瓦时需要的154.3万桶（10.5亿千瓦时×0.2千克=2.1亿千克，2.1亿千克×0.00735=0.015435亿桶=154.3万桶），等于629.2万桶，也可以直接计算出629.16万桶（42.8亿千瓦时×0.2千克=8.56亿千克，8.56亿千克×0.00735=0.062916亿桶=629.16万桶），因为480小于629，所以说明从数量关系上看不是投机。如果仅从南山热助电厂完成发电量33.36亿千瓦时来看，需要原油490.39万桶（33.36亿千瓦时×0.2千克=6.672亿千克，6.672亿千克×0.00735=0.049039亿桶=490.39万桶），因为480小于490，所以也说明从数量关系上看不是投机。但若考虑天然气发电需要的154.3万桶，就会发现480大于336.09（490.39－154.3=336.09），说明从数量关系上看是投机。

根据我国《企业会计准则第24号——套期保值》中的定义，套期保值一般指对价格风险进行对冲管理，是暂时替代未来现金头寸或抵消当前现金头寸所带来的风险所采取的头寸状态。套期保值的目标是转移价格风险，主要有四项原则：第一原则是商品种类相同原则，不同的商品种类即便价格走势相关，也无法达到一致性。第二原则是商品数量相等原则，传统套期保值策略强调数量相等，而从实务角度看，鉴于生产过程的随机性，将现货生产完全同期货交易相匹配，十分困难，反倒一定的风险敞口意味着更加灵活的生产组合，往往更符合企业的利益，如最小风险套期。第三原则是方向相反原则，传统的套期保值思想需要严格恪守方向相反的操作策略，唯有套期保值交易和现货交易形成相反的方向，才能使得一个市场出现亏损时，另一个相关市场出现盈利，才能起到收益和损失对冲的效果。事实上，常常存在提前解除对冲交易头寸的情况，积极主动地套期保值策略可以接受。第四原则是期限相对原则，理论上，只有现货交易和套期保值到期的期限相同，才能在两个市场的价格波动幅度相等的前提下，实现损益的同步。但实际套期保值交易的期限以超过预期的现货交割期限较为常见，这样做也是为了使得套期保值的交易时间可以涵盖生产周期，一般两者时间间隔不宜超过15天。

1.1.3　中国高速传动亏损案

（1）公司背景与行业发展

中国高速传动设备集团有限公司是一个以专业生产高速重载齿轮为主的大型企业集团，名列中国机械工业核心竞争力100强。2001年成立股份有限公司，经过三十多年的发展和积累，中国高速传动逐步壮大为中国齿轮行业公认的龙头企业。自2007年在香港上市以来，公司在技术、设备、产品性能上均处于国内领先水平，正在跨入国际先进行列。多年来，公司凭借技术、研发等多方面的优势在国内建立七大片区销售公司，先后为宝钢、武钢、首钢等国内大型企业供应传动设备，产品覆盖冶金、建材、发电、化工、矿山、起重、能源、国防等众多领域，同时还积极开拓国际市场，产品远销海外。

中国高速传动在新的产品领域里取得了突破性的进展，2008年风力发电传动设备占据国内90%以上的市场。公司已经能够批量供应2兆瓦以下的各种类型的风力发电主传动及偏航变桨传动设备，产品主要出口国外市场。同时公司瞄准高速机车、城市轻轨的传动设备市场，积极开发机车传动设备，并与法国Alstom签订了技术支持协议，该产品将覆盖国内外市场，成为公司又一新的经济增长点。

2004~2006年间，中国高速传动的净利润分别为7 875万元、9 933万元、9 023万元，如果按上市后总股本摊薄计算，每股盈利仅为0.06元、0.08元、0.07元，而且2006年公司的净利润在销售收入较2005年增长25%的情况下，反而下滑了约10%。公司的财务数据无疑难以支撑如此高的股价，投资者对中国高速传动的热烈追捧显然源自对其风力传动设备业务未来发展前景的憧憬。事实上，近年来风力传动设备占公司销售收入的比重也逐年提高，由2004年的占比不足0.1%上升至2006年的26.8%，同时公司招股书也显示，募集资金的60%将用作研发风力发电传动设备，显示了公司通过资本市场做大风电产业的雄心。

中国高速传动规划在2009年的产能扩大到6 000兆瓦，2010年的产能扩大到9 000兆瓦，2011年的产能扩大到11 000～12 000兆瓦，公司的风电传动设备产能在未来四年内还将扩大近10倍。但是产能扩大的同时意味着巨额的资本开支。中国高速传动2007年年报和2008年中报显示，期内经营活动现金净流入约为2.08亿元、8 280万元，但是投资活动现金净流出却达到6.85亿元和17亿元，巨额的现金缺口只能是通过融资活动来弥补，这就意味着在庞大的产能规划下，单凭公司自身的造血难以满足对资本的需求。

中国高速传动股价随着2007年港股大牛市一路走高，并于2007年12月一度攀升到24.8港元/股。但是，正在此时美国遭受次贷危机并对全球金融市场产生了巨大的冲击，公司股价到2008年二三月份，一度跌破10港元/股，跌幅高达60%。这种非业绩下滑引发的股价下跌，常常导致的结果就是，股票在二级市场上被低估。当时香港众多上市公司都面临相同的状况。通常而言，股票被低估，意味着企业价值在资本市场未能得到真实体现，因而一些像长江实业、国美电器、阿里巴巴等知名上市公司，都有回购股票的动作。中国高速传动也同样有回购股票的想法。由次贷危机造成的股价如此惨跌，以这样的低价回购股票，非常有利于增厚大股东的权益。而此时，一个客观因素制约了中国高速传动的回购，就是香港的上市规则，一般上市公司的公众持股比例不得低于25%（市值高的上市公司可豁免降低至15%），否则将触发“退市程序”。而中国高速传动IPO时向公众发行的股票，恰好占总股份数的25%（之后未有增发股票）。显然，如果实施回购的话，将导致公众股比例低于25%而违反港交所的上市规则。资金需求、股市下跌以及一些限制因素使得中国高速传动不得不思考是否存在其他更好的措施。

（2）发行可转债与签订股份掉期协议

为了解决因公众股比例不足而无法回购的问题，中国高速传动决定发行可转债，以扩大未来转股后的公众股比例便于回购。2008年4月22日，中国高速传动与摩根士丹利签订债券承销协议，2008年5月14日，中国高速传动发行了以人民币计价，以美元偿付的可转债，总金额为19.963亿元，期限3年。债券持有者可将债券按面值转化成股票，转股价为17.78港元/股。到期未转股部分，中国高速传动将以9.3%的回报率，向债券持有者还本付息。一般而言，如果一家公司在发行可转债之后，希望对冲股价风险，那么就可以通过股价对赌协议来完成，中国高速传动就是个典型的例子。在宣布发行可转债的同时，公司还与摩根士丹利签订了以现金结算的股份掉期交易，根据协议，中国高速传动将集资额的一半9.98亿元人民币（折合11.13亿港元）支付给摩根士丹利，进行为期3年的股份掉期交易，以协议当天的股价13.6783港元/股（加权平均价）计算，相当于支付了8 137万股股票；那么3年之后，摩根士丹利就必须支付相当于8 137万股股票市值的现金给中国高速传动（见图1－5）。

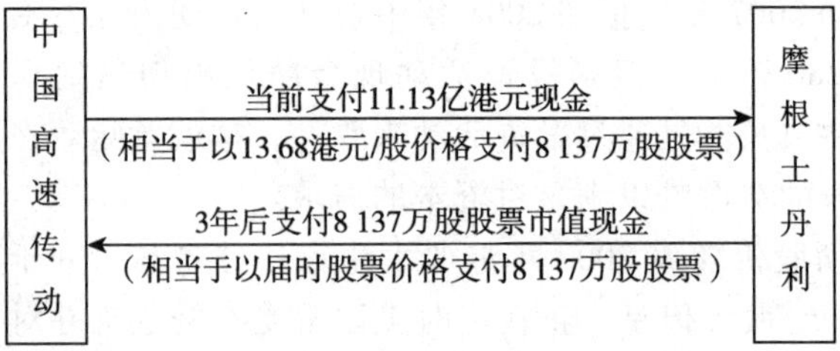

图1－5　现金结算的股份掉期示意图

所谓股份掉期交易，通俗一点的解释就是，现时以当前价格卖出一定量的股份，并约定一定时间之后再以同等的价格从对方回购该笔股份。但是如果是按照这个方式进行的话，中国高速传动现在卖一定量的股份给摩根士丹利，3年之后再买回来，并未实现增持的目的。因而双方是以一种变通的方式进行的，也就是中国高速传动此时并非真正出售股票给摩根士丹利，而是将这笔股票以当前市价，折合成现金支付给摩根士丹利；而摩根士丹利3年之后，也非将真正的股票回售给中国高速传动，而是将等额的股票以届时的市价，折算成现金支付给中国高速传动。

根据股权互换操作，到期日为2011年5月14日，届时如果公司股价高于13.78港元，则摩根士丹利向中国高速传动付款，如果低于13.78港元，则中国高速传动会付出款项。据测算，该公司股价自13.78港元每下跌1港元，则中国高速传动要向摩根士丹利支付8 140万港元。2008年10月23日，中国高速传动股价跌至5.65港元新低，收报6.5港元，一天内跌幅达29.42%。2008年10月24日，该股中途停牌，停牌前收报4.7港元，再跌27.6%。

(3) 股份掉期协议分析

如果发行的可转债将来转换成股票，则会增加公众股东的持股比例，进而摊薄现有股东权益，当然，等到投资者把这批债券转化成股票之时，股价应当早已超过17.78港元的转股价了，因为只有高于此价投资者才愿意换股，而按照香港会计准则，可转债等金融衍生工具在订立衍生工具合约时以公允价值确认，在随后的各结算日应重新计量公允价值，如果发生变动，就要确认为当期损益。简单说，如果公司股价上涨到高于可转债换股价的水平，就意味着可转债的持有人能够用低于市价的价格获得公司的股票，因此，在会计账面上，可转债的公允价值将会出现亏损，从而拖累公司当期利润。

因此，公司的决策逻辑是：当前13.78港元的股价低估，如果未来股价上涨到高于13.78港元，一方面，根据股份掉期协议，摩根士丹利需要向中国高速传动付款，从而可以对冲因可转债换股而产生的账面亏损，也可以在一定程度上对冲未来债转股所带来的股本稀释风险；另一方面，未来股价上涨，就意味着公司回购股份的成本增加，而通过这份股份掉期协议，公司就可以把未来回购股票的成本锁定在13.6783港元的价位。具体来说，公司所设想的回购过程是：3年之后，根据股份掉期协议，公司可以按13.6783港元的价格回购8 137万股，如果届时公司股价高于此价格，公司的回购代价只是每股13.6783港元，其余部分由摩根士丹利承担；而如果届时中国高速传动股价低于此价格，中国高速传动则需将回购时所节省的金额支付给摩根士丹利，但总代价不会超过每股13.6783港元。

认真分析中国高速传动的股份掉期协议，发现双方的利弊得失是不均等的。问题的关键在于，双方在协议中约定，若发生以下任何事件，则本公司及股份掉期对手均有权提前终止股份掉期：①任何可转债持有人有效行使其全部或部分换股权（转股）；②发行人根据债券条件有效行使选择权强制转换所有或部分债券（转股）；③任何债券因发行人行使其认购权或任何债券持有人根据债券条件行使其认沽权而须于到期日前还款（公司提前回购或投资者提前赎回）。

当中国高速传动股价高于17.78港元时，债券持有人会选择转股，因为转股价一定高于13.6783港元的初步换股价，摩根士丹利将向中国高速传动付款。但问题是，根据股份掉期协议，一旦发生转股，摩根士丹利有权选择将股份掉期协议终止。此外，掉期协议中还约定：若30个连续交易日中任何20个交易日的收市价高于21.34港元（换股价17.78港元×120%），投资者手中的可转债将被强制转股，摩根士丹利同样可以选择终止股份掉期协议。因为有了这样的规定，摩根士丹利理论上的最大损失为6.23亿港元[(21.34港元－13.6783港元)×8 137万股]，但出现如此大的损失的概率是非常之低的。因为当股价高于17.78港元时，很有可能出现个别投资者将可转债转股，摩根士丹利从而也就可以终止股份掉期协议，降低损失。

当中国高速传动股价低于17.78港元时，债券持有人不会选择转股。而这个时候股份掉期对摩根士丹利而言，更是稳赚不赔。因为摩根士丹利在签订协议的当日已经收取了中国高速传动支付的11.13亿港元初步换股款，并得到了这笔现金3年的时间价值。3年之后，即使中国高速传动股价上升到17.78港元，摩根士丹利将根据股份掉期协议支付给中国高速传动约3.34亿港元差价[（17.78港元－13.6783港元）×8 137万股]，也只相当于摩根士丹利将为从中国高速传动处获得的一笔11.13亿港元的3年期贷款支付9%的复利利率，代价并不算高。而如果公司股价处在13.6783港元至17.78港元之间时，11.13亿港元3年的时间价值足以补偿摩根士丹利因股份掉期而带来的损失。当股价低于13.6783港元时，摩根士丹利不仅可以得到这11.13亿港元3年的时间价值，还能得到因股份掉期中国高速传动向其支付的现金；从理论上讲，如果公司股价跌到零，摩根士丹利因股份掉期获得的盈利可达11.13亿港元[（13.6783港元－0）×8 137万股]。

显然，中国高速传动在股份掉期中的利弊得失刚好与摩根士丹利相反。中国高速传动在协议签订日支付了11.13亿港元给摩根士丹利，失去了这笔现金3年的时间价值，换取了未来8 137万股所对应的现金流。按照公司2007年8.9%的总资产收益率计算，11.13亿港元3年的时间价值约为3.4亿港元，也就是说，对中国高速传动而言，这11.13亿港元3年之后的实际价值可达14.53亿港元（11.13亿港元＋3.4亿港元）。

假如中国高速传动没有和摩根士丹利做这笔掉期交易，而是在3年之后用这14.53亿港元自行回购股份，在股价与可转债转股价17.78港元相等时，恰好能回购8 137万股。也就是说，只有3年后股价高于17.78港元时，中国高速传动才谈得上真正获利。但正如前文所分析，当股价高于17.78港元时，很可能因可转债转股而终止股份掉期，从而导致其获利有限；当股价低于17.78港元而高于13.6783港元时，公司虽然可以获得差价补偿，但仍不能完全弥补资金的时间价值；当股价低于13.6783港元时，公司不仅完全丧失11.13亿港元的时间价值，还将产生本金亏损。

简单来说，如果3年之后，股价高于13.6783港元，那么中国高速传动将从这笔交易中获益；如果股价低于13.6783港元，中国高速传动将遭受一定亏损。盈亏额可以通过这个公式表达出来：（三年后股价－13.6783）×8 137（单位：万港元）。自2008年5月14日可换股债券发行完毕，股份掉期合约生效到2008年10月底短短5个月时间，公司的股价经历了巨大的逆转。2008年6月30日，公司的股价收于16港元，高于13.6783港元的初步换股价，如以此价格计算，中国高速传动对摩根士丹利的股份掉期有约为 1.888 亿港元［(16 - 13.68) × 8 137］的浮盈；2008 年 9 月 26 日，公司公布了 2008 年中期报告，2008 年上半年盈利约 2.53 亿元人民币，较 2007 年同期增长 89%，虽然由于股价上升导致可转债的公允价值损失约为 4 604 万元人民币，但股份掉期的公允价值所带来的收益达到 1.22 亿元人民币，占净利润的 48%，股份掉期所带来的收益成了公司 2008 年上半年净利润的主要来源。然而，后续金融形势的发展，着实让中国高速传动始料未及。到 2008 年 10 月 6 日之前，尽管香港恒生指数下跌幅度高达 31%，公司股价始终保持坚挺，基本在换股价 13.6783 港元上方运行，远远强于大市。这就意味着中国高速传动不会因股份掉期出现账面损失，相反还有收益。但是随着金融海啸愈演愈烈，2008 年 10 月 8 日，公司股价出现了补跌，当日跌幅高达 16.67%，跌破了构筑近 5 个月的股价平台，收报于 11 港元，股价已经低于 13.6783 港元的初步换股价。与此相应，股份掉期给公司造成了 2.18 亿港元的账面本金亏损［(13.6783 港元 - 11 港元) ×8 137 万股］，而公司 2007 年一年的净利润也不过 3 亿元人民币。产生如此剧烈的反差，公司订立股份掉期的初衷不仅没有实现，反而拖累股价，进入了恶性循环，股价越跌，股份掉期损失越大，而股份掉期损失越大，股价就进一步下跌。就在公司股价跌破平台后的第三天，2008 年 10 月 10 日，公司股价再次暴跌 15.28%，收报于 8.98 港元，使公司的账面亏损进一步加剧。按照公司 2008 年 10 月 24 日 4.7 港元的收盘价计算，股份掉期给公司造成的浮亏高达 7.3 亿港元，见图 1 - 6 和图 1 - 7。

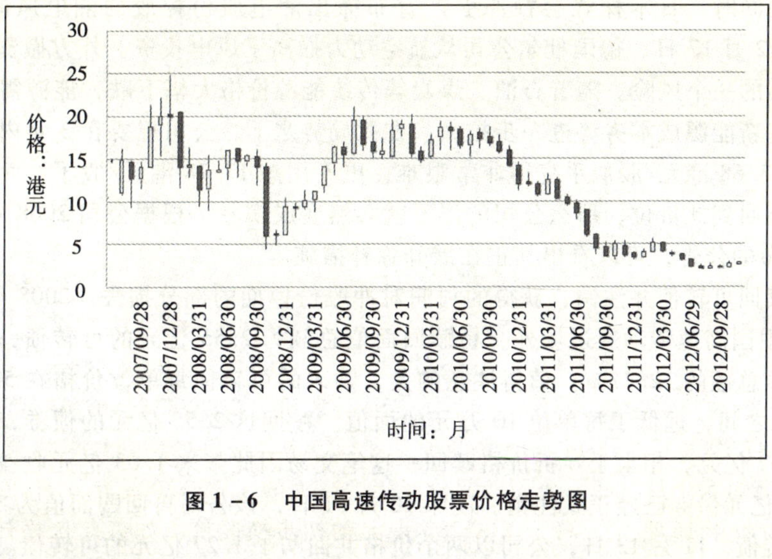

图 1 - 6　中国高速传动股票价格走势图

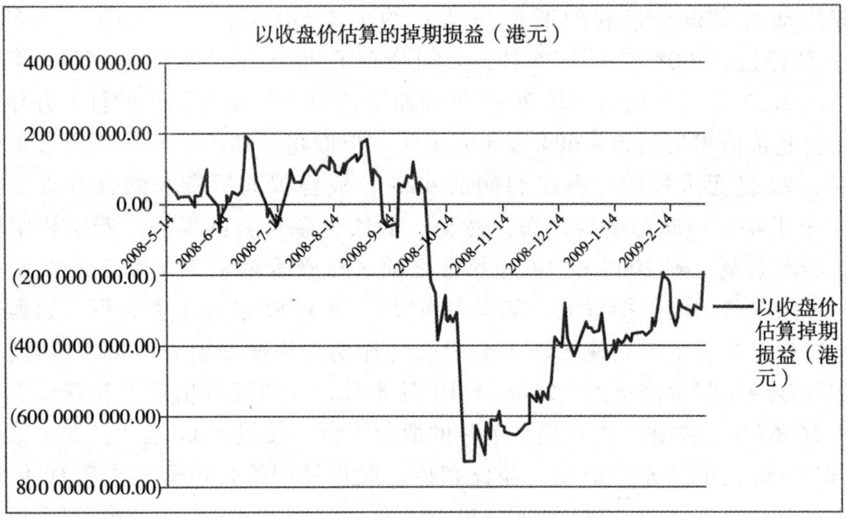

图1-7　中国高速传动股份掉期浮亏图

（4）亡羊补牢

由于后续的金融形势变得极不明朗，而金融形势的恶化已经开始传递到实体经济层面，经济低迷开始笼罩全球，世界银行甚至将2009年全球增长率预期从3%下调至1%。而就在此时，中国已有多家风电公司宣布外资撤出参与企业风电项目。2008年11月6日，金风科技宣布与美国碧辟公司终止风电项目合作。几乎就在同时，日本株式会社原弘产宣布撤出湘电股份控股的湘电风能公司。2008年12月17日，德国杜尔公司从航空动力撤离了风电投资。外方撤资是风电产业面临的一个风险。随着石油、煤炭等传统能源价格大幅下跌，能源需求也同步下降，新能源成本劣势进一步拉大。在此局势之下，公司想要在3年内使股价回升到13.68港元/股似乎变得非常艰难，更不用想17.78港元/股了。而届时股价若不能回到此价位，那么公司的浮亏就必然变成实亏。根据公司2008年10月30日发布的公告，可以看出其正在展开弥补措施。

①赎回可转债并注销，获得的利润对冲股份掉期的部分损失。2008年10月25日，中国高速传动通过场外交易赎回面值总额为2.55亿元的可转债，约占未偿还债券总额的12.77%。值得注意的是，购入的可转债每单位价格在5.8万～6.8万元之间，远低于每单位10万元的面值。赎回这2.55亿元的债券，总共花费约1.52亿元，相当于6折价格赎回。这笔交易因此带来1.03亿元收益，回购的2.55亿元债券已经正式注销。同年10月31日，该公司再回购面值为3 180万元的可转债，11月13日，公司以两个价格共回购了1.27亿元的可转债。而在其

后的11月和12月份，公司又进行了多次债权回购操作（见表1－1）。公司同时决定将择机在公开市场进一步赎回。

表1－1　　中国高速传动多次债权回购操作过程及损益情况

交易日	已购回债券金额（RMB）	每单位所付价格（面值RMB100 000）	所付总计（USD）	赎回损益（RMB）
2008.10.25	45 000 000	68 000	4 475 778.14	14 400 000.00
2008.10.25	210 000 000	58 000	17 818 219.06	88 200 000.00
2008.10.31	31 800 000	55 000	2 562 337.02	14 310 000.00
2008.11.13	122 000 000	63 000	11 254 118.16	45 140 000.00
2008.11.13	5 000 000	62 000	453 913.17	1 900 000.00
2008.11.18	150 000 000	63 000	13 840 070.30	55 500 000.00
2008.11.20	29 100 000	62 000	2 641 310.55	11 058 000.00
2008.11.20	90 000 000	63 000	8 300 760.00	33 300 000.00
2008.11.21	101 000 000	63 000	9 313 933.57	37 370 000.00
2008.11.21	20 300 000	62 000	1 842 285.90	7 714 000.00
2008.12.4	44 000 000	72 000	4 624 682.49	12 320 000.00
总计	848 200 000			321 212 000.00

②在股价合适的时候终止部分股份掉期。由于中国高速传动10月25日从场外交易购回了部分可转债，根据股份掉期协议条款，公司可终止部分或全部股份掉期。于是，公司与摩根士丹利于10月25日订立了股份掉期协议修订确认书，公司可向摩根士丹利行使股份掉期项下1 039.38万股份的“额外选择提早终止权”，该1 039.38万股股份约占股份掉期总数8 137万股的12.77%，与中国高速传动赎回的可转债比例相同。并且，中国高速传动还在与摩根士丹利进一步协商，将剩余7 098万股股份掉期完全终止，但未达成一致。当然，中国高速传动是否选择提早终止部分股份掉期要根据股价确定，如果在股价远低于初步换股价时进行，将会使以后的或有损失成为现实的亏损，于是中国高速传动强调将会在股价有利于公司时终止该部分股份掉期。公司将选择适宜机会平仓，否则将会造成实际亏损。截至2009年3月5日，公司始终未行使提早终止权。

③2008年10月31日至12月4日期间，中国高速传动从公开市场相继赎回面值为4.5932亿元人民币的可转债并注销，同时自首次购回该可换股债券后，该可换股债券的价格由其账面值的55%持续上升至最近一次购回交易的72%。

至此，公司购回并注销的可转债面值总计为 8.482 亿元人民币，约占已发行债券总数的 35%，而所支付的代价为 5.2988 亿元人民币，所产生的 3.2121 亿元人民币的收益无疑将对冲部分股份掉期的损失。如果按公司 12 月 4 日 6.8 港元的收盘价计算，公司本金亏损高达 5.5969 亿港元，可转债收益依旧不能完全覆盖股份掉期的亏损；以 2009 年 3 月 3 日 10.04 港元的收盘价估算，公司本金亏损 2.9605 亿港元，可转债赎回的收益在弥补股份掉期亏损之后还略有盈余。但是即使股价回升使得账面有浮盈，中国高速传动发行可转债（扣除 50% 用于股份掉期初始支付的 11.13 亿港元）实际收到的 10.7 亿港元（合 1.3728 亿美元）已经消耗了一半，在发行可转债后稍显宽裕的资金状况因为对冲股份掉期损失而再度恶化。

2009 年 5 月 12 日公司发布公告称，截至 5 月 4 日，公司与股份掉期对手摩根士丹利已经终止了 6 875 万股股份的部分掉期，扣除提早终止费用及其他费用和开支后的每股股份平均最终价格为 12.8495 港元，股份掉期对手应付总净额约为 8.84 亿元。当时，公司尚有未终止的股份掉期数目约 1 261 万股。

由于会计年度结束之前，中国高速传动不会有损益实现或入账，不会对公司的财务状况或财务报表有任何影响，但是 2008 年 12 月 31 日将会对衍生品和可转债的公允价值进行再次估值，而有关债券及股份掉期的任何损益将会记入损益表。虽然中国高速传动在公告中称，公司于股份掉期有效期内提供 1 113 012 941.55港元抵押品，在终止股份掉期前，股份掉期由于股价波动而产生的公允价值变动并不对本公司的现金流或正常营运构成影响，但可转换债券和股份掉期交易导致的股价大幅波动，对赎回债券成本和投资者信心有不利影响，一定程度上打击了公司的扩张和融资计划。另一方面，在金融危机下，由于原油价格前所未有地大幅下跌和信贷紧缩，美国风电运营商在 2008 年底已经宣布降低 2009 年的开工率，加上 2009 年融资能力的限制，美国风电运营开工率难以迅速恢复，因此各风电设备厂商在美国市场当年将无法完成原产量，因此公司预期风力发电齿轮箱的需求将会下降 300 套左右。显然金融危机和衍生品造成的危害，对其有很大打击。

1.1.4 华联三鑫危机案

(1) 华联三鑫概况

浙江华联三鑫石化有限公司创立于 2003 年 3 月，公司股权比例为华联控股占 50%、展望集团占 24.5% 和加伯利集团占 24.5%，是中国第一家有民营资本介入的大型石化企业，成为典型的“国控民营”。公司业务主要是生产、加工、销售精对苯二甲酸（Pure Terephthalic Acid，PTA）及聚酯切片、化学纤维等相关的化工产品和原辅材料。公司计划总投资100亿元，经过3～5年的建设发展，打造世界一流的PTA生产基地。公司拥有一条EPTA生产线和两条PTA生产线，总产能达180万吨，销售收入150亿元以上。华联三鑫于2007年7月和2008年4月两次增资扩股，引入战略投资者，将注册资金提高到24.52亿元。截至2008年9月底，公司资产达105亿元，公司拥有近800名员工。

华联三鑫PTA项目的实施不仅改善了中国PTA大量依赖进口的局面，而且大大优化了国内PTA生产力布局，也使绍兴地区主导的纺织产业成功实现了向上游石化行业的延伸，大大提高了竞争能力，为绍兴乃至浙江区域经济发展做出了贡献。

进入21世纪以来，中国逐渐成为世界上最大的PTA消费市场，2007年中国PTA产量为550万吨，消费量超过1 000万吨，当时预计到2010年需求量将达到1 700万吨。而PTA价格波动幅度比较大，在2006年以前还未有PTA期货品种，企业无法通过操作在期货市场上进行套期保值，2006年12月18日，在郑州商品交易所挂牌交易的苯二甲酸期货品种是全球首个PTA期货品种。而华联三鑫的此次危机也是源于期货市场。2008年8月中旬，华联三鑫在预售较多的情况下想做多交割。最后在TA909合约上做多6 000手即30 000吨，建仓成本在9 000元/吨左右，并进行了交割，最后交易日结算价9 170元/吨，账面盈利510万元。同期二甲苯（p-Xylene，PX）价格从8月20日的1 365美元/吨跌至9月12日的1 100美元/吨。尽管从表面上来看，该套期保值在回避PX价格上涨方面取得了现货市场与期货市场的双收益，但此时PTA现货价格已跌至8 700元/吨左右，期现两市场走势存在较大偏差，套保交割的仓单在随后大幅下跌中遭受近5亿元的巨大亏损，导致资金链断裂。PTA的价格走势见附录6中的附图6。

进入2008年以后，先是全国最大的印染企业——绍兴“浙江江龙控股集团”破产倒闭，接着浙江绍兴最大的民营企业——“浙江华联三鑫集团”或将被迫启动破产清算程序，其72亿元债务涉及多家上市公司。华联三鑫拥有亚洲最大、世界第二的PTA（一种用于制造涤纶的化工产品）生产基地，其股东包括著名上市公司华联控股、华西村、展望集团和加佰利集团。其中，展望集团旗下的“展望股份”和加佰利集团旗下的“永隆实业”都是香港上市公司。由于华联三鑫有高达72.82亿元的债务，涉及国内数十家企业，包括十余家商业银行，一旦华联三鑫破产，华联控股最大理论账面损失将在8.7亿元左右（其中长期股权投资净值3.1亿元，其他应收款0.2亿元，担保5.4亿元）。华联控股未分配利润仅1.38亿元，归属于母公司的权益15.6亿元，如果按8.7个亿的理论账面损失计算，公司净资产将大幅度缩水，而且将面临巨额亏损。华联控股半年报披露的每股净资产仅为1.39元/股，每股收益为-0.05元/股，如果华联三鑫破产，华联控股或许将陷入连续两年亏损的窘境。

(2) 华联三鑫企业风险来源

随着中国金融衍生品市场的不断完善，有越来越多的企业进入衍生品市场，通过市场进行套期保值，主要目的是降低成本，增加利润。但在发展初期，企业缺少风险管理方面的人才，许多企业并没有能够在衍生品市场上进行很好的套期保值，而更多的是采取投机的方式，往往产生很大问题。企业由于不是在金融衍生品市场上进行套期保值而是投机，对市场的误判会使其在金融衍生品市场产生巨大损失，导致资金链断裂。而另一方面，这些企业往往都是当地商业银行贷款的主要对象，资金链的断裂造成它们无法按时偿还银行巨额信贷，同时对相关商业银行造成巨大损失。

2008 年第四季度，频频传出国内龙头企业陷入经营困境的消息，这些企业无一例外都欠下银行巨额信贷，如当时陷入困境的浙江龙头企业江龙控股，因资金链断裂，董事长夫妇已经失踪，其欠下银行贷款为 12 亿元。中国最大 PTA 生产企业——浙江华联三鑫，由于其在 PTA 期货市场上逆市而做，在期货市场上巨亏近 5 亿元，导致其资金链断裂，欠下福建、深圳、浙江、北京等地的多家银行共计 70 笔贷款，合计金额高达 44.56 亿元。

华联三鑫作为 PTA 生产企业，业务较为单一，没有上游或下游的延伸产业链。其原料采购—生产—销售的模式决定了风险源的所在。

第一在于原材料和辅助材料的采购环节。企业生产 PTA 的原料是 PX，按摩尔比律及企业装置消耗水平估算，一般每生产 1 吨 PTA 使用 0.66 吨 PX，其成本在 PTA 成本中占 80% 以上，同时使用醋酸作为溶剂，一般 1 吨 PTA 生产成本中醋酸成本在 200 元左右，占比较小，且没有相应的避险工具。因此，公司在采购环节的主要风险源在于 PX 的价格上涨风险。

第二在于华联三鑫的销售模式。以前绝大部分采用合同货销售方式，即通过与下游需求企业签订一年期供货合同，定价采用报结价制度，一般在每月 25 日左右公布当月结算价格和下月报价，报价一般根据结价前一周时间的平均价做出。华联三鑫在定价方面具有一定自主权，但考虑到市场条件，常会与下游客户进行回顾，即对当月过高结价在下月给予折让，并且企业一般实行送货制。最大的问题是国内企业信用程度普遍较低，很少有企业严格按合同要求进行采购，因此华联三鑫往往在货源紧张的情况下，下游客户争先采购，一旦行情疲软，则不来拉货，导致企业销售具有很大的波动性，也难以在生产上及时做出调整。因此有可能因销售没有达到计划要求，增加了库存，存在价格下跌的风险，这也是华联三鑫的又一重要风险来源。

第三在于库存方面。一般来说，企业生产 PTA 以后总有一个库存过程，并在行情影响下库存有高有低，而库存商品在价格波动较大的情况下就存在很大的库存缩水风险。如何控制库存成为企业重要的管理内容之一。华联三鑫一般库存水平为半个月产量，即8万~10万吨，有时可能增加到一个半月甚至两个月水平。同时，PX一旦完成采购并在生产使用之前就变成原料库存，也存在价格下跌风险。因此企业总的价格风险实际上是采购风险和库存风险的总和，风险总敞口可转变成库存量的风险。用公式表示如下：

风险敞口 = 基本库存 + （当期采购量 - 当期销售量）

其中：基本库存包括原料PX库存量和产品PTA库存量；当期采购量就是套保期PX采购量；当期销售量就是套保期PTA销售量。

从上述风险敞口公式可知，对于企业而言，需要通过PTA期货市场操作防范PTA价格下降的风险，需要进行卖出套期保值。但不是也不需要对风险敞口进行全额套保，因为PTA需求受市场影响比较大，销售量波动比较大，并且企业需要对经济有一个预期而更好地规避风险。

(3) 华联三鑫危机产生原因

①市场波动、产能加大、需求减少。2008年6月起，市场状况发生了变化。针对国际社会密集召开高级别会议讨论控制原油价格问题，2008年下半年，世界原油价格开始大幅度下跌，如附录6中的附图5所示。原油为PX的原材料，原油价格的大幅度下跌导致PX价格下降。而PX又是PTA的原材料，因此也会引起PTA价格的下跌。并且华联三鑫在2007年7月和2008年4月先后两次增资扩股，资金进一步投入生产，使其当时的产能相对之前更大，但同时PTA有较强的周期性，2008年下半年下游需求并不是很旺。原油价格等因素的波动以及供大于求的现状是华联三鑫产生这次危机的一个原因，但不是最主要的原因。

②风险管理违背套期保值“方向相反”原则。华联三鑫作为PTA的制造商（卖方），为了规避PTA价格下降的风险，需要在期货市场上进行卖出套期保值。然而其却逆势而为，以高价做多，违背了套期保值“方向相反”的原则。虽然华联三鑫做买入套期保值有一定的原因：其希望通过做多期货市场造成现货紧张的局面，借机改变PTA的价格走势，重塑市场信心，并且极力回避常规的卖出套期保值，害怕会进一步打压价格，但是市场并不会因为其在期货市场上做多而改变，PTA价格并没有提升，反而继续下跌。不恰当地违背套期保值的原则是华联三鑫此次危机的根本原因。

③赌徒心态推波助澜，酿成巨大损失。华联三鑫并没有按照传统的思想进行套期保值，其操作被认为是一种投机。在市场形势发生巨大变化，并且有很强的PTA价格下降的趋势情况下，仍然一意孤行，以赌徒的心态一味做多，把华联三鑫推到了投机者的角色上。赌徒心态在实业风险管理上是不可取的，其不但没有规避风险，反而加大了风险。从另一角度来说，在市场经济条件下，价格运行与

政治、经济、金融等背景息息相关，有其自身运行规律，一旦形成趋势，难以扭转。任何企业或个体不能扭转趋势，而只能顺应趋势，以赌徒心态逆势而为，企图控制市场必将付出惨重代价。

（4）华联三鑫危机与银行风险管理

华联三鑫陷入困境后，给相关商业银行贷款带来重大风险隐患。截至2008年10月8日，福建、深圳、浙江、北京等地的多家银行给华联三鑫提供了70笔贷款，合计金额高达44.56亿元，其中美元贷款13笔，涉及金额7 599万美元，人民币贷款57笔，涉及金额39.36亿元。在44.56亿元贷款中，绝大部分属于2年之内的短期贷款，只有两笔是5年期的长期贷款，金额共计15.75亿元，到期日均为2011年4月。

除银行贷款外，华联三鑫还开具大量信用证，共计40.4亿元。2008年9月份的开证数量为14份。银行承兑汇票是华联三鑫的另外一种负债方式。截至10月8日，尚未到期的银票共114笔，涉及金额11.5亿元。仅9月份4天，华联三鑫就签发银票55笔，其中9月11日9笔、12日19笔、16日19笔、19日8笔，频率之高超乎想象。此外，华联三鑫还以贸易融资形式负债8.36亿元。另外，华联三鑫还涉及大量的担保业务。截至2008年10月8日，包括华联控股在内的多家企业为华联三鑫提供了93笔担保，涉及金额45.3亿元，其中人民币担保75笔、美元担保17笔、欧元担保1笔。

华联三鑫被担保事项还包括质押担保及抵押担保，其中质押担保72笔共计26.7亿元，单笔担保金额从数十万元至3.48亿元不等；抵押担保7笔共计10.9亿元，单笔担保金额从4 080万元至6.75亿元不等。也就是说，如果华联三鑫破产，则不仅将引爆巨额银行信贷风险，而且为其提供83亿元担保的企业也将面临巨大的风险。

虽然在单个客户或关联客户的大额信贷集中风险方面，形成了一整套包括监测、授信、审批以及贷后管理等在内较为完整的管理体系，但是，对于行业、地区、国家等信贷集中风险，无论是度量工具、识别指标还是管理手段，现有管理方法与工具都难以适应。幸好这次华联三鑫通过重组度过了危机，未对商业银行造成巨大影响，否则，整个PTA行业都会受到影响，信贷集中将给银行带来巨大的损失。中国商业银行信贷集中风险管理仍相对薄弱，信贷集中风险存在较大的潜在风险是不争的事实。

最后，需要说明的是本案例重点是说华联三鑫应该做组合套期保值，就是卖出PTA期货对产成品进行保值，降低PTA价格下降的风险，这称为卖出套期保值；同时用原油期货或者PTA期货对主要原材料进行保值，降低原材料价格上升的风险，比如降低PX价格上涨的风险，这称为买入套期保值。详细内容可参看第3章3.3节。

1.1.5 法国兴业银行事件

（1）背景介绍

世界最大衍生交易市场领导角色的法国第二大银行兴业银行，于2008年1月24日爆出该行历史上最大违规操作丑闻。现年30多岁的交易员杰洛米·科维尔（Jerome Kerviel）在未经授权情况下大量购买欧洲股指期货，最终给银行造成49亿欧元（约合71.4亿美元）损失。据称，此次兴业银行的欺诈案也刷新了一项世界纪录，就是单笔涉案金额最大的交易员欺诈事件。在此之前，巴林银行保持着这一纪录。

这家有着144年历史的看似固若金汤高高在上的金融机构，为什么在内部控制方面漏洞百出呢？究竟是管理层的粗心大意，还是个人英雄主义作祟，抑或是内部控制操作程序存在制度性缺陷？

根据法国兴业银行的电子声明，该行发现一名在巴黎的交易员杰洛米·科维尔擅自设立仓位，并在未经许可的情况下大量投资于欧洲股指期货。事实上，兴业银行在1月19日就已发现了上述巨额欺诈交易，不过，该行在等到将相关头寸全部平仓之后才能向公众披露。而轧平这些仓位直接导致了该行多达49亿欧元的损失。

根据科维尔的交易记录，自2006年年末和2007年年初起，他就已开始进行小宗交易。在随后的大宗交易中，科维尔将500亿欧元分别布置在不同的指数上，其中道琼斯欧洲50指数方面有300亿欧元，德国DAX指数方面有180亿欧元，英国FTSE100指数方面有20亿欧元。

2008年1月21日，法兴集团在非常不利的市场环境中，对欺诈案中头寸进行紧急平仓，整整抛售了三天，其在欧洲50指数、德国DAX指数和FTSE100指数三种指数期货上的平仓量具体见表1-2。1月23日晚，这些头寸最终被关闭或者进行套期保值交易。从1月21日至1月23日，上述三种指数均出现2001年以来最大跌幅。全球股市也未能幸免。

表1-2 法兴集团在欧洲三种指数期货上的平仓量

	欧洲50指数期货	德国DAX指数期货	FTSE100指数期货
1月21日	8.1%	7.8%	1.7%
1月22日	6.8%	5.7%	3.1%
1月23日	5.9%	6.1%	0.0%

(2) 科维尔虚拟交易的手法

①交易权限。造成此次巨额欺诈案的交易员科维尔主要从事欧洲股指期货的套汇交易，他只有对冲头寸的权限。套汇交易指在一个市场买入资产，同时或几乎同时在另一个市场售出，以期从不同市场的差价中获得利润。根据银行授权，科维尔在购买一种股指期货产品的同时，卖出一个设计相近的股指期货产品，实现套利或对冲目的。由于这是一种短线交易，加上市场是流动的、有效的，相似金融工具的价值相差无几，近似于无风险套利。

②虚拟账户。科维尔采用真买假卖的手法，把这种短线交易做成了长线交易。根据银行调查，从2006年下半年起，科维尔开始这种操作。他买入一种金融产品后，并不同时卖出。为掩盖建仓痕迹，他同期虚拟卖出。具体手法如图1－8所示。

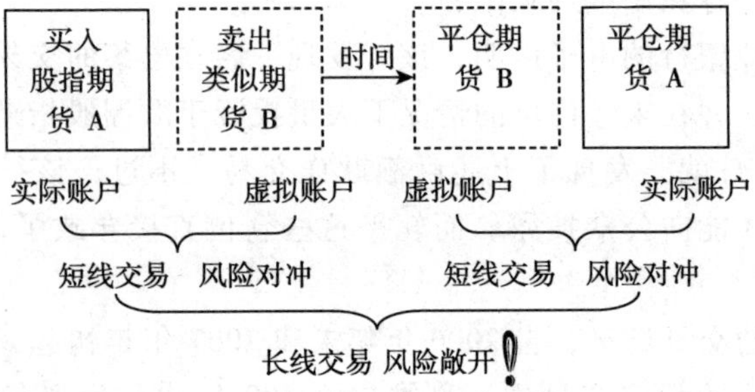

图1－8 科维尔设置虚拟账户的手法

在一个时间点上，他买入了股指期货A，同时伪造交易记录在虚拟账户上卖出类似的股指期货B，在风险经理们看来，这是风险对冲的套利交易。在下一个时间点上，再反向做两笔交易。独立地看，这两对交易都是短线，且风险都在可控范围内。而当我们将虚拟账户的交易抵消掉，就会发现，这就是典型的期货投机交易，时间跨度长，风险敞口大开。

③违规取得权限。当被发现时，科维尔正手握着约500亿欧元的巨资在市场中冲杀豪赌，这个数字相当于兴业银行市值的两倍，远远超过了他的权限。作为一个“电脑天才”，他成功地突破了银行的“五道安全关”，得到了巨额资金权限。随后，科维尔借助先前在银行其他部门的工作经验，以盗用他人电脑账号和伪造文档等方法掩盖他的种种越权、违规行为。

④逃避银行监管。为掩盖这种违规交易，科维尔使用多种手段逃过监管。科维尔熟悉银行监管交易的流程。他在买入金融产品时，刻意选择那些没有保证金

补充警示的产品。这样一来，风险监管经理很难发现他的账户或交易情况异常。此外，银行在监控风险时，倾向于重点关注特定时间段的交易净头寸风险，容易忽视全部交易的规模。银行承认，风险经理曾数次注意到科维尔投资组合的异常操作，但每次科维尔称这只是交易中常见的一个“失误”，并随即取消了这笔投资。但实际上，他换了一种金融工具，以另一笔交易替代了那笔被取消的交易。

1.1.6 金融风险的教训

五个案例说明任何一个公司在签任何一个协议或合同时，不能仅仅看到光明的一面、收益的一面、好处的一面，更要看到黑暗的一面、损失的一面、不利的一面，不仅如此还要有防范措施和手段，仅仅认为不可能而不加控制就会酿成悲剧。投资银行有时也可能存在巨大风险，但事实上稳健的投资银行一定会把风险转移掉的。

这些事件发生的背后，一个共同的原因就是缺乏对金融风险的管理和控制。这也提醒人们加强内部管理的重要性和必要性。因此，应该建立有效的风险控制体系，加强对金融风险的管理和监督，分离各部门职能，保持各部门职能的独立性，合理运用衍生工具，最大限度地利用衍生工具的避险、套期保值和风险对冲功能，避免利用衍生工具进行过度投机所带来的巨大风险。当然，最重要的是公司要有健全的法人治理结构、制度建设，严格的办事流程和监督稽核流程，并且照章办事、执法如山。

从案例分析来看，运用科学的方法妥善处理金融风险，加强公司治理、强化内控机制，增强风险掌控能力是现代金融机构核心竞争力的重要内容，必须引起金融机构的高度重视，并在思想意识上有一种紧迫感，在实践中有切实可行的实施计划。

1.2 金融风险的产生与发展

20世纪70年代以来，由于金融自由化、全球化和金融创新的发展，金融机构所面临的风险环境也日益复杂化。随着世界的多极化和全球经济金融一体化进程的加快，特别是中国加入WTO以后，利率市场化程度将逐步提高，外汇管制将进一步放开，而信息技术又促使国际金融以前所未有的深度和广度向前发展，这使得近几十年来金融机构所面临的竞争越来越激烈。面对金融风险，如何建立现代的风险管理机制，降低系统或全局性金融风险，努力避免金融危机的发生，应该引起各级政府的高度重视和专家学者们的深入研究。

不断提高金融机构管理金融风险的能力，是应对日益复杂多变的金融环境的必然举措。布雷顿森林体系的崩溃、两次世界性的石油危机、利率管制的放松等，都导致利率和汇率的频繁波动。到了20世纪八九十年代，全球金融及商品市场的无序，如取消固定经纪人的手续费、免去利率上限、允许更大的个人投资自由等已演绎成跨国界、跨市场的更大规模的资本流动，其最终结果就是增加了金融市场持续的波动性，而新的金融风险还在不断涌现，金融风险影响的范围日益扩大，管理金融风险成为金融机构经营中的头等大事。

过去二十多年中，由于对金融风险管理的不善而发生的金融危机造成了不可估量的损失，例如20世纪80年代美国储贷协会危机、巴林银行的倒闭、大和银行的亏损。最近几年，全球经济持续增长，股票、债券和石油等大宗商品市场均出现强劲的投机风潮。在这个过程中，一些金融机构和个人的风险管理意识不仅没有加强，反而明显放松，席卷全球主要金融市场的美国次贷危机根源即在于此。法国兴业银行雇员非法交易巨额欺诈案的曝光更是再一次暴露了对金融风险管理和监管的不足。从巴林银行的倒闭到美国次贷危机，再到兴业银行欺诈案，事实表明即使在金融市场高度发达的西方，也十分缺乏对金融风险的监督和管理，因此加强对金融风险的监管已经成为全球金融监管的核心。

有效的风险管理不仅能减少损失，还可以通过合理避税、增加投资机会、降低管理成本等途径为金融机构创造价值。随着这些思想逐渐渗入金融机构的经营理念与发展战略中，如何有效地管理金融风险在现代金融发展中无疑占有举足轻重的地位。

1.2.1 金融风险的概念

关于金融风险可能很多人认为自己已经很清楚了，事实上要回答什么是金融风险并不是一件十分容易的事。要回答什么是金融风险，首先要回答什么是风险。风险是一个人们常用却又十分模糊的概念，学术界对风险的定义虽然说法不一，莫衷一是，但其核心思想是共同的，可以说大同小异。美国经济学家、芝加哥学派创始人奈特（Knight）在其1921年出版的名著《风险、不确定性及利润》中，比较全面地阐述了什么是金融风险，什么是不确定性，分析了风险与不确定性的关系。奈特认为，真正的不确定性与风险有着密切的联系，也有本质的区别。不确定性是指经济行为人面临的直接或间接影响经济活动的无法充分准确地分析、预见的各种因素，而风险不仅取决于不确定性因素的不确定性的大小，而且还取决于收益函数的性质。所以，他认为，风险是从事前角度来看的由于不确定性因素而造成的损失。我们认为奈特所说的造成不确定性的各种因素是风险源，这些风险源可以分为人为的和非人为的、可控的和不可控的，也可以分为原发性的和继发性的。而奈特所说的风险应该针对风险的主体，从不确定性、损失、风险源和损失的可能（概率）四个方面来理解。不确定性是客观存在的，损失是针对主体而言的，在事前具有不确定性，损失只是一种可能，可以用概率表示，然而在事后损失就具有确定性，可以确定是否发生损失、损失多少。风险源是指影响风险发生的因素和根源，可分为原发风险和继发风险，原发风险又可分为人为风险和非人为风险、可控风险和不可控风险。

事实上，国内外有关金融风险的文献可谓众多，但对金融风险的解释却不尽相同。我们认为金融风险是指金融主体在金融活动或投资经营活动中，由于某些风险源变化的不确定性可能给金融主体带来的损失。

从上面对金融风险的定义可以看出：金融风险不等于经济损失，它有两种可能，既有蒙受经济损失的可能，又有获得超额收益的可能。因此不仅要注意它的消极方面，更要注意它的积极方面。譬如东南亚金融危机在使东南亚各国经济遭受破坏，产生巨大的损失的同时，也使东南亚各国政府更加重视对金融体系建设的完善和对宏观经济、经济结构的调整，使各国的经济发展更加稳健，有助于东南亚各国经济向高层次转变。

金融风险直接表现为货币资本的损失或收益。不确定的经济活动是产生金融风险的必要条件，预期行为目标的偏离是金融风险产生的充分条件。金融风险中包括金融机构在内的各个经济主体主要指从事资金筹集和经营活动的经济实体，包括居民个人、企业、事业单位、银行、非银行金融机构甚至政府等。

通过上述分析可以看出，金融风险是一个比较宽泛的概念，它既包括可以计量的风险，也包括不能计量的风险，只要进行货币、资金的借贷与经营活动，金融风险就随之形成并有可能成为实际损失。

1.2.2 金融风险的特征

金融风险的主要特征有社会性、扩张性、可控性、周期性以及双重性，下面将分别进行介绍。

(1) 社会性

金融机构不同于其他行业，自有资本占全部资产的比重一般较小，绝大部分资金来自存款和借入资金，因而金融机构的特殊地位决定了社会公众与金融机构的关系是一种依附性的债权债务关系。如果金融机构经营不善，无偿债能力，就会导致客户大量挤兑存款，损害公众利益。因此，金融风险具有社会性。

(2) 扩张性

现代金融业的发展，各金融机构更加紧密相连、互为依存，使得金融风险带有扩张性的特点。一家银行发生问题，往往会使整个金融体系周转不灵乃至诱发信用危机，这就是所谓的“多米诺”骨牌效应。

（3）可控性

虽然存在经济形势变化和经济情况不确定因素带来的风险，但就微观意义上的某一金融机构而言，并不是说风险就不能抵御和控制。恰恰相反，金融机构可以通过采取增加资本金、调整风险性资产来增强抵御风险的能力，并及时以转移、补偿等方式将风险控制在一定的范围和区间内，从而使得金融风险具有一定的可控性。

（4）周期性

任何金融机构都是在既定的货币政策环境中运营的，而货币政策在周期规律的作用下，有宽松期和紧缩期之分，这使得金融风险也带有一定的周期性。一般来说，在宽松期放款，投资及结算矛盾相对缓和，影响金融机构安全性的因素逐渐减弱，金融风险相对较小；反之，在紧缩期，金融同业间及金融与经济间的矛盾加剧，影响金融机构安全性的因素逐渐增强，金融风险相对较大。

（5）双重性

由于金融风险既可能给从事金融活动的经济主体带来损失，也有可能给它们带来收益，因此金融风险具有双重性。

1.2.3 金融风险产生的理论解释

（1） 金融不稳定理论

根据《新帕尔格雷夫货币金融大辞典》的解释，金融不稳定性假说（Financial Instability Hypothesis）是指私人信贷创造机构，特别是商业银行和相关贷款者固有的经历周期性危机和破产的倾向。金融不稳定及其危机是经济生活的现实，经济繁荣时期就已埋下了金融机能失常与金融动荡的种子。在经济发展的初期，贷款人的贷款条件越来越宽松，企业也充分利用宽松的信贷环境多借款。但是到了经济发展的后期，这些贷款无法偿还会导致金融中介机构经营状况的恶化，随后传导到经济中的各个方面，从而带来全面的经济衰退。

对金融不稳定性假说做出主要贡献的是两位美国经济学家海曼·明斯基（Hyman Minsky）和查尔斯·金德尔伯格（Charles Kindleberger）。明斯基和金德尔伯格都是从周期性角度来解释金融体系不稳定的孕育和发展，可称为“周期性”解释一派。另一派解释是以弗里德曼为代表的“货币主义解释”。弗里德曼和施瓦茨认为如果没有货币过度供给的参与，金融体系的动荡不太可能发生或至少不会太严重，金融动荡的基础在于货币政策，正是货币政策的失误引发了金融不稳定的产生和积累，结果使得小小的金融困境演变为剧烈的金融体系灾难。

（2）非对称信息理论

信息经济学认为，现实世界中信息是不完全的，或者是不对称的，即当事人一方比另一方掌握的信息多。信息不对称必然产生逆向选择和道德风险。逆向选择是交易发生前的信息不对称问题，阿克洛夫（Akerlof）1970年提出的旧车市场模型开创了逆向选择理论的先河，随后斯蒂格利茨（Joseph E. Stiglitz）和韦斯将这一模型引入金融市场。道德风险是发生在交易之后的信息不对称问题。借贷市场的道德风险有三种具体表现形式：一是改变资金用途；二是一些有还款能力的借款人可能隐瞒自己的收入，有还款能力但却不归还银行贷款，特别是在缺乏对违约的相应制裁的情况下更是如此；三是借款人取得资金后，对于借入资金的使用效益漠不关心、不负责任、不努力工作，致使借入资金发生损失。

（3）资产价格的剧烈波动理论

许多金融风险都与金融资产价格的过度波动相关，金融资产价格的过度波动是金融风险产生的一个重要来源，金融资产价格的急剧下跌是金融危机的一个重要标志。金融资产价格总是处在不断的波动之中。事实上，远的不说，只要看看近十年黄金、石油、铜、棉花、玉米和白糖等商品的价格走势，再看看利率、汇率、波罗的海干散货综合运费指数和上证指数就很清楚了，具体见附录。

金融资产价格波动性的原因主要集中在四个方面：①过度投机的存在。②大量信用和杠杆交易。③宏观经济的不稳定。虽然宏观经济的波动通常并不像股市那样频繁而剧烈，但股市的波动在很大程度上确实来自宏观经济波动的影响。④市场操纵机制作用。所谓证券市场中的操纵行为是指某人或某组织背离自由供求关系确定证券价格，诱使他人交易证券的行为。通过操纵市场，创造虚假交易繁荣和虚假价格，操纵者牟取利益。

比如，殷某等5人从2008年开始成立一个10余人的团队在16个城市进行非法股民培训和投资教育活动，并与刘某控制的武汉信和联合荐股、培训，涉案非法所得400余万元。再比如，余某等撰写80余篇荐股文章，并委托他人在东方财富网、新浪网、中金在线、金融界和全景网等5个财经网站发布。同时，利用35个证券账户，在荐股文章发布前买入多只股票。涉案股票32只，累计交易金额达41.7亿元，累计获利3 959万余元。余某同时操纵8个证券账户，组织他人撰写荐股文章，一年内交易53次，交易金额10.6亿元，非法获利1 466万元。这些操纵证券市场的行为令人触目惊心。

（4）金融风险的国际传播理论

①金融全球化背景下的金融风险。20世纪80年代以来的金融全球化主要表现为金融机构全球化、国际资本流动全球化和金融市场全球化，它们都从不同侧面加大了金融体系的风险。金融全球化加快了金融风险在国家间的传播。具体而言，金融全球化主要通过以下几个方面影响金融风险在国家间的传播：

第一，金融全球化为金融风险的国际传播提供了自由流动的资本载体。金融全球化最基本的内涵即是国际资本能够在全球范围内无限制地自由流动。20世纪90年代以来，许多国家，尤其是发展中国家放松了外汇管制，开放国内金融市场，实行资本项目自由化，以适应世界经济一体化及本国经济发展的需要。但这些国家没有形成全球性的有效的金融监管体系，不能在促进资本合理流动的同时控制无序的流动风险，从而使得大规模的资本转移成为金融风险在国家间传递的主要载体。

第二，金融交易电子化、网络化为金融风险的国际传播提供了技术基础。金融全球化背景下的金融业已同信息业连成一体，金融交易变成一系列的电子信号，在全球范围内通过网络快速传播。金融电子交易系统的不断创新，使金融交易活动几乎不受时空限制，在全球任何地方瞬间完成，交易成本也大大降低，巨额国际投机资本能迅速地从一国转移到另一国，金融风险的国际传递具备了技术基础。

第三，金融全球化使国际投机资本的冲击作用放大。金融全球化的发展，使国际投机资本可利用的工具更多，特别是衍生金融产品市场的快速发展，不仅使复杂的投机交易活动简单化，而且使投机资本能够以杠杆作用利用其他金融资本进行投机活动。

第四，金融全球化使一国宏观经济政策出现“溢入溢出效应”。“溢出效应”是指国内货币政策没有或者只有很小一部分作用于国内经济变量，从而使货币政策达不到预定的目标。“溢入效应”是指国外的货币政策会影响到国内，从而干预国内货币政策，特别是大国货币政策的变化对于与其密切相连的小国影响更大。一国采取的宏观经济政策受“溢入溢出效应”的影响，一方面一国控制本国金融风险的作用弱化，另一方面一国的金融风险会影响到另一国的经济变量和金融市场环境，从而引致国际金融风险。

第五，金融全球化使得国际金融监管困难。金融全球化发展的一个重要标志就是国际离岸金融中心的崛起，相当一部分金融交易都是通过这些离岸金融中心完成的，而在这些离岸金融中心，金融监管环境十分宽松，资本可以自由进出而几乎无任何限制。1997～1999年亚洲金融危机后，以国际货币基金组织、世界银行为主构架的国际金融组织体系遇到了严峻的挑战，如何加强金融市场监管、防止金融危机的爆发和蔓延已经成为一项日益迫切的课题。

②金融风险的国际传递机制。

第一，国际贸易渠道。国际贸易渠道是指金融风险可以通过国际贸易渠道由一个国家传递到另一个国家。它又分为“直接双边贸易型”和“间接多边贸易型”。

“直接双边贸易型”导致金融风险传递有两种情况：第一种情况是一个国家

的金融风险导致的货币贬值，使该国商品的出口竞争能力加强，对其贸易伙伴的出口增加而进口减少，导致贸易伙伴的贸易赤字增加，外汇储备减少，使贸易伙伴受到投机者的货币冲击。第二种情况是一个国家的金融风险导致的货币贬值，使其主要贸易伙伴的货币有效汇率上升，从而引发投机者的冲击。

“间接多边贸易型”导致金融风险传递是指由于多个国家出口竞争同一市场，一个国家的金融风险导致其货币贬值，降低了与其竞争同一国际市场的另一个国家的出口竞争力。投机者预期这个国家货币也很有可能贬值，从而进行货币攻击，最后这个国家主动或被动地进行货币贬值，这种风险传递机制就是竞争性贬值机制。由于亚洲各国出口结构十分相似，每一个国家至少与两个国家是相近的竞争者，根据传统理论解释，竞争性贬值机制是金融风险在亚洲区域内传递的主要原因。

第二，国际金融渠道。国际金融渠道是指一个国家（或地区）的金融风险可以通过国际金融渠道传递给另一个同家（或地区）。例如在1994~1995年的墨西哥金融危机中，美国不仅与墨西哥有着密切的经贸联系，而且美国国内主要金融机构在墨西哥有着大量的债权和投资，墨西哥金融危机的爆发，使这些金融资产有遭受巨大损失的威胁，会严重影响美国金融市场的健康和稳定。出于保护本国金融资产的考虑，美国在墨西哥爆发金融危机后，立即向墨西哥提供大笔贷款，避免了墨西哥金融危机的进一步蔓延。

第三，相似传递渠道。金融风险不仅可以通过国际贸易和国际金融渠道进行传递，还可以基于环境的相似性而产生传递。相似传递机制是指两个国家经贸、金融联系薄弱，只是两国具有经济、区域、某些历史甚至文化背景的相似性，当某一国家的金融风险改变了投机者对其他相似国家原先的预期，使得投机者重新评价相似国家的经济基础及政府的政策，从而导致投机者对这些国家进行货币冲击，最终使得金融风险蔓延和扩散。

1.2.4 金融风险产生的现实原因

从现实的经济生活来看，金融风险的产生与许多因素有关，金融风险的形成原因很复杂，其引发因素或形成原因在不同国家、不同时期、不同领域也可能有所不同。金融风险有时可能只与一两个因素有关，有时可能是许多因素的综合反映。总的来说，金融风险的产生主要与经济体制、金融监管、金融内控、金融创新、金融投机及金融环境有关。

（1）经济体制与金融风险

金融风险的产生与经济体制密切相关。在高度集中的计划经济体制下，由于金融活动并不十分频繁，因此金融风险虽然存在，但并不严重。其中主要原因是利率、汇率没有市场化，各种价格都受到一定控制，所以计划经济的金融风险并不突出。但是在市场经济体制下，金融风险无处不在，这是因为在市场经济体制下大多数商品价格由市场供求关系决定，利率和汇率也不完全由政府控制。也就是说，金融风险的大小与市场经济化程度正相关，市场经济越发达，金融风险也越突出。

（2）金融监管与金融风险

众所周知，金融监管与金融风险是此消彼长的关系，即放松监管或监管不力必然产生、加大金融风险，而金融风险的大量出现又加大了金融监管的难度。20世纪70年代开始，工业化国家放松金融管制，许多发展中国家加快了金融自由化的步伐，促进了金融深化和金融发展，同时也产生了大量的金融风险，甚至成为引发金融危机的重要因素。

（3）金融内控与金融风险

从微观经济主体角度来看，内部控制不严是导致金融风险产生的重要原因。对金融机构来说，健全的内部控制制度和良好的公司治理结构是非常重要的。如果缺乏权力制衡机制和激励约束机制，就会使得金融风险失去了制度的约束和防范，从而产生金融风险。事实上，很多金融风险的案例都是由于金融内控的不严密所造成的。

（4）金融创新与金融风险

金融创新工具主要指金融衍生产品（Derivative Products），也就是从传统的货币、利率、股票等基础性金融工具中衍生发展出来的金融创新产品，主要形式有期货、期权、互换和远期等。其设计的初衷是创造避险工具，实现风险对冲及风险管理的目的。但是金融衍生产品本身也潜藏着巨大的市场风险，它较传统金融工具对市场的变化更为敏感，价格波幅也更大。金融衍生产品具有以下风险：

①信用风险。信用风险包括交易对手风险和支付风险。交易对手风险是指当交易对手丧失清偿能力时，虽然并不一定会导致守约方的损失，但是会使守约方出现缔约时无法预料的风险敞口，因此守约方的损失将是完成一笔用于代替原交易的新交易时所产生的损失。支付风险存在于一些场外衍生产品要求进行双边支付的情况下，如果合同要求交易双方进行互换，先行支付的一方可能就会承担交易对手无法支付的风险，当处于不同时区的交易对手进行货币互换时，支付风险显得尤为突出。如果交易对手是由于丧失清偿能力而无法支付，那么守约方可能将不再会得到支付，而已经支付的款项也无法收回。如果交易对手是由于操作失败等普通原因而无法按时支付，那么守约方将会得到补偿。可是，即使是后一种情况，延迟支付也可能会影响守约方资金的流动性。

②流动性风险。在衍生产品市场中，流动性风险分为两类：资金流动性风险

和市场流动性风险。资金流动性风险是指一方由于临时资金短缺而无法进行到期支付。如果由于永久资金短缺而无法进行到期支付，那么由此产生的风险将归入信用风险。在金融机构中，出现资金流动性风险是由于现金流错配。对于金融交易而言，每笔交易都可能产生资金的流动性风险，但衍生产品中的资金流动性风险可能会产生更为严重的影响。市场流动性风险是指一方在交易到期前无法平盘（unwinding）所产生的风险，主要发生在场外衍生产品市场中。大多数场外衍生产品在没有取得交易对手的同意之前是无法转让的。当交易一方想要结束交易时，他只有选择为数不多的交易商将原交易反向平盘，但当市场价格波动剧烈时，就很难找到交易对手。

③操作风险。衍生产品会产生一系列操作风险，例如法国兴业银行交易员巨额欺诈案便体现了操作风险带来的巨大影响。因此对交易人员的合规教育，对前台、中台和后台的互相独立与制衡对于防范操作风险显得至关重要。

④法律风险。对不同的市场参与者而言，法律风险的含义也许并不相同。但是综合来看，法律风险分为宏观法律风险和微观法律风险。宏观法律风险并不与特定主体相联系，而是法律环境本身无法保证衍生产品的交易方强制执行衍生产品合同。与宏观法律风险相比，微观法律风险则与特定主体相联系。它一般都是由于衍生产品合同交易方的操作行为引起的，因此也常被认为是一种操作风险。微观法律风险的典型情况就是由客户诉讼引发的风险，特别是在场外衍生产品的交易中，最终用户在衍生产品交易中发生亏损以后，如果他们认为自己被交易商误导或欺骗，常常就会提起诉讼。

⑤系统风险。系统风险是金融体系整体可能出现危机的风险，这很可能由一两家金融机构倒闭而引发。由于使用场外衍生产品的主体无须披露真实财务情况，因此场外衍生产品更容易导致系统风险。在场外衍生产品市场，金融机构既可以是交易商也可以是最终用户。这些机构既可以为它们的客户提供场外衍生产品，也可以出于对冲或投机目的自营场外衍生产品。除此以外，金融机构全面介入场外衍生产品市场可能会对整体金融体系产生影响，每笔场外衍生产品都在转移标的要素的风险的同时又创造出新的信用风险。因此活跃的场外衍生产品交易形成了网状信用风险敞口，将原本互相独立的金融机构紧密地联系在一起，这可能会引发系统风险。

系统风险将引起两方面的后果。首先，由于场外衍生产品市场的集中度很高，一家金融机构的破产可能引发更大规模的连锁反应，导致更多金融机构破产，产生金融危机。在这种情况下，作为场外衍生产品的交易商或最终用户的金融机构可能由于杠杆效应遭受巨额损失。此外，另一个系统风险就是整个市场丧失流动性。由于场外衍生产品往往连接不同类别的市场，而且场外衍生产品的复杂程度也将阻止新增流动性的进入，因此场外衍生产品可能会使市场加速丧失流动性。

（5）金融投机与金融风险

金融投机可以引发、加剧金融风险，严重时可以引致金融危机。金融资产的价格如股价、汇价和债券价格在投机资本的操纵下短期内暴涨暴跌，人为地造成了金融风险的扩散和发展。投机者往往通过杠杆操作而产生放大效应，其破坏力更大，而大规模金融风险则往往诱发严重的金融危机。

金融市场存在投机是正常的，但是大规模的过度投机必然会危及金融市场的安全运行。而且对国际机构投资者而言，投机资本运作的风险与收益往往是不对称的，多余的风险只能由金融市场来承担，这些多余的金融风险由微观扩展到宏观，便会酿成金融危机。因此，为了保持金融稳定，防止金融危机的发生，就必须对金融投机加以适当控制。

（6）金融环境与金融风险

金融环境与金融风险有密切关系，这是因为金融风险的产生并非完全源于金融体系内部，也就是说一个内控体系完备的经济主体，也不可能完全没有金融风险，金融环境的改变可能加大金融风险甚至引发金融危机，也可能降低金融风险，提高金融体系的稳定性。影响金融风险的环境因素很多，包括有经济、政治、社会和自然环境因素。

在中国，金融风险受金融环境的影响特别突出，金融风险的产生与金融环境的关系特别明显，因此中国金融风险具有明显的外生性特征：①中国企业自担风险能力比较差，企业风险很容易转嫁给金融机构，因此中国金融风险在一定程度上是企业问题在金融领域的一种反映。②中国金融机构虽然名义上是企业法人，但实际上仍然政企不分，行政干预和信贷资金财政化的现象比较严重。③中国金融机构面临的信用环境和法制环境不够理想，金融机构的债权得不到应有的法律保护。这些因素无疑会导致中国金融风险的产生，所以应引起特别重视。

1.3 金融风险的种类

国内外理论界和实务界对金融风险种类的归纳不完全一致。金融风险种类的划分方法和标准很多。我们希望能够找到一种划分方法，使不同种类的金融风险相关性不大，但确实很难找到，即便如此，本部分仍然按照这一思路来把金融风险划分为市场风险、信用风险、操作风险、流动性风险和事件风险。其中最为重要、最难把握和最为普遍的金融风险是市场风险和信用风险。

1.3.1　市场风险

市场风险（market risk）是指因为市场供需情况发生变化而可能给投资者带来的损失，这是金融市场中最普遍、最常见的风险，广泛存在于股票市场、外汇市场、债券市场、期货市场、租赁市场、票据市场和基金市场之中，从附录中的附图 1 至附图 10 中可以看出，金融资产价格的变化都呈现出市场风险。可以说，如果所有的商品价格、证券价格、利率和汇率都永远不变，那么市场风险也就不存在了，但在市场经济时代这是不可能的。市场风险使得投资者在投资到期时可能得不到投资决策时所预期的收益。引起各种市场风险的原因是错综复杂的，需要具体问题具体分析。虽然市场风险包括许多方面，但是涉及面最广的是下列五个方面价格变化引起的风险。

（1）利率风险（interest rate risk）

利率风险，是指由于利率的波动使资产价值或利息收入减少，或者是负债利息支出增加的可能性。而对普通公司来说，经常面临的利率风险是借款利息成本增加的可能性。无论是金融企业还是非金融企业，只要其资产和负债的类型、数量及期限不一致，利率的变动就会对其资产、负债产生影响，使其资产的收益、负债的成本发生变动。

对于某个时期内被重新定价的资产来说，将面临到期日利率下降、利息收入减少的风险；而对于某个时期内被重新定价的负债来说，将面临到期日利率上升、利息支出增加的风险。

对于一些支付固定利率的资产或负债来说，尽管现金流量确定，但是利率的升降也可能带来一些间接的损失，如按固定利率收取利息的投资者必将面临市场利率可能高于原先确定的固定利率的风险。此外，利率的变动可能影响资产的市场价格，利率的变动还会影响汇率，进而给金融活动的当事人造成不利影响。

（2）汇率风险（foreign exchange risk）

由于国际分工的存在，国与国之间贸易和金融往来便成为必然，并且成为促进本国经济发展的重要推动力。汇率的波动，会给从事国际贸易者和投资者带来巨大的风险，这种风险称之为汇率风险。

汇率风险表现在两个方面：贸易性汇率风险和金融性汇率风险。在国际贸易活动中，商品和劳务的价格一般是用外汇或国际货币来计价，大约 70% 的国家用美元来计价。在实行浮动汇率制的今天，由于汇率的频繁波动，生产者和经营者在进行国际贸易活动时难以估算费用和盈利，由此产生的风险称之为贸易性风险。在国际金融市场上，借贷的都是外汇，如果借贷的外汇汇率上升，借款人就会遭受巨大损失，汇率的剧烈变化甚至可以吞噬整个企业；汇率的波动还直接影响一国外汇储备价值的增减，从而给各国央行在管理上带来巨大风险和国难，此种汇率风险称为金融性汇率风险。

(3) 通货膨胀风险 (inflation risk)

通货膨胀风险即购买力风险，是指通货膨胀使经济主体的实际收益率下降，或者使其筹资成本提高。通货膨胀导致单位货币购买力下降，即通常所讲的“货币贬值”，最终会引起货币持有者实际余额的下降。通货膨胀会导致实际收益率下降，因为实际利率近似等于名义利率与通货膨胀率之差，当名义利率一定时，通货膨胀率越高，实际利率就越低；当通货膨胀率超过名义利率时，实际利率将变为负值，即意味着投资者不仅没有收益，而且他的本金还会受到损失。

(4) 证券价格波动风险 (securities risk)

证券价格波动风险主要是指债券、股票、基金和票据等的价格变化而给投资者带来的风险，这种风险不但使得投资者在投资到期时可能得不到投资决策时所预期的收益，而且还可能亏损累累。

(5) 扰动风险 (volatility risk)

扰动风险是指某一风险因素的方差或波动性的变动对金融资产或负债的价值的影响。在金融工程学中，随机变量的方差是表示扰动大小的参数。描述利率波动性大小的变动对无息债券价格的影响就是典型的扰动风险。在股票、期货等金融市场中，扰动风险也是普遍存在的，如果描述波动性的方差是一个不变的常数，那么就不存在扰动性风险。扰动性风险的存在使市场风险变得更加难以管理。

1.3.2 信用风险

信用风险 (credit risk) 又称违约风险，是指在交易中，当一方违约而无法履行合同义务时可能带来的损失。信用风险的大小取决于某一特定对方的全部敞口头寸的大小、在某一特定日期需进行结算的交易额大小以及事先是否有只对交易净额进行支付的约定。信用风险存在于一切信用活动中，也存在于一切交易活动中。由于信用业务既是银行的传统业务，也是主要业务，而银行是社会的信用中心，也是信用风险最集中的地方，信用风险会给银行带来巨大的损失。因此，银行对信用风险的管理和控制必须引起高度的重视。

1.3.3 操作风险

操作风险 (operation risk) 又称运营风险，指由于企业或金融机构内部控制不健全或失效、操作失误等原因导致的风险。操作风险的主要表现有：①政策执行不当，即由于有关信息没有及时传达给操作人员，或在信息传递过程中出现偏差，或者是操作人员没有正确领会上司的意图等原因而造成损失。②操作不当甚至违规操作，即操作人员业务技能不高或偶然失误可能造成损失。③交易系统或清算系统发生故障。操作风险造成的后果也可能是非常严重的，甚至是致命的。

1.3.4 流动性风险

流动性包括资产/市场流动性和公司流动性。资产/市场流动性是指市场中资产与现金之间相互转换的能力。在一个流动性好的市场中，参与者可以迅速执行大规模的交易指令，并且不会对资产价格产生很大影响。有一种较为流行的解释，就是将流动性定义为资产在不发生损失的情况下迅速变现的能力，也可以把流动性理解为在不发生损失的情况下现金及等价资产之间转换的难易程度。公司流动性是指公司履行到期现金支付义务的能力。流动性好的公司可以很容易完成现金支付。

流动性风险有两种主要形式：资产流动性风险和负债流动性风险。前者指当交易头寸太大或太小时，资产不能按现行市场价格进行变现交易从而产生损失的风险；后者是指经济主体缺乏资金且没有能力筹集新资金来偿还债务而产生的风险，这也可能是导致违约行为的原因。流动性是一切商业与主权实体的生命之源。流动性使得预期与非预期的负债在关键时刻能够得以偿付，以保证日常事务可以正常运行。在缺少足够现金资本的情况下，日常活动会受到危害，更重要的是，可能会引发更严重的金融危机。因此，流动性风险管理是金融风险管理的一个重要组成部分，必须经过审慎的考量与分析。

流动性风险（liquidity risk）指由于缺乏流动性而给经济主体造成损失的可能性。对于一个企业来说，保持流动性是很重要的，流动性的好坏关系到企业生产经营能否正常进行，关系到企业能否生存下去。对国家或家庭来说，流动性风险也是不能忽视的。当然，保持流动性对金融机构特别是商业银行来说是至关重要的，流动性风险可以置金融机构于死地。

同样，流动性风险包括资产/市场流动性风险和资产负债流动性风险。资产/市场流动性风险是指由于不充足的市场流动性或市场的中断，公司不能或不易以与当前市场价格相近的价格完成交易；资产负债流动性风险，与公司资产负债中的现金流量有关，是指公司在清算日无法履行付款义务的风险。如果给定流动性的定义，流动性风险可以直接定义为“由于流动性不足而导致的风险”。

在两类流动性和流动性风险定义中，资产/市场流动性（资产/市场流动性风险）主要在资本市场研究中用到，而公司流动性（资产负债流动性风险）主要在公司财务研究领域中提及。

保持良好的流动性，是银行和企业经营管理的一项基本原则。但这并不是说流动性越高越好，也不是说流动性资产越多越好，因为流动性和盈利性是有矛盾的，流动性越高，往往盈利性越低。因此，银行和企业必须保持流动性与盈利性的平衡。但流动性需求具有很大的不确定性，从而使得企业特别是银行面临很大的流动性风险。

1.3.5 事件风险

事件风险（event risk）指金融活动的参与者面临的自然、政治、军事、法律、政策和社会环境突然变化而带来的风险。环境变化给金融活动参与者带来的损失可能是直接的，也可能是间接的。如自然灾难、意外事故可能给借款人造成直接的财产损失和人身伤害，致使借款人无法按期归还贷款，进而间接地给发放贷款的银行造成损失。

1.4 金融风险管理概述

1.4.1 金融风险管理的概念

总体上讲，金融风险管理是指人们通过实施一系列的政策和措施来控制金融风险以消除或减少其不利影响的行为。金融风险管理的具体内涵是多重的，对金融风险管理的含义应从不同角度、不同层面加以理解。图 1－9 给出了金融风险管理不同的分类方法。

- 金融风险管理
  - 根据管理主体不同
    - 内部管理：金融机构、企业和个人
    - 外部管理
      - 行业自律管理：金融行业组织
      - 政府监管：官方监管机构
  - 根据管理对象不同
    - 微观管理：影响个别金融机构、企业或个人
    - 宏观管理：影响经济、政治和社会稳定

图 1－9 金融风险管理的分类

金融风险管理根据管理主体不同分为内部管理和外部管理。金融风险内部管理是指作为风险直接承担者的经济个体对其自身面临的各种风险进行管理。内部管理的主体是金融机构、企业及个人等金融活动的参与者，尤以金融机构的风险管理为代表。金融风险外部管理主要包括行业自律管理和政府监管，其管理主体不参与金融市场的交易，因而不需要对其自身的风险进行管理，而只是对金融市场的参与者的风险行为进行约束。金融风险的行业自律管理是指金融行业组织对其成员的风险进行管理，而政府监管是指官方监管机构以国家权力为后盾，对金

融机构乃至于金融体系的风险进行监控和管理，具有全面性、强制性和权威性。

根据管理对象的不同，金融风险管理又分为微观金融风险管理和宏观金融风险管理。微观金融风险只是对个别金融机构、企业或部分个人产生不同程度的影响，对整个金融市场和经济体系的影响较小。微观金融风险管理的目标是采用合理的方法使微观金融活动主体因金融风险的影响而受到损失的可能性降至最低。宏观金融风险则可能引发金融危机，对经济、政治、社会的稳定造成重大影响。因此，宏观金融风险管理的目标是保持整个金融体系的稳定性，避免出现金融危机，保护社会公众的利益。

1.4.2　金融风险管理的价值

（1）金融风险管理对经济主体的价值

①金融风险管理能为各经济主体提供一个安全稳定的资金筹集与经营的环境。实施金融风险管理可以提高它们的工作效率和经营效益。

②金融风险管理能保障经济主体顺利实现经营目标。经济实体筹集和经营货币资金的目的就是获取利润。实施金融风险管理则能把经济实体面临的金融风险降低到最低限度，并能在金融风险损失发生后及时合理地提供预先准备的补偿基金，从而直接或间接地降低费用开支。这些都有助于经济实体盈利的增加和经营目标的实现。

③金融风险管理可以稳定经济主体进行经济活动的现金流量，保证生产经营活动免受风险因素的干扰，提高资金的使用效率。

④金融风险管理可以促进经济主体资金筹集和资金经营决策的合理化与科学化，有利于经营主体实现可持续发展。

（2）金融风险管理对宏观经济的价值

①实施金融风险管理，有利于社会资源的优化配置，减少金融风险损失，并促使货币资金向所需部门流动，从而引起其他社会资源合理地流向所需部门，最终避免或减少社会资源的浪费，提高其利用率。

②金融风险管理有助于经济的健康稳定发展。众所周知，金融风险一旦发生，它带来的损失金额往往比一般风险造成的损失大几倍甚至十几倍。这是因为货币资金的筹集与经营，不但涉及生产领域和分配领域，而且还涉及流通领域和消费领域，即它涉及社会再生产的各个环节。所以，金融风险的存在与发生，无疑是对经济稳定发展的一个威胁。而金融风险管理的实施，不但能在一定程度上减少风险发生的可能性，而且能在金融风险发生后减少它带来的经济损失，从而减少金融风险损失给社会再生产各个环节带来的波及效应和不良后果，最终促进经济的稳定发展和经济效益的提高。

1.4.3 金融风险管理的程序

金融风险管理的过程一般包括风险识别、风险度量、风险管理决策与实施及风险控制四个阶段。

(1) 金融风险的识别

金融风险识别是指对经济主体面临的各种潜在的或存在的金融风险进行认识、鉴别和分析。风险识别所要解决的主要问题是确定哪些风险应予以考虑，以及分析引起金融风险的原因、类型、性质及其后果。

风险管理者首先要分析经济主体的风险暴露。金融风险暴露（exposure）是指金融活动中存在金融风险的部位以及受金融风险影响的程度。风险管理者可以针对具体的资产负债项目进行分析，还要对经济主体的资产负债搭配进行整体上的考察。风险管理者不仅要考察表内业务的风险暴露，还要关注表外业务的风险暴露，例如承诺、保证等业务以及金融衍生品的风险暴露。通过对风险暴露的判断与分析，风险管理者就可以确定风险管理的重点。

风险管理者要进一步分析金融风险的成因和特征。不同的金融风险具有不同的特性，有的可以通过投资分散降低或是消除风险，有的则无法消除。风险管理者对风险的性质进行分析，可以为制定风险管理策略提供理论基础。

(2) 金融风险的度量

金融风险的度量主要是衡量各种风险导致损失的可能性的大小以及损失发生的范围和程度，风险度量是风险识别的延续。准确地评估金融风险的大小对最大限度地减少损失和获取利润都十分重要。金融风险的度量是金融风险管理的核心部分。

(3) 金融风险管理的决策与实施

在风险识别和风险度量的基础上，风险管理者需要采取措施以减少金融风险暴露，将金融风险水平控制在可承受的范围内。

首先，风险管理者应当确定风险管理策略。对于不同的金融风险，可以根据其各自的风险性质、特征和风险水平采取不同的管理策略。其次，风险管理者需要制定具体的行动方案，包括使用何种风险管理工具及如何运用这些工具、如何调整资产负债结构等。风险管理者需要从中选出最为合理的方案。最后，风险管理者组织该方案的实施，各部门配合执行。

(4) 金融风险的控制

风险控制是指对风险管理措施实施后的检查、反馈和调整。风险管理者要督促相关各部门严格执行风险管理的有关规章制度，确保风险管理方案得以落实和实施。因此，管理者需要定期或不定期对各业务部门进行全面或专项检查，发现隐患后迅速加以纠正或补救。管理者应对风险管理方案的实施效果进行评估，测定实际效果与预期效果之间是否一致，并根据内部条件与外部环境的变化，对金融风险管理方案进行必要的调整。

1.4.4　金融风险管理的策略

近几年，很多专家学者都对金融风险管理的策略问题给予高度的重视，并从多方位多角度进行研究。经济主体可以根据不同类型的金融风险有针对性地采取多种金融风险管理策略。下面主要介绍分散风险的组合策略、转嫁风险的保值策略和规避风险的保险策略。

（1）分散风险的组合策略

分散风险的组合策略是指投资者在资金、时间和投资方向上要实现多元化。金融市场中的投资风险是多种多样的，投资者在作决策时必须慎重考虑自己承担风险的能力，并在适当的风险水平上选择投资对象，不要将目标集中在某一种资产上，以分散投资来减少风险。这种分散策略主要包括：①投资方向分散组合策略，即投资不宜集中于某一领域、部门或行业，以防出现不景气。②投资时间分散组合策略，即在不同的时期购买证券以减少风险。此外，还可以在股票市场、债券市场以及其他市场上进行交叉投资来减少风险。③资产期限分散组合策略，即适当分配长、中、短期的投资比例。

（2）转嫁风险的保值策略

转嫁风险是指经济主体通过各种合法手段将其承受的风险转移给其他经济主体。由于资产分散化只能减少经济主体承担的非系统风险，对系统风险则无能为力，因此经济主体只能寻找适当的途径将其转移出去。

自从20世纪70年代中期固定汇率制度崩溃以后，汇率和利率的剧烈动荡，给金融机构和企业的资产和负债带来了风险。对于证券价格风险、汇率风险、利率风险等市场风险，一般难以获得保险，经济主体可以通过其他途径将之转嫁出去。为了避免汇率和利率变动的风险，金融机构和企业不断改变经营方式和采用创新金融工具，以求资产保值，降低经营成本。80年代金融工具的创新得到了迅猛发展，这些创新金融工具主要有金融期货、期权、互换和远期等。金融远期及期货合约为现货市场提供了一条转移价格风险的渠道。通过远期和期货交易，经济主体可以将未来金融资产交易的价格确定下来，将风险转移给愿意承担风险的投机者，从而将市场价格变动导致的风险从正常的实际经营活动中分离出来。经济主体还可以通过设定保证担保，将其承受的信用风险向第三方转移。

（3）规避风险的保险策略

规避风险的保险策略是指通过支付保险费（可看作是保险单的价格）来避

免损失的转移风险的策略。实质上，是用确定的损失（支付保险费）来替代可能遭受更大损失的做法。向商业保险公司投保，就是以交保险费为代价，将风险转嫁给保险公司，保险公司按保险合同约定承担赔付责任。对于损失概率较小而损失金额较大的风险，通常较为广泛地运用保险的方法。

然而，这种规避风险的方法仅对特定类型的金融风险才行得通，此类风险称为可保风险。所谓可保风险就是指这样一类特定风险，这种风险是很多企业（或个人）都可能遇到的，而这些企业（或个人）彼此之间的风险发生的可能性几乎是不相关的，并且这种风险在一定时期内发生的概率在很大程度上是确定的。例如，自然灾害损失、债务及医疗费用等风险是可保风险。

1.4.5 金融风险管理的工具

管理金融风险的工具主要是金融衍生产品，包括远期合约、期货合约、互换合约、期权合约以及组合积木式工具。

（1）远期合约

远期合约（forward contract）是一个特别简单的衍生证券，它是一个在确定的将来时刻按确定的价格出售或购买某项资产的协议。通常是在两个金融机构之间或金融机构与客户之间签署该合约。它不在规范的交易所内交易。

当远期合约的一方同意将来在某个确定的日期以某个确定的价格购买标的资产时，我们称这一方为多头（long position）；另一方同意在同样的日期以同样的价格出售该标的资产，这一方就称为空头（short position）。在远期合约中的确定价格称为交割价格（delivery price）。在远期合约签署的时刻，所选择的交割价格应该使得远期合约的价值对双方都为零。

①远期价格。某个远期合约的远期价格（forward price）定义为使得该合约价值为零的交割价格。因此，在签署远期合约协议的时刻，远期价格和交割价格是相同的。随时间推移，远期价格有可能改变，而交割价格当然保持不变。在合约开始后的任何时刻，除了偶然之外，远期价格和交割价格并不相等。一般来说，在任何给定时刻，远期价格随该合约期限的变化而变化。例如，购买或出售三个月期远期合约的远期价格肯定不同于购买或出售六个月期远期合约的远期价格。

②远期合约的损益。远期合约的损益可以由图 1－10 表示。通常，一单位资产远期合约多头的损益（payoff）为：

$$S_T - K$$

这里 K 是交割价格，S_T 是合约到期时资产的即期价格。合约的持有者有义务用价格 K 购买价值为 S_T 的资产。如果在到期日即期价格高于交割价格，那么合约持有人即多头就可以获利；反之，如果在到期日即期价格低于交割价格，那么合约持有人受损。

类似地，一单位资产远期合约空头的损益为：

$$K - S_T$$

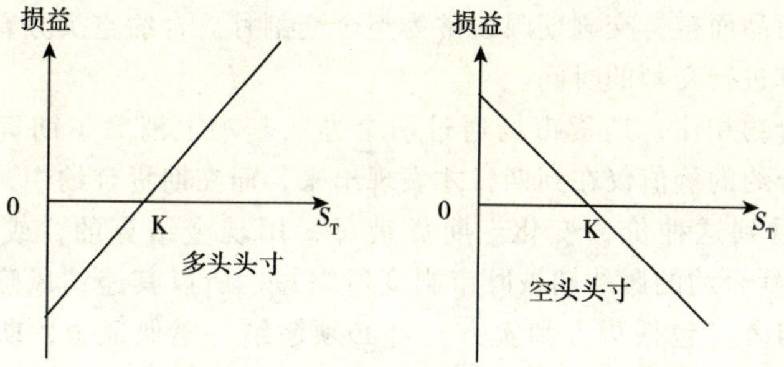

图1－10　远期合约的损益

远期合约有两个特点：第一，远期的违约（或信用）风险是双向的。合约持有人赚钱或赔钱取决于标的资产价格的变化。第二，合约的价值仅在到期日才表现出来，在合约的签署日或到期日前，不发生现金支付。

在图1－11中，购买远期合约的损益添加在原来的风险曲线上。如果合约到期日实际价格高于预期价格，企业的内在风险将导致企业价值下降，但这种下降可以被远期合约的获利所抵消。因此，这种远期合约提供了完全套期保值。如果风险曲线斜率为正，则可以通过卖出远期合约来管理风险。

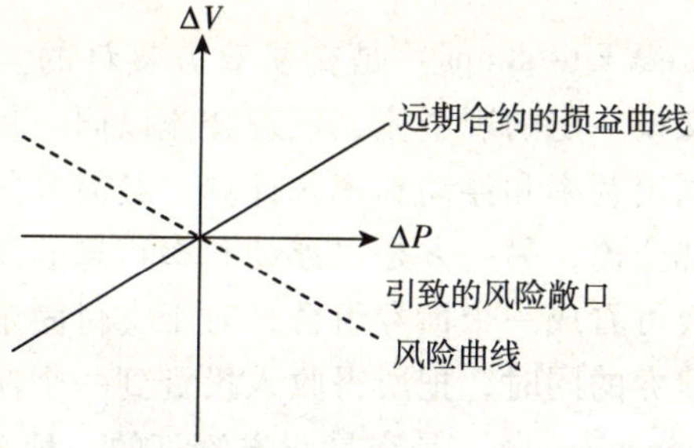

图1－11　远期合约的损益曲线

（2）期货合约

期货合约（futures contract）的基本形式和远期合约一样，是两个对手之间签订的一个在确定的将来时间按确定的价格购买或出售某项资产的协议。与远期合约不同，期货合约通常在交易所内交易。为了使交易能够进行，交易所详细规定了期货合约的标准化条款，交易所提供某种机制保证期货合约的双方都不会违约。

期货合约与远期合约的不同点之一是期货合约并不总是指定确切的交割日期。期货合约是按交割月划分的，由交易所指定交割月中必须进行交割的交割期限。对许多商品而言，交割期限通常为整个交割月。合约空头方有权在交割期限中选择其打算进行交割的时间。

和远期合约相比，期货市场通过两个办法基本上消除了期货合约的信用风险。①远期合约的价值仅在到期日才表现出来，而在期货合约中，每天收盘时持有人都可以看到这种价值变化。期货是每天用现金结算的，或采取“盯市制度”。由于期货合约的履约期被盯市制度所缩短，所以其违约风险相应降低。②所有市场参与者（包括买方和卖方）都必须缴纳一笔保证金，期货合约价值的增减直接进入保证金账户。如果保证金账户余额低于某个规定的最低水平，则要追加保证金，否则将会被强制平仓。由于这个过程在保证金账户干枯前就要平仓，所以履约风险大大降低了。

总之，一份期货合约就像一组远期合约的组合。实际上每天收盘时，现有的像远期的合约会被清算然后形成一份新合约。这种逐日结算的特点加上保证金要求，使得期货合约大大降低了远期合约所固有的信用风险。

（3）互换合约

互换合约（swap contract）是两个或两个以上的参与者之间，直接或通过中介机构签订协议，在约定的时间内交换一定的现金流的合约。一份互换合约可以看成是远期合约的组合。根据支付内容的不同，金融互换有两种基本形式：利率互换和货币互换。

①利率互换（interest rate swaps）是交易双方签订的一种合约，彼此同意在合约规定的期间互相交换一定的现金流，该现金流以同一货币计算，但利息的计算方式不同，分别以固定利率和浮动利率来计算。最简单的利率互换就是，一方是以固定利率计息的现金流，另一方是以浮动利率计息的现金流，并且双方约定不交换本金。利率互换可看成一个债券组合，对于支付固定利率的一方，相当于在发行一个固定利率债券的同时，把所得收入投资到一个浮动利率的债券上。

②货币互换（currency swaps）是交易双方签订的一种合约，彼此同意在合约规定的期间互相交换一定的现金流，该现金流以不同货币计算和支付，利率支付方式可能相同也可能不同。与利率互换相比，货币互换中双方是以不同货币支付的，而且要交换本金。

（4）期权合约

期权是指一标的物的买卖选择权，期权购买者拥有在未来某一限定时间内按某一指定的价格买进或者卖出某一特定商品和金融合约的权利，但不承担买进或卖出某一特定商品或金融合约的义务。和期权及期权交易有关的基本概念包括期权买方、期权卖方、期权费以及履约价格等。

期权是发展速度最快，也是金融工具中最为独特的一种投资方式，它能使买方有能力避免坏的结果，同时从好的结果中获益。因此，期权已经成为控制风险的理想选择，即是去主动管理风险而不是消极规避风险。期权与基础资产的组合投资策略，其主要功能是改变最初的风险暴露，以避免或降低因市场价格出现不利变化而给基础资产带来的损失。

期权（options）是一种特殊的合约协议，它赋予持有人在某给定日期或该日期之前的任何时间以固定价格购进或售出一种资产的权利。

①期权的类型和基本概念。期权有两种基本类型，分别为看涨期权（call option）和看跌期权（put option）。看涨期权的持有者有权在某一确定时间以某一确定的价格购买标的资产。看跌期权的持有者有权在某一确定时间以某一确定的价格出售标的资产。期权合约中的价格被称为执行价格（exercise price）。合约中的日期为到期日（expiration date）或执行日（exercise date）。美式期权（American options）可以在期权有效期内的任何时间执行，欧式期权（European options）只能在到期日执行，半美式期权（百慕大式期权）有权在有效期内约定的若干个特殊时间执行。

每一个期权合约都有两方：一方是持有期权多头头寸的投资者，即购买期权合约的一方，另一方是持有期权空头头寸的投资者，即出售期权合约的一方。

需要强调的是，期权赋予其持有者做某件事情的权利，但持有者不一定必须行使该权利。这一特点使期权不同于远期和期货，在远期和期货合约中持有者有义务购买或出售该标的资产。投资者签署远期或期货合约时的成本为零，而投资者购买一张期权合约必须支付期权费。

②欧式期权的损益。若不考虑期权费用，以 X 代表执行价格，S_T 代表标的资产的到期日价格，则欧式看涨期权多头的损益为：

$$\max(S_T - X, 0)$$

这就表明，如果 $S_T > X$，投资者就会执行期权；如果 $S_T \leqslant X$，投资者就不会执行期权。

欧式看涨期权空头的损益为：

$$-\max(S_T - X, 0) \text{ 或 } \min(X - S_T, 0)$$

欧式看跌期权多头的损益为：

$$\max(X - S_T, 0)$$

欧式看跌期权空头的损益为：

$$-\max(X - S_T, 0) \text{ 或 } \min(S_T - X, 0)$$

（5）组合积木式工具

组合积木工具是将各种金融工具（主要是衍生金融工具）进行组合，以解决金融问题。一般来说，组合积木工具主要是以金融资产的损益图来作为“积木”进行各种组合的。因此，可以将远期、期货、互换和期权这些“积木”组合在一起使用，形成组合积木工具。

以下仅给出几种与期权有关的简单组合积木式工具。为了突出这几种简单组合积木工具的逻辑性和直观性，定义3个期权算术符号：负斜率定义为（-1）；正斜率定义为（+1）；水平线定义为（0）。不同情况下的收益可以依次排列并用逗号分开，这样图1-12中六个组合积木工具的基石可以表示为：购买看涨期权的结果是（0，+1），购买看跌期权的结果是（-1，0），购买资产的结果是（+1，+1），卖出看涨期权的结果是（0，-1），卖出看跌期权的结果是（+1，0），卖出资产的结果是（-1，-1）。

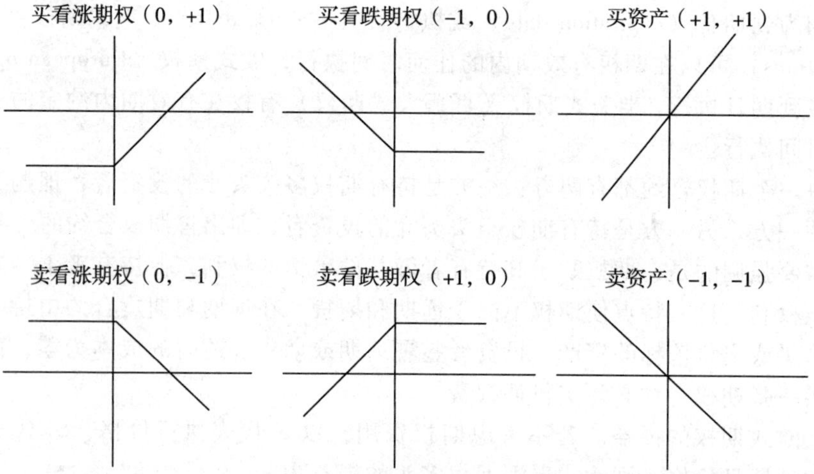

图1-12 六个组合积木工具的基石

图1-12中六个组合积木工具的基石存在算术关系，并可构成更为复杂的组合积木工具。比如，购买资产和卖出以该资产为标的看涨期权组合就相当于卖出以该资产为标的看跌期权，结果如图1-13所示；同样道理，卖出资产和购买以该资产为标的看涨期权组合就相当于买入以该资产为标的看跌期权；购买资产和购买以该资产为标的看跌期权组合就相当于购买以该资产为标的看涨期权；卖出资产和卖出以该资产为标的看跌期权组合就相当于卖出以该资产为标的看涨期权。

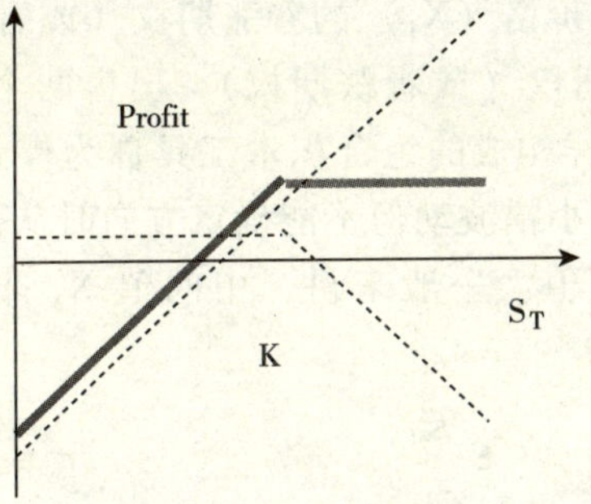

图 1－13 期权算术

下面再给出几个常用的略微复杂的组合积木工具：

①购入较低约定价格的看涨期权（或看跌期权）和出售较高约定价格的看涨期权（或看跌期权）构成的组合积木工具称为牛市期权价差，购入较高约定价格的看涨期权（或看跌期权）和出售较低约定价格的看涨期权（或看跌期权）构成的组合积木工具称为熊市期权价差。

若投资者预期股票价格小幅上涨从而构造牛市差价期权，购买一个较低执行价格（X_1）的股票看涨期权和出售一个相同股票的较高执行价格（X_2）的看涨期权；两个期权的到期日相同。执行价格较高看涨期权的价值小于执行价格较低看涨期权的价值，因此用看涨期权构造牛市差价期权时，投资者需要初始投资，即现金流出 $C_1 - C_2$。如图 1－14 所示。

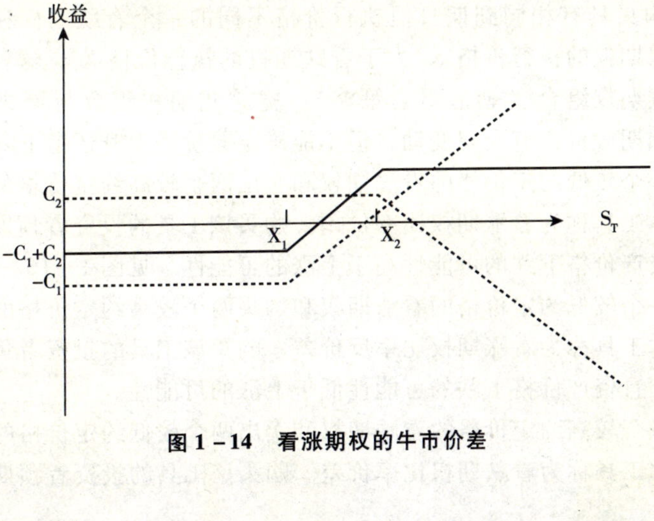

图 1－14 看涨期权的牛市价差

②购买一个较低执行价格（X_1）的看涨期权（或看跌期权），购买一个较高执行价格（X_3）的看涨期权（或看跌期权），出售两个执行价格（X_2）的看涨期权（或看跌期权），这样构成的组合积木工具称为蝶式价差。购买蝶式价差的投资者预期股票价格会有小幅波动但不能确定方向时从而构造蝶式差价期权，其中 X_2 为 X_1 和 X_3 的中间值。一般来讲，中间值 X_2 非常接近股票的现价。如图 1－15所示。

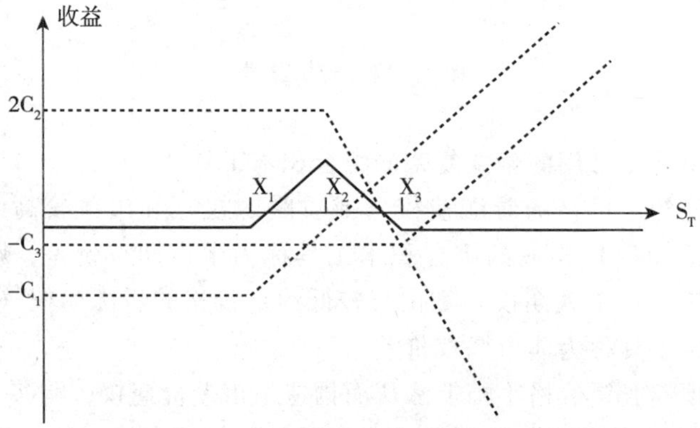

图 1－15　看涨期权的蝶式价差

③同时买入同一种股票的具有相同的执行价格和到期日的看涨期权和看跌期权构成的组合积木工具称为跨式期权组合。购买这种工具的投资者希望股票价格的波动幅度越大越理想，但不能确定方向。

④同时购买具有相同到期日但执行价格不同的一个看跌期权和一个看涨期权，其中看涨期权的执行价格 X_2 大于看跌期权的执行价格 X_1，这种组合积木工具称为宽跨式期权组合（勒形组合策略）。宽跨式期权组合与跨式期权组合类似，投资者预期股价会有大幅变动，但不能确定股价是上升还是下降。

⑤购买一个较低约定价格的看涨期权和卖出两个较高约定价格的看涨期权构成的组合积木工具称为看涨期权比率价差。购买该工具的投资者预期资产价格变化不大，且资产价格下跌的可能性高于上涨的可能性。见图 1－16。

⑥卖出一个较低约定价格的看涨期权和购买两个较高约定价格的看涨期权构成的组合积木工具称为看涨期权比率反价差。购买该工具的投资者预期资产价格变化比较大，且资产价格下跌的可能性低于上涨的可能性。

⑦购买一个较高约定价格的看跌期权和卖出两个较低约定价格的看跌期权构成的组合积木工具称为看跌期权比率价差。购买该工具的投资者预期资产价格变

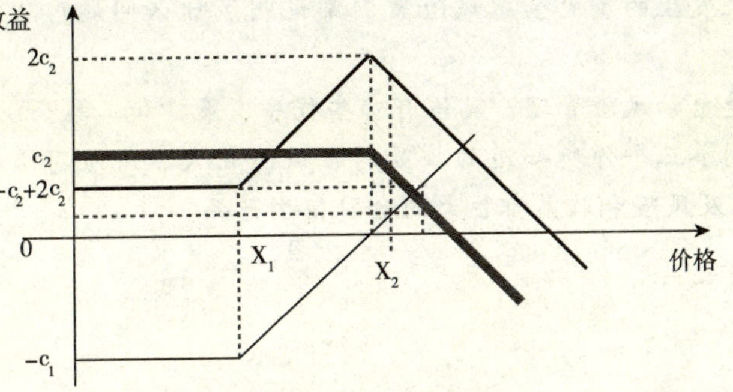

图1－16 看涨期权比率价差

化不大，且资产价格下跌的可能性低于上涨的可能性。

⑧卖出一个较高约定价格的看跌期权和购买两个较低约定价格的看跌期权构成的组合积木工具称为看跌期权比率反价差。购买该工具的投资者预期资产价格变化比较大，且资产价格下跌的可能性高于上涨的可能性。

有关组合积木式工具有很多，以上只举了几个简单的例子，只要掌握了基本原理，就可以通过组合制造各种符合需求的组合积木式工具。只是要清楚这个组合积木式衍生工具的作用和风险，才能使用好这些工具。

1.5 本章小结

本章为绪论，首先通过几个案例说明在生产经营和日常生活中，金融风险无处不在，这几个案例主要体现了汇率、商品市场、股票市场、股权运作和操作方面存在的风险，实际远不止这些，当然对这些案例的深入理解有赖于对后续内容的不断学习和掌握。接下来主要从资产的波动性、经济的多变性、风险的传染性和多元性论述了为什么要管理金融风险，金融风险是如何分类的，这种分类意义何在，同时介绍了金融风险和金融风险管理的概念、价值、程序、策略与工具。

复习思考题

1. 什么是金融风险？
2. 金融风险产生的理论解释有哪些？在现实中与哪些因素有关？
3. 金融风险有哪些种类？

4. 历史上发生的重大金融风险案例都说明了什么问题？从中可以得到哪些启示？

5. 什么是金融风险管理？具体有哪些程序、策略和工具？

6. 分别列举三个你所知道的收益封顶风险巨大、风险有限收益巨大、风险和收益都有限及风险和收益都巨大的金融衍生产品。

第 2 章

金融风险度量方法

投资者进行金融资产的投资，面临着风险和收益的权衡，对于银行等金融机构的管理者，其持有的金融资产所面临的风险大小还将影响到机构的正常运行。因此，明确风险的大小对于投资者以及机构管理者是至关重要的。金融风险的度量方法经历了从方差和标准差到由贝塔值，再到 VaR 的演变过程。本章将为读者介绍现代金融风险的度量方法，2.1 中介绍了均值—方差模型、贝塔值模型和期权费用法；2.2 中介绍了 VaR 方法基本理论和计算公式；2.3 中介绍了投资组合 VaR、边际 VaR、增量 VaR 和成分 VaR，从中可以看到 VaR 不仅适用于单项资产的风险度量，也可以对资产组合进行综合的风险度量，还可以对资产组合的变动所引起的风险变动的大小进行度量，这也正是运用 VaR 方法进行风险度量的优势所在；2.4 中列举了几个例子；2.5 中介绍了 VaR 方法的局限性以及最新进展。

2.1　Markowitz 的均值—方差模型

这一章所讲的金融风险度量方法主要是指市场风险度量方法，人们最早对市场风险的研究是借助于效用理论，特别是期望效用理论。市场风险的度量研究从两个方向发展，一是从效用函数本身的研究出发，从一般意义上探讨市场风险的度量问题，如效用函数的风险模型、随机占优选择模型等；另一个方向是从具体的度量方法出发，开发各种市场风险度量指标，在这个方向上，Markowitz (1952) 的工作具有开创性，以后的各种风险度量方法都是在此基础上进一步发展和完善的。Markowitz 在证券收益率服从正态分布等严格假设下，以收益率的方差作为风险度量指标，提出了 Markowitz 模型，开创了定量度量市场风险的先河。Sharpe 的贝塔值理论是 Markowitz 早期工作的简化，针对模型协方差阵计算困难以及用方差计算市场风险不能有效区分系统性风险和非系统性风险，进而不能对市场风险进行分析和控制的弱点，提出了贝塔值理论，该理论使市场风险度量有了比较强的应用基础。随着研究的深入，投资收益率服从正态分布的假设遇到了挑战，如果投资收益率不服从正态分布，运用方差或贝塔值度量市场风险是不正确的或者是没有意义的。针对这种情况，研究者提出了用 Hurst 指数度量市场风险的理论。然而，无论是方差、贝塔值或者是 Hurst 指数，一般都要借助历史数据度量市场风险，因此它们是市场风险的事后度量。为了克服事后度量的不足，有关学者根据信息熵理论，运用分析者对收益率的预测，提出了度量市场风险的信息熵值方法。

无论上述哪个理论，都是以风险是收益率的波动为基础的，真正动摇此理论基础的是风险度量的下偏矩理论，该理论认为只有收益的损失部分才是风险因素而应该计入市场风险度量模型。更广泛的概念是下方风险，它仅仅关注收益的损失部分。在本章接下来的部分，主要研究市场风险的度量。

2.1.1 资产组合的风险

1952 年，Markowitz 发表了一篇里程碑式的论文，被公认为“现代组合理论”的开端。他的方法是：假设投资者有一笔资金在现时购买股票，这笔资金要投资一段时间，即所谓的投资者持有期。在持有期的期末，投资者将卖掉在期初购买的股票。可以将 Markowitz 的方法视为一个单期方法，将期初记为 $t=0$，期末记为 $t=1$。在 0 时刻，投资者需要决定每种特定股票各购买多少，并持有到 1 时刻。因为一个选择就是一个股票的组合，因此这个决策常被称为“组合选择问题”。

在 0 时刻作出决策时，投资者应该清醒地认识到：在持有期期末的证券回报是未知的。投资者可能去估计所考虑的各种证券的预期回报率，然后投资于预期回报率最高的一种证券，但 Markowitz 注意到这种决策是不明智的，因为典型的投资者不仅要求“高的回报率”，还要求“回报率的方差最少”，这意味着投资者需要在预期回报和不确定性这对相互矛盾的目标中寻找平衡。

若用 R 表示资产的期望收益，σ 表示资产的方差，如前所述，σ 可以用来表示资产的风险。如果投资者改变只选择一种证券的方法而选择购买多种证券，那么如何表示风险呢？

假设用 R_i 表示资产组合中资产 i 的期望收益，σ_i 表示资产组合中资产 i 的风险，w_i 表示投资在第 i 种资产的权重，为了与资产的风险权重相区别，这里称为价值权重。$\sigma_{i,j}$ 表示资产 i 和资产 j 之间的协方差。N 表示资产组合中的资产数量。那么资产组合的期望收益率可以用式（2－1）表示。

$$R_p = \sum_{i=1}^{N} w_i R_i \tag{2-1}$$

资产组合的总风险可以用式（2-2）表示。

$$\sigma_p^2 = \sum_{i=1}^{N}\sum_{j=1}^{N} w_i w_j \sigma_{i,j} \tag{2-2}$$

用矩阵符号表示，资产组合的期望收益率可以用式（2-3）表示。

$$R_p = W^{\tau} R \tag{2-3}$$

资产组合的总风险可以用式（2-4）表示。

$$\sigma_p^2 = W^{\tau} \Sigma W \tag{2-4}$$

其中

$$W = \begin{bmatrix} w_1 \\ w_2 \\ \vdots \\ w_N \end{bmatrix},\ R = \begin{bmatrix} R_1 \\ R_2 \\ \vdots \\ R_N \end{bmatrix},\ \Sigma = \begin{bmatrix} \sigma_{11} & \sigma_{12} & \cdots & \sigma_{1N} \\ \sigma_{21} & \sigma_{22} & \cdots & \sigma_{2N} \\ \vdots & \vdots & \ddots & \vdots \\ \sigma_{N1} & \sigma_{N2} & \cdots & \sigma_{NN} \end{bmatrix}$$

2.1.2 边际风险

边际风险是指在资产组合中资产 i 每增加一个单位对资产组合总风险的影响。资产组合的边际风险向量 MR 可以通过数量关系式（2-5）求出。

$$MR = \frac{\partial \sigma_p^2}{\partial W} = 2\Sigma W = 2W^{\tau}\Sigma \tag{2-5}$$

资产组合中的第 i 个资产边际风险 MR_i 可以通过数量关系式（2-6）求出。

$$\begin{aligned} MR_i &= \frac{\partial \sigma_p^2}{\partial w_i} = 2w_i\sigma_i^2 + 2\sum_{j=1, j\neq i}^{N} w_j \sigma_{i,j} \\ &= 2\mathrm{cov}(R_i, w_i R_i) + 2\mathrm{cov}(R_i, \sum_{j=1, j\neq i}^{N} w_j R_j) = 2\mathrm{cov}(R_i, \sum_{j=1}^{N} w_j R_j) \\ &= 2\sigma_{i,p} \end{aligned} \tag{2-6}$$

$\Sigma W = [(\sigma_{1p} \quad \sigma_{2p} \quad \cdots \quad \sigma_{Np})]^{\tau}$

边际风险的另一种表示方法见式（2-7）。

$$\underline{MR}_i = \frac{\partial \sigma_p}{\partial w_i} \tag{2-7}$$

通过复合函数求导法则可以得到 $MR_i = \frac{\partial \sigma_p^2}{\partial w_i} = 2\sigma_p \frac{\partial \sigma_p}{\partial w_i} = 2\sigma_p \underline{MR}_i = 2\sigma_{i,p}$，即

$$\underline{MR}_i = \frac{\partial \sigma_p}{\partial w_i} = \frac{\sigma_{i,p}}{\sigma_p} = \rho_{i,p}\sigma_i = \frac{MR_i}{2\sigma_p} \tag{2-8}$$

边际风险最重要的作用是可以计算资产组合中每个风险资产的风险占资产组合总风险的比重，这个比率又称为风险贡献率。风险贡献率计算可以用式

(2－9)表示。

$$\frac{MR_i}{\sum_i w_i MR_i} = \frac{2\sigma_p \underline{MR_i}}{\sum_i w_i(2\sigma_p \underline{MR_i})} = \frac{\underline{MR_i}}{\sum_i w_i \underline{MR_i}} \quad (2-9)$$

可见，两种表示方法计算的边际风险的结果不同，但计算风险贡献率的结果是相同的，说明起到的作用是相同的。

2.1.3 Sharpe 的 β 值度量指标

β 值是资本资产定价模型中计量风险的一个指标，它是 Sharpe 在 Markowitz 均值—方差模型的基础上提出来的，是对其工作的一种简化，由于它的简洁性，该方法得到了广泛的接受和使用。其次，单一资产的风险溢价与市场组合的风险溢价与该资产的 β 系数成比例。

Sharpe 假定：①存在大量的投资者，每个投资者都是价格接受者；②所有投资者在同一证券持有期计划自己的投资行为；③投资范围仅限于公开金融市场上交易的资产；④不存在证券交易费用以及税负；⑤所有投资者都是理性的，追求投资组合的风险最小化；⑥所有投资者具有同质预期，即关于证券收益率的概率分布是一致的；⑦投资者是风险厌恶的；⑧对所有投资者而言，信息是免费的并且是立即可得的。

通过这些假设可以看出，把研究的注意力从单一的投资者如何投资，转移到了如果每个投资者都采用同样的投资态度，证券价格将是怎样的。通过考察市场上所有投资者的集体行为，可以得到每一种证券的风险和收益之间均衡关系的特征。

市场组合 M 是由所有证券构成的组合，在这个组合中，投资于每一种证券的比例等于该证券的相对市值。首先，所有市场上存在的资产必须被包含在 M 所代表的资产组合里，不被 M 所包含的资产会变得无人问津，直到进入 M 所代表的组合；其次，当市场均衡时，对任何一种资产都不会有过度的需求和供给，因为所有的理性投资者所选择的风险资产的比例都应该同 M 所代表的资产组合里的投资比例相同。

在包含无风险证券时，代表有效组合的点必须在无风险组合和市场组合构成的直线上，因此，不管投资者的收益或风险偏好怎样，只有找到切点 M 所代表的市场组合，再加上无风险证券，就能为所有投资者提供最优的投资方案。

假设 R_f 表示无风险利率，$E(R_p)$ 和 $E(R_i)$ 分别表示证券组合的平均预期收益率和第 i 个证券的预期收益率。$\beta_i = \frac{\sigma_{i,p}}{\sigma_p^2}$表示第 i 个资产相对于整个组合的风险。那么 CAPM 的最普遍形式可以用式（2－10）表示。

$$E(R_i)=R_f+[E(R_p)-R_f]\beta_i \tag{2-10}$$

对于β大于1的投资项目要承担高于市场平均的风险，则应该得到高于市场的风险溢价；β低于1意味着其承担低于市场平均的风险，则应该获得低于市场的风险溢价。

在Markowitz模型中，协方差计算量最大也是最复杂的，在保持模型其他假设不变的情况下，Sharpe提出了如下的市场模型用于简化协方差的计算。

$$R_i=\alpha_i+\beta_i R_p+e_i \tag{2-11}$$

上式中的R_i为证券i的回报，R_p为市场组合的回报，β_i为证券回报相对于市场组合回报的测度，e_i为随机误差，α_i为常数回报。假设$E(e_i)=0$，市场组合与随机误差项不相关，由式(2-10)和式(2-11)都可以得到$\beta_i=cov(R_i,R_p)/\sigma_p^2$，用来测度第i个证券走超额收益率变动与证券组合走超额收益率变动关系。

我们已经看到β是一种对风险的基本度量，为了评价风险，恰当评价个别证券和投资组合的β是必不可少的。尽管β值作为风险计量指标得到了广泛的应用，但由于CAPM建立在一系列假设基础上，因此存在一些不足：

①β度量的投资风险是以波动性作为基础，而波动性不能正确反映风险。同时，由于β是根据方差和协方差计算的，方差存在的问题，β同样存在。

②证券市场β值与期望收益之间存在正线性关系，市场β足以描述期望收益，这是CAPM的核心内容之一，但这一结论是值得怀疑的。最主要的证据有Fama&French，Roll&Ross等人的研究结果。Fama&French对美国主要三个证券交易所62年每天的证券价格的数据进行研究发现，β值与收益之间关系并不显著，或者说β值不能描述过去62年平均的证券收益。Roll&Ross指出，从理论上讲，当且仅当市场指数准确位于均值—方差有效边界上，β与期望收益之间的正相关关系才能得到满足，但由于估计市场指数的误差，要使得市场指数准确位于有效边界上是不可能的。

β_i与边际风险的关系是：

$$\beta_i=\frac{cov(R_i,R_p)}{{\sigma_p}^2}=\frac{\sigma_{i,p}}{{\sigma_p}^2}=\frac{MR_i}{\sigma_p} \tag{2-12}$$

β_i与相关系数的关系是：

$$\beta_i=\frac{cov\ (R_i,R_p)}{{\sigma_p}^2}=\frac{\rho_{i,p}\sigma_i\sigma_p}{{\sigma_p}^2}=\rho_{i,p}\frac{\sigma_i}{\sigma_p} \tag{2-13}$$

向量β可以写成：

$$\beta=\frac{\sum W}{W^\tau\sum W}=\frac{1}{{\sigma_p}^2}\ [\sigma_{1p}\quad \sigma_{2p}\quad \cdots\quad \sigma_{Np}]^\tau \tag{2-14}$$

所以边际风险可以写成：

$$\underline{MR}_i = \beta_i \sigma_p \quad (2-15)$$

对于市场组合，其风险溢价 $E(R_p) - R_f$ 和方差 σ_p^2 之比，即$\frac{E(R_p) - R_f}{\sigma_p^2}$称之为风险的市场价格，这是衡量风险和回报关系的重要指标之一，实际上是 Sharpe 比率的一种变形。显然，根据市场组合是资产市场处于均衡状态时的最优风险资产组合，风险的市场价格就是风险的最优价格，同时，资产市场均衡意味着风险的边际价格是稳定的，即无论是增加市场组合的投资还是任何单一资产的投资，给整个组合增加一个单位的风险所增加的风险溢价应该是相同的。否则，投资者在追求较高的风险边际价格的过程中，通过对资产的选择改变市场的供求状况和价格，最终使市场走向风险的边际价格稳定的均衡状态。

可以说用方差、边际风险和 β 度量市场风险是直观的和容易理解的，均值—方差模型特征是资产收益服从某种分布，平均收益用期望表示，收益的波动性用方差表示，方差越大表示风险越大。从统计上讲，描述不确定性程度的较好方法是利用资产未来价格或收益的标准差（即离散程度），从定性概念上看这种对风险的理解是不无道理的，但是如果要从实际应用的角度来说，还需要进一步深入研究。因为无论用资产未来收益率的方差或标准差来描述风险的大小还是用边际风险和 β 度量风险的大小都没有与投资主体的损失联系起来。因此接下来在介绍期权费用法之后有必要详细介绍可以克服这一不足的市场风险度量 VaR 法。

2.1.4 期权费用法

给定目标收益水平，某种资产的风险可以直观定义为保证未来资产收益达到这一目标收益所需要的保险费用，它等于以该资产为标的物，以目标收益为敲定价格的看跌期权的费用。期权作为一种风险管理工具，已经广泛地应用于风险管理实际当中。人们自然要问，期权作为风险管理工具，是否合理？是否可行？如果可行的话，就可以实现风险测度和风险管理的有机结合。因此，采用期权费作为风险测度具有很明确的经济含义和实际应用价值。

首先，从投资者角度来看，投资者只是将某个目标以下的那部分不确定性视为风险，而乐于接受目标以上的不确定性。投资者如果购买一个以该资产为标的资产，给定目标值为敲定价格的看跌期权，则投资者完全转移了目标以下的他认为的不确定性，而保留了偏离目标以上的那部分他乐于承受的不确定收益。购买看跌期权的费用，相当于投资者为转移风险而必须付出的保险费，因此以期权费作为风险测度指标具有直观的经济含义。Jarrow（2002）指出，公司为避免破产的保险费用等于以公司价值为标的资产，执行价为 0 的看跌期权费，因此他利用该看跌期权费作为风险测度，衡量公司的破产风险。

其次，如果对应资产的期权在市场上有交易，那么期权价格可以直接作为未来资产价格风险的度量。风险是建立在未来损益不确定的基础上的，采用历史数据或者是主观估计，未必能够对未来的风险作出最佳预测。当市场上可能获得最新信息时，这些信息不能简单地反映在历史数据模型中。而衍生工具市场的一个重要功能是价格发现，如果期权市场是有效的，期权价格能够反映未来市场基础资产价格的波动性。事实也证明了期权预测方法的优越性。Jorison（1995）指出，对货币期货而言，期权隐含的波动包括时间序列模型所包含的所有信息。而 Campa 和 Chang（1998）在研究美元兑马克和美元兑日元汇率的相关性时也发现，期权隐含的相关性比历史数据对于未来的预测性更为优越。

期权费用法是用平均损失水平或期望的损失水平来度量的。其定义形式为 $|S_T-K| = E\max\{K-S_T,0\} + E\max\{S_T-K,0\}$，其中，K 表示执行价格，$S_T$ 表示标的资产的到期日价格。这种金融风险度量是客观的，可以直接运用。例如 $E\max\{S_T-K,0\}$ 即表示了价格上涨的风险，也描述了消除此风险的代价；$E\max\{K-S_T,0\}$ 既表示了价格下跌的风险，也描述了消除此风险的代价。显然，消除风险的代价是与风险的大小相对应的，消除风险的代价应当能够描述风险的大小。

期权作为风险测度的缺陷可能是市场上期权交易的品种不够广泛。但是随着期权交易在全世界的迅速发展，我们就可以用前瞻性的期权数据来衡量风险。

总的来说，期权作为风险测度具有很明确的经济含义和实际应用价值。但遗憾的是，期权风险测度并不满足 Artzner（1999）定义的一致风险测度公理中的转换不变性（平移不变性）假设。一种风险测度满足平移不变性，是指如果资产中加入 α 的资金使风险测度减少 α。

掌握了 β 值度量指标和期权费用法的知识，就可以使用指数期权对投资组合进行保险。假定指数点为 S_0，每点价值为 100 美元，执行价格为 K，如果一个投资组合的 $\beta=1$，则对于投资组合中持有的每 100 S_0 美元，通过购买一份指数看跌期权合约，投资组合获得了保险。如果 $\beta\neq1$，则对每 100 S_0 美元的投资组合，需购买 β 份的指数看跌期权合约，投资组合获得了保险。在每种情况下，K 给定了合适的保险水平，比如投资组合的 $\beta=1$，投资组合当前价值为 $500 000，指数当前为 1 000 点，每点价值为 100 美元，为了对投资组合的价值落在 $450 000 下方提供保险，需要什么交易才能达到此目标？读者立即就能看出需要购买执行价格是 900 点的指数看跌期权合约 5 份就能达到此目标。下面再给出一个例子。

假设投资组合的 $\beta=2$，投资组合当前价值为 500 000，指数当前为 1 000 点，每点价值 100 美元，年无风险利率为 12%，投资组合以及指数的红利收益都为

4%，为了对投资组合的价值落在450 000下方提供保险，需要购买多少份、执行价格是多少的指数看跌期权？

首先计算3个月后指数水平和投资组合价值的关系，如果指数上升到1 040点，则指数在3个月提供了40/1 000（4%）的回报，这时总回报（包括红利）为5%，相对于无风险利率的超额回报为5% -3% =2%，投资组合的超额回报为β ×2% =4%，投资组合价值增加，4% +3% -1% =6%，所以1 040点对应投资组合价值为$500 000×(1 +6%) = $530 000。同理可以找到任何一个点位对应的投资组合价值，表2 -1给出了6个指数点位对应的投资组合价值。

表2 -1　　　　指数点位对应的投资组合价值　　　　单位：美元

3个月后指数水平	3个月后投资组合价值
1 080	570 000
1 060	550 000
1 040	530 000
1 000	490 000
960	450 000
920	410 000

从表2 -1可以看出，购买执行价格为960点的看跌期权对投资组合价值10%的下降提供保护，购买的数量是10份，计算如下：

$$N = \beta \times \frac{S}{F} = 2 \times \frac{500\ 000}{1\ 000 \times 100} = 10$$

也可以直接通过公式（2 - 10）计算出对应价值为$450 000的点数是960点。

2.2　金融风险度量的VaR方法

2.2.1　VaR方法的基本原理

风险价值（Value-at-Risk，VaR），或称在险价值，或涉险价值，是指在正常的市场条件和一定的置信水平α下，某一金融资产或证券组合在未来特定的一段时间Δt内所面临的最大可能损失。这种基于统计理论的风险测度方法，对于整体风险是一种非常有效的测定和管理工具。

风险价值VaR用数学公式可以表示为：

$$P[L(t) > VaR] = \alpha \tag{2-16}$$

其中，$L(t)=W(t)-W(t+\Delta t)$表示在 t 到 $t+\Delta t$ 时间内资产的损失绝对值，$W(t)$为 t 时刻资产的价值。

从数学意义上来说，VaR 实际上是一个资产（组合）在未来一定持有期内损失分布的分位数，表明该资产（组合）在持有期内将有 α 的概率能保障损失最大不会超过 VaR 值。

例如，当持有期为 1 个月，概率置信水平 5% 时，如果所估计的 VaR 值为 5 000万元，则意味着该投资者估计资产在 1 个月后发生的损失额超过 5 000 万的概率不会超过 5%，然后凭这一估计的概率损失额，投资者可以作出相关的决策。由此可见，这种基于概率意义上的 VaR 损失在概念上确实十分直观地描述了资产在未来时刻可能发生的损失数额。

接下来可以从数学上给出 VaR 定义更为精确的解释。

假设在 t 时刻，损失变量 $L(t)$所服从的概率密度函数为 $f_t(x)$，累积分布函数为 $F_t(x)$，那么在给定置信水平 α 或置信度 $P=1-\alpha$ 的情况下，资产的风险价值 VaR 由下式定义：

$$\int_{-\infty}^{VaR} f_t(x)\,dx = p \text{ 即 } VaR = F_t^{-1}(p) \tag{2-17}$$

其中 $F_t^{-1}(p)$ 为 $F_t(x)$ 的反函数。上式意味着：$P[L(t)\leqslant VaR]=p$ 和 $P[L(t)>VaR]=1-p$，其中 $P(\cdot)$表示概率。

VaR 损失如图 2－1 所示。

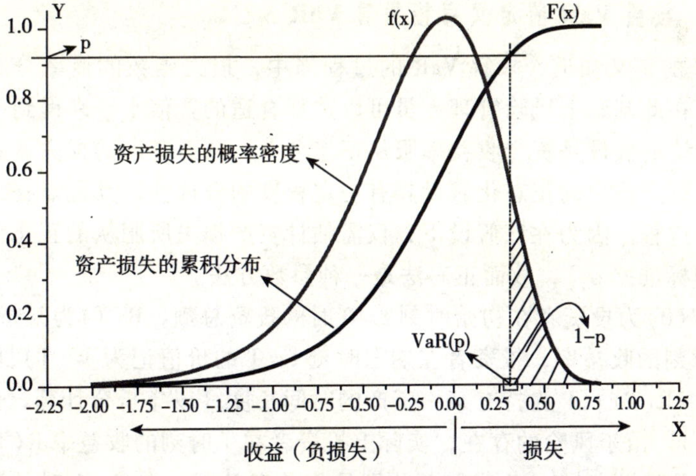

图 2－1　VaR 损失示意图

此时，VaR 是置信水平为 α，且持有期为 1 个时间单位的最大损失。

由定义可知，VaR 刻画的是 t 时刻资产在 1 个时间单位后以置信水平 α 估计的损失数额，它涉及持有期和置信水平两个重要参数，不同的持有期和置信水平对应于不同的 VaR 值。选择不同的持有期将会产生不同的资产损失分布，不同的置信水平将会在此损失分布基础上选择不同的分位数，进而产生不同的 VaR 值。在估计实际的市场风险时，持有期通常可以设置为 1 周、10 天或 1 个月等，而置信水平则可以设置为 5% 或 1% 等。巴塞尔风险监管委员会对金融机构的要求通常是在 99% 的置信度下计算持有期为 10 天的 VaR 值。

由此可见，VaR 值可以简明地通过一个数值表明资产（组合）的市场风险的大小，简单易懂，而且 VaR 方法是一种具有前瞻性的计算事前风险的方法。另外，使用 VaR 还可以衡量全部投资组合的整体风险，这也是传统金融风险管理所不能做到的。VaR 方法的这些特点使它逐渐成为度量金融风险的主流方法，越来越多的金融机构采用 VaR 测量市场风险，使用 VaR 作为风险限额。特别是监管当局也在使用 VaR 确定风险资本金，这使得许多金融机构及其业务部门在作投资选择时，往往需要满足 VaR 约束。

VaR 可以这样通俗地表述：假设某投资者拥有一定价值的股票、债券和基金等资产，现在的问题是，一段时期以后这位投资者可能有的最大损失是多少？这个最大损失即风险价值，其中的“一段时期”可以是 1 周、1 年或任何一个时间段，即要估计的时间长度，“可能”是一个概率概念，即置信度。

下面给出风险值的求法。在实际工作中，当人们需要计算 VaR 值时，通常运用正态求解法、历史模拟法以及蒙特卡罗模拟法三种方法。

2.2.2 按照 VaR 的定义直接推导 VaR

从 VaR 的定义知道，求解 VaR 的过程当中，损失函数的概率分布是关键的输入变量，在此基础上风险管理人员可以选择合适的置信水平来得到 VaR 值。

一种传统的假设是资产收益率服从正态分布，从而资产的损失函数也会具有正态性质。资产损失的正态化假设具有一定程度的合理性，其优点在于大大简化 VaR 的计算过程。因为在该假设下，仅需估计资产损失所服从的正态分布的参数（均值 μ_t 和标准差 σ_t），故而正态法是一种参数方法。

假设 $W(0)$ 为投资者在初始时刻 $t=0$ 时的投资总额，$R(T)$ 为某持有期从 $t=0$ 到 $t=T$ 时刻的收益率，投资者在期末时刻 $t=T$ 的价值记为 $W(T)$，则有 $W(T)=W(0)[1+R(T)]$，T 为持有某一资产的时间长度（以年折合计算，比如 6 个月计为 0.5 年）。由于风险的存在，实际上投资者在 T 时刻的收益率 $R(T)$ 和价值总额 $W(T)$ 都是随机变量，记 μ 和 σ 分别是收益率 $R(T)$ 在 $T=1$ 时的数学期望和波动率，则在 T 持有期内收益率 R(T) 的数学期望和波动率分别为 $\mu T, \sigma\sqrt{T}$。定义 $W^*(T)$ 为在给定的置信水平 α 上，投资者的资产在期末时刻 T 具有的最小价值。定义 $R^*(T)$ 为在给定的置信水平 α 上，投资者的资产在期末时刻的最低收益率，即 $W^*(T) = W(0)[1 + R^*(T)]$。则投资者在时刻 T 的风险价值 VaR(T) 就是相对于期望收益的最大可能损失，即 $E[W(T)] - W^*(T)$。

$$
\begin{aligned}
VaR(T) &= E[W(T)] - W^*(T) \\
&= W(0)[1 + \mu T] - W(0)[1 + R^*(T)] \\
&= W(0)[\mu T - R^*(T)]
\end{aligned}
\tag{2-18}
$$

有时也用绝对损失来度量风险价值，绝对 VaR 是指资产价格相对于 W (0) 的损失，即

$$
W(T) - W^*(0) = W(T) - W(0)[1 + R^*(T)] = -W(0)R^*(T) \tag{2-19}
$$

2.2.3　根据正态分布推导 VaR

对于 R(T) 服从正态分布的 VaR(T) 的计算，可以通过求投资组合或资产的方差比较简单得出 VaR(T) 的计算公式。假设投资者在 T 时刻的净资产收益率 R(T) 服从均值为 μT、方差为 $\sigma^2 T$ 的正态分布，则正态分布的概率密度函数为：

$$
f(x) = \frac{1}{\sqrt{2\pi\sigma^2 T}} e^{-\frac{(x-\mu T)^2}{2\sigma^2 T}} \tag{2-20}
$$

给定置信水平 α，可以从估计分布的有关参数计算风险价值。用式 (2-21) 确定最坏情况的 R(T) 值：

$$
1 - \alpha = \int_{R^*(T)}^{\infty} f(x)\,dx \tag{2-21}
$$

于是有

$$
\alpha = \int_{-\infty}^{R^*(T)} f(x)\,dx = P[R(T) \leqslant R^*(T)] = 1 - p \tag{2-22}
$$

为了查表方便，令 $Z(T) = \dfrac{[R(T) - \mu T]}{\sigma\sqrt{T}}$，记 $Z^*(T) = \dfrac{[R^*(T) - \mu T]}{\sigma\sqrt{T}}$，则可将密度函数为 f(x) 的一般正态分布转化为密度函数为 $\phi(x)$ 的标准正态分布，于是由式(2-22)可得

$$
\alpha = \int_{-\infty}^{\frac{R^*(T)-\mu T}{\sigma\sqrt{T}}} \phi(z)\,dz = \int_{-\infty}^{Z^*(T)} \phi(z)\,dz \tag{2-23}
$$

根据 α 的值，可以通过查标准正态分布表，求出 Z_α 的值，再由参数 μT 和 $\sigma\sqrt{T}$ 的值，就可以求出 $R^*(T) = \mu T + Z_\alpha \sigma\sqrt{T}$。

把 $R^*(T)$ 代入式（2－18）就可以求出风险价值 VaR(T)，即

$$VaR(T)=W(0)[\mu T-R^*(T)]=-W(0)Z_\alpha\sigma\sqrt{T} \quad (2-24)$$

把 $R^*(T)$ 代入式(2－19)就可以求出绝对 $VaR(T)=-W(0)[\mu T+Z_\alpha\sigma\sqrt{T}]$。

另外，还可以通过正态分布的分布函数定义直接得到。用 W(t) 表示 t 时刻资产价值，假设资产的收益率 R(T) 服从正态分布，$R(T)\sim N(\mu T,\sigma^2 T)$，则 $\frac{R(T)-\mu T}{\sigma^2 T}\sim N(0,1)$。则相对 VaR(T) 满足如下等式：

$P\{W(0)[\mu T-R(T)]\leqslant VaR(T)\}=\alpha$，由标准正态分布的对称性可得：

$$P\left[\frac{R(T)-\mu T}{\sigma\sqrt{T}}\leqslant\frac{-VaR(T)}{\sigma\sqrt{T}W(0)}\right]=\alpha$$

若用 $\Phi(x)$ 表示标准正态分布的分布函数，则 $\frac{-VaR(T)}{\sigma\sqrt{T}W(0)}=\Phi^{-1}(\alpha)$，$\Phi^{-1}(\cdot)$ 是标准正态分布函数的逆函数，$\Phi^{-1}(\alpha)$ 就是根据 α 求出的 Z_α。因此，通过 $\frac{-VaR(T)}{\sigma\sqrt{T}W(0)}=Z_\alpha$ 可以得到 $VaR(T)=-W(0)Z_\alpha\sigma\sqrt{T}$。这与式(2－24)是相同的，只不过更直观、更简单，用同样的方法可以得到绝对 VaR(T)，因为绝对 VaR(T) 必须满足如下等式：

$$P[-W(0)R(T)>VaR(T)]=\alpha$$

即
$$P\left[\frac{R(T)-\mu T}{\sigma\sqrt{T}}\leqslant\frac{-VaR(T)-\mu TW(0)}{\sigma\sqrt{T}W(0)}\right]=\alpha$$

因此有
$$\frac{-VaR(T)-\mu TW(0)}{\sigma\sqrt{T}W(0)}=Z_\alpha$$

$$VaR(T)=-W(0)[Z_\alpha\sigma\sqrt{T}+\mu T] \quad (2-25)$$

式(2－25)就是绝对 VaR（T）的计算公式。

可见在收益率正态分布的假设下，只需要知道分布的参数特征，即均值和方差，就可以很方便地求解 VaR 了。正态求解方法最适合于单项资产 VaR 的求解，当考虑多项资产所构成的投资组合时，如果能够获得所有相关资产的历史价格数据，可以将该资产组合视为一个单独的资产，考虑上述的均值与标准差的估计，同样可以很容易地获得 VaR 损失的结果。然而，在实际中，金融机构所拥有的资产数量通常十分庞大，这种方法涉及的计算工作量很大，耗时很多，因此往往更倾向于采用方差—协方差方法（见本书 2.1 部分）。

2.2.4 运用历史模拟法计算 VaR

正态分布法求解 VaR 简洁易懂，使用者只需要得到正态参数，即可求解资

产的风险价值。然而金融市场的数据证明，正态分布的假设并不完全正确，事实上经常能观察到收益分布的尖峰、厚尾、偏斜等非正态特征。尤其是 VaR 测度的资产价格分布的左尾，如果出现了厚尾的情况，估计出的 VaR 将会出现较大的偏差。

如果考虑另一种求解思路，不对资产收益率的分布作出任何假设，假定过去包含了未来的重要信息，从历史数据中可以发现一些有用的信息来帮助预测未来，即用历史数据对未来资产价值及其收益率的变动进行估计，这种方法就是历史模拟法。

运用历史模拟法计算 VaR 是一种简单的基于经验分布的方法，它不需要对资产收益的分布作出假设。它假设资产组合未来收益变化与过去是一致的，因此用收益的历史分布来代替收益的预期分布，以此来求得资产的 VaR 值。事实上，1993 年巴塞尔委员会制定的银行充足性资本协议的基础便采用了该方法。

历史模拟法利用求解次序统计量的方法对资产的 VaR 损失作出估计，因此它是模型独立（model-independent）的一种方法。例如在计算 $1-\alpha=95\%$ 置信度下的 VaR 值时，首先需要选择一个观测时间区间，假设考虑采用最近 $M=100$ 天的损失数据来估计 VaR，即区间大小为 100。按照升序排列本区间内的资产损失，那么第 $(1-\alpha)M=95$ 个损失数据即为 95% 置信度下的 VaR 值。如果 $(1-\alpha)M$ 不是整数，例如 $(1-\alpha)M=90.5$，则可以选择第 90 个和第 91 个损失数据，并通过线性插值求得 VaR 值。

历史模拟法的计算步骤为：

（1）建立价格映射，即识别出基础的市场因子，收集市场因子适当时期的历史数据（典型的是 3～5 年的日数据），并用市场因子表示出证券组合中各个金融工具的盯市价值。

（2）根据市场因子过去 $N+1$ 个时期的价格时间序列，计算市场因子过去 N 个时期价格水平的实际变化。假定未来的价格变化与过去完全相似，即过去 $N+1$ 个时期价格的 N 个变化在未来都可能出现，这样结合市场因子的当前价格水平可以直接估计市场因子未来一个时期的 N 种可能价格水平。

（3）利用证券定价公式，根据模拟出的市场因子的未来 N 种可能价格水平，求出证券组合的 N 种未来盯市价值，并与对应当前市场因子的证券组合价值比较，得到证券组合未来的 N 种潜在损益，即损益分布。

（4）根据损益分布，通过分位数求出给定置信水平下的 VaR。

2.2.5　运用蒙特卡罗模拟计算 VaR

在 2.2.3 中介绍的正态法基于收益率的正态性假设，而 2.2.4 中的历史模拟法则通过历史数据推断将来的资产损失分布，其主要区别在于选取构造资产价格分布的方法不同，但是这两种方法都存在一定的缺陷。

蒙特卡罗模拟方法提供了另一种模拟构造资产价格分布的思路。其基本思想是，重复模拟金融变量的变动，涵盖所有可能发生的情形的随机过程。假设知道这些变量服从预定的概率分布，因此随机模拟的过程就是重现投资组合价值分布的过程。由于我们知道，在 2.1 中讲到金融资产价格实际上是风险因子向量驱动的一个价值函数，蒙特卡罗模拟就是通过模拟这些风险因子的变动，进而模拟金融资产价格的变动，并建立资产价值变动损失的分布。蒙特卡罗模拟有单因子变量模拟和多因子向量模拟两种灵活的方式，并且在蒙特卡罗模拟下，可以突破传统的正态性假设。技术上说，可以做出任意的资产价值变动的分布形式，然后利用计算机进行模拟，得到资产价值变动在最终目标期的概率分布。

单一风险因子下，运用蒙特卡罗模拟法计算 VaR，主要分为以下几步：

首先，选择一个随机模型，以反映价格的走势，并对其进行模拟。比如金融理论中的一个常用的模型就是假设资产价格服从几何布朗运动：

$$dS_t = \mu S_t dt + \sigma S_t dz \tag{2-26}$$

其中 dz 是均值为 0，标准差为$\sqrt{t}$的正态随机变量。μ 和 σ 分别代表资产收益率的瞬时均值和瞬时标准差（这里假设 μ 和 σ 是时间不变量）。

然后，分割整个持有期时间区间，在每个小时间区间上模拟资产价格的变动。例如可以把持有期[0，T]分割成一系列小的区间$[t_{i-1}, t_i]$，$t_0=0$，区间长度 $\tau=T/n$，然后对资产价格进行模拟。进行一次模拟，即假定在这样的 n 个时间段上相继发生价格变动，就会产生一条近似资产价格变动的样本路径。通过足够多次的模拟，可以得到足够多的样本路径，最终形成一定数量的时刻 T 的资产价格的随机实现值，这样就模拟了 S_T 的概率分布。

为方便模拟，需要按如下方式离散化几何布朗运动模型：

$$\Delta S_t = S_{t-1}\ (\mu\Delta t + \sigma\varepsilon\ \sqrt{\Delta t}) \tag{2-27}$$

其中，ε 是一个标准正态随机变量的随机实现值，均值为 0，方差为 1。为了模拟价格走势，可以从 S_0 出发，利用计算机模拟一系列的 ε 值，代入到式(2-27)中，得到资产价格 S_1，继续同样的工作，得到 S_2，S_3，……，$S_n=S_T$。这样就完成了一个价格序列随机过程样本路径的模拟，重复多次就可以近似得到 S_T 的分布。

此时，根据已经模拟得到的大量的资产在目标时期的价格，依据选定的置信水平 α，求解 VaR 的方法和历史模拟法下完全相同，只不过这里的资产价格分布不是从历史数据中得到的，而是通过首先设定资产价格变动的随机过程，利用计算机技术模拟得到的。也即，此时需要选择一个分位数，使得资产价格小于分位数的概率是 $1-\alpha$。这个分位数就是所要求的 VaR 值。

而实际上，投资组合遭受的金融风险往往不止一种，通常需要综合考虑 N 个风险因子。可以通过合适的函数形式把资产价格写成这个 N 维风险向量的函数，然后通过对每个风险因子设定合适的随机过程，通过计算机模拟，得到一些基本因子的变动，然后得到资产价格的变动路径。通过大量的模拟，同样可以得到资产价格在目标时期的分布，据此就可以计算资产组合的 VaR 了。由于多维的蒙特卡罗模拟中涉及较多的随机数学，有兴趣的读者可以参考相关文献的详细介绍。

蒙特卡罗模拟在采取随机变量的形式上拥有较大的灵活性，既可以采取单个风险因子，也可以采取多维的风险向量来描述资产价格的变动。并且，选定了资产价格的风险因子之后，可以根据市场经验或者理论要求来随意设定因子所服从的分布，这些赋予蒙特卡洛模拟方法极大的灵活性。

从技术上来讲，可以在计算机上生成各种分布的随机变量。令 $\{X_n\}$ 为一个随机过程，若 $X_n = F_{X_n}^{-1}(Y)$，其中 $Y \sim U(0,1)$，由概率论中的基本结论，我们知道，X_n 的分布函数为 $F_{X_n}(x)$。因此，任何分布都可以表示为（0，1）上的均匀分布的函数。

假设资产价格服从某种分布 $P_t(x)$，但有时候并不容易知道它，或者无法通过确切的解析形式来表达这种分布。一般来说可以对资产价格的变动作出某种假设。用 X_t 表示资产价格的变动过程，假设其服从分布 $F_{X_t}(x)$，则 $X_t = F_{X_t}^{-1}(U_t)$。这样可以通过对 U_t 的路径进行模拟进而得到 X_t 的路径。通过大量数据采样的随机模拟，就可以近似地刻画资产价格的分布 $P_t(x)$。这样，就可以计算资产的 VaR 值了。

需要注意的是，实际应用中需要对资产价格的变动路径进行模拟，进而得出最终时刻资产价格的分布，但是往往我们并不能确切地将资产价格的分布用解析表达式表示出来，因此就需要用到蒙特卡罗方法来近似模拟出它的分布。

一般型蒙特卡罗模拟方法的基本步骤如下：

（1）针对实际问题建立一个简单且便于实现的概率统计模型，使所要求得的解恰好是所建模型的期望值；

（2）对模型中的随机变量建立抽样分布，在计算机上进行模拟试验，抽取足够的随机数，对有关的事件进行统计；

（3）对模拟试验结果加以分析，给出所求解变量的估计及其方差的估计；

（4）必要时，还应改进模型以提高估计精度和模拟计算的效率。

2.3 投资组合的 VaR 分析

有了前两节的知识，我们可以分析和计算投资组合的 VaR 值。从投资者的角度来说，投资组合的持有期应由投资组合自身的特点来决定。同时，必须假设持有期内，投资组合内的头寸保持不变，以方便我们的分析。置信水平的选取反映了投资主体对风险的厌恶程度，置信水平越高，厌恶风险的程度越大。同样的投资组合，由于选取的置信水平不同，计算出的 VaR 值也不同。由 VaR 的定义可知，置信水平越高，投资组合的损失小于其 VaR 值的概率越大，也就是说，VaR 模型对于极端事件的发生进行预测时失败的可能性越小。

假定单个证券的收益率服从正态分布，则投资组合收益率（一个正态随机变量的线性组合）也是正态分布的。实际上，只要将资产组合当作单一资产来看，则分析方法与 2.2.1 中的方法完全一样，根据资产组合的总风险公式(2－4)和单一资产 VaR(T) 的计算公式(2－24)可以得到投资组合的 $VaR_p(T)$ 的计算公式，即

$$VaR_p(T) = -W(0)Z_\alpha\sigma_p = -W(0)Z_\alpha\sqrt{W^\tau\sum W} \tag{2-28}$$

2.3.1 投资组合的边际 VaR

为了衡量头寸的变化对投资组合风险的影响，使用单一 VaR(T) 是不够的。就单一资产来说，波动性只能衡量该资产收益率的不确定性。当这些资产属于一个投资组合时，重要的是它将引起投资组合的风险如何变化。

边际 VaR 被定义为当投资组合中的某种资产 i 增加一个单位时，引起的投资组合 $VaR_p(T)$ 的变化值。它也是投资组合 $VaR_p(T)$ 对资产 i 的偏导数，用 ΔVaR_i 表示投资组合的边际 VaR，根据定义有：

$$\Delta VaR_i = \frac{\partial VaR_p(T)}{\partial w_i W(0)} \tag{2-29}$$

再根据式（2－8）可以得到：

$$\Delta VaR_i = \frac{\partial VaR_p(T)}{\partial w_i W(0)} = -Z_\alpha \frac{\partial \sigma_p}{\partial w_i} = -Z_\alpha \frac{\sigma_{ip}}{\sigma_p} \tag{2-30}$$

这个边际 ΔVaR_i 与 β 系数密切相关，根据 2.1.3 中 β 系数的定义可以得到边际 ΔVaR_i 的另一个计算公式：

$$\Delta VaR_i = -Z_\alpha\beta_i\sigma_p = -Z_\alpha \underline{MR_i} \tag{2-31}$$

我们还可以用矩阵形式写出向量 β（包括所有的资产）：

$$\beta = \frac{\sum W}{W^{\tau} \sum W} = \frac{1}{\sigma_p^{\ 2}} [\sigma_{1p} \quad \sigma_{2p} \quad \cdots \quad \sigma_{Np}]^{\tau} \tag{2-32}$$

注意，在计算 VaR 的过程中已算出了向量 $\sum W$。因此，只要 VaR 被计算出来，β 值和边际 VaR 就可以很容易得到。

β 系数是 Sharpe（1968）的资本资产定价模型（CAPM）的基础。根据 CAPM，资产分布良好的投资者只是承受市场的系统风险。换句话说，所有资产的风险溢价只取决于 β 值。

由式（2-28）和式（2-31）可知 ΔVaR_i 和 β 的关系可表示为：

$$\Delta VaR_i = -Z_{\alpha} \beta_i \sigma_p = \frac{VaR_p(T)}{W(0)} \times \beta_i \tag{2-33}$$

例如：假定投资组合由两种资产组成，组合中两种资产各占50%，资产 1 相对于投资组合的 β 系数为 $\beta_1 = 1.6$，资产 2 相对于投资组合的 β 系数为 $\beta_2 = 0.4$，投资组合总的投资为 1 亿元，组合 $VaR_p = 5\ 000$ 万元，则资产 1 的边际 VaR 为 $\Delta VaR_1 = 0.5 \times 1.6 = 0.8$。同理，可得资产 2 的边际 VaR 为 0.2。也就是说，当投资组合中的资产 1 增加 1 元时，会引起投资组合的 VaR 增加 0.8 元；而当投资组合中的资产 1 减少 1 元时，会引起投资组合的 VaR 减少 0.8 元。类似的，投资组合中资产 2 增加或减少 1 元则只会使得投资组合总体 VaR 增加或减少 0.2 元。

边际 VaR 能被用于管理多种风险，从而达到多种风险管理目标。假设一位投资者想要降低投资组合的 VaR，他可以选择所有的头寸，并减去一个固定数额。那么该投资者应该将所有边际 VaR 数据进行排序，并找出最大 ΔVaR 的资产，从而使其达到最佳套期保值效果。

2.3.2　投资组合的增量 VaR

增量 VaR 可以定义为新头寸的变化引起的 VaR 变化。它与边际 VaR 的不同在于它的增加量或减少量可以很大，在这种情况下，VaR 的变化是非线性的。增量 VAR 可从图 2-2 的描述中获得。

从理论上讲，应先计算初始头寸的 VaR_p，然后计算新头寸的 VaR_{p+a}，则：

$$\text{增量 } VaR = VaR_{p+a} - VaR_p \tag{2-34}$$

注意，a 可以表示单一因素的变化，也可以表示一种多因素的复合变化。一般来说，a 是表示新头寸的一个向量。

对 VaR_{p+a} 进行泰勒展开：

$VaR_{p+a} = VaR_p + (\Delta VaR)' \times a + \cdots$

在上式中，′表示矩阵的转置。如果 a 特别小的话，就可以忽略掉二次项。这样，增量 VaR 的近似值可表示为：

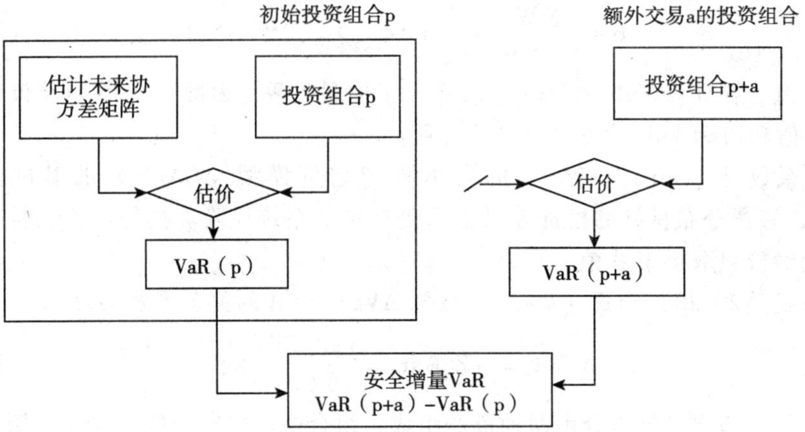

图 2-2　完全重估建议交易的影响

$$\text{增量 VaR} \approx (\Delta \text{VaR})' \times a \tag{2-35}$$

例如：总投资为 10 亿元的投资组合由资产 a 和资产 b 组成，而资产 a 的边际 VaR 为 0.9，资产 b 的边际 VaR 为 0.4，此时如果资产 a 和资产 b 分别增加投资 10 万元和 5 万元，那么投资组合总的 VaR 将近似增加 11 万元。这是因为增量 $\text{VAR} \approx (0.9 \quad 0.4)\begin{pmatrix}10\\5\end{pmatrix} = 11$。

事实上，这种线性的关系近似在数学上可以这样理解：投资组合的各项资产边际 VaR 组成的向量实际上是梯度向量，这个梯度向量和资产组合的头寸变动向量的内积即为投资组合的增量 VaR。

可以证明，对大资本量投资组合来讲，该简化可以得出一个较好的近似值，因为对于资产组合调整的交易相对于原本巨大的投资组合而言一般很小。这样，如果对于巨大的资本量投资组合进行完全重估则需要极大的计算量，而采用简化的增量 VaR 计算方法可以大大加快计算速度。当然，这里应该注意，这仅仅得到一种一阶导数的近似值。

增量 VaR 方法通常适用于某项交易包含了一系列新出的风险因素的情况。考虑下面这种特殊的情况，即一种仅基于一个风险因素（或资产）的头寸。投资组合的价值从原值 W 变到新值 $W_N = W + a$，其中 a 是在资产 i 上的投资额。令 R_N、R_p 和 R_i 分别表示新资产组合、原有资产组合以及新增资产的收益率，则有：

$$W_N R_N = W R_p + a R_i$$

有 σ_N、σ_p 和 σ_i 分别表示 R_N、R_p 和 R_i 的标准差，$\sigma_{i,p}$ 表示 R_p 和 R_i 的协方

差。因此，资产组合的方差如下等式：

$$\mathrm{VaR}(W_N R_N) = \mathrm{VaR}(WR_p + aR_i)$$

$$\sigma_N^2 W_N^2 = \sigma_p^2 W^2 + 2aW\sigma_{ip} + a^2\sigma_i^2 \tag{2-36}$$

对投资组合经理而言，他关心的是找出使投资组合风险达到最小的交易资本量。对 a 求导可得：

$$\frac{\partial \sigma_N^2 W_N^2}{\partial a} = 2W\sigma_{ip} + 2a\sigma_i^2 \tag{2-37}$$

令上式等于 0，得：

$$a^* = -W\frac{\sigma_{ip}}{\sigma_i^2} = -W\beta_i\frac{\sigma_p^2}{\sigma_i^2} \tag{2-38}$$

这是一个最小方差头寸，也是最佳套期保值解。

例如，假定由各占 50% 的两项资产 1 和 2 组成的总投资 1 亿元的投资组合中，资产 1 的 β 系数为 1.6，$\sigma_1 = 4\ 800$，而投资组合的方差 $\sigma_p = 3\ 000$，那么，如果想要减少投资组合中资产 1 的数额，从而使投资组合的风险达到最小，则 $a^* = -1 \times 1.6 \times 0.3^2/0.48^2 = 0.625$（亿元），即应将资产 1 减少 6 250 万元，也就是说投资组合中应卖空 6 250 万元资产 1。

2.3.3 投资组合的成分 VaR

拥有一个当前投资组合风险分解方法是非常有用的。因为投资组合的波动性是其各组成部分的一个高度非线性函数，所有这种分解方法不能直接得到。比如，把所有单个 VaR 进行加总并计算它们的百分数，但这样做是没有用的，因为它完全忽略了分散投资的影响。因此，把边际 VaR 分解法作为一种工具来衡量每种资产对现有投资组合风险的贡献。

成分 VaR 可以通过把边际 VaR 乘以资产 i 的当前头寸（投资额）得出：

$$\text{成分 VaR} = \Delta \mathrm{VaR}_i \times w_i W = \mathrm{VaR}\beta_i w_i \tag{2-39}$$

资产组合的 VaR 通常有两种基本类型：一种是考虑资产分散化的组合的 VaR，另一种是不考虑资产分散化的组合的 VaR。由于资产分散化的效应，组合中所有组成部分（简称成分）的未分散化 VaR 之和通常不等于组合的分散化 VaR。成分的形式可以是金融工具、资产或某项交易。

成分未分散化的 VaR 显然不能反映资产组合的 VaR 中每一成分的贡献。能够反映资产组合 VaR 中每一成分贡献的成分 VaR 必须具备下述基本特征：

①如果这些成分构成组合的全部，则它们的成分 VaR 之和应该等于组合的分散化的 VaR；

②如果把一种成分从组合中删除，则该成分的 VaR 可以反映出组合 VaR 的

变化；

③如果某种资产的成分 VaR 为负，则它可以对冲组合其余部分的风险。

假定资产组合中第 i 个资产的成分 VaR_i 用 $EVaR_i$ 表示，如果 $VaR_p(T)=\sum_i EVaR_i$ 成立，事实上可以利用资产 i 的边际 VaR 计算相应的成分 $EVaR_i$。由式（2－33）和式（2－39）得

$$\sum_i EVaR_i = \sum_i \Delta VaR_i \times w_i W = \sum_i \left(\frac{VaR_p}{W} \times \beta_i\right) \times w_i W = VaR_p\left(\sum_i \beta_i w_i\right) \tag{2-40}$$

而

$$\sum_{i=1}^{n} \beta_i w_i = \frac{1}{\sigma_P{}^2}\sum_{i=1}^{n} cov(l_i, l_p) w_i = \frac{1}{\sigma_P{}^2} cov\left(\sum_{i=1}^{n} w_i l_i, l_p\right) = 1 \tag{2-41}$$

故由式（2－40）和式（2－41）可知

$$\sum_i EVaR_i = VaR_p \tag{2-42}$$

而 $\frac{EVaR_i}{VaR_i} = w_i\beta_i$ 恰好反映了资产 i 的 VaR 贡献率。

VaR 可进一步简化。实际上，β_i 就等于相关系数 $\rho_{i,p}$ 与 σ_i 的乘积与投资组合 σ_p 的比值，因此有：

$$EVaR_i = w_i\beta_i VaR_p = w_i\beta_i \times (Z_\alpha \sigma_p W) = w_i \times \frac{\rho_{ip}\sigma_i\sigma_p}{\sigma_p^2} \times (Z_\alpha \sigma_p W) = \rho_{ip} VaR_i$$

只要我们把单个 VaR 乘以相关系数，就可以将单个 VaR 转换成整体投资组合的分布函数。成分 VaR 表明，若该构成成分被从投资组合中剔除掉，该投资组合的 VaR 将如何近似地变化。当 VaR 的各成分较小时，线性近似值的精确度较高。

例如：当总投资为 10 亿元的投资组合由资产 a 和资产 b 组成，分别占 20% 和 80%，资产 a 和资产 b 的 β 系数分别为 1.8 和 0.6，投资组合的 VaR 为 5 000 万元。此时，资产 a 的成分 VaR 为 1 800 万元（5 000 ×1.8 ×0.2），资产 b 的成分 VaR 为 2 400 万元（5 000 ×0.6 ×0.8）。

2.4 VaR 的计算举例

2.4.1 算例 1

以宝钢股票作为例子，运用三种主要的方法，计算单一资产的 VaR 值。数

据选取 2006 年 1 月 4 日到 2008 年 6 月 30 日宝钢股份（600019）股票交易的每日收盘价。采用相邻两个交易日收盘价的对数，近似获得单日持有宝钢股份的收益率。

（1）正态分布法

正态分布法首先假定资产价格服从过程：$dS/S = \mu dt + \sigma dz$，即 S 服从对数正态分布，这样资产的收益服从正态分布，$N(\mu, \sigma^2)$。

那么，回想正态分布法下计算 VaR 的公式：

$$VaR = \alpha W(t)\sigma$$

其中，$W(t)$为资产总价值，σ 为收益率波动率，$\alpha = \Phi^{-1}(p)$，p 为置信度，$\Phi^{-1}(p)$是标准正态分布的分布函数的逆函数。

首先利用移动平均法估计出收益率日波动率 $\sigma = 3.1084\%$。持有资产价值假定为 1 000 万元，然后运用公式，分别计算在 90%、95%、99% 置信度下的单日 VaR：

90% 置信度下：$VaR = 1\ 000 \times 3.1084\% \times \Phi^{-1}(0.90) = 39.836$（万元）

95% 置信度下：$VaR = 1\ 000 \times 3.1084\% \times \Phi^{-1}(0.95) = 51.129$（万元）

99% 置信度下：$VaR = 1\ 000 \times 3.1084\% \times \Phi^{-1}(0.99) = 72.312$（万元）

这说明，持有宝钢股份 1 000 万元资产，在下一交易日的最大损失分别在 90%、95%、99% 的把握下为 39.836 万元、51.129 万元和 72.312 万元。

（2）历史模拟法

本例中，数据集样本量为 600，因此通过对历史收益率从小到大进行排序，获得最差第 60 个、第 30 个、第 6 个数据，即可分别获得对未来一天 90%、95%、99% 置信度下的 VaR 值。

90% 置信度下：$VaR = 1\ 000 \times 3.6424\% = 36.424$（万元）

95% 置信度下：$VaR = 1\ 000 \times 5.3576\% = 53.576$（万元）

99% 置信度下：$VaR = 1\ 000 \times 8.5304\% = 85.304$（万元）

这说明，持有宝钢股份 1 000 万元资产，在下一交易日的最大损失分别在 90%、95%、99% 的把握下为 36.424 万元、53.576 万元和 85.304 万元。

可以看到历史模拟法下，90% 置信度的 VaR 小于正态法的结果，而 95% 和 99% 置信度的结果均大于正态法的结果，说明收益率的真实分布的确存在着厚尾的特性，正态方法并不能刻画这样一种分布的特性，因而在较高的置信度下就明显低估了风险。

（3）蒙特卡罗模拟法

用模拟方法求解金融资产价格变动，其想法是假定资产价格分布是一个随机过程。如果能够明确地知道这个随机波动的过程，就可以通过随机模拟该过程的一个样本路径，最终将产生一个资产的价格，而每一次模拟都将产生一个这样的结果，进行大量的若干次样本路径模拟后，就可以得到一个最终资产价格的分布。利用这个分布，就可以对资产价格的性质进行分析。蒙特卡罗模拟就是这样一种计算机模拟技术，即通过对随机变量实现及样本路径进行模拟，进而达到模拟分布目的的一种仿真技术。目的是通过大量模拟资产价格的样本路径，得到目标期资产价格的分布，进而获得 VaR 值。

下面利用蒙特卡罗模拟方法计算宝钢股份的单日 VaR。

选用金融理论中的一个常用的模型，假设资产价格服从几何布朗运动：

$$dS_t = \mu S_t dt + \sigma S_t dz$$

其中，dz 是均值为 0、标准差为$\sqrt{t}$的正态随机变量，μ 和 σ 分别代表资产收益率的瞬时均值和标准差。为了进行编程模拟，离散化后的几何布朗运动模型为：

$$\Delta S_t = S_{t-1}(\mu\Delta t + \sigma\varepsilon\sqrt{\Delta t})$$

可以据此运用蒙特卡罗模拟，通过将 1 天划分为足够多的小区间，在每个时间区间上模拟随机正态数 ε，可以获得股票价格的样本路径。通过大量的模拟，获得相应的 1 天后的股票价格的实现值。通过模拟出的分布，分别选出股价最低的 1%、5% 和 10% 的临界价格，也就是蒙特卡罗模拟的 VaR 值。

为了对比，分别利用计算机模拟 100 次、1 000 次和 10 000 次来构造股票价格的分布，表 2－2 为模拟后 VaR 的结果。

表 2－2　　蒙特卡罗模拟 VaR 值的结果　　单位：万元

模拟次数	90% 置信度	95% 置信度	99% 置信度
100 次	1 000 × 3.890% = 38.90	1 000 × 4.922% = 49.22	1 000 × 7.068% = 70.68
1 000 次	1 000 × 3.764% = 37.64	1 000 × 5.211% = 52.11	1 000 × 7.111% = 71.11
10 000 次	1 000 × 3.900% = 39.00	1 000 × 5.157% = 51.57	1 000 × 7.247% = 72.47

可见，当模拟次数从 100 次逐渐增加到 10 000 次时，模拟的结果逐渐接近正态分布假设下的结果。

应该注意，在本例中，如果假设的股票价格服从对数正态分布，实际上是可以求得股票价格的解析表达式的：

$$S_t = \exp\{(u - \sigma^2/2)t + \sigma\sqrt{t}\varepsilon\}$$

因此并不一定要用蒙特卡罗方法模拟。但是可以把通过模拟得出的结果同对数正态分布假设下的结果进行对比，进而了解蒙特卡罗方法的精度。

2.4.2　算例 2

某投资者有 300 万美元，有 2/3 投资加拿大元，1/3 投资欧元，假设这两种货币不相关，且相对美元各自有 5% 和 12% 的波动率。试计算 95% 置信度下该投资组合的 VaR、边际 VaR 和成分 VaR。

已知 w = 300 万美元，配置比例 $W^{\tau} = \begin{bmatrix} \frac{2}{3} & \frac{1}{3} \end{bmatrix}$，方差—协方差矩阵 $\Sigma = \begin{bmatrix} 0.05^2 & 0 \\ 0 & 0.12^2 \end{bmatrix}$，则

$$总风险\ \sigma_p^2 = W^{\tau}\Sigma W = \begin{bmatrix} \frac{2}{3} & \frac{1}{3} \end{bmatrix} \begin{bmatrix} 0.05^2 & 0 \\ 0 & 0.12^2 \end{bmatrix} \begin{bmatrix} \frac{2}{3} \\ \frac{1}{3} \end{bmatrix}$$

$$= 0.002711 = 0.05206^2$$

$$边际风险\underline{MR} = \frac{\Sigma W}{\sigma_p} = \frac{1}{0.05206} \times \begin{bmatrix} 0.0025 & 0 \\ 0 & 0.0144 \end{bmatrix} \begin{bmatrix} \frac{2}{3} \\ \frac{1}{3} \end{bmatrix} = \begin{bmatrix} 0.032 \\ 0.092 \end{bmatrix}$$

$$相对风险\ \beta = \frac{\Sigma W}{W^{\tau}\Sigma W} = \frac{1}{0.002711} \times \begin{bmatrix} 0.0025 & 0 \\ 0 & 0.0144 \end{bmatrix} \begin{bmatrix} \frac{2}{3} \\ \frac{1}{3} \end{bmatrix} = \begin{bmatrix} 0.6147 \\ 1.7705 \end{bmatrix}$$

（1）单个 VaR 计算

加元的 $VaR_1 = Z_\alpha w_1 \sigma_1 = 1.645 \times 200 \times 0.05 = 16.45$（万美元）

欧元的 $VaR_2 = Z_\alpha w_2 \sigma_2 = 1.645 \times 100 \times 0.12 = 19.74$（万美元）

加元的边际 $VaR_1 = Z_\alpha \underline{MR}_1 = 1.645 \times 0.032 = 0.0526$（万美元）

欧元的边际 $VaR_2 = Z_\alpha \underline{MR}_2 = 1.645 \times 0.092 = 0.151$（万美元）

（2）成分 VaR 和总 VaR 计算

$$加元的成分\ EVaR_1 = W(0) w_1 Z_\alpha \sigma_p \beta_1 = 300 \times \frac{2}{3} \times 1.645 \times 0.05206 \times 0.6147$$

$$= 10.529\ （万美元）$$

$$欧元的成分\ EVaR_2 = W(0) w_2 Z_\alpha \sigma_p \beta_2 = 300 \times \frac{1}{3} \times 1.645 \times 0.05206 \times 1.7705$$

$$= 15.162\ （万美元）$$

总 $VaR = W(0) Z_\alpha \sigma_p = 300 \times 1.645 \times 0.05206 = 25.691$（万美元）

或，总 $VaR = EVaR_1 + EVaR_2 = 10.529 + 15.162 = 25.691$（万美元）

风险贡献率的计算：

$$c_1=\frac{EVaR_1}{VaR}=\frac{10.529}{25.691}\times 100\%=40.98\%$$

$$c_2=\frac{EVaR_2}{VaR}=\frac{15.162}{25.691}\times 100\%=59.02\%$$

计算结果列在表 2－3 中。

表 2－3　投资组合的 VaR 分解　单位：万美元

资产	头寸	单个 VAR	边际 VAR	成分 VAR	风险贡献率
加元	200	16.45	0.0526	10.529	40.98%
欧元	100	19.74	0.151	15.162	59.02%
单一 VAR		36.19			
组合 VAR				25.691	100%

2.4.3　算例 3

2011 年 12 月，某投资者想拿出 100 万元人民币在中国石油、贵州茅台和上证 50ETF 三种资产中选择一个资产进行投资，希望年收益率超过 15%，最大损失不超过 5%，那么投资者应如何选择？如果只用 2011 年的日收盘数据进行分析，分别运用正态分布法和历史模拟法计算分析结果。

（1）正态分布法

首先收集中国石油、贵州茅台和上证 50ETF 三种资产按照日收盘价格计算的收益率样本，分别为 241 个、242 个和 244 个，计算日平均收益率分别为 －0.0477%、0.07565% 和 －0.08308%，年平均收益率分别为 －11.925%、18.91% 和 －20.77%，日收益率的方差分别为 0.0105898%、0.02551% 和 0.016412%，日收益率的标准差分别为 1.0291%、1.597% 和 1.281%，年收益率的方差分别为 2.6475%、6.378% 和 4.103%，年收益率的标准差分别为 16.271%、25.255% 和 20.256%，运用式（2－24）和式（2－25）分别在置信水平为 5% 和 1% 的情况下计算相对 VaR 和绝对 VaR，结果见表 2－4。

表 2-4　　运用正态分布法计算持有 100 万元 VaR 的结果　　单位：万元

p		W(0)	Z_α	$\sigma\sqrt{T}$	μT	VaR
运用正态分布法计算持有期为 1 日的相对 VaR						
95%	中国石油	100	1.645	1.0291%	0.0000%	1.693
	贵州茅台	100	1.645	1.5970%	0.0000%	2.627
	上证 50ETF	100	1.645	1.2810%	0.0000%	2.107
99%	中国石油	100	2.33	1.0291%	0.0000%	2.398
	贵州茅台	100	2.33	1.5970%	0.0000%	3.721
	上证 50ETF	100	2.33	1.2810%	0.0000%	2.985
95%	中国石油	100	1.645	1.0291%	-0.0477%	1.741
	贵州茅台	100	1.645	1.5970%	0.0757%	2.551
	上证 50ETF	100	1.645	1.2810%	-0.0831%	2.190
99%	中国石油	100	2.33	1.0291%	-0.0477%	2.446
	贵州茅台	100	2.33	1.5970%	0.0757%	3.645
	上证 50ETF	100	2.33	1.2810%	-0.0831%	3.068
运用正态分布法计算持有期为 1 年的相对 VaR						
95%	中国石油	100	1.645	16.2710%	0.0000%	26.766
	贵州茅台	100	1.645	25.2550%	0.0000%	41.544
	上证 50ETF	100	1.645	20.2560%	0.0000%	33.321
99%	中国石油	100	2.33	16.2710%	0.0000%	37.911
	贵州茅台	100	2.33	25.2550%	0.0000%	58.844
	上证 50ETF	100	2.33	20.2560%	0.0000%	47.196
运用正态分布法计算持有期为 1 年的绝对 VaR						
95%	中国石油	100	1.645	16.2710%	-11.9250%	38.691
	贵州茅台	100	1.645	25.2550%	18.9130%	22.631
	上证 50ETF	100	1.645	20.2560%	-20.7700%	54.091
99%	中国石油	100	2.33	16.2710%	-11.9250%	49.836
	贵州茅台	100	2.33	25.2550%	18.9130%	39.931
	上证 50ETF	100	2.33	20.2560%	-20.7700%	67.966

（2）历史模拟法

把收集到的中国石油、贵州茅台和上证 50ETF 三种资产按照日收盘价格计算的收益率样本从小到大排序，然后针对置信水平 0.05 分别找到第 12.05 个（241 × 0.05）、第 12.1 个（242 ×0.05）和第 12.2 个（244 ×0.05）对应的收益率，因为不是整数，所以没有直接对应的收益率。下面通过插值法计算置信水平为 0.05 持有期为 1 日的相对 VaR。中国石油第 12 个对应的收益率是 -0.01969，第 13 个对应的收益率是 -0.01948，因此第 12.05 个对应的收益率是（12.05 - 12）×[-0.01948 - （ -0.01969)] + （ -0.01969） = -0.01968，同理可以计算出贵州茅台第 12.1 个对应的收益率是（12.1 - 12） × [- 0.0256 - (-0.02578)] + （ -0.02578） = -0.02576，上证 50ETF 第 12.2 个对应的收益率是（12.2 - 12） × [- 0.02436 - （ - 0.02697)] + （ - 0.02697） = -0.02645，这就是相对 VaR。绝对 VaR 分别是 1.968 - （ -0.048） =2.016、2.576 -0.0757 =2.50 和 2.645 - （ -0.0831） =2.728。

同理可以计算置信水平为 0.01 持有期分别为 1 日和 1 年的相对 VaR 和绝对 VaR，可以计算置信水平为 0.05 持有期为 1 年的相对 VaR 和绝对 VaR，计算结果见表 2 -5 和表 2 -6。

表 2 -5　运用历史模拟法计算 100 万元持有期为 1 日的相对 VaR 和绝对 VaR 的结果

单位：万元

		中国石油	贵州茅台	上证 50ETF
95%	相对损失	1.968	2.576	2.645
	绝对损失	2.016	2.50	2.728
99%	相对损失	3.226	3.559	3.112
	绝对损失	3.314	3.483	3.195

表 2 -6　运用历史模拟法计算 100 万元持有期为 1 年的相对 VaR 和绝对 VaR 的结果

单位：万元

		中国石油	贵州茅台	上证 50ETF
95%	相对损失	31.11	40.73	41.82
	绝对损失	43.035	21.817	62.59
99%	相对损失	51.01	56.27	49.205
	绝对损失	62.935	37.357	69.975

用正态分布法计算中国石油的相对 VaR 表明投入 100 万元有 95% 的可靠性持有 1 日最大损失不超过 1.693 万元，用历史模拟法计算中国石油的相对 VaR 表

明投入 100 万元有 95% 的可靠性持有 1 日最大损失不超过 1.968 万元。通过比较运用正态分布法和历史模拟法计算的三种资产的 VaR 结果发现，贵州茅台计算结果相差不大，中国石油和上证 50ETF 计算结果相差较大，这再次说明收益率的真实分布存在着厚尾的特性。

分析计算结果表明，年收益率超过 15% 的资产只有贵州茅台，在 95% 和 99% 可靠程度上，三种资产最大损失都超过 5%，因此三种资产都不能选择。

2.5　VaR 方法的局限及其最新进展

2.5.1　一致性风险度量

随着 VaR 的应用和推广，学术界和金融机构日益关注 VaR 度量风险的准确性，并对风险度量技术应该满足哪些基本的条件展开了进一步的研究。Artzer (1999) 提出了著名的一致性公理（Coherent Axiom），从理论上全面阐述了风险计量方法的一致性要求，并指出不满足一致性要求的风险度量函数有可能颠倒风险之间的相对关系，从而隐藏真实的风险水平。

一致性风险度量的基本内容是：若某种风险计量满足次可加性（subadditivity）、正齐次性（positive homogeneity）、单调性（monotonicity）和传递不变性（translation invariance）四个条件，则该风险计量是一致性风险计量（coherent Risk measures）。Artzer 等指出，只有满足一致性要求的风险计量方法才能充当投资组合管理工具。若用向量 X、Y 表示两个投资组合以货币形式表达的最终净值，$\rho(\cdot)$ 表示风险度量函数，则一致性公理的四大条件可以表示如下：

（1）次可加性：$\rho(X+Y)\leqslant\rho(X)+\rho(Y)$。这个最重要的性质反映了投资组合具有分散风险的特点。因此，任一投资组合的总风险应当不超过该组合中每个构成部分风险之和。

（2）正齐次性：对于所有的 $\lambda\geqslant0$，均有 $\rho(\lambda X)=\lambda\rho(X)$。这说明风险度量不受风险计量单位的影响。另外，此性质也可被看作是次可加性的一个特例，反映了没有分散风险的情况。

（3）单调性：若任意情况下都有 $X\leqslant Y$，则 $\rho(Y)\leqslant\rho(X)$。该式表明在所有可能的结果下，如果一个资产组合占优于另一个资产组合，即前者随机收益的各分量大于或等于后者随机收益所对应的分量，则前者的风险至少不大于后者。

（4）传递不变性：又译为平移不变性，指的是对于任意确定收益的资产 α，$\alpha\geqslant0$，都有 $\rho(X+\alpha\cdot r)=\rho(X)-\alpha$。其中 r 为按无风险利率计算的终值系数，

$\alpha \geqslant 0$。该性质表明若增加无风险头寸到投资组合中，则组合的风险随着无风险资产头寸的增加而减少。

一致性公理所提出的四个条件可以检验风险度量工具对资产组合中部分与整体的风险测度有无矛盾。只有完全符合这些条件，才能称之为一致性风险度量。

在一致性公理的四大条件中，次可加性是最为重要的。若不满足次可加性，就不是凸性的风险计量，我们也就不能通过优化来求得最小风险投资组合。而且，当风险度量函数不满足次可加性时，投资组合的风险度量值会大于投资组合中各项资产的风险度量值的和，这将产生一个错误的风险规避策略：一个包含多个部门的金融机构只要将其资产分别划分给其下的各个部门，由各个部门分别计算风险度量值再求和，就能实现整个金融机构的风险降低。显然，违背次可加性将有可能给金融监管系统带来系统漏洞。

可以证明，当且仅当投资组合的收益呈正态分布时，VaR 才满足次可加性，进而满足一致性要求。但是，经过众多学者的理论探索与实证检验，无论是在国内或是国外的金融市场，投资组合的收益分布都是尖峰、厚尾和有偏的，即不满足正态分布。这也意味着，用 VaR 来衡量投资组合风险是不满足次可加性的，不符合一致性公理的要求。

2.5.2 VaR 方法的局限

尽管 VaR 提供了防御金融风险的第一道防线，但是它并不是一种万能药。VaR 方法也有其局限性。VaR 方法衡量的主要是市场风险，如单纯依靠 VaR 方法，就会忽视其他种类的风险，如信用风险。另外，从技术角度讲，VaR 值表明的是一定置信度内的最大损失，但并不能绝对排除高于 VaR 值的损失发生的可能性。例如假设 1 天的 99% 置信度下的 VaR 为 1 000 万美元，损失超过 1 000 万美元的可能性仍有 1%。这种情况一旦发生，给经营单位带来的后果就是灾难性的。所以在金融风险管理中，VaR 方法并不能涵盖一切，仍需综合使用各种其他的定性、定量分析方法。1997 年爆发的亚洲金融危机，以及近年来的美国次级贷款危机还提醒风险管理者：VaR 法并不能预测到投资组合的确切损失程度，也无法捕捉到市场风险与信用风险间的相互关系。

VaR 方法主要具有如下几个方面的限制：

（1）VaR 方法存在异常值过度的风险。VaR 方法最为明显的限制是它无法提供一种绝对最“大”的损失值。VaR 仅仅提供了一种在某一置信水平下的损失的估计值。因而，一定会有某些情况存在，即 VaR 的值会被超出。置信水平越低，VaR 度量的值就越低，但我们观察到异常值的可能性就越高。这就是为什么“回测检验”会成为 VaR 系统中最基本的成分之一。因为它可以随时地提醒我们，异常值将会发生，并希望是以一种所选择的置信水平的比例下发生。

（2）VaR 方法存在头寸改变的风险。VaR 方法假定头寸在预测时段上是固定的。这也说明了为什么一般我们可以进行 VaR 的时段调整，仅仅是采用时间的平方根因子将 1 日的值调整到多日值的方法。但是，这种调整是忽略了交易头寸在预测时段上会因为市场条件的变化而发生改变的可能性。事实上，评估改变头寸对组合总 VaR 值的影响对于一项规模比较大、组成比较复杂的资产组合来说并不容易。

（3）VaR 方法存在事件风险和稳定性风险。VaR 方法的另一个缺陷是它是基于历史数据的方法，典型的如 JP Morgan 的风险矩阵，即假定刚刚过去的是对未来不确定性的一个很好预测。然而我们应该知道，过去的数据以及经验事实，并不能说明未来不会发生一个过去从没有发生过的巨大的市场震荡，从而导致极端情形出现，让金融机构遭受重大损失。这种巨大的极端情形一般有两种形式，一种是一次性的事件，如贬值或违约，一种是结构性的改变，如从固定汇率到浮动汇率。如果结构模式上出现了突然的改变，那么基于历史数据的模型就隐藏了一种非常巨大的风险。并且，市场上的相关系数的改变也会导致度量组合风险上的显著差别，这些种种的不稳定因素将会导致运用 VaR 模型的巨大失误。

（4）VaR 方法存在过渡期的风险。只要有很大的变化发生，比如，在组织结构上的改变、向新市场或新产品的扩张或是新的监管条例，就会存在一个发生潜在误差的可能性。现存的控制方式仅仅能应对现在的风险，它们在从一种状态变化到另一种状态的过渡期间可能不再是那么有效。过渡期风险是很难应对的，因为无法对其进行明确的建模。唯一保险的办法是在过渡期时增加警惕性。

（5）VaR 方法存在缺乏数据的风险。对于某些证券，尤其是那些交易不频繁的新兴市场的股票、私人领地、初始公开发行权以及一些小国的货币，有意义的市场出清价格可能并不存在。没有充足的价格信息，风险就不能够通过历史数据来评估，当然这里没有考虑隐含的数据。这样，在这些资产上的头寸所造成的潜在损失可能就无法量化。在缺乏数据的情况下，唯一可行的评估风险的方法就是通过压力测试来完成。

（6）VaR 方法还存在模型风险。模型风险定义为使用不适当的模型估价证券，从而导致损失的风险。这可以是由于错误地估价组合从而也错误地估计它的风险所造成的。例如，Black-Scholes 模型要求输入隐含波动率，如果输入了错误的值将会导致重大的失误。还有一种情况被称作参数风险，这种风险来自于历史数据对参数的不精确的度量。即使是在一个完全稳定的环境下，我们也无法观察到“真正”的期望回报和波动率。因而，偶尔可能会由于抽样的变化，发生一些随机的误差。绝大多数人将模型风险解释为模型选择风险。产生估价的偏误可能是由于为证券定价所选择的函数形式是不正确的。例如，期权定价的 Black-Scholes 模型，它依赖于十分严格的一组假定，如对数正态分布、常数的无风险利率和常数的波动率等。即使对于传统的股票期权，偏离这些假定也并非是少见的。还存在有些情况，模型本身就是完全错误的。如对于短期利率工具的期权，在这种情况下，要先对利率运动的随机过程进行建模，比如单因素模型，随后才可能通过数值或解析模型来估计期权的价值。但同样的问题是，它可能对某些类型的期权是适合的，而对另一些期权则不大可能是适合的，如对于基于期限结构的期权，就需要考虑利率动态特征的更为丰富的一面。当工具变得越来越复杂时，模型风险就越大。例如对 CMO（有质押的房地产抵押贷款义务）的定价就需要在开发模型上进行更加大的投入，因为在许多市场条件下，现存的模型都是有很大的局限性的。

2.5.3 VaR 方法的改进：条件 VaR 方法

正是因为 VaR 方法越来越为人们所熟知和认可而广泛应用于金融系统的风险度量，但其本身又存在着一些不容忽视的缺陷，如 VaR 的计算结果不稳定；VaR 不满足次可加性，所以不是一致性风险度量；VaR 不满足凸性，其局部最优解不一定是全局最优解。为了克服 VaR 的内在不足，人们提出了各种改进方法。其中，Rockafeller 和 Uryascv（2000）提出了 VaR 的一种替代方法，即 CVaR（Conditional Value at Risk，条件 VaR）。CVaR 与 VaR 相比，无论是在理论上还是在优化计算上都有了很大改进。首先，CVaR 满足一致性风险度量的四条公理；其次，CVaR 考虑了损失超过 VaR 的极端值的风险测度；最后，CVaR 的优化问题可转化为线性规划，计算简便，结果稳定，而且优化 CVaR 的同时可以得到最优的 VaR。

CVaR 是指在正常市场条件和一定的置信水平下，在给定的时间段内损失超过 VaR 值的条件均值，代表了超额损失的平均水平。CVaR 亦被称作平均超额损失（mean excess loss）、平均短缺（mean shortfall）或尾部 VaR。

令资产组合的随机损失为 X（此处 X 表示损失，负损失表示实际上获得了收益。即发生损失时 X 为正，实现收益时 X 为负），VaR 为置信水平 p 下的 VaR 值，则 CVaR 可表示为：

$$\mathrm{CVaR}(X) = E(X \mid X \geqslant \mathrm{VaR})$$

也可以表示为：

$$\mathrm{CVaR}(X) = E(X \mid X \geqslant \mathrm{VaR}) = \frac{1}{1-p}\int_{\mathrm{VaR}}^{+\infty} X \cdot f(y)\,dy$$

其中，f(y)是随机变量 X 的概率密度函数。

从数学意义上讲，CVaR是一个条件期望，是大于VaR的极端损失的平均值，反映了损失超过VaR值时可能遭受的平均潜在损失的大小，可以更好地体现潜在的风险价值。

与VaR相比，大量的理论研究与实证分析业已证实了CVaR具有更加良好的数学性质和可操作性。

（1）CVaR具有次可加性和凸性，符合一致性风险度量的条件。次可加性意味着资产组合的分散化将降低总体CVaR值，即CVaR(X+Y)≤CVaR(X)+CVaR(Y)始终成立。在正态分布情况下，CVaR和VaR两种度量是等价的，可得出同样的最优解。但是，对于非正态分布情形，CVaR不仅满足次可加性的要求，而且是凸的，可以求得全局最优解。此时，VaR仅为极小值点，可能不存在最优解，而CVaR为极小值。另外，在CVaR的计算过程当中，可以通过构造一个功能函数转化为凸函数的优化问题，在适当的条件下可用线性规划技术与优化算法来进行最小化，因此不仅数学上计算更加简便易行，而且在实践当中特别适宜用来处理大规模的组合工具和情况分析。

（2）CVaR与VaR不同，它不是损失分布上单一的分位点，而是尾部损失的平均值，反映了损失超出VaR部分的相关信息。只有把大于VaR的所有尾部损失进行充分估计，才能用以计算CVaR。因而，CVaR测度过程中对损益分布的尾部损失度量是相对充分和完整的，尤其是在损益分布并非正态分布的情况（比如厚尾、偏斜等）下，CVaR比VaR能够更加全面、有效地刻画损失分布的数理特征。此外，由于CVaR的计算是建立在VaR基础之上的，所以在得到CVaR值的同时，也可以获得相应的VaR值，故而能够针对风险实施双重监测，也便于相互校验。

依照上述理论分析容易看到，CVaR较之VaR无疑是更加优秀的现代风险度量工具。而在实践当中，CVaR主要应用于以下几个方面：

①度量和控制风险。这是CVaR最基本的功能。由于CVaR能够比VaR更加准确和全面地揭示真实的风险水平，因此，它能够为管理者及时提供整体与局部单元或产品服务的风险信息，便于风险管理决策的制定与实施，进而有利于整体风险管理系统的有效运转。而且，CVaR还可以作为一种更为理想的信息披露工具，使外部投资者以及监管机构等相关利益群体或市场主体迅速掌握真实的动态风险状况，并判断其实际的风险管理控制水平。

②绩效度量。CVaR不但可以反映整体风险状况和运营态势，从战略角度计量基于风险的公司绩效和股东价值增长，而且能够通过不同层面、不同模块的风险贡献分析（包括绝对风险贡献、相对风险贡献或边际风险贡献等不同形式）揭示某一分支机构、某类业务、某种产品或某一交易员等不同口径的风险水平，

并通过 RAROC 进行收益调整和绩效考评，从而建立起一个基于 CVaR 的业绩度量框架，亦可通过整体与局部 CVaR 限额的设置来约束过度投机行为与平衡可容忍的风险水平。

（3）从根本上来说 CVaR 较 VaR 更为稳健，可以更好地满足监管机构的审慎性要求，也易得到这些机构的认可。所以说用 CVaR 替代 VaR 的充要条件已经完全具备。

其他的风险度量新方法还有许多，譬如 Artzner（2000）指出，传统的 VaR 方法采用统计概率测度计算某一置信水平下的损失值，这种方法并没有考虑到不同的经济个体由于财务状况的差别等原因，对同样的损失、风险感受是不一样的。而风险中性测度包含了个体对风险的态度、时间的偏好等信息，因此他们根据状态价格函数从经济定价的角度来测度风险，由此提出了在风险中性测度下的 VaR，即 E-VaR。通过实证检验，他们发现，统计概率测度和风险中性测度是有显著区别的。但是，相对于由历史统计数据计算的 S-VaR，E-VaR 的计算显然更加复杂。读者感兴趣的话可查阅相关文献，限于篇幅，在此不再一一介绍。

2.6 本章小结

风险价值 VaR，是指在正常的市场条件和一定的置信水平下，某一金融资产或证券组合在未来特定的一段时间内所面临的最大可能损失，是一种有效的总体市场风险的测度工具，它实际上是一个分布的分位数。实际中计算 VaR 值，通常有正态分布法、历史模拟法以及蒙特卡罗模拟法三种手段。正态分布法尽管比较方便，但是由于金融数据“厚尾”的缘故，往往容易低估风险，尤其是当置信水平比较高的时候。而历史模拟法的优点在于全值模拟，可以充分利用过去的信息，但往往容易忽视金融市场的发展变化。当计算比较复杂的非线性资产组合的风险价值的时候，蒙特卡罗方法往往使用起来比较方便有效。在分析资产组合的风险时，除了 VaR，还应考虑边际 VaR、增量 VaR 和成分 VaR。这些度量为我们提供了考量组合中不同资产的风险贡献的方法和工具，也为资产组合风险管理提供了依据。当改变组合的头寸时，风险的变动可以通过增量 VaR 来进行度量，这些对于组合风险控制意义重大。由于 VaR 方法存在一些固有的缺陷，它不是一个一致的风险度量值，并且度量极端风险的能力比较弱，因此才发展了条件 VaR 的方法。VaR 方法广泛地应用于组合风险的监控、风险的披露以及风险的管理。

复习思考题

1. 什么是 VaR？应如何计算 VaR？

2. 计算 VaR 的方法有哪些，它们各自的优缺点和适用范围是什么？

3. 投资组合的边际 VaR、增量 VaR 和成分 VaR 分别是怎样计算出来的，各有什么用途？

4. VaR 的应用有哪些？试举例说明。

5. VaR 方法有哪些局限性和不足，如何改进？

6. 什么是一致性风险度量？它需要满足哪些条件？VaR 方法是一致性风险度量方法吗？

7. CVaR 方法与 VaR 方法有何区别与联系？

8. 任选一种资产，试根据这种资产历史上连续 200 个交易日的收益率情况，分别用正态分布法、历史模拟法和蒙特卡罗模拟法在 95% 的可靠程度上，计算下一交易日的最大可能损失值。

9. 某投资组合的 $\beta = 1.5$，投资者以 10 元价格购买该股票 10 万股，当前指数为 250 点，每点价值 100 美元。年无风险利率为 12%，投资组合的红利收益为 2%，指数的红利收益为 4%。若投资希望半年损失不超过 10%，为了对该投资组合进行保险，需要购买多少份执行价格为多少的指数看跌期权？若以同样的份数购买平价看跌期权，最多损失多少？

第 3 章

市场风险管理

金融风险日益扩大，威胁着各个经济主体，尤其是各种金融机构的生存和发展。因此，金融风险管理显得越来越重要，越来越迫切。随着人们避险需求的日益扩大，各种金融风险管理工具和管理策略也如雨后春笋般地涌现出来。市场风险管理是内容最重要、最多、最成熟、最为人们所了解的知识体系，虽然相关的书籍资料比较多，但本章突出市场风险管理的核心内容和基本方法。在读者已经具备一定金融风险知识的基础上，3.1 中进一步详尽而全面地介绍市场风险管理的基本概念、特征和分类，并列举了几个市场风险的实例；3.2 中介绍了运用互换管理利率风险的原理；3.3 中介绍了运用期货管理商品价格波动风险的原理和方法；3.4 中分析了汇率风险管理的案例。

3.1 市场风险概述

3.1.1 市场风险的定义

市场风险是金融机构在经营管理活动中面临的基本风险之一。市场风险一词有广义和狭义两种用法，巴塞尔银行监管委员会采用了广义的定义，将市场风险定义为因市场价格波动而导致表内和表外头寸损失的风险，并根据导致市场风险因素的不同将市场风险划分为利率风险、股票风险、汇率风险和黄金等商品价格风险；国际清算银行定义市场风险是由于资产负债表内和表外的资产价格由于股票、利率、汇率、商品价格的变动而发生变化的风险；狭义的市场风险仅指股票市场风险，因此在风险分类中与利率风险和汇率风险并列。随着巴塞尔协议在全球金融界的影响日趋扩大，广义的用法越来越普遍。

在相当长的时间中，市场风险并没有同信用风险一样引起银行和金融监管部门充分的重视，甚至在 1988 年巴塞尔银行监管委员会颁布的资本协议中，计算银行资本充足率对银行资产风险的影响也只是局限于信用风险，并没有包括市场风险。造成这一现象的原因主要有：第一，由于传统商业银行的收入主要来源于存贷款的利率差，且利率水平因受到政府管制而相对稳定，所以利率风险并不突出。第二，以美国为代表的主要金融市场长期实行银行业与证券业分业经营管理，商业银行很少从事以市场风险为特征的证券业务，表外业务风险也不突出，因此长期来，商业银行的风险以传统信贷业务带来的信用风险为主，所承担的市场风险相对并不明显。

一直到 20 世纪 70 年代初布雷顿森林体系崩溃之前，国际货币体系实行固定汇率制度，汇率在美国政府和国际货币基金组织的严格管理之下非常稳定，因此给国际经济活动带来的汇率风险也较少。然而，20 世纪 80 年代后，国际金融市场发生了很大的改变，金融自由化、全球化、融资证券化等发展趋势对金融领域产生了重大的影响。这些变化一方面使得银行所面对的市场风险大大增加，另一方面，银行和监管部门对市场风险的管理水平和监管力度也有了很大的提高。

具体而言，引起银行所面临的市场风险增大的原因主要有以下几个方面：

（1）随着各国利率管制的逐步取消、利率市场化的推进以及布雷顿森林体系在 70 年代的崩溃，利率和汇率的波动明显加剧。此外，外汇管制的解除和资本国际流动规模的日益扩大不仅加大了汇率波动的幅度，也加大了各国证券市场价格的波动性。

（2）金融自由化和银行混业经营使得银行除充实传统的存贷款业务外，证券交易业务也迅速发展，因而面临更多、更复杂的市场风险。

（3）市场全球化和业务国际化使得银行拥有越来越多的外币资产和负债，因而越来越多地暴露在汇率风险中。

（4）衍生金融工具市场得到迅速发展，银行开始大量进入这一市场。大规模的交易头寸，尤其是投机性交易使银行面临的市场风险被具有杠杠性质的衍生产品交易成倍放大。

商业银行在市场风险中遭受巨大损失的例子比比皆是，1987 年美林公司在抵押证券交易上损失超过 2 亿美元，1991 年所罗门兄弟公司因被发现在美国国债拍卖中采取欺骗性手段，公司被罚款 2 亿美元，被迫关闭。最引人注目的是巴林银行的倒闭，作为一家知名的投资企业，由于 28 岁的交易员尼克里森（Nicholas Leeson）在衍生金融工具交易中损失 13 亿美元，造成了 233 年历史的英国巴林银行破产。

3.1.2　市场风险的特征

市场风险是一个综合性的复合风险，多种风险因素都可能导致市场风险的发生。尽管市场风险千变万化，但都具有以下这些特性：客观性、普遍性、复杂性、偶然性和必然性等特征，除此之外，还具有以下几个特点：

(1) 扩散性，是指随着现代银行业的发展，金融体系内部各种机构主体的联系日益密切，金融机构之间每时每刻都会发生复杂的债权、债务关系，存在着由于一家金融机构出现支付危机而导致多家金融机构接连倒闭这样的“多米诺”效应，最终使得整个金融机构陷入瘫痪状态。

(2) 加速性，是指一旦金融机构出现经营困境，会引起关联企业的财务状况受到影响，反过来对企业市场价值构成危险，甚至出现挤兑风潮，这样的结果会加速金融机构的倒闭。

(3) 不确定性，是指市场风险的发生需要一定的经济或者非经济条件，市场风险事件发生状况以概率表示，在金融风险发生以前都是不确定的。

(4) 可管理性，是指通过金融理论的发展、金融市场的规范、智能型的管理媒介，金融风险可以得到优先的预测和控制，但管理的目的并不是消除风险，而是将风险降低到可以承受的范围内。

(5) 周期性，是指市场风险受到经济循环周期和经济政策的影响，呈现规律性、周期性的变化特点。一般而言，在经济政策宽松期，社会资金流动规模大，货币供给矛盾容易被掩盖，市场风险处于低发期，反之，市场风险处于高发期。

3.1.3 市场风险的分类

市场风险的分类就如同定义一样难以明确和统一。但是，由于分类是定义的逻辑延伸，在实践中也是金融机构风险管理和风险监控的前提和依据，风险分类非常重要，不可或缺。现实中，风险的分类非常复杂，由此而导致的困惑和工作障碍并不鲜见。

关于风险分类，首先必须明确的问题就是分类标准的确定。由于分类是在定义的基础上对事物从不同的角度进行的考察和认识，分类的前提就是分类标准的确定。不同分类标准代表着认识事物的不同角度，因而会有完全不同的分类结果。

(1) 根据诱发风险的具体原因，可以将市场风险分为利率风险、汇率风险和商品风险等。尽管在具体分类上可能存在一些差异，但是这是理论界和业界最流行的一种分类方法。

(2) 根据市场风险发生的范围，可以将市场风险分为系统性风险和非系统性风险。系统性风险是指由外部系统性因素变化引起，对所有企业和投资项目都产生影响的风险。系统性风险是单个经济体无法控制的，是不能通过分散投资来消除的，因此可以叫做不可分散的风险。非系统性风险是由个别企业和个体或者投资项目本身所引起的，不对所有企业和投资项目产生影响的风险。非系统性风险可以通过多样化分散投资的方法来降低，甚至最终消除，因此可以叫做可分散风险。

(3) 根据损失的严重程度，可以将市场风险分为预期损失市场风险、非预期损失市场风险和灾难性市场风险。这种分类的前提是损失的概率能够被确定。随着现代风险计量方法的发展，这种分类的应用十分广泛且重要。在这种分类下，不同的风险具有不同的管理策略，预期损失市场风险通过提取与预期损失相当的准备金来应对，非预期损失市场风险通过提取与给定置信水平下的非预期损失相当的资金来应对，而灾难性市场风险则采用购买保险的策略来应对。

显然，市场风险的分类标准难以完全罗列出来，对于风险管理而言，重要的并不是一定要罗列出不同的分类标准，而是要认识到任何分类必须有明确的分类标准，并且不能混淆不同分类标准下的风险。

根据诱发风险的原因进行风险分类是最重要和最常见的分类标准。从管理的角度来看，对风险原因的识别是非常重要的，因为不同的风险源意味着不同的风险性质，从而意味着不同的风险管理策略和方法。风险分类是随着风险管理和风险监管的发展而发展的。1994 年，巴塞尔银行监管委员会针对衍生产品交易迅猛发展所带来的风险管理问题，出台了《衍生品风险管理指引》，在该文件中，金融机构所面临的风险首次被系统概括为：信用风险、市场风险、流动性风险、操作风险和法律风险。这一分类与国际 30 人集团（G30）在 1993 年提出的著名的《衍生产品：事件和原则》基本上是一致的。1996 年，巴塞尔银行监管委员会出台《关于将市场风险纳入资本要求的巴塞尔资本协议的补充协议》，将市场风险明确定义为“由于市场价格的波动而导致金融机构表内和表外头寸遭受损失的风险”，并明确指出“市场风险可以分为利率风险、汇率风险、股票价格风险、商品价格风险”，从此，市场风险概念和内涵更加明确和统一。至此，“新巴塞尔协议”以信用风险、市场风险和操作风险三大风险的基本风险分类框架在国际上产生了广泛的影响。

3.1.4　市场风险的实例

(1) 实例 1：汇率风险

2002 年，A 公司接下了中西部的一个大型电力项目。为进口设备，A 公司向国外银团借了大量的外汇商业贷款，其中包括一笔本金 1 亿欧元、期限 12 年的贷款。2002 年 3 月 1 日，A 公司获得了这笔融资，半年后开始付息，利率 5.8%。按照约定，两年后进入还本期，本金每半年等额摊还，分 20 次还完。

一切似乎都很简单，公司的财务人员经过分析最初认为，A 公司连本带利偿还 1.45 亿欧元即可，但他们都没有注意到藏在汇率变动后面的风险：2002 年本息合计贷入 1.45 亿欧元，到 2014 年，花费同样数额的人民币还能如数偿还吗？

答案显然是否定的。A 公司的主要收入是电费，以人民币计价；但在支付利息以及归还本金时，必须用人民币购买外汇。当时人民币和美元汇率挂钩，因此，美元兑欧元的汇率直接决定了公司的债务成本。以借款当日的汇率 1 欧元兑 0.87 美元计算，1.45 亿欧元相当于 1.2615 亿美元。

从 2002 年 4 月底开始，美元兑各主要货币开始大幅贬值。欧元汇率从当年 4 月底的 0.87 一路飙升，7 月初已经上涨到了 1.02，见图 3－1。此时 A 公司有一些着急了，他们找到中国银行，希望为他们提供保值方案。但到了 7 月中旬，欧元汇率回落到 0.97 ~1 区间。公司财务人员又开始犹豫，他们认为欧元兑美元可能会很快下跌，因此没有正式委托银行替他们作保值业务。

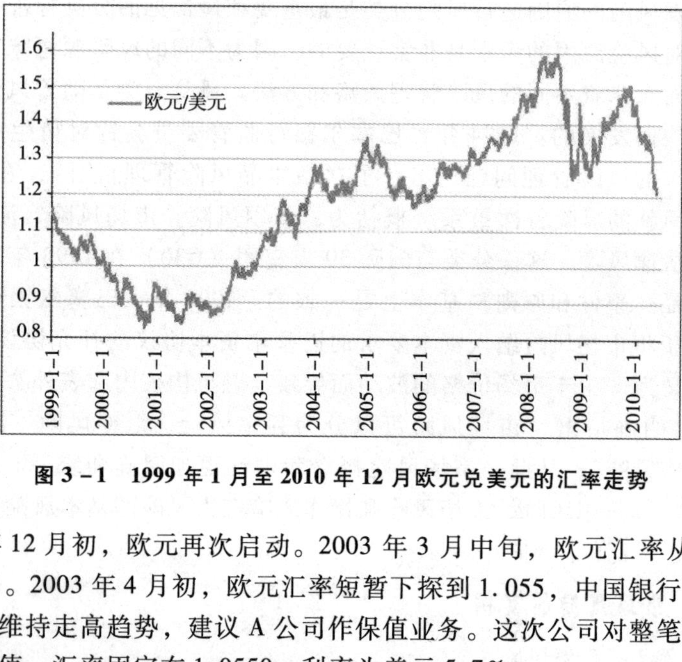

图 3－1　1999 年 1 月至 2010 年 12 月欧元兑美元的汇率走势

2002 年 12 月初，欧元再次启动。2003 年 3 月中旬，欧元汇率从 0.99 附近上涨到 1.11。2003 年 4 月初，欧元汇率短暂下探到 1.055，中国银行交易员认为欧元极可能维持走高趋势，建议 A 公司作保值业务。这次公司对整笔债务进行了货币掉期保值。汇率固定在 1.0550，利率为美元 5.7%。

A 公司支付给中国银行美元本金以及美元计算的固定或浮动利息，中国银行则支付给 A 公司欧元本金和固定利息，以偿还贷款。这样，A 公司原来 5.8% 的欧元固定利率债务就转变为美元固定利率或者浮动利率债务［浮动利率则是指期间利息以伦敦同业拆借利率（LIBOR）为基准，每半年或者每季度确定一次］。

此后欧元继续震荡上行，到 2004 年 2 月 18 日最高上摸 1 欧元兑 1.2927 美元。因为 2002 年 4 月 1.45 亿欧元相当于 1.2615 亿美元（1.45 ×0.87）；2002 年

12 月中国银行给 A 公司整笔债务进行了货币掉期保值把汇率锁定在 1 欧元兑 1.055 美元，因此 1.45 亿欧元相当于 1.5297 亿美元（1.45 ×1.055）；到 2004 年 2 月 18 日汇率是 1 欧元兑 1.2927 美元，1.45 亿欧元相当于 1.8735 亿美元（1.45 ×1.292）；如果公司没有进行保值，它们将为汇率波动多支付 6120 万美元的债务 [1.8735 − 1.2615 = 0.6120（亿美元）]，但由于掉期保值业务的开展，A 公司成功挽回了 3 438 万美元损失 [1.8735 − 1.5297 = 0.3438（亿美元）]，但仍损失 2 682 万美元 [1.5297 − 1.2615 = 0.2682（亿美元）]。

（2）实例 2：中航油事件

中航油新加坡公司成立于 1993 年，由中央直属大型国企中国航空油料控股公司控股，总部和注册地均位于新加坡。公司于 2001 年在新加坡交易所主板上市，成为中国首家利用海外自有资产在国外上市的中资企业。经过一系列扩张运作后，公司已成功从一个贸易型企业发展成工贸结合的实体企业，实力大为增加。短短几年间，其净资产增长了 700 多倍，股价也是一路上扬，市值增长了 4 倍，一时成为资本市场的明星。

对于中国企业涉入金融衍生品市场而言，中国航油（新加坡）股份有限公司具有标杆性意义。这不仅因为中航油新加坡公司在巨额衍生品市场出现重大亏损，更在于中航油新加坡公司亏损的深刻教训没有得到人们的深入解剖和高度重视，导致在三年后，诸如东航、国航、中国远洋和深南电等公司陷落在几乎同样的产品合约之上。从这个角度上说，重新分析中航油新加坡公司的衍生品合约亏损，其意义重大。

2005 年，中航油新加坡公司在石油衍生品交易中损失约 5.5 亿美元（按当时汇率折算合人民币 45 亿元）后，向当地法院申请召开债权人大会以重组债务，而其股票已遭新交所停牌。

中航油新加坡公司是从 2001 年开始参与石油衍生品交易的，除了对冲风险之外，公司也开展自己的交易活动。高盛先以低价卖给中航油新加坡公司一个产品，让中航油新加坡公司看到肯定能赚到钱，但是利润有封顶。这点很重要，因为这意味着高盛的风险也是有限的。与此同时，中航油新加坡公司同意从高盛手中购买另外一个产品。合约显示，该产品只是用来对冲高盛在和中航油新加坡公司签订的第一个合约中的风险。实际上，这第二个产品就是最终危害中航油新加坡公司的致命武器：展期期权（extendible option）。

展期期权的结构是这样的，展期期权的持有者，在未来，比如半年后，拥有将一个当前约定好的条款的期权执行的权利，也就是“期权的期权”。这个展期期权是高盛持有，也就是说，高盛在 6 个月后有最终权利决定是否执行这个期权的权利。这是一个危害极大的产品。下面详细解释一下为什么展期期权具有这么大的危害和杀伤力。

中航油新加坡公司与高盛杰润公司签订的衍生品合约是一个展期三项式合约（Extendible 3-Ways），该合约有两部分：三项式部分和展期部分。

三项式部分的结构是这样的：

每月交易量：15 万桶

合约期限：3 个月（2004 年 7 月至 2004 年 9 月）

高盛买入看涨期权执行价：36 美元/桶

高盛卖出看跌期权执行价：33 美元/桶

高盛买入看跌期权执行价：31 美元/桶

杠杆比率：2

WTI 原油期货现价（CL1）：34 美元/桶

展期部分的结构是这样的：

每月交易量：30 万桶

合约期限：12 个月（2004 年 10 月至 2005 年 9 月）

高盛买入看涨期权执行价：36 美元/桶

高盛卖出看跌期权执行价：33 美元/桶

高盛买入看跌期权执行价：31 美元/桶

杠杆比率：2

WTI 原油期货现价（CL1）：34 美元/桶

合约签订的时候，三项式部分即开始生效。3 个月后，当三项式部分结束的时候，即在 2004 年 9 月末，高盛有权决定是否执行展期部分。

期权是一个权利，对期权的卖出者来说，潜在的风险是无限的，但是收益却是有限的，最大的收益就是卖出期权所得到的期权费。因此，卖出期权是一个风险极大的行为。如果说卖出期权的风险极大的话，那卖出期权的期权，也就是展期期权，风险就更大了。

那么，中航油新加坡公司为什么要这么做呢？原因有三个。

①中航油新加坡公司不知道期权的期权有这么大的破坏力。实际的情况是，中航油新加坡公司对期权不是非常了解，更不用说复杂的产品了。这从普华的审计报告里就可以得到印证。根据普华的报告，中航油新加坡公司对最基本的期权的定价都是错误的。对期权的价值分为内在价值和时间价值两部分也不清楚。

一个市值 300 万美元的期权，中航油新加坡公司只估值为 100 多万美元。一直到中航油新加坡公司破产清算的时候，也没有能力对所签订的展期期权进行定价。正是因为中航油新加坡公司没有能力对展期期权定价，也就无法知道这个产品的欺诈性和巨大危险。

②高盛是在签订合约时，将这个有危害的展期期权掺入进去的。而且高盛让中航油新加坡公司认识到，加入这个展期条款，可以使目前的三项式的结构对中航油新加坡公司更有利。比如，可以让中航油新加坡公司以更低的价格购买石油或以更高的价格卖出石油。这对中航油新加坡公司很有吸引力，因为更有利的价格意味着短期利润的增加。但是，对于展期期权的长期危害它是不知道的。

③随着中航油新加坡公司亏损的扩大，高盛又将展期期权描绘成是一个可以帮助中航油新加坡公司不用付额外的费用，就可以将现在的市值损失削减的有效方式，并使中航油新加坡公司保持对石油走势的判断。2004年初，中航油新加坡公司的合约开始出现亏损。虽然亏损不是很大，但是公司却不想让外界知道。此时，公司试图通过签订新的展期期权合约减少当前的亏损，而新签的展期期权合约危害更大、杀伤力更强，使中航油新加坡公司陷入更大的困境。

（3）实例3：国储铜事件

国家物资储备调节中心为国家发展和改革委员会所属全民所有制事业单位，是具有事业法人资格的经济实体，企业登记名称为国储物资调节中心，实行自收自支，自主经营，独立核算，自负盈亏的企业管理制度。其主要工作职能和经营范围是负责调节储备物资的订货、收储、投放市场及经营业务，通过管理和经营调节储备物资，积极参与国内外市场，通过调节储备对关系国计民生的重要生产资料的供求起到宏观调控作用；经国家计委批准，受国家物资储备局委托，代理储备物资及处理物资等业务，使储备物资保值增值，不断壮大储备实力，促进国家物资储备事业的发展。

2005年11月，伦敦金属期货市场一名中国交易员神秘失踪。这个名叫刘其兵的男子是中国国家物资储备局物资调节中心驻伦敦交易员，他的失踪揭开了“国储铜”事件的面纱。

为何刘其兵会成为该次期货交易的争执重点呢？原因在于他在2005年7月到8月间，以每吨3 000多美元的价位，建立空头头寸约20万吨，而12月21日是这批空头头寸期权到期日。当时他认为国际铜价已经涨到高位，很快就会回调。然而刘其兵的海量建仓行为，却早已被国际一些大基金盯上。他们认为中国是铜进口大国，但刘却在国际市场上抛空，于是认定国储不可能有如此多的现货可以交割，因而乘机发动逼空战役。从9月份（刘所介入的三个月期铜合约开始月份）开始，始于2003年的铜牛市火上浇油，铜价迭创历史新高，每吨铜价从3 500美元左右一路狂涨到接近4 500美元的水平（见图3-2）。铜价被基金推着一路上扬，国储铜损失惨重。

面对国际基金这种咄咄逼人的“逼空”态势，国储打响了保卫战。为挽救大量的海外空头头寸，国储铜近期所有举动都在为“空头”造势。此前行事极为低调的国储，频频高调出场。国储铜在 2005 年 10 月开始在上海期货交易所增加库存。2005 年 11 月 11 日，国储铜宣称，国储铜当时的铜存储量有 130 万吨，远远高出此前市场预计的 30 万吨水平。自 2005 年 11 月 16 日开始连续四周，国储铜每周在国内现货市场上通过拍卖手段抛出 2 万吨现货。国储反常高调的言论和举措意图非常明显，均是力图挽回在 LME 所做的空头头寸亏损。但事与愿违，国储的行为反而刺激铜价进一步上涨。

除了在国内现货市场上抛铜之外，国储在期货市场上也非常高调。2005 年 11 月 16 日晚，声称国储已向国务院申请要求出口 20 万吨铜，这一数字与传闻中国储在 LME 所建的空头头寸相符。在此传闻下，LME 三月期铜价格下跌了近 40 美元至 4 075 美元水平，但很快又涨回了原来价位。随后，从宁波港传来的消息称，在合约交割之前，国储铜已经向新加坡的 LME 仓库运出了超过 3 万吨江铜（江西铜业出产的铜）。同时，国储铜还在沪铜市场的 12 月和 1 月合约上抛了近 4 万吨空单。

2005 年 12 月 7 日，国储第四次在现货市场上拍卖铜，但此次抛售同 11 月 30 日（国储第三次抛售铜）结局相似，拍卖底价继续抬高，而期铜价格则继续上涨，完全与其初衷相背离。国储的策略，反而被多头利用而刺激了铜价的上涨。截至 2005 年 12 月 12 日，LME 三月期铜终盘收报每吨 4 373 美元。从图3－2 可以看出，LME 铜从 2005 年 9 月一直到 2006 年 5 月价格都在一路攀升。国储铜事件损失惨重，令人深思。

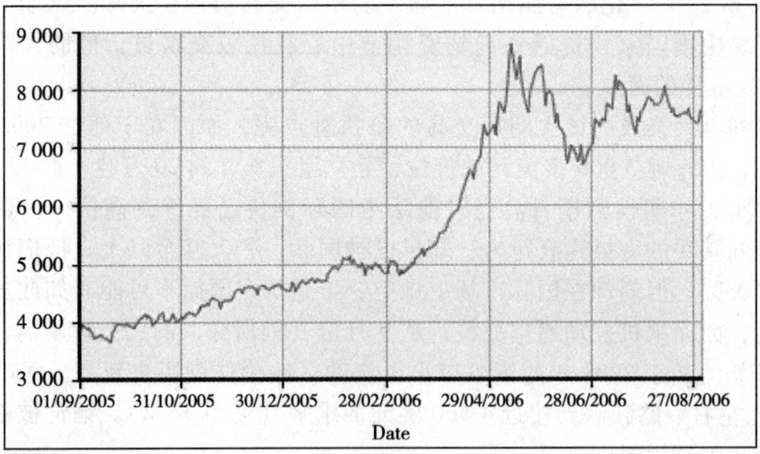

图 3－2　伦敦期货交易所三个月期铜价格走势图（2005. 09～2006. 08）

(4) 实例4：中国中铁结构性存款

①外汇结构性存款概述。所谓外汇结构性存款是指在普通外汇存款的基础上嵌入某种金融衍生工具（主要是各类期权），通过与利率、汇率、指数和黄金等波动挂钩或与某实体的信用情况挂钩从而使存款人在承受一定风险的基础上获得较高收益的金融产品。它是一个固定收益产品与选择权组合形式的产品。它透过选择权与固定收益产品间的结合，使得结构性产品的投资报酬与标的关联资产价格波动产生连动效应，可以达到在一定程度上保障本金并获得较高投资报酬率的功能。

在结构性存款发展初期，银行只能对等值300万美元以上的大额外汇存款提供这种产品。从2004年初开始，小额外汇结构性存款在中国流行起来，它们的名称各异，例如中国银行的“汇聚宝”、工商银行的“汇财宝”、建设银行的“汇得利”都属于外汇结构性存款。从各行推出的这类产品看，它的特点是存款期限较长，短则1年（由银行决定），长则3~5年。由于有高出同期存款数倍的较高收益，在外汇投资渠道狭窄、风险较高、收益较低的情况下，外汇结构性存款自然深受投资者的青睐和追捧。

外汇结构性存款的分类主要有：第一，按照可提前终止的次数划分，结构性存款的一个典型特征是银行有权利提前终止存款，普通的定期存款是客户有权提前终止存款。普通的定期存款不限制客户提前支取的时间和次数，但外汇结构性存款一般对提前终止的时间和次数有限制，只有一次提前终止权利的就是一次可提前终止结构性存款，有多次提前终止权利的则是多次可提前终止结构性存款。第二，按照本金有无风险划分，市场上的外汇结构性存款可以分为两种类型，即“本金有风险类”和“本金无风险类”。第三，按挂钩标的划分，有与汇率挂钩的结构性存款，与利率挂钩的结构性存款，与其他标的物挂钩的结构性存款，如与国际市场黄金价格挂钩、与英国北海原油价格挂钩、与特定地区天气状态挂钩等。投资于这类产品需对选定的挂钩标的物的波动趋势有深入的了解，判断失误将会导致收益率大大降低。第四，按收益率的类型划分，在收益率的选择上，银行设计了两种类型：一种是收益固定型，即承诺一定的回报；另一种是收益递进型，与前者不同的是，在整个投资期内，采取投资收益分段计息、分次支付的方式。如中国银行推出的“聚宝盆”，承诺第一个半年有6%的回报，以后则按特定算法逐年变化，直到总收益达到8%时终止合同。

外汇结构性存款的作用：第一，对商业银行来说，外汇结构性存款开拓了银行的业务渠道。存款进入门槛的一降再降使结构性存款产品成为银行吸纳众多外币小额存款的有利工具。第二，结构性存款在商业银行内部的风险管理控制中也发挥着极其重要的作用。在固定利率下，银行的存贷款利差固定，所以利润受到利率风险的影响较小，而随着利率管制的减弱，商业银行在竞争力增强的同时却也使自身直接暴露于利率的频繁波动之中，面临巨大利率风险。例如，商业银行负债与商业银行资产的定价的选择标准差异（前者按欧洲美元市场 LIBOR 利率定价，后者按国内国库券基准利率定价）就会造成利率基差风险，而结构性产品可以使银行在一定程度上实现风险对冲，银行可以通过发行与利率反向挂钩的产品对冲浮动利率所带来的风险。第三，结构性产品通过赋予银行一定的可提前赎回权使其可以对冲浮动利率的隐含期权风险，强化银行自身风险内控体系。第四，对于投资者来说，结构性存款产品的推出无疑拓宽了他们的投资渠道，这种进入门槛低、风险相对较小而收益又高于普通定期存款的产品很快成为厌恶风险的中小投资者的主要外汇投资方式，有利于财富的流通并促进资源的优化配置。

外汇结构性存款面临的风险主要有：第一，利率风险。中国的美元存款利率基本上是依据美国联邦基准利率确定的，当美联储升息时，国内的美元存款利率也会升高，这样，由于投资者选择结构性存款而放弃了提前支取的权利，利率一旦上升，投资者原有的高收益就会缩水，甚至可能会低于普通存款利率，这就是外汇结构性存款投资者面临的利率风险。第二，汇率风险。对于不同种类的外汇结构性存款，投资者所面临的汇率风险也不同。除了投资与汇率挂钩的产品的收益率直接受汇率影响外，投资者的本金也都面临着存款期内的市场汇率风险。投资到期时，如果外币相对本币贬值，投资者将不得不承受由此带来的损失，这就是外汇结构性存款投资者面临的汇率风险。第三，流动性风险。由于外汇结构性存款都锁定了一个固定期限，投资者在期限内不能提前支取，就如同定期存款一样，投资者将面临在存款期内丧失较好的投资机会而付出较高的机会成本的风险，这就是外汇结构性存款投资者面临的流动性风险。第四，信用风险。对于同一时期同样结构的产品，不同银行提供的收益率也有所差别，这主要是由银行自身的信用风险决定的。资金雄厚、操作规范、风险承受能力强、经营稳健的银行，由于其自身的信用风险较低，所推出的产品的收益率可能相对较低。而那些稳定性较低、自身信用较差的银行，虽然提供的产品收益率较高但是风险也很大，投资者很可能因银行违约而蒙受损失。第五，政策风险。在中国，国有商业银行缺乏自主性，在很大程度上受到国家宏观调控的束缚，因此，产品受到政策性的影响非常大，政策变动就不可避免地成为结构性产品的风险来源之一。这种政策性风险不仅与利率风险和汇率风险直接相关，还有可能通过对投资者进行投资渠道和额度的限定而带来额外风险。

②中国中铁亏损原因分析。中国中铁股份有限公司是由中国铁路工程总公司以整体重组、独家发起方式设立的股份有限公司。其前身是成立于 1950 年的铁道部工程总局和设计总局。公司是集基础建设、勘察设计与咨询服务、工程设备

和零部件制造、房地产开发和其他业务于一体的多功能、特大型企业集团，成立于2007年9月12日，注册资本128亿元人民币。中国中铁股份有限公司辖有全资公司28个，控股公司15个，分公司4个，参股公司3个，共46家二级子公司。2005年及2006年分别位列全球第四及第三大建筑工程承包商。在2007年公布的世界企业500强名单中位列第342名，在同年公布的世界最具影响力的500强品牌中排名第417位，在中国企业500强中排名第13位。

2008年10月22日，中国中铁股份有限公司（上海交易所代码：601390，香港交易所代码：00390，下称中国中铁）及中国铁建股份有限公司（上海交易所代码：601186，香港交易所代码：01186，下称中国铁建）A股均告跌停，H股跌幅高达20%左右，市场盛传上述两家公司第三季度外汇损失巨大。当日晚上，中国中铁和中国铁建就此事发布了澄清公告，承认截至9月30日，中国中铁净损益折合人民币亏损19.39亿元，中国铁建第三季度汇兑损失为3.2亿元。下面主要分析中国中铁结构性存款的事件过程。

在2008年上半年，澳元对美元汇率持续走高，加之中国中铁正在实施的澳大利亚项目需要大量澳元，故公司基于澳元对美元升值和澳元为高息货币的考虑，为提高外汇存款收益，减少因人民币对所有外币升值给公司带来的外汇汇兑损失，通过结构性存款方式累计净做了15亿美元左右的结构性存款。截至9月30日，相应结构性存款均已到期，没有余额，期末持有的均为各主要币种的外汇银行存款，相应的各币种的持有金额尚未公布。公司H股募集资金及其他外汇资金没有做金融衍生产品。截至9月30日，公司H股募集资金除已使用9.07亿元外，其余额折合人民币172.38亿元存放在中银香港募集资金专户上，H股剩余募集资金的净损益折合人民币亏损19.39亿元。而在汇兑净损失产生后，中国中铁采取了一定的应对措施，以尽量减少汇兑损失。19.39亿元是前三季度的净损失，也就是扣除了利息收入和原来做的一部分结构性存款的投资收益之后形成的损失。公司将按照招股说明书中披露的募集资金投资项目，加快募集资金的投资和使用，并且在国家政策允许的范围内，尽快将外汇存款转换成人民币，以减少由于人民币升值而造成的汇兑损失。

公司没有详细地披露投资的细节，但从中国中铁公司的公告里可以估计其中的运作情况。该公司投资了一个短期的合约（估计为6个月，4月初到9月底）。在存入15亿美元存款的基础上，出售一个美元看涨期权，执行价格为4月初的汇率价格。这符合中铁上半年的投资预期，即认为澳元对美元会升值。由于澳元走势与其预期相反，下跌了20%左右，亏损额为3亿美元（15亿美元×20%），换算成人民币约为19.39亿元人民币。从附录中的附图7可以分析亏损与汇率波动有明显的关系。

除上述结构性存款外，截至2008年6月30日，中国中铁还持有五份利率掉期合同，名义总额为1690万欧元和25.4亿元人民币。中国中铁半年报显示，其中一份欧元利率掉期将于2011年到期，另外一份欧元利率掉期将于2021年到期，三份人民币利率掉期均于2017年到期。根据欧元利率掉期合同，公司将按固定利率收取利息及按浮动利率支付利息；根据人民币利率掉期合同，公司将按浮动利率收取利息及按固定利率支付利息。可见，如果欧元升息，或者人民币降息，中国中铁仍然存在风险。随着降息周期的到来，人民币利率掉期合同风险也在加大。

此事件有两点值得关注，第一，由于外汇资产兑换为人民币的种种限制，由于人民币的持续升值，本身就可能产生外汇的损失。而如何将海外的外汇及时地转换为人民币，减少损失是一个问题。事后也可以看出，中国中铁公告直接表示，公司将加快募集资金的投资和使用，尽快将外汇存款转换成人民币，以减少由于人民币升值而造成的汇兑损失。大型企业海外投资的利润如何保值，甚至增值是一个急迫的问题。第二，选择结构性存款是否能够解决外汇损失的问题呢？选择的出发点是好的，但是首先由于当时全球主要货币的汇率波动剧烈，因此本身就加剧了这种汇率的风险，结构性存款在此时可能更是加剧了这种风险，因为一旦与汇率和期权挂钩，本身就是高风险的一种工具，而且如果是期权，还可能是敞口的风险，更难以规避。因此，中资企业要认真总结经验教训。

（5）实例5：雷士照明资本运作风波

①雷士照明概况。雷士照明通过自主研发体系，开展持续创新运动，为大众提供高品质的节能环保照明产品系列，成为中国最具影响力的照明产品提供商之一。产品涉及商业、办公、家居、户外、光源电器、电工等六大领域，特别是商业照明一直保持行业领先地位。在中国，雷士照明拥有广东、重庆、山东、浙江四大制造基地，总面积达100多万平方米，并设立了广东和上海两大研发中心。全国36家运营中心和2 500多家品牌专卖店组成完善的客户服务网络。在全球，雷士照明在30多个国家和地区设立了经营机构，展开国际化营销战略。作为一家专业的照明企业，雷士照明的产品和应用解决方案被众多著名工程和品牌所选择，包括2008年北京奥运会，天津地铁一号线，希尔顿等星级酒店，美特斯邦威、劲霸、鄂尔多斯等服装品牌，宝马、福特、丰田等汽车品牌。

雷士照明是绿色照明的倡导者和传播照明节能文化的实践者。依托具有行业领先水准的研发中心和大型节能灯、电子镇流器生产基地，向市场推出系列节能灯和电子镇流器产品，以行动支持中国乃至世界的节能环保事业。建筑是人类文明重要的组成部分，照明被誉为建筑体上流淌的音乐，在满足照明功能的同时，演绎着更完美的光环境。

2005年底，吴先生与另外两位创业者分家，吴先生同意支付8 000万元的分手费。由于一方面要支撑企业现金流的正常运转，另一方面短时间内要支付1.6亿元的补偿金，一时间，吴先生急需资金。2006年8月14日，软银赛富向雷士照明投入的2 200万美元到账，占雷士照明股权比例35.71%。两年之后的2008年8月，雷士照明为了增强其制造节能灯的能力，以“现金加股票”的方式收购世通投资有限公司，其中现金部分须支付4 900万美元左右，此时的雷士照明自有资金完全不能支撑吴先生的扩张战略，唯一的办法就是融资。当时公司账上现金及存款仅有3 000万美元。那时，高盛与软银赛富联合向雷士照明投入4 656万美元，其中高盛出资3 656万美元，软银赛富出资1 000万美元。

软银赛富因先后两次投资，持股比例达到36.05%，超越吴先生34.4%的持股比例，成为雷士照明第一大股东。高盛以11.02%的持股比例成为第三大股东。而完成对世通的收购后，吴先生的持股比例再度被稀释至29.33%，依然低于软银赛富30.73%的持股比例。这个持股比例一直保持至雷士照明IPO之时。

②雷士照明资本伦理。吴先生显然低估了资本的力量，风险投资逐利性决定了投资者可以选择持股增值获得回报，也可以凭借其他的手段“吃”掉企业，谋得更大的利益。2010年5月20日，雷士照明登陆港交所，发行6.94亿股新股，发行价2.1港元/股，募资14.57亿港元。而软银赛富以3 200万美元的投资额，最终获得了6.81亿股股票，折合港元的持股成本仅为0.366港元/股，按IPO价格的投资回报为5.73倍。

按照香港的上市规则，风险投资人在企业上市后6个月即可自由套现，而且雷士照明上市满6个月后（2010年11月20日）其股价一直在4港元/股左右的高位徘徊（见图3-3），此时股价较软银赛富持仓成本价飙升至9.93倍。面对如此诱人的回报诱惑，软银赛富却并未套现。

2011年7月21日，雷士照明引进法国施耐德电气作为策略性股东，软银赛富、高盛联合吴先生等六大股东，以4.42港元/股（较当日收盘价溢价11.9%）的价格，共同向施耐德转让2.88亿股股票。施耐德耗资12.75亿港元，股份占比9.22%，成为雷士照明第三大股东。吴先生跟随软银赛富及高盛以个人及全资公司NVC的名义向施耐德出让了3.09%的股权，致使持股比例下降至17.15%的最低点，低于软银赛富18.48%的持股比例。

2011年9月，施耐德中国区总裁朱海提名其下属李新宇出任雷士照明副总裁，分管核心业务商业照明工程及项目审批。吴先生终于开始意识到，施耐德最终的目的可能不仅仅是投资。雷士照明对于吴先生而言是毕生的心血，而对于投资者而言，只是一个资本棋子、一个项目。投资者为了利益最大化，实现企业间并购将项目卖个好价钱也不失为明智的退出渠道。警觉后的吴先生开始在二级市

图 3－3　港交所雷士照明股价走势图

场持续增持股份，外界猜测此举以图重新夺回第一大控股权。最显著的方式是直接向券商贷款在二级市场买股票。

香港联交所交易记录显示，2011 年 9 月的最后 10 天，吴先生连续 5 次共增持公司 900 万股；2012 年 5 月 11 日，又增持 200 万股。至此，吴先生合计持股 6.3 亿股，占 19.95%，重回第一大股东。此时软银赛富的持股比例是 18.33%。然而，雷士照明股票在 2012 年 5 月 25 日吴先生辞职当日下跌 30%，最低下探至 1.46 港元/股。随后一个月不到的时间里吴先生被强制平仓，当时股票价格为 1.707 港元/股和 1.789 港元/股，共计 4 826 万股。吴先生之前融资买入雷士照明股份，价格在 3～4 港元之间，总计亏损额粗略估计约 8 000 万港元。除借钱买股票外，吴先生还买入看涨期权，意图增持股份。根据雷士照明在香港交易所的公告显示，吴先生曾与汇丰私人银行于 2011 年 8 月 31 日签订一份“看涨股权衍生品交易合约”。合约内容是吴先生未来 6～12 个月最多可购买 5 000 万股雷士照明股份，行权价格为 3.7 港元/股，合约签订时的股价为 3.52 港元/股。吴先生当时向汇丰支付 3 000 余万港元的期权金。

不过，自从吴先生购入看涨期权后，雷士照明的股价一直在 3.7 港元/股之下，且连续震荡下跌，行权无望，这也意味着，吴先生向汇丰支付 3 000 余万港元的期权金全部打了水漂。事实上，软银赛富、高盛、施耐德是国际资本与国际产业巨头的联合，投资人与创业者双方在董事会的力量对比是 4∶2。从持股比例来说，吴先生即便坐稳第一大股东的位置，依然不能从根本上改变格局。

在这个实例中，实际汇丰银行卖给吴先生雷士照明的看涨期权 5 000 万股，权利金为 3 000 万港元，执行价格为 3.7 港元/股，通过计算可以看出，3 000 万港元的权利金合成每股价格是 0.6 港元/股，也就是说当股价超过 4.3 元/股时，吴先生行权才能获利，而当时的市价为 3.52 港元/股，且处在震荡下行中。反过来说，对于汇丰银行，当股价上涨超过 4.3 港元/股时，汇丰银行才亏损。市场若处在牛市时，涨过 4.3 港元/股可能很容易，貌似汇丰银行承担无限的风险，实则未必。汇丰银行可以当时的价格 3.52 港元/股购入相应股票，与之对冲。即使股价大涨，那么汇丰银行将 3.52 港元/股买的股票，以 3.7 港元/股的价格卖给吴先生，它还赚了近两毛钱呢，或者汇丰银行可以通过其他产品或期权产品来对冲它的风险。

3.2　用互换管理利率风险

利率风险产生于利率的不利变化，这种变化导致了更高的利息成本或更低的投资收益，因此致使利润减少，甚至发生亏损。任何进行资金借贷和投资的企业，无论它的投资是长期还是短期，也无论投资的是金融债券、国债还是货币市场存单，它们都暴露在利率风险下。利率风险被定义为：利率的不利变化导致企业利息成本升高、投资或贷款收益降低、金融工具市场价格下跌而致使企业利润减少的风险。

利率可以有不同的方式变化：利率总体水平可能会上升或者下降；相关利率可能发生变化，即一些金融工具的利率相对于其他金融工具的利率发生变化；收益曲线（利率期限结构）可能发生变化，从而短期利率相对于长期利率而言发生变化。

3.2.1　利率互换的基本原理

利率风险之所以会发生，是因为利率水平经常变动，而且其变动的方向、幅度和时间难以预测。利率的波动性是指利率变动的频率、方式和幅度，波动性越大，利率风险越高。其中基差风险和缺口暴露是金融机构，特别是银行面临的两种利率风险。在自由市场上，利率水平主要由资金的供求关系度决定，通常受到下列因素的影响：①经济增长将增加企业的资金需求，而经济衰退时，银行和其他投资者给企业贷款的意愿就很低；②经济形势预期发生变化时，利率一般会随之变化；③政府的借款规模和政府的货币政策同样影响利率。

即使在发达国家，利率的波动也是很剧烈的。利率的波动性，如 3 个月美元 LIBOR 的变动幅度，常常可以用数值来衡量，诸如 Bloomberg 系统就经常提供不同时段利率波动率的数值。如果历史数值给定，利率波动率的均值和标准差可用来预测下一个时间段的利率变动的可能幅度，按照三西格玛原则，变动超过三倍标准差的事件为小概率事件，所以一般认为，在一个时间段内，利率变动的幅度不会超过波动率的2倍。

长期以来，银行一直将“缺口头寸”作为衡量利率风险的基本方法，其中缺口指的是某一时间段需要重新设定利率的那部分资产和需要重新设定利率的负债之间的差额，而缺口暴露是当具有相同利息基础的债券利率发生变动时，不同的利率重设将导致利率水平的不匹配，从而产生缺口暴露。因为利率在展期内可能发生变化，利率调整的时机不同就会产生风险暴露。

互换是20世纪80年代创新故事中一个十分出色的管理市场风险的例子。从1980年几乎为0开始起步，到现在已经发展为每年超过18万亿美元的市场规模，互换已成为降低长期融资成本和资产负债管理中防范利率和汇率风险的最有效的金融工具之一。

互换是指互换交易双方达成协议并在一定的期限内转换彼此货币种类、利率基础以及其他金融资产的一种交易。互换交易的核心工具是利率互换、远期利率协议、长期外汇交易、长期利率期权和货币互换，其他如商品互换和股票指数互换可以看成上述基本类型的拓展。互换涉及的支付交易，最终对交易双方有利，但是每种互换在实际应用中却有各种独特的使用方法。

利率互换（interest rate swap）是指互换双方之间达成一种协议，同意以名义本金为基础交换现金流，一方支付固定利率，另一方支付浮动利率，或者双方以不同的浮动利率支付。最普通的利率互换是一方按照名义本金支付固定利率，另一方支付浮动利率，其基本结构如图3－4所示。

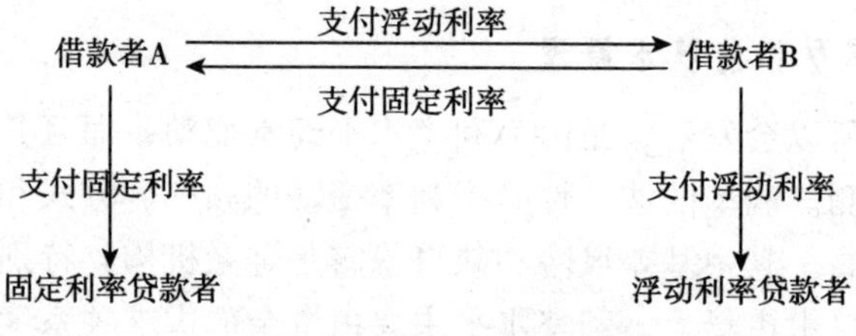

图3－4　利率互换示意图

一个互换合约可以将一系列浮动利率的应付或应收款转换为固定利率的应付或应收款。考虑一个发行了LIBOR＋0.5%的浮动利率债券的公司，如果它签订了一个互换合约，收取浮动利率LIBOR支付固定利率6%，那么它的净支付为6%＋0.5%＝6.5%。通过这笔交易，该公司将浮动利率的债务转换为固定利率的债务。如果另外一个公司发行 6.2% 固定利率的债券，但是又想换成浮动利率，那么通过一份"收取 6% 固定利率，支付 LIBOR 浮动利率"的互换合约，它就可以达到目的，这使它得到一个 LIBOR +0.2% 浮动利率的债务。

现在来看互换是怎样减少利率风险的。假定一家商业银行存在固定的利率收入（比如 12%），但是它们的融资却是通过短期储蓄存款的方式得到的（比如 LIBOR -1%），如果 LIBOR 上涨，金融机构将遭受损失。如果它进入互换合约，接受 LIBOR，支付 11% 的固定利率，那么它可以保护自己免受利率上涨带来的损失，因为不管利率如何变化，它可以固定收到 2% 的利息。

公司进行互换的另一个原因是，一些公司可以在固定市场或者浮动利率市场上更便宜借到钱，双方通过互换协议能够节约成本，其节约的成本归因于互换的比较优势。

利率互换的基本特征是：①互换双方使用相同的货币，互换交易额称为名义本金，是计算利息的基础。交易过程中没有本金的交换，只有利息的交换。②对于互换中的任何一方，互换交易与各自实际的借款行为是相互独立的。③互换结果并没有改变原先的如期偿还本金的义务，即互换双方始终有义务对各自先前的贷款进行还本付息。

利率互换能够达成的原因有两点：第一，每个公司的信用评级不同，融资成本也不同，信用评级好的大型企业，融资成本较低；信用评级欠佳的中小企业，融资成本就相对高一些，而不同信用评级的公司固定利率融资和浮动利率融资成本具有比较优势。第二，不同信用评级的公司对市场认识不同，因而需求不同。

3.2.2　利率互换举例

假设有公司 A 和公司 B 可以按照表 3 -1 所示利率借到 2 000 万元 5 年期的贷款，公司 A 想得到浮动利率贷款，公司 B 想得到固定利率贷款，问如何设计一个互换，不通过中介，并使得该互换对公司 A 和公司 B 具有相同的吸引力；若通过一家银行作为中介，如何使得该互换对银行、公司 A 和公司 B 具有相同的吸引力。

表 3 -1　　两个公司的贷款利率

	固定利率	浮动利率
公司 A	7%	LIBOR +0.4%
公司 B	8.5%	LIBOR +0.7%

为了回答这个问题，首先必须清楚公司 A 和公司 B 是否具备能够达成互换的基本条件，根据具体问题可以把公司 A 和公司 B 的比较优势和需求列在表 3－2中。从表 3－2 中明显看出，A 公司想获取浮动利率的贷款，B 公司想得到固定利率的贷款，都不是双方的比较优势，因此具备达成互换的基本条件。公司 A 和公司 B 不通过中介，并使得该互换对公司 A 和公司 B 具有相同的吸引力的结果如图 3－5 所示。互换后的融资成本见表 3－3。

表 3－2　　公司 A 和公司 B 的比较优势和融资需求

	公司 A	公司 B	两公司利差
信用评级	高	低	
固定利率融资成本	7%	8.5%	1.5%
浮动利率融资成本	LIBOR +0.4%	LIBOR +0.7%	0.3%
比较优势	固定利率	浮动利率	
融资需求	浮动利率	固定利率	

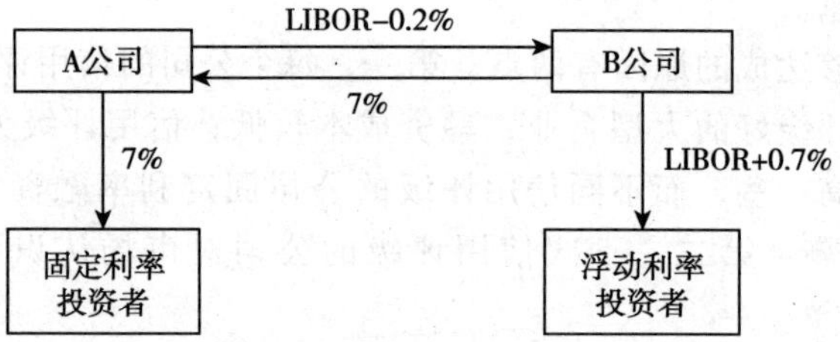

图 3－5　公司 A 和公司 B 利率互换示意图

表 3－3　　互换后的融资成本

	互换前融资成本	互换后融资成本	降低成本
公司 A	LIBOR +0.4%	7% +（LIBOR－0.2%）－7% = LIBOR－0.2%	0.6%
公司 B	8.5%	（LIBOR +0.7%）+7%－（LIBOR－0.2%）=7.9%	0.6%

实务中寻找互换对方须花费相当长的时间，且还要承担彼此不认识的信用风险，金融机构由于自身业务往来的关系，接近利率互换的供需双方，容易找到潜在的互换者，并且金融机构本身也可凭其信用来降低交易双方的信用风险。中介

者与互换双方分别签订利率互换协议，互换中介并不要额外的资金，而是仅仅从中赚取服务费用或差价。若公司 A 和公司 B 通过一家银行作为中介，设计使得该互换对银行、公司 A 和公司 B 具有相同的吸引力的互换如图 3－6 所示。互换后的融资成本分析读者可以自己完成。

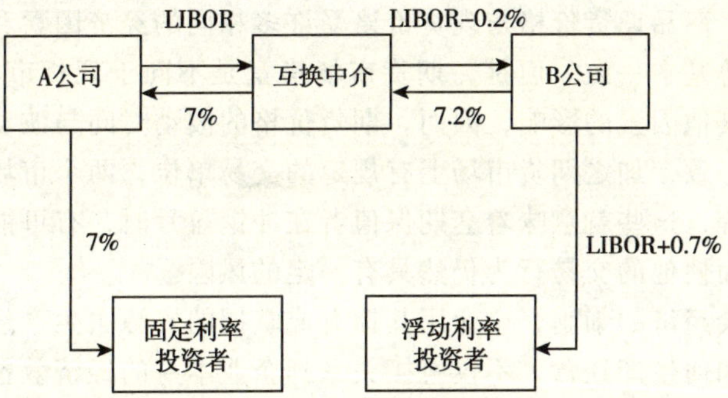

图 3－6　有中介的公司 A 和公司 B 利率互换示意图

3.3　用期货管理市场价格风险

3.3.1　用远期或期货管理风险的原理

远期合约是指在指定的未来时刻以确定的价格交割某物的协议，而期货是一种标准化的远期合约，期货合约的交割日和交割物的数量由期货交易所事先固定，期货交易只能在交易所进行，并实行保证金制度。由于两者功能相仿，因此结合在一起进行分析。

一般来说，衍生交易控制金融风险的方法不改变原有基础业务的风险暴露趋势，而是建立一个风险暴露趋势与原有业务刚好相反的头寸，从而达到风险的完美对冲。期货或者远期的规避风险功能主要是指其套期保值功能，是通过这样两组相互配置的交易活动，使现货交易与远期（期货）交易发生的盈利和亏损相互抵消，达到保护现货价格、锁定成本的目的。

商品期货市场的基本功能之一就是提供价格风险的管理机制。为了避免价格风险，最常用的手段便是套期保值。套期保值的最基本做法就是买进或卖出与现货市场交易数量相当，但交易头寸相反的商品期货合约，以期在未来某一时间通过卖出或买进相同的期货合约，对冲平仓，结清期货交易带来的盈利或亏损，以此来补偿或抵消现货市场价格变动所带来的风险，使交易者的成本或收益稳定在一定的水平上。

在从生产、加工、贮存到销售的全过程中，商品价格总是不断发生波动，且变动趋势难以预测，因此，在商品生产和流通过程的每一个环节上都可能出现因价格波动而带来的风险。所以，不论对处于哪一个环节的经济活动的参与者来说，套期保值都是一种能够有效地保护其自身经济利益的方法，也是商品期货交易的目的所在。商品期货价格与现货价格受许多相同的经济因素和非经济因素影响，变动的趋势基本一致。但是，期货市场毕竟是不同于现货市场的独立市场，它还会受一些其他因素的影响，因而，期货价格的波动时间与波动幅度不一定与现货价格完全一致，加之期货市场上有规定的交易单位，两个市场操作的数量往往不尽完全相等，这些就意味着套期保值者在冲销盈亏时，有可能获得额外的利润或亏损，从而使他的交易行为仍然具有一定的风险。

企业是社会经济的细胞，企业用其拥有或掌握的资源去生产经营什么、生产经营多少以及如何生产经营，不仅直接关系到企业本身的经济效益，而且还关系到社会资源的合理配置和社会经济效益的提高。而企业生产经营决策正确与否的关键，在于能否正确地把握市场供求状态，特别是能否正确掌握市场下一步的变动趋势。期货市场的建立，不仅使企业能通过期货市场获取未来市场的供求信息，提高企业生产经营决策的科学性与合理性，而且为企业通过套期保值来规避市场价格风险提供了场所。套期保值不仅能防止价格反向运动带来的可能损失，也失去了因价格正向运动带来意外收益的可能性。理论上，套期保值为现货商提供了理想的价格保护，但实际生活中，这种保护没有理想中的好，许多因素经常会影响套期保值交易的效果。

在现货市场和期货市场对同一种类的商品同时进行数量相等但方向相反的买卖活动，即在买进或卖出现货的同时，在期货市场上卖出或买进同等数量的期货，经过一段时间，当价格变动使现货买卖上出现盈亏时，可由期货交易上的亏盈得到抵消或弥补，从而在“现货”与“期货”之间、近期和远期之间建立一种对冲机制，以使价格风险降低到最低限度。这样的套期保值通常可分为以下两种情况：

（1）买入套期保值

买入套期保值，是指交易者先在期货市场买入期货，以便将来在现货市场中买进现货时不致因价格上涨而给自己造成经济损失的一种套期保值方式。这种方法可以将远期价格锁定在预期的水平，以锁定企业生产成本。一般情况下，铜需求企业经常扮演买入套期保值者。

例如在3月1日，某铜加工企业2个月后需用100吨铜作原材料。当时铜现货价格每吨15 000元。为锁定成本，回避将来价格上涨的风险，该企业在当日买进 3 个月以后交割的铜期货 100 吨，价格是每吨 15 500 元。到 5 月 1 日时，现货价格涨到每吨 16 500 元，期货价格涨至 17 100 元。此时该企业卖出已持有的 100 吨期货合约进行平仓，平仓盈利是 160 000 元［(17 100 − 15 500) × 100］，即该企业在期货市场共赚 160 000 元。同时，该企业在现货市场买进 100 吨现货作原料。而此时的现货价格每吨已涨 1 500 元，所以在现货市场要多付出 150 000 元，与期货交易盈亏相抵后还赚不到 10 000 元（这里没有考虑交易费用），避免了价格波动的影响（见表 3 – 4）。

表 3 – 4　　**买入套期保值的盈亏情况**　　单位：元

	当前价格	未来价格	盈亏
现货	15 000	16 500（买入现货）	亏损：1 500 × 100
期货	15 500（买入期货）	17 100（卖出期货平仓）	盈利：1 600 × 100
基差	−500	−600	总计：盈利 10 000

（2）卖出套期保值

卖出套期保值，是指交易者先在期货市场上卖出期货合约，以便将来在现货市场中卖出现货时不致因价格下跌而给自己造成经济损失的一种套期保值方式。这种方法可以将远期价格锁定在预期的水平，以锁定企业收入。卖出套期保值主要适用于商品提供商，对于农产品来说主要是农场主，他们担心将来商品价格下跌使自己遭受损失。例如某铜业公司是一家生产有色金属铜的公司，它在 5 个月后能生产出阴极铜（一种精炼铜）10 000 吨。当前阴极铜的市场价格为 14 200 元/吨，6 个月后交割的期货合约当时价格为 14 100 元/吨，而且最近的铜价格一直处于下跌之中。公司担心铜价会进一步下跌，如果 6 个月后的铜价跌破 13 500 元/吨时，那么公司将无法实现预定的最低目标利润。于是公司决定在期货市场上卖出 6 个月后交割的 10 000 吨铜。具体盈亏见表 3 – 5。

表 3 – 5　　**卖出套期保值的盈亏情况**　　单位：元

	当前价格	未来价格	盈亏
现货	14 200	13 700（卖出现货）	亏损：10 000 × 500
期货	14 100（卖出期货）	13 600（买入期货平仓）	盈利：10 000 × 500
基差	100	100	总计：不亏不盈

由于期货市场价格与现货市场价格走势基本一致，但并不完全一样，所以经

常难以达到百分之百保值，传统套期保值方法（或者称为经典套期保值方法）是采用1∶1的方法，上述例子均是采用1∶1的方法。由于基差的变化，这种方法常常并不理想，因此怎样进行套期保值，怎样尽可能做到回避风险，或在兼顾收益的前提下回避风险，这就是有关最佳套期保值的问题，这也是现代套期保值方法。此外，套期保值者为避免较大基差的风险，会选择相对较小基差的品种做套期保值。同样，也有人能从基差变动中获取额外利润。因此，套期保值者可以根据不同的保值目标，运用不同的统计和数学方法，选择不同的套期保值策略，具体方法有最小风险套期、最大效用套期、选择性风险套期、组合套期，等等。

最小风险套期是将风险最小作为生产经营者的套期目标，通过最小化风险来计算最佳套期比，不考虑套期成本费用以及收益等因素。这种方法对那些绝对的风险回避者才是最优的。而对于许多套期保值者来说，他们希望在回避风险的同时，能够考虑到收益，最大效用套期方法就是以套期者效用的最大化为目标，得出最佳套期比，其抑制波动的能力比最小风险套期方法低，但期望效用增大了，实际上其收益的增大是以风险的增大为代价的，具体套期策略取决于个人的效用函数。选择性风险套期则根据基差变化而调整，并非一种优化的结果。而对于一个购买原料、生产出产品，然后再销售产品的商品生产者来说，既需要稳定成本，又需要稳定收入，以达到最终稳定利润，这就需要组合套期方法，同时对多种商品进行套期保值。

3.3.2 最小风险套期保值的原理

生产经营者之所以要套期保值，其主要目的就是为了回避风险，因此怎样使套期风险最小成了生产经营者的套期目标。人们通常把方差看成风险（当然如果选择其他风险定义，结果就是其他形式），最小方差看成最小风险，因此这里所谓最小风险套期方法就是指最小方差方法。现假设有一套期者做卖出套期保值，用 P_1 表示开始套期时的现货价格，P_2 表示套期结束时的现货价格，F_1 表示开始套期时的期货价格，F_2 表示结束套期时的期货价格，Qs 表示套期保值者在现货市场上的成交量，Q_f 表示套期保值者在期货市场上的成交量；则在不考虑交易成本的情况下，这段套期保值期间的收益为：

$$R_h = (P_2 - P_1) \times Qs - (F_2 - F_1) \times Q_f \tag{3-1}$$

上式中 P_1、F_1 和 Qs 是已知确定的，Q_f 是未知待求变量，而 P_2、F_2 则为未知随机变量，则收益 R_h 也为一随机变量。预期收益用 R_h 的数学期望 $E(R_h)$ 表示，而风险则用 R_h 的方差 $var(R_h)$ 表示，由传统的方差最小方法有：

$$\begin{aligned} var(R_h) &= var(P_2Q_s - P_1Q_s - F_2Q_f + F_1Q_f) \\ &= var(P_2Q_s) + var(F_2Q_f) - 2cov(P_2Q_s, F_2Q_f) \\ &= Q_s^2 var(P_2) + Q_f^2 var(F_2) - 2Q_sQ_f cov(P_2, F_2) \end{aligned} \tag{3-2}$$

要使风险最小，Q_f 必须满足一阶条件 $\frac{dvar(R_h)}{dQ_f} = 0$

则有最小方差时的套期量 $Q_f = \frac{cov(P_2, F_2)}{var(F_2)} Q_s$

令

$$h_{mr} = \frac{cov(P_2, F_2)}{var(F_2)} \tag{3-3}$$

h_{mr}称为最小风险套期比。如果能通过历史数据估计出 $cov(P_2, F_2)$和 $var(F_2)$,则可求出基于历史经验的最小风险套期比 h_{mr}。如果 $cov(P_2, F_2) > 0$,则 $h_{mr} > 0$,它表示期货市场持有头寸方向与现货市场相反,否则相同。一般情况下,由于 P_2、F_2 变化方向基本一致,则 $h_{mr} > 0$。

若套期者在此期间没有进行套期保值,则其收益为 $R_u = (P_2 - P_1) \times Q_s$,其方差为 $var(R_u) = Q_s^2 var(P_2)$。

令

$$H_e = 1 - \frac{var(R_h)}{var(R_u)} \tag{3-4}$$

则 H_e 表示相对于不套期交易的风险回避程度，称作套期有效性指标。

上述表明，在研究最小方差套期保值时，几乎都没有考虑套期成本费用等因素。当考虑套期成本费用时，套期策略将会产生较大变化，一般会减少套期比。考虑交易费用、税收及保证金利息等情况的套期策略，以及考虑效用最大化情况下的套期保值问题就会比较复杂，一般情况会变成一个有约束的随机优化问题。

3.3.3　组合套期保值的原理

上述讨论是对一种商品进行套期保值的，而对于一个购买原料、生产出产品，然后再销售产品的商品生产者来说，应该采取怎样的套期方式来最大限度地回避风险呢？这就是组合套期问题。现考虑生产者在 0 时刻打算在 1 时刻买进 Q_I 单位原料进行生产。由于在 1 时刻原料价格 $\tilde{P}_I$ 的不确定性，于是该生产者决定在 0 时刻以价格 F_I 买入 X_I 单位期货，并在 1 时刻以期价 $\tilde{F}_I$ 卖出期货来完成套期。到了 2 时刻，生产结束，产出产品 Q_O 并以未知价格 $\tilde{P}_O$ 出售。但由于 $\tilde{P}_O$ 未知，自然为了锁定利润，必须对产品 Q_O 进行套期，于是生产者在 0 时刻以价格 F_O 卖出 X_O 单位期货，并在 2 时刻以价格 $\tilde{F}_O$ 买进，从而完成对产品 Q_O 的套期保值。Q_I 和 Q_O 的关系由具体生产过程决定。令 $\tilde{H}_I$、$\tilde{H}_O$ 分别表示套期后的成本和收入，则：

$$\begin{cases} \tilde{H}_I = \tilde{P}_I Q_I - (\tilde{F}_I - F_I) X_I \\ \tilde{H}_O = \tilde{P}_O Q_O - (\tilde{F}_O - F_O) X_O \end{cases} \tag{3-5}$$

为了降低风险，稳定成本和收入，必须使 $\mathrm{var}(\tilde{H}_I)$ 和 $\mathrm{var}(\tilde{H}_O)$ 最小化，则可得

$$\begin{cases} X_I = \dfrac{\mathrm{cov}(\tilde{P}_I, \tilde{F}_I)}{\sigma^2(\tilde{F}_I)} Q_I \equiv \beta_{I,F_I} Q_I \\ X_O = \dfrac{\mathrm{cov}(\tilde{P}_O, \tilde{F}_O)}{\sigma^2(\tilde{F}_O)} Q_O \equiv \beta_{O,F_O} Q_O \end{cases} \tag{3-6}$$

其中 β_{I,F_I}、β_{O,F_O} 为 $\tilde{P}_I$ 对 $\tilde{F}_I$、$\tilde{P}_O$ 对 $\tilde{F}_O$ 的线性回归系数。

以上考虑是相当自然和直观的，常称为经典组合套期。它通过套期和选定最优套期量 X_I 和 X_O 稳定成本和收入，从而稳定利润。由于原料和产品的价格有着很大的相关性，而以上的讨论却没有体现，因此还可进一步探讨是否还存在更优方案，即风险更小的套期量 X_I 和 X_O。稳定成本和收入的最终目的是稳定利润，而上述讨论中却没有直接使利润风险最小化。接下来按这一思路进行探讨，这就是所谓的现代组合套期。

令 $M = \tilde{H}_O - \tilde{H}_I$，即 M 代表利润，利润风险最小化作为目标，则有 $\mathrm{Min}\sigma^2(M)$，得：

$$\begin{cases} X_O = \beta_{O,F_O} Q_O - \beta_{I,F_O} Q_I + \beta_{F_I,F_O} X_I \\ X_I = \beta_{I,F_I} Q_I - \beta_{O,F_I} Q_O + \beta_{F_O,F_I} X_O \end{cases} \tag{3-7}$$

其中，$\beta_{O,F_I} = \dfrac{\mathrm{cov}(\tilde{P}_O, \tilde{F}_I)}{\sigma^2(\tilde{F}_I)}$，是 $\tilde{P}_O$ 对 $\tilde{F}_I$ 的回归系数；

$\beta_{I,F_O} = \dfrac{\mathrm{cov}(\tilde{P}_I, \tilde{F}_O)}{\sigma^2(\tilde{F}_O)}$，是 $\tilde{P}_I$ 对 $\tilde{F}_O$ 的回归系数；

$\beta_{F_I,F_O} = \dfrac{\mathrm{cov}(\tilde{F}_I, \tilde{F}_O)}{\sigma^2(\tilde{F}_O)}$，是 $\tilde{P}_O$ 对 $\tilde{F}_O$ 的回归系数；

$$\beta_{F_O,F_I}=\frac{cov(\tilde{F}_O,\tilde{F}_I)}{\sigma^2(\tilde{F}_I)}$$，是 $\tilde{F}_O$ 对 $\tilde{F}_I$ 的回归系数；

$$\beta_{I,F_I}=\frac{cov(\tilde{P}_I,\tilde{F}_I)}{\sigma^2(\tilde{F}_I)},\beta_{O,F_O}=\frac{cov(\tilde{P}_O,\tilde{F}_O)}{\sigma^2(\tilde{F}_O)};$$

β_{I,F_I}，β_{O,F_O} 与式(3-6)意义一样。

求解式(3-7)可得：

$$X_I^*=\frac{\beta_{I,F_I}-\beta_{F_O,F_I}\beta_{I,F_O}}{1-\beta_{F_O,F_I}\beta_{F_I,F_O}}Q_I-\frac{\beta_{O,F_I}-\beta_{F_O,F_I}\beta_{O,F_O}}{1-\beta_{F_O,F_I}\beta_{F_I,F_O}}Q_O \tag{3-8}$$

$$X_O^*=\frac{\beta_{O,F_O}-\beta_{F_I,F_O}\beta_{O,F_I}}{1-\beta_{F_I,F_O}\beta_{F_O,F_I}}Q_O-\frac{\beta_{I,F_O}-\beta_{F_I,F_O}\beta_{I,F_I}}{1-\beta_{F_I,F_O}\beta_{F_O,F_I}}Q_I \tag{3-9}$$

以上 X_I^*、X_O^* 称为最优套期量，如果 $\tilde{F}_I$ 与 $\tilde{F}_O$、$\tilde{P}_I$ 与 $\tilde{F}_O$、$\tilde{P}_O$ 与 $\tilde{F}_I$ 各不相关，则 $X_I^*=X_I$，$X_O^*=X_O$，即现代组合套期退化到经典组合套期。如果不存在上述关系，则 X_I^*、X_O^* 应是更优的方案。

3.3.4 套期保值举例

例 1：某铜业公司是中国的大中型铜矿开采和加工公司，该公司认为 2001 年 2 月 15 日铜现货价格 17 180 元/吨可能是阶段性顶部区域，未来向下运行的可能性较大，该公司预计 6 月和 7 月可生产铜精矿 5 000 吨，为了避免将来价格下跌引起的损失，该企业将进行卖出套期保值，如何确定套期保值的数量？

该公司通过对铜期货和铜现货的历史走势进行了分析以获得价格变化的统计特性。首先，利用期铜 0010 合约 2000 年 5 月 29 日至 2000 年 8 月 18 日共 60 个样本的历史数据估计出 $cov(P_2,F_2)$ 和 $var(F_2)$，其中在交割日的铜现货价格采用了当日的铜期货价格来代替，主要理由就是随着交割日的到来，铜期货价格与现货价格趋于一致，在非交割日（即两个交割日之间）的铜现货价格，本文的处理方法是采用等差插值方法进行插值得到。然后根据这些数据计算出套期比，根据该套期比算出要购买的期货合约数目，最后计算套期有效性指标。通过对实际历史数据计算，得到

$cov(P_2,F_2)=49\ 151.61$，$var(F_2)=61\ 898.31$

得出最小套期比 $h_{mr}=\frac{cov(P_2,F_2)}{var(F_2)}=\frac{49\ 151.61}{61\ 898.31}=0.794$。

要购买的期货合约数为 $N=0.794\times\frac{5\ 000}{5}=794\approx800$，即相当于购买 800 手铜期货。

通过计算可得有效性指标为：

$var(P_2)=59\ 285.92 \quad Q_s=5\ 000 \quad var(F_2)=61\ 898.31 \quad Q_f=4\ 000$

$cov(P_2,F_2)=49\ 151.61 \quad var(R_h)=384\ 879\ 004\ 000$

$var(R_u)=Q_s^2 \quad var(P_2)=1\ 482\ 148\ 000\ 000$

$$H_e=1-\frac{var(R_h)}{var(R_u)}=1-\frac{384\ 879\ 004\ 000}{1\ 482\ 148\ 000\ 000}=0.7403$$

同样还可以利用其他时间段数据，例如用2000年11月1日至2001年2月2日，2000年11月2日至2001年2月5日，2000年11月3日至2001年2月6日，2000年11月6日至2001年2月7日四个时间段的0103合约各60个样本进行计算，结果与上述计算相差不大。因此，公司决定就以17 930元/吨卖出铜期货0107合约800手，即4 000吨，到了2001年7月17日铜的现货价格到了15 780元/吨，铜的期货价格也到了15 780元/吨，这时该公司就按期货合约价格17 930元/吨卖出800手铜，不但减少损失：（17 180－15 780）×4 000＝5 600 000（元），而且多收入：（17 930－17 180）×4 000＝3 000 000（元）。即使把资金成本考虑在内，收入也是相当可观的。可参见2001年2月15日至2001年7月17日铜现货价格和期货价格走势图。

当然如果价格变化相反，则公司会失去赢利机会。

例2：甲公司持有以欧元计价的某项资产1 000万欧元，一年以后可以交易。公司决定到期后出售该项资产兑换成美元，公司将面临资产价格变动风险和汇率变动风险，经公司决策层分析认为，一年以后出现下列三种情况的概率相同：

① 汇率是1欧元＝0.9美元，资产价值为1 000万欧元；

② 汇率是1欧元＝1.1美元，资产价值为978万欧元；

③ 汇率是1欧元＝1.2美元，资产价值为1200万欧元。

公司如何在远期外汇市场操作，才能使这项资产面临的风险最小。

假设用F表示一年的远期汇率，S_i表示一年以后第i种情况的即期汇率，V_i表示一年以后第i种情况资产的价值，x表示套期保值的数量，p_i表示第i种情况出现的概率，R(x)表示套期保值后的收益，则到期后该资产美元价值是随机变量为$R(x)=V_iS_i+x(F-S_i)$，波动率可以表示为：

$$varR=var[V_iS_i+x(F-S_i)]=\sum_{i=1}^{n}p_i[Fx-S_ix+V_iS_i-\sum_{i=1}^{n}p_i(Fx-S_ix+V_iS_i)]^2$$

$$=\sum_{i=1}^{n}p_i[Fx-S_ix+V_iS_i-Fx+x\sum_{i=1}^{n}p_iS_i-\sum_{i=1}^{n}p_iV_iS_i]^2$$

$$= \sum_{i=1}^{n} p_i[(\sum_{i=1}^{n} p_iS_i - S_i)x + V_iS_i - \sum_{i=1}^{n} p_iV_iS_i]^2$$

我们的目的是找到能使方差最小的 x，由一阶条件得

$$\frac{\partial var(R)}{\partial x} = \sum_{i=1}^{n} 2p_i(\sum_{i=1}^{n} p_iS_i - S_i)[(\sum_{i=1}^{n} p_iS_i - S_i)x + V_iS_i - \sum_{i=1}^{n} p_iV_iS_i] = 0$$

解得

$$x = \frac{\sum_{i=1}^{n} p_i(S_i - \sum_{i=1}^{n} p_iS_i)(V_iS_i - \sum_{i=1}^{n} p_iV_iS_i)}{\sum_{i=1}^{n} p_i(S_i - \sum_{i=1}^{n} p_iS_i)^2}$$

也可以直接通过对 $varR = var(V_iS_i) + x^2var(S_i) - 2xcov(V_iS_i, S_i)$ 求导数，由一阶条件得

$$\frac{dvarR}{d\,x} = 0$$

$$\therefore \quad x = \frac{cov(V_iS_i, S_i)}{var(S_i)}, x = 1\ 667.95$$

所以甲公司在远期外汇市场卖出 1667.95 万欧元，才能使这项资产面临的风险最小。

3.4 汇率风险管理案例

3.4.1 汇率风险

汇率风险也称为货币风险，是指由于汇率变动使某一经济体以外币表示的债权或债务的价值发生改变，从而使该经济体蒙受经济损失的可能性。如果一个公司的资产和负债是以外国货币来计价，或者在合同中规定以外国货币收款或付款，那该公司就面临汇率风险。

汇率风险是指当汇率发生变化，经济主体产生损失的可能性，并不是指损失本身，也就是说不是必然发生损失。事实上，汇率风险的结果有两种：一种是蒙受损失，一种是获得经济收益。通常分析经济主体的汇率风险时，更多的是关注受损的可能性。

外汇汇率的不利变动从以下几个方面对公司产生影响：①减少其现金流入；②增加其现金支出；③减少其账面利润；④减少其外币资产的账面价值；⑤增加其外币负债的价值；⑥在外国竞争对手面前，破坏其在国内和国外市场上的竞争地位。

从事跨国交易的公司，在交易过程中其所面临的汇率风险是非常明显的。只要公司在国内市场上与外国制造商相竞争，或者使用外国制造商提供的原材料、设备和服务，都会存在汇率风险。

（1）汇率风险的来源

汇率风险是经济主体遭受损失的可能性，其风险来源有以下几个方面：

①经济主体以外币计价的资产或负债存在“敞口”。汇率风险是由于经济主体以外币表示的资产和负债不能相抵消的部分，即敞口部分造成的。例如经济主体买入1年期远期美元100万元，卖出1年期远期美元150万元，则其50万元的余额为承受汇率风险变动的受险部分。

②汇率风险产生于经济主体的跨货币交易行为。由于外币和本币之间的兑换率不断发生变化，于是产生了汇率风险。例如10万美元的应收款如以美元核算收益，则不存在汇率风险，但以人民币计算收益，则10万美元可以是80万元人民币，也可能是75万元人民币，故以本币计价的交易没有汇率风险，而以外币计价的交易存在汇率风险。

③汇率风险与时间相联系。在同一时间，汇率不可能变动，时间越长，变动的可能性越大，变化的幅度越大，因此，时间成为汇率风险中一个重要的因素。

（2）汇率风险的种类

汇率是以一定数量的一种货币换取另一种货币时所依据的市场比例。由于汇率在长期和短期都是会变动的，且其在将来的变动是不能被预期的，公司面临汇率风险时，它们将会因不利的汇率变动遭受经济损失，因此，汇率风险是国际贸易和国际金融中不可避免的产物。其种类可以分为：

①交易风险。它与产生现金流的现货交易有关，主要产生于金融交易以及国外子公司对母公司的内部分红。交易风险影响现金流量和利润，并且对两者产生相当直接的影响。

②交易前风险。它是偶然性的敞口，当公司为一份需要达成协议的购销合同提交外币标价时，它就产生了。

③折算风险。它主要与国外投资以及外币借款有关，影响一个公司编报的资产负债表和公布的损益账户，折算风险同样影响一个集团的合并类账户。

④经济风险。它主要和远期交易有关，在本质上是长期的，对一个公司有战略意义，但它更容易被忽视。

3.4.2 汇率风险管理案例背景

外汇风险是各类企业和投资者面临的重要风险，这里将以一家德国公司为例，对规避风险的各种方法加以说明（详细内容见洛伦兹·格利茨著的《金融工程学》)。

假设这家德国公司需要在 270 天内支付 100 万美元。作为套期保值的目标，该公司希望：

①防止在美元升值时造成过高的损失；

②如果美元贬值的话，尽可能地从中获利；

③使对美元的不利变动提供保护所需的成本最低，但保护程度应充分。

马克对美元当时即期汇率为 \$1 = DEM1.6634，且 9 个月的远期汇率为 \$1 = DEM1.7000。马克与美元 9 个月的利息率分别为 6% 和 3%，而 20 天的历史价格波动率折算成年率为 12%。该公司对未来市场变动的方向没有特定的预期，但认为美元价格在此期间内不大可能超出 DEM1.4000 ~ DEM2.1000 的范围。这一范围因此将构成该公司对汇率可能变动水平的预期。

表 3 – 6 概括了当时各种执行价格水平的欧式期权的期权价格，所有的报价都以 1 美元的马克点数来表示。由于实际市场在反映期权价格时经常采用隐含波动率，因此这里给出了隐含波动率，一般情况下隐含波动率具有两头大中间小的特点。利用这一套报价来对该德国公司管理其外汇风险的不同方法进行考察，特别需要记住的是该公司对未来的判断和套期保值的目标。几乎在每一种情况下，都可以假定该公司想要设立一种保护，并一直将其保持至到期日。正是基于这一原因，表中只显示了到期时的结果，而没有给出到期日前的结果。

表 3 – 6　　标的期权价格报价　　单位：马克点数

执行价格	美元的看涨期权（马克的看跌期权）	美元的看跌期权（马克的看涨期权）	隐含波动率
1.4000	2 925	57	15%
1.5000	2 056	145	14%
1.6000	1 285	332	13%
1.7000	672	676	12%
1.8000	367	1 328	13%
1.9000	202	2 120	14%
2.0000	115	2 991	15%
2.1000	69	3 902	16%

3.4.3 保值策略的比较

对各种不同的套期保值策略进行比较的最直观的方法是画出损益图。该德国公司在 9 个月后必须要支付美元，即相当于卖出远期美元，这一无保护头寸的损益图是一条斜线。若 9 个月后美元兑马克的即期汇率低于 1.7000 的话就会盈利，否则就会亏损。图 3－7 显示了不同的美元兑马克的最终价格所对应的损益。

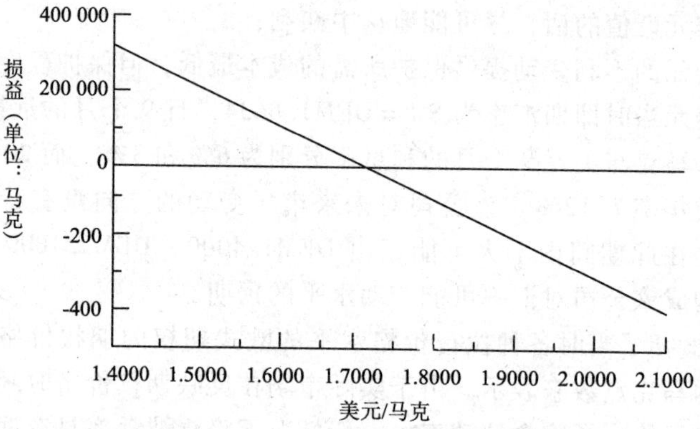

图 3－7　公司不进行套期保值时的损益

若在公司需要买入美元时美元兑马克的即期汇率为 \$1 = DEM1.4000，300 000德国马克的盈利代表了与最初的远期价格相比所节省的开支。在坐标的另一端，若最终美元兑马克的即期汇率为 \$1 = DEM2.1000，该公司将招致400 000德国马克的额外开支，盈亏两平点为 \$1 = DEM1.7000。如果在 9 个月期末的即期汇率与开始时的远期汇率相同，则该公司若不进行保值的话既不亏也不赚。

为了避免这种外汇风险，也许你会认为可以设想购买 \$1 = DEM1.7000 的 9 个月期马克兑美元的远期汇率或者期货合约进行对冲，但是它们不满足公司的目标要求。当然也可以设想该公司买入一份执行价格为 DEM1.7000 的平价看涨期权，总成本为 67 200 德国马克。图 3－8 画出了原有风险暴露的图线、该期权在到期日的损益图以及两者结合在一起的结果。其中代表原有风险暴露的斜线与上图相同，而期权的损益线与看涨期权的特征线具有近似的形状。最后，实线显示了将两个组成部分进行简单算术加总所得到的总体结果。

为了对总体结果的形状加以说明，这里可以把该图形分解为三部分。第一部分，在执行价格点上，基本的风险暴露既不亏也不赚，但期权到期时的价值依然为零，因为需要支付期权费，所以净损失为 67 200 德国马克。第二部分，在低于 DEM1.7000 的点上，期权到期时为虚值，不执行期权，但这时公司可以净享其汇率低于 DEM1.7000 的点差额，差额越大，公司收益越大，而公司净支出的

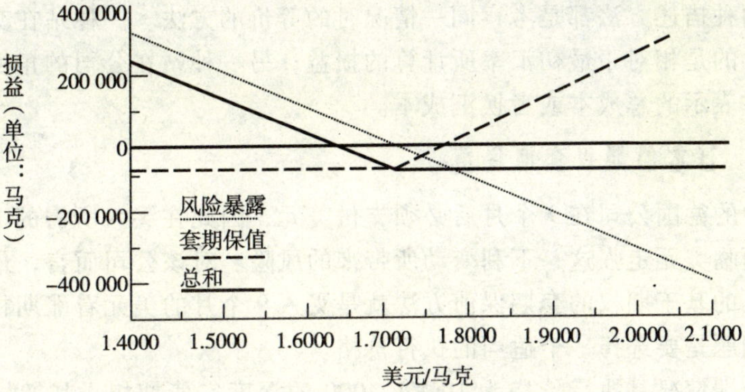

图 3-8 使用平价期权进行套期保值的损益

固定费用是 67 200 德国马克。第三部分，在高于 DEM1.7000 的点上，期权到期时为实值，其盈利与原有风险暴露带来的损失以相同的速度增长。在此部分，期权的上升的损益线与初始风险的下降的损益线相互抵消，其结果为一条水平线，但显示出 67 200 德国马克的固定损失，再一次反映了所支付的期权保险费的作用。

因此，图 3-8 中的图线描述了该公司的财务结果，这是一个交易者计算该策略的结果时所可能使用的方法，是一种衡量财务结果的完全有效的方法。但其他方法同样可行，同样也可以考察该公司购买美元的支出。图 3-9 中代表初始风险暴露的斜线以另一种方式绘制，从左至右向上倾斜。这是因为若不进行保值，公司购买美元时的汇率越高，该公司以德国马克计算的成本也就将越大。

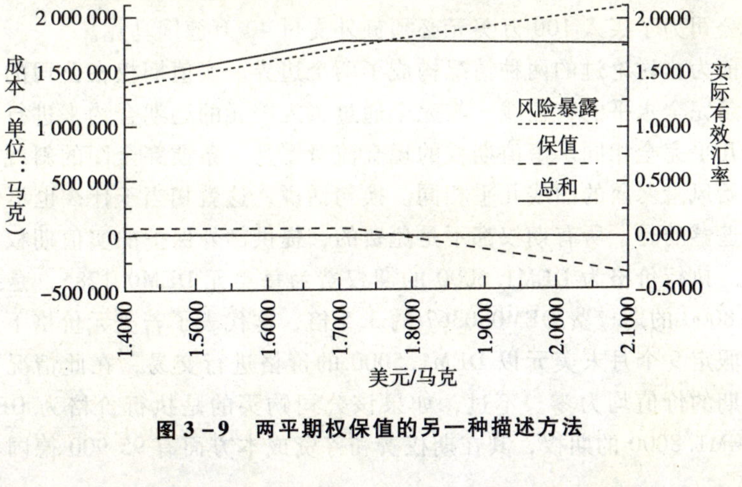

图 3-9 两平期权保值的另一种描述方法

以上两种描述方法都是考察同一情况时的等价的方法。一种站在交易者的角度，其关心的是相对于最初汇率所计算的损益；另一种站在公司的角度，其关注以绝对形式表示的总成本或者换汇成本。

3.4.4 基本的期权套期保值

案例中的德国公司在9个月后必须支付美元，因此在买入所需的100万美元时可能会面临美元走强这一不利变动所带来的风险。对该公司而言，最简单也是最显而易见的基于期权的套期保值方法就是买入9个月的美元看涨期权。接着需要解决的问题是要选择一个适当的执行价格。

一种极端情况是执行价格为DEM1.4000的深度实值期权，其期权费为1美元0.2925马克。乍一看该期权似乎确保了该德国公司可以以不超过DEM1.6925的价格买入美元（即执行价格DEM1.4000加上期权费DEM0.2925），总成本要低于当前的远期汇率DEM1.7000。然而，这一简单的计算并没有把现金流量的时间价值考虑在内。期权费需要在最开始时支付，但执行价格只在合同到期时才支付。而若使用直接的远期合约，所有的现金流量都在到期日才发生。为了将每一种情况都置于相同的基础之上，需要考虑9个月期的期权费融资成本。若年利率为6%，则需要在期权保值的成本中加入每美元DEM0.0132（6% ×0.75 ×0.2925）的利息，这就使得最高成本变为DEM1.7057。对于公司而言，这与远期价格DEM1.7000相比高出的DEM0.0057，是在美元跌至DEM1.4000以下时可以不必履行期权合约而以低于DEM1.4000的价格买入美元的这一权利的价值。

另一种极端情况是执行价格为DEM2.1000的期权，其成本极低，仅为每美元DEM0.0069，总计6 900马克，但该期权所能提供的保值程度也非常低。到期时在该期权合约还不具有任何价值之前美元就有可能已经上涨了DEM0.4000。这时，该公司为了买入100万美元必须额外支付40万德国马克。

到目前为止讨论过的两种情况构成了两个边界。实值期权在公司的保值期限内具有一条完全水平的特征线，与完全通过买入美元的远期合约来进行套期保值的损益线几乎完全相同。虚值期权的现金流量图是一条惯穿全图的斜线，实际上与公司初始风险暴露的图线几乎相同。换句话说，这就相当于什么也不做。

令人遗憾的是，所有期权都不是免费的，提供额外保护的实值期权有着较高的期权费。执行价格为DEM1.6000的期权费为每美元DEM0.1285，是执行价格为DEM1.8000的期权费DEM0.0367的3.5倍，这代表了若美元价格下跌该公司的花费。假定9个月末美元以DEM1.5000的价格进行交易，在此情况下，这两种期权到期的价值均为零。不过，如果该公司购买的是执行价格为DEM1.6000而不是DEM1.8000的期权，其在期权费和筹资成本方面有95 900德国马克的额外开支。

每一种期权都并不比其他几种要更好。深度实值期权所提供的更高的保护程度固然令人满意，但要有额外的开支。较便宜的期权虽然具有一定的吸引力，但保值效果相对较差。若美元价格升值，最好的期权即为深度实值期权（即执行价格最低的期权）；若美元价格下跌，低成本的虚值期权则是最好的选择。

执行价格与远期汇率相同的平价期权提供了一种真正的折中方式。其将成本限制在当前远期汇率的水平之内，所以一旦该公司支付了期权费，美元价格的任何上涨都立即被期权的支出所抵消；反之，美元价格的任何下跌都将使期权到期时为虚值，该公司可以按到期时更便宜的价格买入。执行价格为DEM1.7000的期权的这种折中性可以很清楚地从图3-9中看出。不过，其同样要支付期权费。平价期权是时间价值最高的一种期权，开始时支付的67 200德国马克的期权费全部都是时间价值，且当期权到期时将不可避免地全部损失掉。将利息考虑在内，该期权的实际成本为70 200德国马克。若期权到期时为虚值，该公司将比未加保值时多支付70 200德国马克。这便是折中的全部代价。

因而在考虑一个基本的期权套期保值时没有一种完美的选择，必须要在所提供的保护程度与所需的成本之间求得一种均衡。其答案并没有正确与错误之分，面临风险的公司需要选择一种能最好地满足其所设定的保值目标的特定折中方案。

3.4.5 在满足套期保值目标下售出期权

银行在推销基于期权的保值方法时所面临的主要问题之一是其所出售产品的成本。公司不愿意预先付款以避免汇率波动的影响，也不愿意支付较高的期权成本。例如，在上面德国公司的例子中，为平价期权预先支付的期权费为67 200德国马克，几乎占全部受险资产额的4%。一些公司，特别是那些利润率较低的公司，可能会感到这种花费太高了。

从公司的角度看，这似乎是一种两难的选择。一方面，公司不想负担购买期权类保护产品的过高费用，因为期权费看起来太高；而另一方面，公司又不能不进行套期保值，因为若美元升值则会带来损失。若该公司选择远期合约，可以保证一个固定的利润，但却放弃了从美元贬值中获利的机会。

这一问题的解决办法是制作一种基于期权组合的保值产品，使其能够提供所需要的好处，又没有其他方面的要求。基本期权套期保值的困难在于其特征线每次只变化一个点。一旦标的资产的价格超过了执行价格从而变为实值时，不管情况有多糟，该期权都可以对标的资产价格的进一步不利变动提供无限的保护。而另一方面，一旦标的资产的价格朝另一个方向变动，从而使得期权变为虚值时，不管这种变动程度有多大，顾客都可能从标的资产的有利变动中获得无限可能的收益。图 3－10 中绘出了该德国公司买入平价期权的现金流量图。若美元价格超过了 DEM1.7000 时，不管它有多高，该期权都提供了无限的保护；而当美元价格低于 DEM1.7000 时，不管它下降到何种程度，该公司都有无限的获利潜力。

这种对美元升值的无限保护以及从贬值中的无限获利潜力不一定是该德国公司所需要的。在制定保值目标时，该公司声明它不认为美元汇率的变动会超出 DEM1.4000～DEM2.1000 的范围。那么为什么要对超过这一范围的保护或获利机会付费呢？

事实上，银行可以制作一个仅在此范围内的套期保值方法。若该公司购买美元从 DEM1.7000 升高到 DEM2.1000 的保护，要比购买一项对所有高于 DEM1.7000 的美元价格变动提供的保护要便宜一些。同样的，若该公司将美元跌至 DEM1.4000 以下时的获利机会售出，便可以用这一收入冲抵购买保护的成本。最终的现金流量如图 3－11 所示。

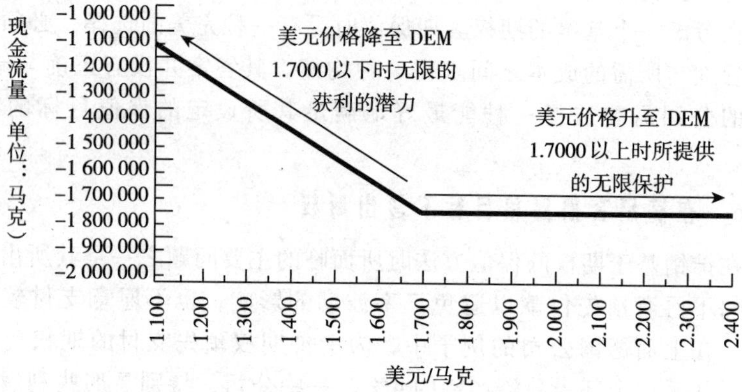

图 3－10　基本期权套期保值所提供的无限保护与无限的获利能力

使用第 1 章中所定义的术语，这里可以将这一图线的形状表示为｛0，－1，0，－1｝，而图 3－10 中基本的期权套期保值图形可表示为｛－1，－1，0，0｝。使用构造法，经制作的套期保值可以利用以下步骤得出：

基本风险暴露	{−1，−1，−1，−1}
买入一个执行价格居中的看涨期权	{0，0，+1，+1}
净结果	{−1，−1，0，0}

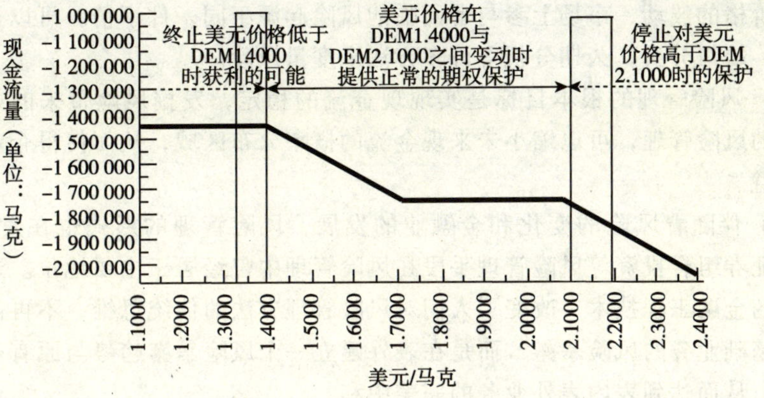

图 3－11　定做的套期保值

基本的套期保值在标的资产（本例中为美元）的价格越来越低时有无限的获利机会。该德国公司可以通过以一个较低的执行价格卖出一个看跌期权来将这一机会售出，并用期权费收入来抵消看涨期权的买入成本。同样此项看涨期权的套期保值也提供了对更高美元价格的无限保护，因此也可以通过卖出一个执行价格较高的看涨期权使该种保护终止在一个特定的水平。同样地，卖出这一看涨期权的期权费收入也可以用来抵消购买看涨期权的开支。使用构造法，经制作的套期保值可以利用以下步骤得出：

基本风险暴露	{-1，-1，-1，-1}
买入一个执行价格居中的看涨期权	{0，0，+1，+1}
卖出一个执行价格较低的看跌期权	{+1，0，0，0}
卖出一个执行价格较高的看涨期权	{0，0，0，-1}
净结果	{0，-1，0，-1}

这一技巧的实质是制作一项保护以满足顾客的特定需要，期权被买来在需要的地方提供保护，在不需要保护时卖出类型相同的期权，在不需要获利机会时售出类型相反的期权。

3.5　本章小结

通过本章对市场风险的定义、管理历史、度量标准以及管理手段发展的论述，可以得出如下结论：

（1）虽然对市场风险的认识有不同的理解，但从总体上看，市场风险来自市场上价格的波动，市场上参与者面临的风险起源于同一件事情。可以采用敏感度分析、缺口分析，久期分析等许多方法来度量风险。

(2) 风险管理的根本目标是实现现金流的稳定，发掘风险带来的好处。通过有效的风险管理，可以缩小未来现金流的概率分布区域，从而使得企业获得稳定的收益。

(3) 伴随着风险的变化和金融业的发展，风险管理的形式也在发生改变，保险、证券组合投资等风险管理手段在风险管理中曾经居于主要地位。近年来发展起来的金融工程技术，改变了人们对风险管理方法的传统思维，不再需要改变原有的基础业务的风险暴露，而是在表外建立一个风险暴露趋势与原有业务相反的头寸，从而达到表内表外业务的完美中和。

复习思考题

1. 2006 年 4 月 28 日，G 沪机场的股票价格 12.22 元，认沽权证价格 1.325 元，执行价格 13.60 元。若以 12.22 元买 1 万股 G 沪机场股票，并在最差情况下损失不超过 10%。问：若以 1.325 元价格买入 1 万份 G 沪机场认沽权证是否能达到规避风险的要求?

2. 公司 A 和公司 B 可以按照表 3-7 所示利率借到 2 000 万元 5 年期的贷款。

表 3-7　　两个公司的贷款利率

	固定利率	浮动利率
公司 A	12%	LIBOR +0.1%
公司 B	13.4%	LIBOR +0.6%

公司 A 想得到浮动利率贷款，公司 B 想得到固定利率贷款，请设计一个互换，一家银行作为中介，净收益为年利率 0.1%，并使得该互换对公司 A 和公司 B 具有相同的吸引力。

3. 甲公司持有以欧元计价的某项价值 100 万欧元的资产，一年以后可以交易。公司决定到期后出售该项资产兑换成美元，公司面临资产价格变动风险和汇率变动风险，经分析认为，一年以后可能出现下列三种情况：

(1) 汇率是 1 欧元 =0.9 美元，资产价值为 100 万欧元；

(2) 汇率是 1 欧元 =1.1 美元，资产价值为 97 万欧元；

(3) 汇率是 1 欧元 =1.2 美元，资产价值为 110 万欧元。

问：若三种情况出现的概率相同，公司如何在远期外汇市场操作，才能使这项资产面临的风险最小（提示：用这项资产美元价值波动方差表示风险大小）？

4. 某对冲基金公司经认真讨论分析认为股票 A 的价格 2 年内可能上涨 100%，希望赚取 1 亿美元利润，又没有可供支配的现金，银行贷款又有“规则 T”规定，美联储的保证金贷款上限是全部投资的 50%。该对冲基金公司找到了合作伙伴银行 B，签订了一份“互换”合同。在这份合同中，该对冲基金公司同意每年向银行 B 支付一笔固定的费用，作为 1 亿美元的利息，而如果股票价格上涨，银行 B 则同意向对冲基金公司支付全部可能的盈利，相反，对冲基金公司则向银行 B 支付全部损失。问：签这样一个合同，对冲基金公司和银行 B 各有什么好处？各存在什么风险？有什么规避方法？

5. 一般来说卖出期权风险是极大的，怎样评价在本书 3.4 部分汇率风险管理的案例中，德国公司卖出的两个期权，是否有很大的风险？

第 4 章

信用风险管理

信用的可获得性以及人们从观念上对信用的接纳促进了现代社会的发展。信用使得一个人即使收入菲薄也能买得起房子、汽车和其他消费品。这样反过来又创造出新的就业机会，促进经济增长。信用能促使企业快速地增长，如果没有信用的存在，企业仅凭自有资金的积累很难发展成国际性的大企业。信用还使得国家和地方政府能够满足公众对一些公共产品的需求。但另一方面，随着信用的迅速发展，各种信用风险也越来越引起人们的注意。从借款人个人不能按时还钱，到银行呆账、坏账的增多，这一切必然影响到了社会的正常经济秩序和发展。信用风险度量和管理的研究得到了学术界、金融机构、监管者和投资者的密切关注。本章主要站在金融机构或监管者的角度介绍信用风险度量和管理的主要方法，4.1 中介绍了信用风险的概念、特征及其分类；4.2 中介绍了信用分析的专家制度、多元判别分析和多元 Logit 等传统的信用风险度量方法；4.3 中介绍了信用度量制模型和 KMV 模型；4.4 中介绍了利用期权、远期和互换等信用衍生产品对冲和管理信用风险的方法。

4.1 信用风险管理概述

4.1.1 信用风险的概念和特征

信用在几千年前就出现了，信用风险管理的萌芽开始于古罗马时代，一直延续至今。关于信用的概念，不同学科对其有不同的解释。在此所指的信用仅指经济信用，即信用是以信为条件的价值运动，债权人以有条件让渡的方式贷出或赊销商品，债务人则按约定的日期偿还借款或货款，并支付利息。信用的特点与一定的经济收益和风险相联系，有各种信用表现的形式，如银行信用、租赁信用和消费信用等。

关于信用风险的概念，也有许多不同的观点。

传统的观点认为，它是指交易对象无力履约的风险，也即债务人未能如期偿还其债务而给经济主体经营带来的风险。其基本思想是只有当交易对手在到期时不履约并且这种行为给经济主体造成损失时，经济主体才遭受信用风险的损害。

随着信用风险管理技术的发展，出现了另一些定义信用风险的观点：

一种观点认为，信用风险有广义和狭义之分。广义的信用风险指所有因客户违约（不守信）所引起的风险。如资产业务中的借款人不按时还本付息引起的资产质量恶化；负债业务中的存款人大量提前取款形成挤兑，加剧支付困难；表外业务中的交易对手违约引致或有负债转化为表内负债，等等。狭义的信用风险通常是指信贷风险。

另一种观点认为，信用风险是指由于借款人或市场交易对手违约而导致损失的可能性；更为一般的，信用风险还包括由于借款人信用评级的变动和履约能力的变化导致其债务市场价值变动而引起的损失可能性。这种风险的定义认为信用风险不仅存在合约到期时交易对手是否履约这一时点，还存在于合约的整个有效期。

4.1.2　信用风险产生的原因和作用

信用风险的成因是信用活动中的不确定性，包括“外在不确定性”和“内在不确定性”两种。外在不确定性来自于经济体系之外，是经济运行过程中随机性、偶然性的变化或不可预测的趋势，包括来自国外金融市场不确定性的冲击。一般外在不确定性对整个市场都会带来影响，其所导致的信用风险又被称为系统性风险。系统性风险的特征是：它是由共同因素引起的，如经济方面的利息率、汇率、通货膨胀率、宏观的财政与货币政策、经济周期循环等的改变，或者政权更替等政治事件等引起的；它对市场上的所有参与者都有影响；很难通过投资分散化而消除；与投资收益正相关，即资产的系统性风险越大，其投资所带来的收益也应该越大。

内在不确定性来源于经济体系之内，它是由行为人主观决策及获取信息的不充分性等原因造成的，带有明显的个性特征。内在不确定性产生的风险又称为“非系统性风险”。非系统性风险是由特殊因素引起的，它只会对某一金融机构，而不会对整体金融体系带来影响，可通过投资分散化加以消除。

信用风险是金融市场的一种内在推动和制约力量，它同时给金融市场参与者带来机遇与挑战。一方面，信用风险促进金融市场参与者提高管理效率、洞察金融市场变化、采取有效管理规避负面影响，能够迅速行动并把握时机者，将能获得较好的收益，反之，则可能遭受损失。另一方面，信用风险对可能造成的严重后果具有的警戒作用，能对金融市场参与者产生一定的约束，从而对整个金融市场起到调节作用。

4.1.3 信用风险度量方法的演变

信用风险度量是进行信用风险管理的基础和前提。信用度量模型可用于分析信用组合的信用风险暴露，分析由债务人违约或信用状况等因素而引起的投资组合价值的变动，分析投资组合分散化带来的收益及信用过度集中的潜在风险。信用风险的分析方法根据分析技术和方法的不同可分为古典信用分析方法和现代信用或工程技术分析方法。两者主要的区别是信用风险能否被单独剥离和定价。从出现的时间上来说，20 世纪 80 年代中期以前为古典信用分析方法，20 世纪 80 年代中期以后为现代信用分析方法。但是并不能在它们之间做出严格的划分，因为现代模型中沿用了许多传统模型的思想。在本章中主要介绍信用风险的传统和现代度量模型，传统的信用度量模型中主要介绍多元判别分析、线性概率模型等信用评分方法；现代度量模型主要介绍信用度量制（CreditMetrics）模型、KMV 模型、信用风险附加计量（CreditRisk +）模型和信用组合观点（CreditPortfolio-View）模型等现在流行的信用组合风险的度量模型。

4.2 传统的信用风险度量模型

信用风险是金融机构，尤其是商业银行面临的基本风险之一，早在 20 世纪 30 年代就得到重视，经过几十年的发展，逐步形成了度量信用风险的各种“传统”方法，主要可分为专家法、信用评分法和信用评级方法。

信用评分法是以评价对象的财务比率为解释变量，运用数理统计建立模型，以模型输出的信用分值或违约概率与基准值比较来度量评价对象信用风险的大小。运用此模型预测某种性质事件发生的可能性，以便及早发现信用危机信号，使经营者能够在危机出现的萌芽阶段采取有效措施改善企业经营、防范危机，使投资者和债权人可依据这种信号及时转移投资、管理应收账款及作出信贷决策。目前国际上这类模型的应用是最有效的，也是国际金融业和学术界视为主流的方法，此方法是度量信用卡和中小企业贷款信用风险的主要方法。美国联邦储备委员会于 1996 年 11 月对银行贷款活动的高级信贷员调查显示，在信用卡应用方面，97% 的美国银行使用内部评分模型，70% 的小贷款业务也使用信用评分模型。

当前使用最为广泛的信用评分技术包括四个多元评分模型：多元判别分析模型、线性回归概率模型、Logit 模型和 Probit 模型。在这些模型间如何选择也是现在银行所面临的一个重要问题，一般认为一个好的评分模型大概有五个方面的质量要求：

①准确度，模型中假设产生的误差率较低；

②变量少，不包含太多的解释变量；

③不琐碎，能够产生明显的结构；

④可行性，能够在合理的时间跨度内运行，并且采用可实现的资源；

⑤透明性和解释性，能高水平地反映数据之间的关系和趋势，知道模型结果的出处。

4.2.1　信用风险度量的专家制度

(1) 专家制度的内容

专家制度是一种最古老的信用风险分析方法，传统银行信贷的决策权是由该机构那些经过长期训练、具有丰富经验的信贷人员所掌握，它是商业银行在长期的信贷活动中所形成的一种行之有效的信用风险分析和管理制度。

在专家制度下，由于各商业银行自身条件的不同，在对贷款申请人进行信用分析时所涉及的内容也不尽相同，最终形成了“5C”、“5W”和“5P”等因素分析方法。其中，“5C”包括：品德与声望（Character），指借款人的作风、观念以及责任心等，借款人过去的还款记录是银行判断借款人品德的主要依据；资格与能力（Capacity），指借款者归还贷款的能力，包括借款企业的经营状况、投资项目的前景；资金实力（Capital Cash），指借款人资产的价值、性质、变现能力；担保（Collateral），指抵押品及担保人；经营条件和商业周期（Cycle and Condition），指企业自身的经营状况和其外部的经营环境。“5W”包括借款人（Who）、借款用途（Why）、还款期限（When）、担保物（What）和如何还款（How）。“5P”是指个人因素（Personal）、目的因素（Purpose）、偿还因素（Payment）、保障因素（Protection）和前景因素（Perspective）。“5C”、“5W”或是“5P”法在内容上大同小异，他们的共同之处都是将每一要素逐一进行评分，使信用数量化，从而确定其信用等级，并作为其是否贷款、贷款标准的确定和随后贷款跟踪监测期间政策调整的依据。

(2) 专家制度的缺陷和不足

专家制度作为一种古老的信用分析和信贷管理在当时条件下有其存在的理由，对现在的管理也有一定的指导作用，但它仍然存在着一些难以克服的缺陷和不足：

①需要相当数量的专门信用分析人员；

② 实施的效果很不稳定；

③与银行在经营管理中的官僚主义方式紧密相连，降低了银行应对市场变化的能力；

④加剧了银行在贷款组合方面过度集中的问题，使银行面临更大的风险；

⑤对借款人进行信用分析时，难以确定共同遵循的标准，造成信用评估的主观性、随意性和不一致性。

4.2.2 多元判别分析模型

多元判别分析法就是要从若干表明观测对象特征的变量值（财务比率）中筛选出能提供较多信息的变量并建立判别函数，使推导出的判别函数对观测样本分类时的错判率最小。多元判别分析技术应用于信用风险研究最大的优点就是考虑了整体变量的特征而不仅是单个变量的特征，从而消除了单个变量用于判别时的模棱两可性，提高了分类的准确性。

建立判别函数是构建判别分析的关键，根据多元统计的理论建立判别函数的方法有距离判别法、贝叶斯（Bayes）判别方法和费希尔（Fisher）准则，感兴趣的读者可参考相关多元统计的教材或《信用风险度量与管理》中的相关内容。在此主要对 Z-score 评分和 ZETA 的思想进行简单介绍。

（1）Z-score 模型

爱德华·阿尔特曼（Edward I. Altman）博士率先将多元判别分析的方法应用于财务危机、公司破产及违约风险分析，他在 1968 年对美国破产和非破产的生产企业进行观察，运用数理统计的方法从 22 个财务比率中筛选出了 5 个变量建立了 Z-score 模型，并在此基础上提出了改进的 ZETA 判别分析模型。

阿尔特曼确立的分辨函数为：

$$Z = 0.012 \times X_1 + 0.014 \times X_2 + 0.033 \times X_3 + 0.006 \times X_4 + 0.999 \times X_5 \quad (4-1)$$

其中：X_1 表示流动资本/总资产，X_2 表示留存收益/总资产，X_3 表示息前、税前收益/总资产，X_4 表示股权市值/总负债账面值，X_5 表示销售收入/总资产。

阿尔特曼经过统计分析和计算最后确定了借款人违约的临界值 $Z_0 = 2.675$，如果 $Z_0 < 2.675$，借款人被划入违约组；反之，如果 $Z_0 \geq 2.675$，则借款人被划为非违约组。当 $1.81 < Z < 2.99$ 时，判断失误较大，称该重叠区域为“未知区”（zone of ignorance）或称“灰色区域”（gray area）。

（2）ZETA 信用风险模型

ZETA 信用风险模型是继 Z 模型后的第二代信用评分模型，变量由 Z 模型的 5 个增加到了 7 个，适应范围更宽，对不良借款人的辨认精度也有很大提高。

模型中的 7 个变量是：资产收益率、收益稳定性指标、债务偿付能力指标、累计盈利能力指标、流动性指标、资本化程度的指标、规模指标。由于模型简便、成本低、效果佳，所以它们一经推出便在许多国家和地区推广，现在成为预测企业违约和破产的核心方法之一。但是这两个模型也存在以下缺点：

①两个模型都依赖于财务报表的账面数据，忽视日益重要的各项资本市场指标，这会削弱预测结果的可靠性和及时性；

②由于模型缺乏对违约和违约风险的系统认识，理论基础薄弱，难以令人信服；

③两个模型都假设解释变量符合正态分布（财务比率并不符合）和变量间服从线性关系，但现实的经济现象往往是非线性的，这使得违约模型不能精确地描述经济现实；

④两个模型都无法计量企业的表外信用风险，另外对某些特定行业的企业如公用企业、财务公司、新公司以及资源企业也不适用，因而它们的使用范围受到较大限制。

4.2.3　广义线性、Logit 和 Probit 模型

广义线性概率模型以评判对象已知的信用状况为因变量，将多个财务比率为解释变量带入线性回归模型，利用最小二乘法回归得出各解释变量与企业违约选择之间的相关关系，建立预测模型，然后预测企业未来的违约概率。它可以解决自变量不服从正态分布的问题，模型使用不需要转换，但该模型的概率预测值可能落在（0，1）之外，不符合概率理论，现在这种方法很少使用。

为了改进线性概率模型的预测值落在区间（0，1）之外的缺陷，后续学者便假设违约事件发生的概率服从某种累积概率分布，使模型产生的预测值落在（0，1）之间。若假设违约事件发生的概率服从累积 Logistic 分布，则称为 Logit 模型；若假设违约事件发生的概率服从累积标准正态分布，则称为 Probit 模型。Probit 模型和 Logit 模型基本形式相同，只是转换的概率函数不同，在此主要对 Logit 模型进行介绍。

(1) 线性 Logit 模型

假设将公司分为两类，违约公司和非违约公司，分别表示为 ω_1 和 ω_2，$x = (x_1, x_2, \cdots, x_n)$表示公司财务数据的向量，假设评分与概率存在下面的关系：

$$S(x) = w^T x + \alpha = \log\left[\frac{p(x \mid \omega_1)}{p(x \mid \omega_2)}\right] \tag{4-2}$$

那么公司落在分类 ω_2 的条件概率为：

$$p(\omega_2 \mid x) = \frac{1}{1 + \exp\left(\sum_{i=1}^{n} w_i x_i + \beta\right)} \tag{4-3}$$

其中，β 表示公司在两种分类中的相对比例常数，可表示为：

$$\beta = \alpha + \log\left[\frac{p(\omega_1)}{p(\omega_2)}\right] \tag{4-4}$$

如果 $\omega^T x+\beta>0$，则观测到财务比率为 x 的借款人归到违约公司（ω_1），否则归到非违约公司（ω_2）。对 w 的估计采用极大似然方法，所估计权重的样本越大，估计值越接近于未知的真实值。

（2）非线性 Logit 模型

线性 Logit 模型假设评分与变量之间存在着线性关系，但是其忽略更为复杂的非单调性关系。这里举个例子，说明中小企业经理人的年龄与其财务困境概率之间的非单调关系。

如果一个公司的经理人非常年轻，他缺乏经验，而且通常不是风险厌恶型的。因此，较小的年龄往往与公司的高风险偏好相联系。随着经理人越来越成熟，他将获得经验，拥有抵押品和家庭，从而变得更为谨慎。当他达到退休年龄时，他潜在的继任者可能会为权力而争斗，或是不打算从事经营的继承者即将准备接管公司。因此，年龄大通常与高风险相联系。年龄与风险之间的关系呈现非线性关系，这种关系不能用线性函数满意地表示。

为了刻画这种关系，可以将评分因子进行如下的非线性转换：

$$S(x)=w^T T(x)+\alpha=\log\left[\frac{p(x\mid\omega_1)}{p(x\mid\omega_2)}\right] \tag{4-5}$$

上式中的数据转换为 Box-Cox 函数：

$$T_i(x_i)=\frac{(x_i)\lambda_i-1}{\lambda_i} \tag{4-6}$$

其中，如果 $\lambda_i<1$，λ_i 为凸性函数，则此转换为凹性的；当 $\lambda_i>1$，则转换为凸性的。还有其他转换方法，如二次 Logit 模型，它是线性模型的直接扩展，包括了二阶项：

$$F(x)=\frac{1}{1+\exp\left(\beta+\sum_{i=1}^{p}\delta_i x_i+\sum_{i=1}^{p}\sum_{j=1}^{p}\gamma_{ij}x_i x_j\right)} \tag{4-7}$$

其中，β 为常数，δ 和 γ 为权重。二次 Logit 模型不仅反映了评分和每个解释变量之间可能的非线性关系，而且反映了变量之间通过 $x_i x_j$ 的相互影响。因为它包括更多的参数，所以比线性模型有更强的预测能力。

4.3 现代信用组合风险度量和管理方法

近二十年来，由于商业银行贷款利润持续下降和表外业务风险不断加大，促使银行采用更经济的方法度量和控制信用风险，而现代金融理论的发展和新的信用工具的创新，也给开发新的信用风险度量模型提供了可能。与过去信用风险管理相对滞后和难以适应市场变化的特点相比，新一代金融工程专家将建模技术和分析方法应用到这一领域，在传统信用评级的基础上提出了一批信用风险模型。现代信用风险度量模型主要包括信用度量制模型、KMV 模型、信用风险附加计量模型和信用组合观点模型等四类。本书只介绍信用度量制模型和 KMV 模型。

4.3.1　信用度量制模型

信用度量制模型（CreditMetrics）是一组用来测定信用资产组合价值和风险的方法和数据库，它通过计算给定的期限（通常为 1 年）内一个贷款或债券组合未来价值的分布，然后计算信用组合的在险价值（Value at Risk）。它需要以下三方面的资料：①借款人的信用等级资料；②下一年度该信用级别水平转换为其他信用级别的概率；③违约贷款的回收率。

与市场风险 VaR 相比，信用 VaR 主要存在两个问题：首先，资产组合的分布并非正态分布；其次，衡量信用分散的资产组合效应比衡量市场风险要困难得多。尽管有理由相信由市场风险导致的资产组合的价值变化服从正态分布，然而由信用风险引起的收益变化却有典型的尖峰厚尾特征。信用质量的改善只会给投资者带来有限的收益上升，而信用质量下降和违约的影响却是显著的。因此，信用资产组合 VaR 的计算并不能仅通过计算收益的均值和方差就能得到，需要得到整体的分布函数。

为了计算资产组合的分散效应，需要估计债务人两两之间信用质量变化的相关性，然而这种相关性并不能被直接观测到。信用度量制模型一般通过对债务人的资本结构和股权收益率做一定简化的基础上，运用资产收益率的联合分布进行近似计算，这也是信用度量制模型的典型特征之一。

信用度量制模型没有考虑市场风险，远期价值和风险暴露都是从确定的远期收益曲线中推导出的。在此模型中，唯一的不确定性与信用潜移有关，即与债务人的信用级别改善或恶化有关。也就是将信用风险作为一个与市场风险相独立的风险来分析，这也是此模型的一个局限性。

（1）信用度量制模型的框架

信用度量制模型主要由两部分组成（见图 4－1）：单个金融工具的信用 VaR；考虑了分散效应后资产组合的 VaR。另外，还需要两个重要的函数：一是通过资产收益相关性推导的“相关度”函数，通过这一函数可以得到资产的联合信用转移概率；二是“风险暴露”函数，通过它计算像互换等衍生产品的未来的风险暴露。

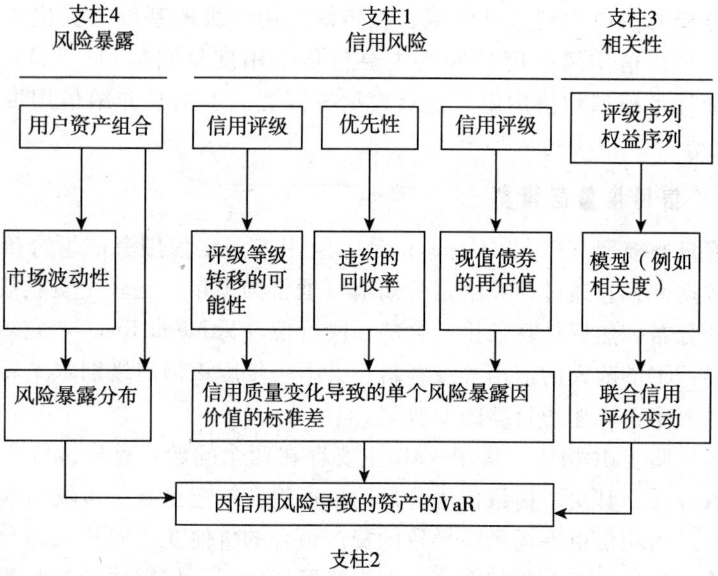

资料来源：CreditMetrics，JP摩根。

图 4－1　信用度量制模型框架：4 个支柱

（2）债券的信用 VaR（支柱 1）

计算单支债券的信用 VaR 主要遵循以下步骤：

第一步就是选定一个评级体系，该评级体系包含评级分类方法的说明和给定期限内从一个等级转移到另一个等级的概率，这个信用概率转移矩阵是信用 VaR 模型的关键组成部分。信用评级体系可以是穆迪或标准普尔的外部评级系统，也可以是银行内部的评级系统。信用度量制模型有一个很强的假设：在同一个信用级别内的公司具有相同的信用风险，即具有相同的转移概率和相同的违约概率（KMV 模型和信用度量制模型的一个重要区别是在 KMV 的框架内每个债券发行人都是特定的，它具有各不相同的资产收益分布、资本结构和违约概率）。

第二步是设定期限的长度。一般均设定为 1 年，当需要关注超过 1 年的金融工具的风险状况时，可以考虑选择不同的期限，例如 1 到 10 年。

第三步是设定每一个信用类别在相应期限的远期折现率曲线。当债务人违约时，债券的价值等于债券面值或“事先设定值”的某一比例，这一比例通常称为“回收率”（recovery rate）。

最后一步是将这些信息纳入到与信用等级转移相关的资产组合的价值变动的远期分布中去。

下面，通过一个例子来说明上述信用度量制模型的四个步骤。

例：计算一个 5 年期无担保的 BBB 级债券的 VaR，年利率为 6%。

第一步，设定信用转移矩阵。

表 4 - 1 是根据标准普尔公司的数据得到的信用转移概率矩阵，从表中可以看出 BBB 级债务人在 1 年内由现在评级转移到其他评级的可能性，保持原有评级的概率最大。

信用转移矩阵是在初始评级的基础上考虑了企业经历的各种历史事件后所得到的。穆迪公司也有类似的信息，它公布的概率是基于跨越所有行业、利用超过 20 年之上历史数据计算得出的。由于这些信用评级数据是对跨越不同种类的企业计算出的平均统计值，还涵盖了好几个经济周期，因此需要对于上述数据进行一定的处理。现在许多银行都注意搜集自己的统计数据，因为这些数据和它们所持有的贷款和债券组合的关系更为密切。

表 4 - 1　　1 年期信用等级转移矩阵　　单位：%

年初信用等级	年底时的信用评级转换概率							
	AAA	AA	A	BBB	BB	B	CCC	违约
AAA	90.81	8.33	0.68	0.06	0.12	0	0	0
AA	0.70	90.65	7.79	0.64	0.06	0.14	0.02	0
A	0.09	2.27	91.05	5.52	0.74	0.26	0.01	0.06
BBB	0.02	0.33	5.95	86.93	5.36	1.17	0.12	0.18
BB	0.03	0.14	0.67	7.73	80.53	8.84	1.00	1.06
B	0	0.11	0.24	0.43	6.48	83.46	4.07	5.20
CCC	0.22	0	0.22	1.30	2.38	11.24	64.86	19.79

资料来源：Stand & Poor's CreditWeek（April15，1996）。

另外，穆迪和标准普尔的评级系统也计算债务人长期的平均累计违约概率。表 4 - 2 给出了各个评级水平的债务人不同年份的累计违约概率，我们可以发现违约概率随期限的增长而增加，例如 BBB 级的债券发行人在 1 年内发生违约的概率为 0.18%，在 2 年内违约的概率为 0.44%，10 年之内违约的概率为 4.34%。

表 4－2　　累计平均违约概率　　单位:%

年初信用评级 \ 期限（年）	1	2	3	4	5	7	10	15
AAA	0	0	0.07	0.15	0.24	0.66	1.4	1.4
AA	0	0.02	0.12	0.25	0.43	0.89	1.29	1.48
A	0.06	0.16	0.27	0.44	0.67	1.12	2.17	3
BBB	0.18	0.44	0.72	1.27	1.78	2.99	4.34	4.7
BB	1.06	3.48	6.12	8.68	10.97	14.46	17.73	19.91
B	5.2	11	15.95	19.4	21.88	25.14	29.02	30.65
CCC	19.19	26.92	31.63	35.97	40.15	42.64	45.1	45.1

资料来源：Stand & Poor's CreditWeek（April15，1996）。

表 4－1 和表 4－2 本质上应当是一致的，通过表 4－2 可以推得信用转移矩阵表 4－1，对表 4－1 重复也会得到长期的平均违约概率。若假设违约的过程服从平稳的马尔可夫过程，将 1 年的信用转移矩阵重复 n 次，就得到 n 年的信用转移矩阵，信用转移矩阵最后违约列的数据即为 n 年的违约概率。

实际上，违约概率和信用转移的概率每年都会发生变化，它依赖于经济所处的状态（扩张状态和衰退状态）。当利用信用转移概率建模时，应该对历史的平均数据进行调整，使其能够反映经济所处的状态。

穆迪做了一项研究，研究了 1970～1995 年间由穆迪进行评级的债务人的评级分类，并且提供了历史违约统计数据，这些数据既包括均值，也包括标准差（见表 4－3）。

表 4－3　　按信用评级列出的 1 年期违约率（1970～1995 年）　　单位:%

信用评级	1 年期违约率	
	均值	标准差
Aaa	0.00	0.0
Aa	0.03	0.1
A	0.01	0.0
Baa	0.13	0.3
Ba	1.42	1.3
B	7.62	5.1

资料来源：卡迪和勒伯尔曼（1996）。

第二步，设定信用期限的长度。

为了与评级机构公布的数据和信用转移矩阵相一致，信用期限的长度一般设定为 1 年。然而上述设定带有很大的任意性，并且受企业财务报表可获得性的影响巨大。在 KMV 的框架内，由于市场数据的及时更新，可以选择任何时间期限。

第三步，设定远期定价模型。

债券的定价一般依赖于根据债券发行者的信用评级推导的收益率曲线。如果有 7 个信用评级，则存在着 7 条收益率曲线，同一信用评级的债券对应着相同的收益率曲线。收益率曲线一旦确定，将相应的现金流折现就得到了各种债券的现值。表 4－4 给出了每一信用等级上的收益率曲线。

表 4－4　　每一信用评级的 1 年期远期零息曲线　　单位：%

信用评级	1	2	3	4
AAA	3.6	4.17	4.73	5.12
AA	3.65	4.22	4.78	5.17
A	3.72	4.32	4.93	5.32
BBB	4.1	4.67	5.25	5.63
BB	5.55	6.02	6.78	7.27
B	6.05	7.02	8.03	8.52
CCC	15.05	15.02	14.03	13.52

资料来源：CreditMetrics，JP 摩根。

如果债券发行人仍停留在 BBB 的评级，那么期限为 5 年，利息率为 6% 的债券的计算过程如图 4－2 所示。

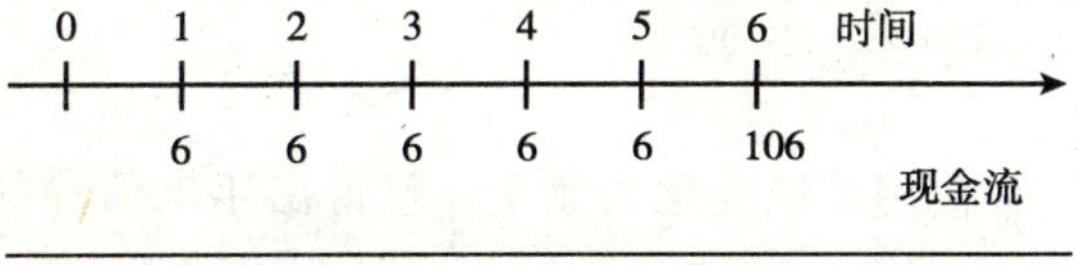

图 4－2　BBB 级债券现金流量表

$$V_{BBB} = 6 + \frac{6}{1.041} + \frac{6}{(1.0467)^2} + \frac{6}{(1.0525)^3} + \frac{106}{(1.0563)^4} = 107.55 \quad (4-8)$$

按照同样的方法，可以计算得到每一个信用评级的债券的价值，如表 4－5 所示。

同理，对债券期末变动到其他等级的情况也分别进行估价，可得到表4－5。

表4－5　　信用评级债券的价值　　单位：百万美元

1年结束时信用等级	AAA	AA	A	BBB	BB	B	CCC	违约
市值金额（百万美元）	109.37	109.19	108.66	107.55	102.02	98.10	83.64	51.13

资料来源：CreditMetrics，JP摩根。

表4－5中的51.13是优先无担保债券的违约平均回收率。

即使债券在年底违约，也并不假设一切都损失掉了。根据金融工具在偿付上具有优先权，投资者可以根据评价收益率收回一部分投资，收回投资占债券面值或某个临界值的比例称为回收率，这一回收率由评级机构根据历史数据估算得到。表4－6列出了穆迪公司按照债券在偿付上的优先状况推导出的预期回收率。在本例中，无担保债券的回收率为51.13%。

在随机模拟产生损失的分布函数时，一般假设回收率服从与表4－6相同均值和标准差的贝塔分布。

表4－6　　按照优先级给出的回收率（占面值的比例）　　单位：%

优先级	均值	标准差
优先担保债券	53.8	26.86
优先无担保债券	51.13	25.45
优先次级债	38.52	23.81
次级债券	32.74	20.18
低等次债券	17.09	10.9

资料来源：Carty and Lieberman（1996）。

由表4－5并结合信用等级变化的概率，就得出年末债券的加权平均值m和方差σ：

$$m = \sum_{i=1}^{8} \rho_i \mu_i = 0.02\% \times 109.37 + 0.33\% \times 109.19 + \cdots + 0.18\% \times 51.13 = 107.09 \quad (4-9)$$

$$\sigma = \sqrt{\sum_{i=1}^{8} \rho_i (\mu_i - m)^2} = 2.99 \quad (4-10)$$

对于该债券投资组合，一方面可以用正态分布假设来求其 VaR 值，另一方面，可以用债券实际价值概率分布曲线来求其 VaR 值。如以正态分布来求，则在 95%、99% 置信度下，VaR_1、VaR_2 的值分别为：

$$VaR_1 = Z_\alpha \sigma \sqrt{T} = 1.65 \times 2.99 = 4.93 \tag{4-11}$$

$$VaR_2 = 2.33 \times 2.99 = 6.97 \tag{4-12}$$

如果按实际的债券价值的变动情况来计算，则 95%、99% 置信度下的 VaR_3、VaR_4 值分别为：

$$VaR_3 = 107.09 - 98.10 = 8.99 \tag{4-13}$$

$$VaR_4 = 107.09 - 83.64 = 23.45 \tag{4-14}$$

上式结果实际上是近似值，计算结果是偏小的，因为从信用转换矩阵中可知，该债券有 6.77%（5.3% +1.17% +0.12% +0.18%）的可能性其价值低于 102.01；有 1.47%（1.17% +0.12% +0.18%）的可能性其价值低于 98.10；有 0.3%（0.12% +0.18%）的可能性其价值低于 83.64。如果第 2 年仍然是 BBB 级，其真实价值是 107.55，但第 2 年的预期价值是 107.09，预期价值低于真实价值，两者之差是 107.09 - 107.55 = -0.46。

$VaR_1 < VaR_2$，可见，由于信用风险损益分布的不对称性，用正态分布来计算 VaR 会有一定的误差，计算结果偏小，从而低估投资组合的风险。根据相对损失和绝对损失计算 VaR 的结果见表 4-7。

表 4-7　相对损失 VaR 和绝对损失 VaR 的计算结果

		正态分布	实际分布
95%	相对损失	1.65 × 2.99 = 4.93	107.09 - 98.1 = 8.99
	绝对损失	1.65 × 2.99 - (-0.46) = 5.39	107.55 - 98.1 = 9.45
99%	相对损失	2.33 × 2.99 = 6.97	107.09 - 83.64 = 23.45
	绝对损失	2.33 × 2.99 - (-0.46) = 7.43	107.55 - 83.64 = 23.91

第四步，计算组合价值变化的远期分布。

表 4-8 给出债券价值在 1 年期由于信用质量的变化而导致的分布变化。这一分布函数有厚尾的特征。根据上述分布，99% 的分位数，即在 99% 的置信水平上的 VaR 为 -23.91，它明显大于假设 ΔV 服从正态分布时 99% 的 VaR 的值 -7.43。

表 4-8　　1 年期 BBB 级债券的价值和变动值

年终评级	所处状态的概率（%）	远期价格（美元）	价值的变动（美元）
AAA	0.02	109.37	1.82
AA	0.33	109.19	1.64
A	5.95	108.66	1.11
BBB	86.93	107.55	0
BB	5.3	102.02	-5.53
B	1.17	98.1	-9.45
CCC	0.12	83.64	-23.91
违约	0.18	51.13	-56.42

资料来源：CreditMetrics，JP 摩根。

（3）两支债券或信贷组合信用 VaR 的计算（支柱 2）

①不考虑违约相关性。首先，计算由两支债券构成的投资组合，它们的初始评级分别为 BB 级和 A 级。假定信用转移矩阵如表 4-1 所示，并且假定两支债券信用质量的变化不存在相关性，那么容易得到如表 4-9 所示的信用转移的联合概率。表 4-9 中每个概率值为两支债券信用转移概率的乘积，例如债券 1 和债券 2 处于同一信用评级的概率为 73.32% =80.53% ×91.05%，其中，80.53% 为债券 1 保持 BB 级的概率，91.05% 为债券 2 保持 A 级的概率。

表 4-9　　两个评级分别为 BB 和 A 级债务人之间，相关度为零的信用等级联合转移概率

单位：%

借款人 1（信用等级：BB）		借款人 2（信用等级：A）							
		AAA	AA	A	BBB	BB	B	CCC	违约
		0.09	2.27	91.05	5.52	0.74	0.26	0.01	0.06
AAA	0.03	0.00	0.00	0.03	0.00	0.00	0.00	0.00	0.00
AA	0.14	0.00	0.04	0.13	0.01	0.00	0.00	0.00	0.00
A	0.67	0.00	0.02	0.61	0.40	0.00	0.00	0.00	0.00
BBB	7.73	0.01	0.18	7.04	0.43	0.06	0.02	0.00	0.00

续表

借款人 1（信用等级：BB）		借款人 2（信用等级：A）							
		AAA	AA	A	BBB	BB	B	CCC	违约
		0.09	2.27	91.05	5.52	0.74	0.26	0.01	0.06
BB	80.53	0.07	1.83	73.32	4.45	0.60	0.20	0.01	0.05
B	8.84	0.01	0.20	8.05	0.49	0.07	0.02	0.00	0.00
CCC	1.00	0.00	0.02	0.91	0.06	0.01	0.00	0.00	0.00
违约	1.06	0.00	0.02	0.97	0.06	0.01	0.00	0.00	0.00

②考虑违约相关性。然而，当需要对一个大的债券或信贷组合的分散效应进行测评时，表 4－9 不能提供任何帮助。实际上，债券间信用质量变化的相关性并不为零，并且信用组合的 VaR 对债券间信用质量变化的相关性也非常敏感。

一般情况下，同行业或同一地区内公司间的相关性明显大于不同行业或不同地区间企业的相关性。并且，相关性也随经济状态的变化而变化，在经济衰退时期，大部分债券发行人的资产价值和质量都会下降，几家公司共同违约的概率也明显增加。因此，违约和信用转移概率不可能是随时间保持不变。因此，需要利用结构模型将违约概率的变化和经济基本因子间建立一定的关系，这些经济因子的相关性是不随时间变化的。信用度量制模型和 KMV 模型根据公司资产间的相关性来计算信用违约和转移概率矩阵，后面将进行详述。

由于公司的资产价值无法直接观测到，信用度量制模型将公司的股票价格作为公司资产价值的近似替代变量。上述假设是影响信用度量制模型准确性比较强的假设。信用度量制模型通过不同债券发行者股票收益率的相关性来估计不同债券信用质量变化的相关性。

上述方法都是基于公司债券的期权定价方法（Merton，1974）。该模型假设公司的资产服从标准的布朗运动：

$$V_t = V_0 \exp\left[\left(\mu - \frac{\sigma^2}{2}\right)t + \sigma\sqrt{t}Z_t\right] \qquad (4-15)$$

其中，$Z_t \sim N(0,1)$，μ 和 σ^2 表示资产收益率$\frac{dV_t}{V_t}$的均值和方差。V_t 服从对数正态分布，其均值为 $E(V_t) = V_0\exp(\mu t)$。

该模型对公司的资本结构也做了简化，公司的股权融资部分为 S_t，债券融资为面值等于 F，当前市场价值为 B_t，到期日为 T 的零息债券。在上述结构中，对债券持有者来说，当公司资产的价值低于承诺偿还值（即债券的面值）F 时，债券就会在到期日发生违约。公司的违约只发生在债券到期日，图 4－3 表明了到期日 T 时资产价值的分布，低于 F 的阴影部分表示债券违约的概率。

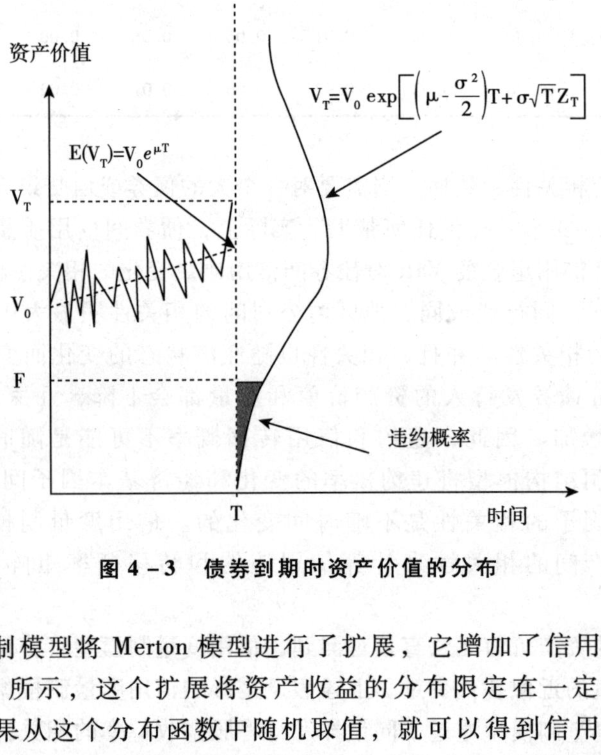

图 4－3　债券到期时资产价值的分布

信用度量制模型将 Merton 模型进行了扩展，它增加了信用质量变化的因素，如图 4－4 所示，这个扩展将资产收益的分布限定在一定的范围内。在此情况下，如果从这个分布函数中随机取值，就可以得到信用等级的转移矩阵。图 4－4 表明了 1 年前标准化的资产收益率的分布，它服从均值为 0、方差为 1 的正态分布。信用评级的门槛对应表 4－1 中评级为 BB 级的债券的信用概率转移矩阵。分布函数的右尾段对应债券从 BB 级上升到 AAA 级的概率，为 0.03%，往左，在 Z_{AA} 到 Z_{AAA} 之间对应债券上升到 AA 级的概率，Z_{CCC} 左端对应债券违约的概率为 1.06%。

表 4－10 给出了评级为 A 级和 BB 级两个债务人各自的信用等级转移概率和其对应的信用质量变化的门槛值。

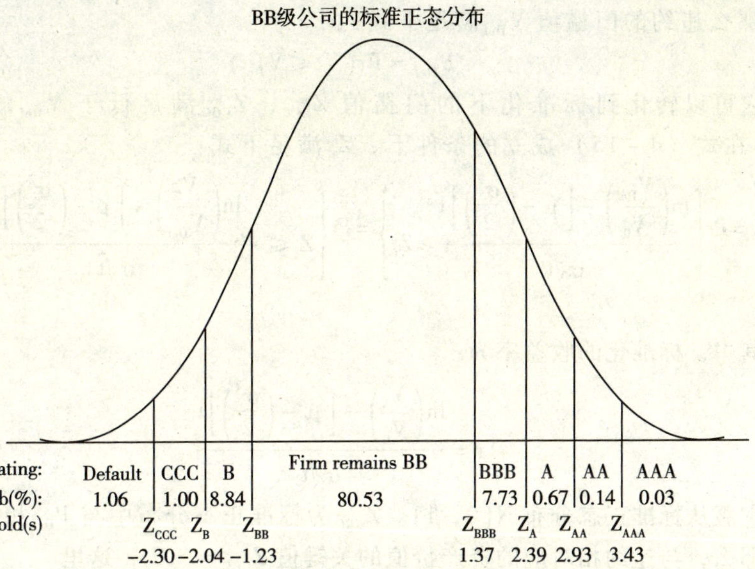

图 4-4 包含信用评级变化的 Merton 模型

表 4-10 BB 级和 A 级债务人的信用等级转移概率和信用质量变化的门槛值

1 年内的评级	A 级债务人		BB 级债务人	
	概率（%）	概率门槛值	概率（%）	概率门槛值
AAA	0.09	3.12	0.03	3.43
AA	2.27	1.98	0.14	2.93
A	91.05	-1.51	0.67	2.39
BBB	5.52	-2.30	7.73	1.37
BB	0.74	-2.72	80.53	-1.23
B	0.26	-3.19	8.84	-2.04
CCC	0.01	-3.24	1.00	-2.30
违约	0.06		1.06	

对 Merton 模型来说，很容易完成上述扩展。它假设标准化的对数收益率在任何时期都服从均值为 0、方差为 1 的正态分布，并且处于同一个评价等级内的所有债务人都服从同样的概率分布。若 P_{Def} 表示 BB 级债券违约的概

率，那么违约的门槛值 V_{Def} 满足下式：

$$P_{Def} = Pr(V_t \leqslant V_{Def}) \tag{4-16}$$

它可以转化到标准化下的门槛值 Z_{CCC}，Z_{CCC} 满足低于 V_{Def} 的概率等于 P_{Def}。在式（4－15）成立的条件下，Z_t 满足下式：

$$P_{Def} = Pr\left\{\frac{\ln\left(\frac{V_{Def}}{V_0}\right) - \left[\mu - \left(\frac{\sigma^2}{2}\right)\right]t}{\sigma\sqrt{t}} \geqslant Z_t\right\} = Pr\left\{Z_t \leqslant -\frac{\ln\left(\frac{V_0}{V_{Def}}\right) + \left[\mu - \left(\frac{\sigma^2}{2}\right)\right]t}{\sigma\sqrt{t}}\right\} = N(-d_2) \tag{4-17}$$

其中，标准化的收益率为：

$$r = \frac{\ln\left(\frac{V_t}{V_0}\right) - \left[\mu - \left(\frac{\sigma^2}{2}\right)\right]t}{\sigma\sqrt{t}} \tag{4-18}$$

它服从标准正态分布 N[0，1]。Z_{CCC} 为标准正态分布中与 P_{Def} 相对应的分位数。那么，与违约相对应的资产价值的关键值 $Z_{CCC} = -d_2$，这里

$$d_2 = \frac{\ln\left(\frac{V_0}{V_{Def}}\right) + \left[\mu - \left(\frac{\sigma^2}{2}\right)\right]t}{\sigma\sqrt{t}} \tag{4-19}$$

它也称为违约距离（distance to default，DD）①。注意在此处为了得到联合的信用转移概率，只需要得到各种门槛值，而不要观测到资产价值，不需要估计它们的均值和方差。为了得到资产价值的门槛值 V_{Def}，需要估计资产收益率的均值 μ 和波动率 σ。

同理，Z_B 为对应的处在违约和评级为 CCC 之间的概率，也就是说它对应的概率为 $P_{Def} + P_{CCC}$。另外，前面已经提过，因为公司资产的收益率无法直接观测到，因此信用度量制模型选择将股票收益率作为资产收益率的近似，上述假设等价于假设公司全部是股权融资。

现在假定公司资产之间的相关系数为已知的，并用 ρ 表示，在本例中假设等于0.2，则两项资产标准化的对数收益率服从联合正态分布：

$$f(r_{BB}, r_A; \rho) = \frac{1}{2\pi\sqrt{1-\rho^2}} \exp\left\{\frac{-1}{2(1-\rho^2)}[r_{BB}^2 - 2\rho r_{BB} r_A + r_A^2]\right\} \tag{4-20}$$

根据上式就可以计算两个债务人处于任何信用评级的联合分布概率，例如两

---

① d_2 与 Black-Scholes 公式中的对应是不同的，因为在这里我们用的是资产收益率的实际分布，而不是“风险中性”下的收益率分布。因此，此处 d_2 中的漂移项为公司资产的收益率，而在 B-S 公式中的漂移项为无风险利率。

者维持原有等级的概率为：

$$\Pr(-1.23 < r_{BB} < 1.37,\ -1.51 < r_A < 1.98)$$

$$= \int_{-1.23}^{1.37}\int_{-1.51}^{1.98} f(r_{BB}, r_A; \rho)\, dr_{BB}\, dr_A = 0.7365 \qquad (4-21)$$

式（4-21）和式（4-24）中使用的信用评级的门槛值均取自于表4-10中所对应的数值。如果按照上述方法计算 63 对联合分布概率的话，就得到了表 4-11，对比表 4-11 和表 4-9 可以发现，两者有明显不同。

表 4-11　当 BB 级和 A 级债务人之间的资产相关度为 20%时，两者的联合评级概率

对第一家公司的评级（BB）	对第二家公司的评级（A）								
	AAA	AA	A	BBB	BB	B	CCC	违约	总计
AAA	0	0	0.03	0	0	0	0	0	0.03
AA	0	0.01	0.13	0	0	0	0	0	0.14
A	0	0.04	0.61	0.01	0	0	0	0	0.67
BBB	0.02	0.35	7.1	0.2	0.02	0.01	0	0	7.69
BB	0.07	1.79	73.65	4.24	0.56	0.18	0.01	0.04	80.53
B	0	0.08	7.8	0.79	0.13	0.05	0	0.01	8.87
CCC	0	0.01	0.85	0.11	0.02	0.01	0	0	1
违约	0	0.01	0.9	0.13	0.02	0.01	0	0	1.07
总计	0.09	2.29	91.06	5.48	0.75	0.26	0.01	0.06	100

资料来源：CreditMetrics，JP 摩根。

表 4-11 展现了资产相关性对 BB 级和 A 级债务人联合违约概率的影响。为简单化，假设两个债务人的违约概率分别为 $P_1(P_{Def_2})$和 $P_2(P_{Def_2})$，资产的相关系数为 ρ。债务人 1 和债务人 2 的违约事件分别表示为 Def_1 和 Def_2，$P(Def_1, Def_2)$表示联合违约概率。那么两者的违约相关性为：

$$\mathrm{corr}(Def_1, Def_2) = \frac{P(Def_1, Def_2) - P_1P_2}{\sqrt{P_1(1-P_1)P_2(1-P_2)}} \qquad (4-22)$$

根据 Merton 模型，两个债务人联合违约的概率为：

$$P(Def_1, Def_2) = \Pr[V_1 \leqslant V_{Def_1},\ V_2 \leqslant V_{Def_2}]$$

其中，V_1 和 V_2 为两个债务人资产价值，V_{Def_1} 和 V_{Def_2} 为违约的临界点，上式等价于：

$$P(Def_1, Def_2) = \Pr[r_1 \leqslant -d_2^1,\ r_2 \leqslant -d_2^2] = N_2(-d_2^1, -d_2^2, \rho) \qquad (4-23)$$

其中 r_1 和 r_2 为两债务人标准化的资产收益率，d_2^1 和 d_2^2 为两者对应的违约距离，$N_2(x, y, \rho)$为二元标准正态分布联合分布函数，ρ 为两个随机变量的相关系数，图 4－5 表示了联合违约概率与资产相关性的关系。

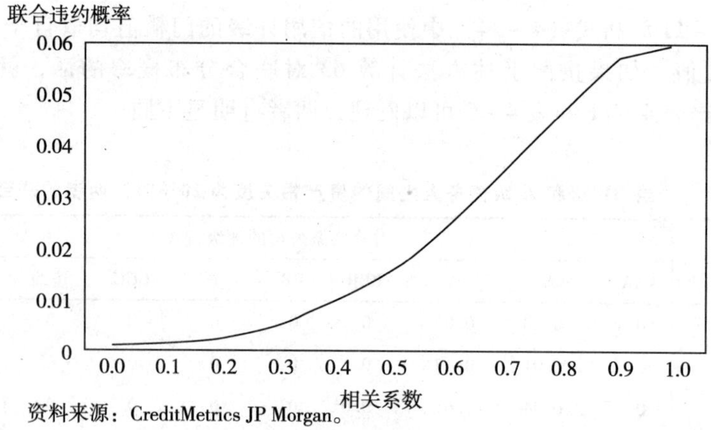

资料来源：CreditMetrics JP Morgan。

图 4－5 联合违约概率与资产收益相关系数的函数

例如，假设 A 级和 BB 级债务人的违约概率分别为 $P_1(A) = 0.06\%$，$P_1(BB) = 1.06\%$，两种资产收益率之间的相关系数 $\rho = 20\%$，那么两者的联合违约概率可表示为：

$$P(Def_1, Def_2) = Pr[r_1 \leqslant -d_2^1, r_2 \leqslant -d_2^2] = N_2(-d_2^1, -d_2^2, \rho)$$
$$= N_2(-3.24, -2.30, 0.20) = 0.0054\% \quad (4-24)$$

那么由式（4－22）可得两者之间的违约相关性 $corr(Def_1, Def_2) = 1.9\%$。

当资产收益率的相关性在20%～60%之间时，资产收益率的相关性为违约相关性的10倍。这说明联合违约概率对资产收益率的相关性非常敏感，准确估计资产收益的相关度对估计资产组合的分散效应至关重要。对选择比较信用模型的基准组合而言，相关度对信用 VaR 的影响非常大，并且对信用等级相对较低的资产组合而言，这种影响更大些。实际上，当资产组合信用质量恶化和预期违约数量增加时，随着违约相关度的增加，这种影响会放大。

信用度量制模型估计资产收益相关性的程序与 KMV 模型类似，会在 KMV 模型部分进行介绍。

（4）信用 VaR 和经济资本测度

信用风险的经济资本是指由于信用违约或信用降级而导致的非预期损失的缓冲。图 4－6 显示了信用风险经济资本测度的过程。

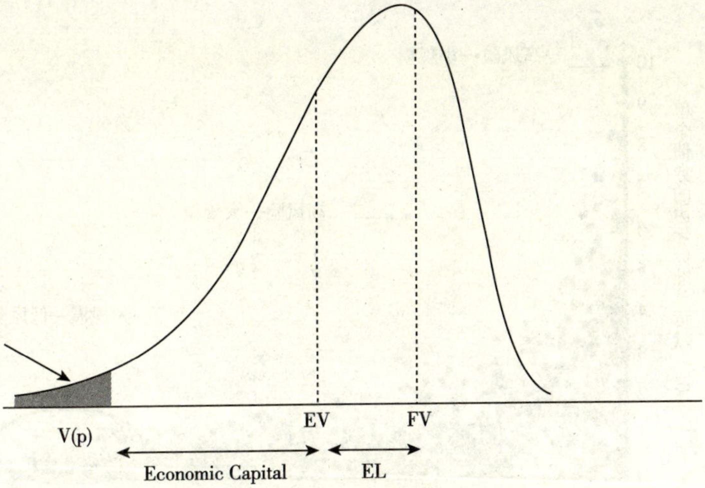

图 4－6　信用 VaR 和经济资本

V(p)＝信用组合在 p% 的置信水平上的最小价值

FV＝资产组合的远期价值＝$V_0(1+PR)$

V_0＝信用组合的当前市场价值

PR＝信用组合允诺的收益率

EV＝信用组合的期望价值＝$V_0(1+ER)$

ER＝信用组合的期望收益率

EL＝期望损失＝FV－EV

期望损失并不计算到资本配置中，只是作为信用风险的拨备，在 RAROC 的计算中当作成本。经济资本只用来缓释非预期的损失。

$$经济资本 = EV - V(p) \tag{4-25}$$

（5）信用度量制模型作为信贷和债券组合管理的工具：边际风险测度（支柱 2 继续）

信用度量制模型不仅可以计算整体信用组合的风险，而且还可以用来估计单个金融工具对整体信用组合的边际风险贡献，在用 VaR 计量经济资本时，就是计算单个资产对整体组合标准差的贡献，它被称为边际标准差。通过比较单个资产的边际标准差和它自己的标准差，就可以得到单个资产对整体组合分散效应的贡献。图 4－7 给出了一个信用组合中，不同资产的边际标准差（它是作为占信用组合整体标准差的比例给出的）与绝对风险暴露的分布关系，由此图就可以发现，哪些是对资产组合风险贡献较大的资产，哪些是对资产组合贡献较低的资产。

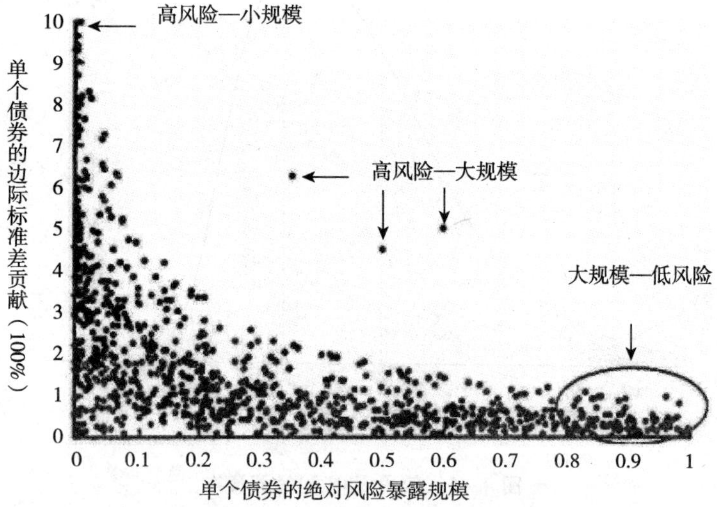

图4－7　信用组合中风险与规模的分布图

上述工具可以帮助发现债券或信贷组合中的交易机会，并且可以帮助减少信用组合的风险集中，从而减少信用组合的整体风险。上述框架也可以用在RAROC的框架中，计算每一项交易的调整风险的资本回报率。

（6）资产相关性的估计（支柱3）

因为资产的价值不能够直接观测到，信用度量制模型利用上市公司的股票价格数据计算资产的相关性。对于较大的债券和信贷组合而言，计算两两债务人的相关矩阵需要很大的计算量。为了便于计算，信用度量制模型采用多因子分析，这一部分将在KMV模型中进行详细叙述。

（7）风险暴露（支柱4）

信用度量制模型中关于风险“暴露”的含义容易引起误解，因为市场风险中这一因子通常为常数，它主要被用来给每一个信用评级的远期定价。远期价格等于根据相应评级的远期收益率的曲线来计算，得出债券的现值。

对于互换和远期等衍生产品，风险暴露依赖于未来的利率水平。与债券不同，如果不对利率水平的动态变化做一定的假设，就很难计算出存在风险的未来现金流。举例来说，互换的信用风险暴露既可以是正的（如果该互换对银行来说是盈利的），也可以是负的（如果是处于赔钱状态）。图4－8给出了利率互换平均风险暴露和最大风险暴露（是时间的函数）的大致形态——假设交易对手和银行的风险评级不变，由此图可以发现，在利率互换的期初和期末，最大风险暴露与期望风险暴露都为 0，在中间时间段，两者都达到最大值，这与利率互换的产品特征和未来利率期限结构的变换有关。银行只有当风险暴露为正时才存在风险。

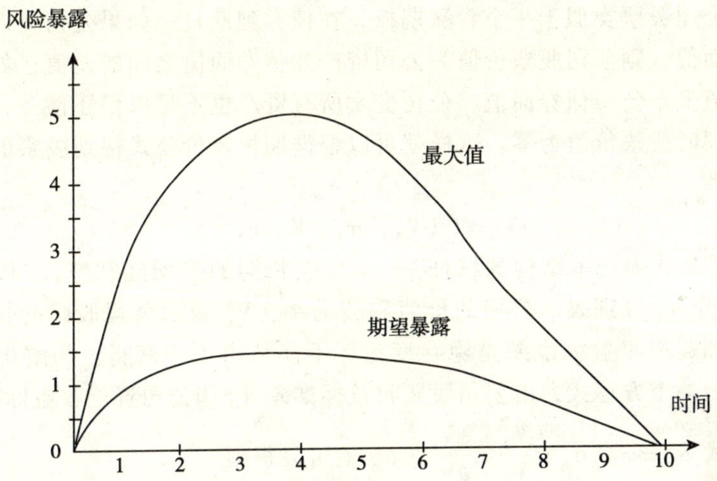

图 4－8　利率互换的风险暴露

4.3.2　KMV 模型

KMV 模型也是基于 Merton（1974）的期权定价模型，假定信用风险是由资产价值的动态变化造成的。给定公司现有的资本结构：股权、长期债、短期债和可转换债等，一旦给定了资产价值的动态过程，就可以推出给定时间内的违约概率。

（1）预期违约概率（Expected Default Frequencies ，EDF）的估计

预期违约概率的计算可分为三个步骤：估计公司资产的市场价值和公司资产的波动率；估计违约距离；利用违约的数据库将违约距离与实际的违约概率联系起来。

第一步：资产的价值和资产波动率的估计。

利用期权定价公式在给公司资产定价时，一般假设公司的资产价值服从对数正态分布，即资产的收益率服从正态分布。根据 KMV 公司的实证研究，上述假设与数据拟合较好。并且，如果公司资产收益率的分布是稳定的，则资产收益率的波动性为常数。

如果公司所有的负债都是可以在市场上交易，并且交易每天都在进行，那么公司资产的价值和资产收益率的波动率的计算将会非常简单。公司资产的价值就

等于公司股票价值和债券价值之和，而资产收益率的波动率可以从资产价值的时间序列中得到。

然而实际中，只有上市公司的股票和部分债券能够在市场上交易。还有一种方法就是利用期权定价的公式来估算资产的价值和波动性。为了计算方便，KMV假设公司的资本结构只是由股票和短期债券组成。

因为公司股票类似于一个看涨期权，在债券到期日，如果公司资产价值高于公司债券面值，则公司股票价值为公司资产和债券面值之间的差值；如果此时公司资产价值低于公司债券面值，公司变卖所有资产也不足以偿还债务，公司将发生违约，同时股票价值为零。这样就可以根据期权定价公式得到股票的价值和股票的波动性：

$$V_E = f\ (V_A,\ \sigma_A,\ K,\ c,\ r) \tag{4-26}$$

其中，K 代表资本结构的杠杆率，c 代表长期的平均红利率，r 代表无风险利率，V_A 和 σ_A 分别表示公司的价值和波动率，V_E 表示公司股票的价值。公司资产价值和资产收益标准差是隐含变量，不能从市场中获得。为解出这两个变量，还需另一个方程式，由公司股票收益标准差 σ_E 和公司资产收益标准差 σ_A 之间的关系式 $\sigma_E = \eta_{E,A}\sigma_A = \frac{V_A}{V_E}\cdot\frac{\partial V_E}{\partial V_A}\cdot\sigma_A$ 就可以得到

$$\sigma_E = g(V_A, \sigma_A, K, c, r) \tag{4-27}$$

下面证明 $\sigma_E = \eta_{E,A}\sigma_A = \frac{V_A}{V_E}\cdot\frac{\partial V_E}{\partial V_A}\cdot\sigma_A$ 这个关系式成立。

假设资产价值服从几何布朗运动 $dV_A = V_A(\mu_A dt + \sigma_A dB)$，则相当于看涨期权的股权价值可以表示为 $V_E = (V_A - L)^+ = f(V_A, t)$，L 为股东对于公司的初始投资，运用伊藤（Ito）定理可以得到

$$dV_E = \frac{\partial V_E}{\partial V_A}dV_A + \left[\frac{\partial V_E}{\partial t} + \frac{1}{2}\ \frac{\partial^2 V_E}{\partial V_A^2}(V_A\sigma_A)^2\right]dt$$

$$= \left[\frac{\partial V_E}{\partial V_A}V_A\mu_A + \frac{\partial V_E}{\partial t} + \frac{1}{2}\ \frac{\partial^2 V_E}{\partial V_A^2}(V_A\sigma_A)^2\right]dt + \frac{\partial V_E}{\partial V_A}V_A\sigma_A dB$$

所以有 $\frac{dV_E}{V_E} = \frac{(\cdots)}{V_E}dt + \frac{\partial V_E}{\partial V_A}\ \frac{V_A}{V_E}\sigma_A dB$，另外有 $\frac{dV_E}{V_E} = \mu_A dt + \sigma_E dB$，根据对应系数必相等的关系得到 $\sigma_E = \frac{\partial V_E}{\partial V_A}\ \frac{V_A}{V_E}\sigma_A = N(d_1)\frac{V_A}{V_E}\sigma_A$，$\eta_{E,A}$ 为股票价值对公司资产价值的弹性，$\frac{\partial V_E}{\partial V_A}$ 为期权 Delta 值，因为欧式看涨期权 Delta 值为 $N(d_1)$，所以一般关系式可以写成式（4－27）。

如果 σ_E 能够直接被观测到，那么通过求解联立方程（4－26）和（4－27），就可以求得 V_A 和 σ_A。然而，σ_E 相当不稳定，随着资产价值的变化而变化，因此不存在一种简单的方法能从市场数据中获得 σ_E 的准确估计值。由于股票的价值 V_E 能够被直接观测到，可根据（4－26）式计算出 V_A 的值，它是股票的价值和资产收益率波动性的函数：

$$V_A = h(V_E, \sigma_A, K, c, r) \tag{4-28}$$

KMV 模型利用迭代法计算出 σ_A 的估计，即给定 σ_A 的一个初值（一般假设 $\sigma_A^0 = \sigma_E$），通过式（4－28）计算出每个交易日所对应的 $\hat{V}_A$ 的估计值，然后利用 $\hat{V}_A$ 的时间序列计算出资产收益率的波动值 σ_A^1，再带入式（4－28），重复上述计算直到资产收益率波动率的估计值收敛。

第二步：关于违约距离（DD）的计算。

在期权定价的框架中，违约等价于破产，即当资产的价值低于公司负债的价值时的情况。然而实际中，违约与破产是两个不同的概念，破产是公司将自己的资产变卖，然后根据所有权的分配顺序依次分配给所有者，而违约是公司不能够按时偿还到期负债的本金和利息。

KMV 从几百家样本公司中发现，当公司的资产价值达到某个水平，即介于公司的整体负债和短期负债的某个数值时，公司将会发生违约行为。因此，资产分布函数中，低于整体负债的部分并不是实际违约率的真实测度。资产收益分布的非正态性、对企业资本结构的简化假设等因素都可能降低估测的准确性；如果企业可以使用银行的贷款承诺，则估测的准确性还会降低。当企业处于困境时，使用这些贷款承诺会增加负债总额，但可以为偿付其他负债提供必要的现金。

KMV 模型在计算违约概率之前，首先计算一个被称为违约距离（DD）的中间指标。DD 即对数资产价值的均值与对数违约门槛值的距离除以资产收益率的标准差，违约点大概等于给定的时间区间内短期负债和一般的长期负债的数量。

$$DD = \frac{E[\ln(V_{A,T})] - \ln(DPT_T)}{\sigma\sqrt{T}} \tag{4-29}$$

其中，DPT_T 表示 T 时刻的违约门槛值，它一般等于给定的时间区间内短期负债和长期负债的数量一半之和，即 DPT = STD + 1/2LTD，其中 STD 表示短期负债的价值，LTD 表示长期负债的价值。假定资产的价值服从正态分布，将式（4－15）带入式（4－29）可以得到：

$$DD = \frac{\ln\left(\frac{V_0}{DPT_T}\right) + \left[\mu - \left(\frac{1}{2}\right)\sigma^2\right]T}{\sigma\sqrt{T}} \tag{4-30}$$

其中，V_0 表示资产当前的价值，μ 表示资产收益率，σ 表示按年率计算的资产收益率的波动率。

第三步：从 DD 计算违约概率。

最后一步就是从 DD 计算给定时间内的违约概率，这一概率在 KMV 模型中称为预期违约频率（EDF）。

如果能够得到大量样本公司（包括了那些违约的公司）的信息，在给定的某个层级上，例如 DD =4，则其中估计的违约概率为 40 个基点或者 0.4%。如图 4 –9所示。

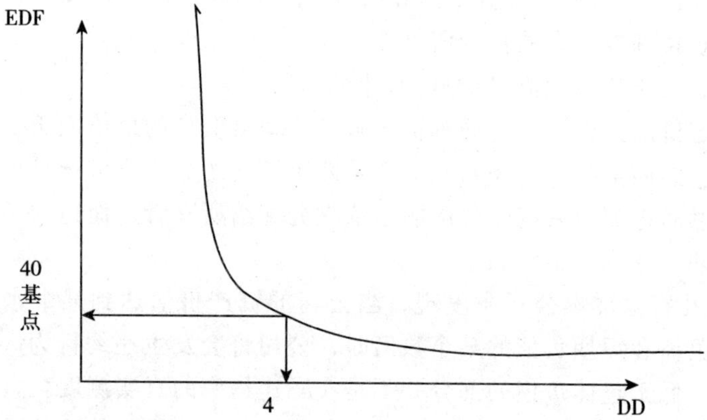

图 4 –9　预期违约频率（EDF）与违约概率（DD）对应图

（2）KMV 模型资产相关性的建模——因子模型

信用度量制模型和 KMV 模型通过结构模型推导资产收益率的相关性，通过结构模型将相关性与基本的经济因子联系起来。假定资产收益率存在一个相关性的结构，可以避免单一历史相关度所暗含的采样错误，并且在相关性的预测方面达到更高的精度。另外，实际中需要大大降低计算相关性的维度。假设银行有 1 000家客户，那么需要估计$\frac{N(N-1)}{2}$个相关系数，即有 499 500 个参数需要估计。资产收益率的多因子模型能够减少待估相关参数的数量，在这种模型中只需要计算影响资产收益率的共同因子之间的相关度。

一般假设资产收益率受一些共同因子或系统性风险因子和异质因子影响。异质因子可以是公司、地区或行业的特殊因子，它们不影响资产收益率的相关性（因为它们互不相关，并且和普通因素无关）。两个公司之间的资产相关性受共同因子的影响，异质的风险因子可以通过资产组合分散掉，而系统风险却无法分散。

为了描述方便，假设所有公司资产的收益率受下列风险因子的影响：

$$r_k = \alpha_k + \beta_{1k} I_1 + \beta_{2k} I_2 + \varepsilon_k \quad (k = 1, \cdots, N) \tag{4-31}$$

其中，N 表示公司的数目，r_k 表示公司 k 的资产收益率，α_k 表示资产收益中独立于共同因子的部分，β_{1k}、β_{2k}分别表示两个共同因子的载荷，I_1、I_2 分别表示共同的因子，ε_k 表示公司资产的异质风险因子，它与共同的风险因子不相关，并且与其他公司的异质风险因子也不相关。

则可以计算得到资产收益率的方差和两个公司资产收益之间的协方差：

$$\begin{aligned} var(r_k) &= \sigma_k^2 \\ &= \beta_{1k}^2 var(I_1) + \beta_{2k}^2 var(I_2) + var(\varepsilon_k^2) + 2\beta_{2k} cov(I_1, I_2) \end{aligned}$$

$$\begin{aligned} cov(r_i, r_j) &= \sigma_{ij} \\ &= \beta_{1i}\beta_{2j} var(I_1) + \beta_{2i}\beta_{2j} var(I_2) + (\beta_{1i}\beta_{2j} + \beta_{2i}\beta_{1j}) cov(I_1, I_2) \end{aligned}$$

定义两个公司的相关系数为：

$$\rho_{ij} = \frac{\sigma_{ij}}{\sigma_i \sigma_j}$$

为了推导 N 家公司资产收益率的相关系数，需要估计参数 β_{ik}（共有 2N 个）和 3 个共同因子的相关系数。如果有 1 000 家公司需要估计，那么需要估计 2 003 个参数。如果有 K 个共同因子，那么需要估计的参数数量就是 KN + K(K - 1)/2 个。

4.4　利用衍生产品管理信用风险

当信用衍生产品还是一个新名词时，信用衍生合约已经存在很长一段时间了，具有 20 多年历史的债券保险，实际上就是当一个债券发生违约时可以获得的赔付。尽管传统的信用产品含有衍生要素，但是“信用衍生产品”通常是和总收益互换、信用违约互换、信用联系票据的场外交易的产品联系在一起的。

按照国际互换和衍生产品协会（ISDA）的定义，信用衍生产品是用来分离和转移信用风险的各种产品和技术的统称。它是一种双方签订的金融合约，它使得投资者能够对债务人的相关风险进行交易。该合约通常通过柜台签订，其损失为或有的，取决于基础参照主体的信用事件（包括违约事件、信用降级或差价变化）。一些信用衍生产品以现金交割（损益以现金交割），也有些信用衍生产品以实物形式交割（支付一定的基本金融工具）。

美国的美林公司、花旗银行、信孚银行、JP 摩根是信用衍生产品市场的早期参与者和开拓者。1996 年后，欧洲的德意志银行、德雷斯顿银行及日本的樱花证券、大和证券等公司也开始积极参与信用衍生产品。20 世纪 90 年代末，信用衍生产品的发行与交易获得了极大发展（见表 4－12），据英国银行家协会（BBA）的统计，到 2006 年 12 月全球信用衍生产品的交易额为 8.2 万亿美元，信用衍生产品已成为金融衍生产品市场最复杂、增长最快的产品之一。

表 4－12　　全球信用衍生产品交易金额　　单位：亿美元

年份	信用衍生产品的交易金额
1995	100
1996	500
1997	1 700
1998	3 500
2000	7 400
2001	9 189
2002	21 500
2003	38 700
2004	50 000

本节将介绍各种类型的信用衍生产品，展示它们如何用于信用风险的管理，解释它们的结构，并分析信用衍生产品的作用和本身存在的风险。

4.4.1　利用期权对冲信用风险

（1）用期权管理信用风险的思想

利用期权对冲信用风险的原理是：银行在发放贷款时，收取一种类似于贷款者资产看跌期权的出售者可以得到的报酬。这是因为，银行发放贷款时，其风险等价于出售该贷款企业资产看跌期权的风险。这样，银行就会寻求买入该企业资产的看跌期权来对冲这一风险。美国中西部的农业贷款最早运用这种思想对冲信用风险。为保证偿还贷款，小麦农场主被要求从芝加哥期权交易所购买看跌期权，以这一期权作为向银行贷款的抵押。如果小麦价格下降，那么小麦农场主偿还全部贷款的可能性下降，从而贷款的市场价值下降；与此同时，小麦看跌期权的市场价格上升，从而抵消贷款市场价值的下降。图 4－10 显示了小麦看跌期权具有的抵消性效应。

当小麦价格为 B 时，农场主的资产（小麦）价值恰好保证能偿还银行贷款，同时小麦看跌期权的价值为零；当小麦价格从 B 下降时，银行贷款的报酬下降，但是同时小麦看跌期权的价值上升；当小麦价格从 B 上升时，银行贷款的报酬保持不变，同时小麦看跌期权的价值进一步下降。但是，小麦看跌期权是由农场主购买的，作为贷款的抵押，因此银行贷款的报酬并不发生变化。此时，农场主的最大借贷成本是购买小麦看跌期权的价格。

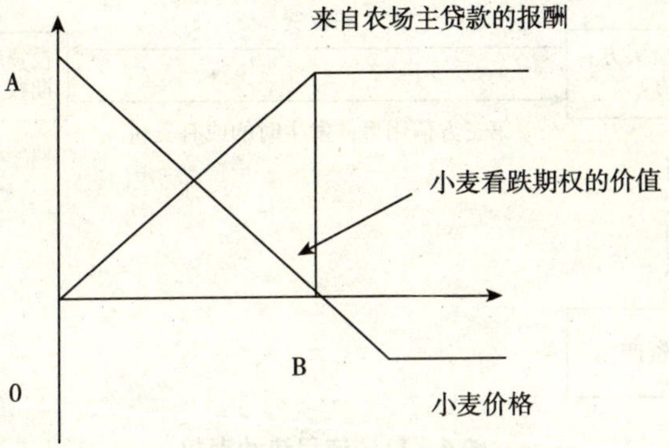

图 4－10 小麦看跌期权示意图

这种信用风险的对冲方法看上去很完美，但是存在着以下两个问题：第一，农场主可能由于个人的原因，而不是因为小麦价格的下降而违约。也就是说，这种方法只保证了贷款者的还款能力，但是对于贷款者的还款意愿却没有任何的保证。我们知道，信用风险的产生是还款能力和还款意愿这两者共同作用的结果。第二，农场只要想获得贷款必须购买看跌期权，从而必须支付一定的期权费，使得农场主贷款的成本上升。从农场主的角度来看，他肯定不愿意这样做。如果银行强迫农场主购买期权就有可能会损害银行和农场主的关系，农场主可能不选择这家银行贷款。

（2）信用违约期权

信用违约期权的买方通过向卖方支付期权费，来获取在未来“参考信用资产”发生信用事件时，要求期权卖方执行清偿支付的权利。信用违约期权的买方即为信用保险的买方，买方即为市场投资者。假定银行 A 对企业有一个信贷敞口，由于担心企业的项目失败导致违约，银行可以在发放贷款的时候购买一个违约期权，与该笔贷款的面值相对应。当贷款违约事件发生时，期权出售者向银行支付违约贷款的面值；如果贷款按照贷款协议得以清偿，那么违约期权就自动终止。

从图 4－11 的结构形式上来看，信用违约期权与信用违约互换的区别并不大，因为在信用事件发生后，期权的购买方总会执行期权以获得补偿。不同的是，在信用违约互换中存在相当于名义贷款本金转移的问题，即信用保险买方可以以贷款本金为基数按双方商定的基点支付费用，而信用违约期权不存在这个问题。另外，在支付方式上，信用违约互换是在合约有效期内定期地多次支付，而信用违约期权为一次性地支付期权费。

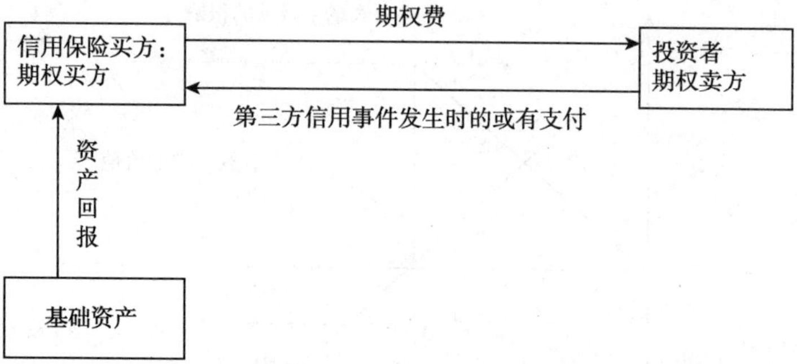

图 4－11　信用违约期权

这类期权还可以出现一些变体，比如，可以把某种关卡性的特点写入该期权合约中。如果交易对手的信用质量有所改善，比如说从 B 级上升到 A 级，那么该违约期权就自动中止。作为回报，这种期权的出售价格应该更低。

另外，类似于与利率相联系的期权，债券的发行者可以利用期权对平均信用风险贴水进行套期保值。例如，A 公司信用评级为 BBB +1，它计划在两个月后发行总价值为 100 万元的 1 年期债券。如果在这两个月内该公司的信用等级下降，那么它付给投资者的信用风险贴水就会上浮，则公司势必要以更高的利率发行债券，融资成本必将升高。为防止此类情况的发生，A 公司可以购入一个买入期权，双方约定在信用风险贴水上浮到一定限度后，由期权的出售方弥补相应多出的费用。具体来说，若 A 公司买入一个在两个月后发行 100 万元债券的风险贴水的买入期权，期权价格为 1 万元，双方约定的信用风险贴水为 1%。如果风险贴水升至 2%，就会使 A 公司多付出 1 万元的融资费用，这些多付出的费用由期权的出售者负责偿付。同样，如果信用风险贴水降至 0.5%，则买入期权无任何收益，但 A 公司可以以较低利率借款而较预定的借款费用节省 5 000 元。因而，买入期权在信用贴水上升时可以使其购买者以固定利率借款而避免损失，利率下降时则可以享有相应的好处。当然，享有这样权利的代价是要付出相应的期权费。

（3）信用差价期权

信用差价期权不是纯粹的信用衍生产品，不过它具有一些和信用衍生产品相似的特征。该期权的标的资产是特定企业债券收益率与到期日相同的政府债券收益率的差额。期权买方通过向卖方支付期权费，获取在未来市场利差高于事先约定的利差时，要求期权卖方执行清偿支付的权利。如果在市场利率变动时，敏感性债券与无风险债券的价格呈同方向变动，那么两者之间的差价变化都是由敏感性债券的预期信用风险所造成的。信用差价期权便可以将敏感性债券的信用风险从市场风险中剥离了出来，其结构见图 4-12。

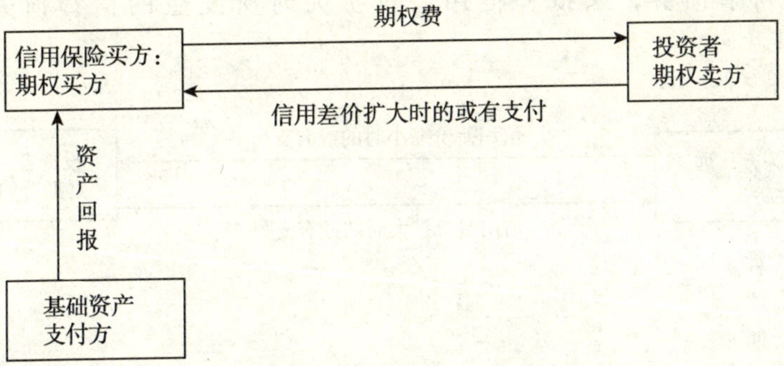

图 4-12　信用差价期权

假定银行 A 对某企业 X 有一个信用敞口（比如持有其债券），为对冲该债券所带来的信用风险，银行 A 在市场上购买该债券的信用差价看涨期权。在支付了期权费之后，银行 A 便拥有了在未来该企业债券与政府债券之间的差价超过一定限度时，要求投资者（即期权卖方）按事先约定的价格购买企业债券的权利。若期权到期时，X 企业债券的市值由于信用等级的下降而下降，并且其价格与政府债券之间的差额超过了一定的限度，那么银行 A 要求执行期权，按约定价格出售 X 企业债券给对方，或从对方那里获得或有偿付，以达到信贷保值的目的。如果期权到期时，差价没有超过规定的限度，那么 A 银行就不执行期权，投资者获得了期权费收入。

信用差价期权分为美式期权和欧式期权，也可以设定出一些限制条款。在 20 世纪 90 年代刚推出时，信用差价期权并没有实现人们预期的功能。信用差价期权的发行和交易相对较低，其主要原因是：①与信用违约互换等标准化产品相比，信用差价期权是一种定价和对冲都更为复杂的工具。②大多数公司的债券流动性非常低，因此人们有可能操纵它们的差价。当交易冷清时，大的买卖指令可能影响某一债券的差价，从而使信用差价期权的价格偏离正常水平。③广泛使用的信用违约互换实现了信用差价的部分保护功能。

4.4.2 利用远期合约对冲信用风险

利用远期合约对冲信用风险的信用衍生产品主要是信用价差远期合约。信用价差远期合约类似于标准的远期合约，唯一的差别就是基础指标不同，在此为敏感性债券与政府无风险债券之间的价差。由于价差可以将信用风险从市场风险中剥离出来，这样，具有信用风险敞口的贷款方或债券持有方就可以通过远期合约卖出浮动利率债券，来抵补信用差价扩大时所发生的信贷损失。其结构见图 4－13。

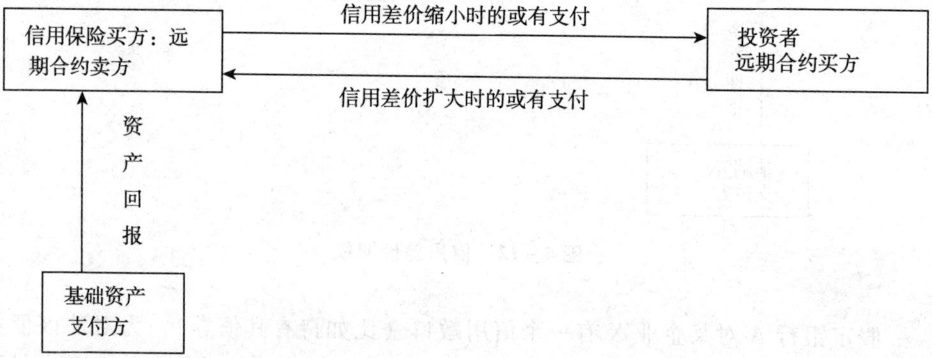

图 4－13 信用价差远期合约

如果远期合约在到期日，由于债券发行方的信用等级上升而导致债券价格上升，信用差价缩小，那么远期合约的卖方（例如银行）就应该向远期合约的买方（投资者）支付一笔金额的或有支付。如果远期合约在到期日，债券发行方的信用等级下降，使得债券价格低于票面价值，信用差价扩大，那么远期合约买方（投资者）就应该向远期合约卖方（如银行）支付一笔数额的或有支付，这抵补了信用买方在信贷市场的损失。如果债券发行方在远期合约交易的到期日之前违约，那么信用远期合约就因为债券消失而失效，交易取消，远期合约卖方承担全部风险。如果在远期合约到期前仅仅是债券发行方的信用等级降低，那么信用差价远期合约继续有效。由此可见，在信用差价远期合约中，远期合约的卖方承担了违约风险，远期合约买方承担了信用等级风险。

4.4.3 利用互换管理信用风险

（1）资产互换（asset swap）

资产互换是第一种类型的信用衍生产品，它可以视为标准的信用风险产品利率的互换（见图4－14），即固定利率债券头寸的投资者与持有浮动利率的交易对手（通常为商业银行或投资银行）互换利息。

投资者进行资产互换的主要动机是为了从信用风险中分离出利率风险。它们想获得信用差价，而不愿意暴露于无风险利率上升的风险之下。因为大多数公司的债券以固定利率发行，资产互换可以使投资者用债券固定利率交换LIBOR加上预先设定的信用差价。

若基础债券违约，互换协议不会终止，这是资产互换的一个缺陷。投资者仍然承担支付固定利息的责任，获得浮动利息。违约发生后，投资者就会暴露于力求避免的利率风险之下。

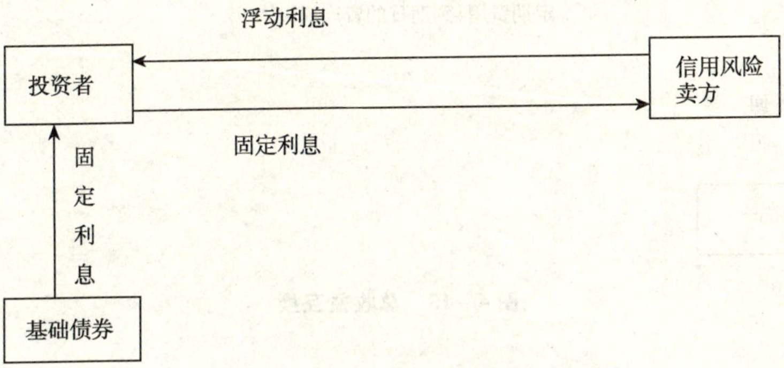

图4－14 资产互换结构

（2）总收益互换（total return swap）

总收益互换是一种简单的金融产品，它允许投资者支付浮动的利息流（通常为LIBOR或相似的利率加减一定的息差）来交换某一债券、投资组合、贷款或指数的全部收益（基础资产所产生的所有资产收益和利息、费用）和风险。总收益互换使投资者暴露于基础资产而不必持有该项资产。

与一般互换不同的是，总收益的支付者和投资者除了交换在互换期间的现金流之外，在资产组合到期或者出现违约时，还要结算贷款或债券组合的价差，计算公式在签约时事先确定。如果到期时，贷款或债券的市场价格出现升值，支付者将向投资者支付差价；反之，如果出现减值，则由投资者向支付者支付差价。

很显然，总收益互换可以对冲信用风险暴露，但是这种互换又使银行面临利率风险。如图4－15所示，即使基础贷款的信用风险没有发生变化，只要LIBOR发生变化，那么整个总收益互换的现金流也要发生变化。

严格地说，总收益互换并不是纯粹的信用互换。因为影响信用资产总收益的并不仅仅是信用风险，其他如利率、汇率等市场风险因素也会使收益发生波动。总收益的支付方通过此金融工具不仅转移了信用风险，也转移了市场风险。

与投资货币市场相比，投资总收益互换有许多优点。投资者不必从货币市场上筹集必需的资金来购买资产组合，其杠杆效应明显。投资者也可以避免交易成本，尤其是当总收益是基于某海外债券指数收益时。总收益还可以使某些投资者卖空一些信用工具，这些信用工具由于某些原因无法在货币市场上直接卖空。

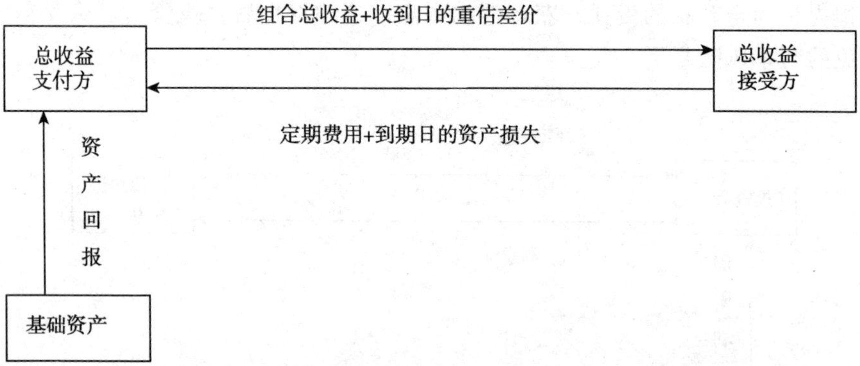

图 4-15　总收益互换

（3）信用违约互换（Credit Default Swap，CDS）

①信用违约互换的内涵与种类

信用违约互换是一种十分常见的信用衍生产品，是信贷衍生工具之一，是一种对银行间债券业务的保险，购买 CDS 类似买保险，买方（被保险方）同意在一段期间内支付费用给卖方，而卖方（保险方）仅在特定事件发生时（如违约）才支付一笔金额给买方。但签订合约的两方都可以把 CDS 转售给其他人。事实上 CDS 没有那么简单，CDS 结构更类似于期权，合约双方的风险是不对称的。购买方本质上是卖空了标的实体的信用风险，出售方则是买入了标的实体的信用风险，同时双方都承担了对手风险（counterparty risk）。当买方在有抵押的情况下借款给第三者（欠债人），而又担心欠债人违约不还款，就可以向信用违约互换合约提供者买一份有关该欠债人的合约/保险。通常这份合约需定时供款，直至欠债人还款完成为止，否则合约失效。倘若欠债人违约不还款（或其他合约指定情况，令人相信欠债人无力或无打算依时还款），买方可以拿抵押物向卖方索偿，换取应得欠款。卖方所赚取的是倘若欠债人依约还款时的合约金/保险费。有些信用违约互换合约不需要抵押物便可以向卖方索偿（理赔金额与保险费成正比），只需要欠债人破产（或其他合约指定情况）即可。这些合约的功能不局限于风险转移（对冲），而是具有投机性质，例如买方可以以合约赌博某家公司会破产，即使它从未对该公司做出放债。在实际操作中，由于金融衍生产品的杠杆性会放大投机风险，需要监管部门严格控制。

信用违约互换的买方相当于为一个“参照资产”购买了信用风险保护。如果在信用违约风险期限中，“信用事件”发生了，则卖方向买方做出“支付”（见图 4－16）。信用违约互换的买方和卖方必须就交易的 3 个关键条款达成一致：参照资产；信用事件；当信用事件发生时支付的结构。

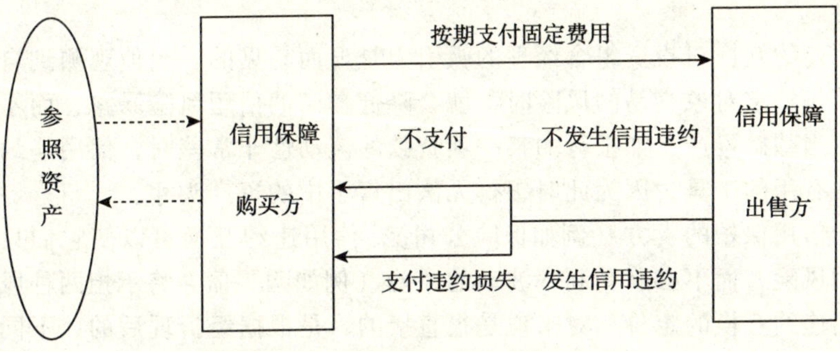

图 4－16　信用违约互换交易结构图

第一，参照资产。参照资产可以是交易双方同意的某个特定的债务、列出的一组债务，或特定类别的所有债务。

第二，信用事件。国际互换与衍生产品协会（ISDA）规范（1999）给予信用违约互换的交易双方在定义信用事件时很大程度的自由：一是借款企业破产；二是无法支付贷款；三是延期支付贷款；四是信用等级降低。随着市场的发展和信用衍生产品的不断丰富，上述定义也会发生相应变化。

第三，违约支付。信用违约互换的交易双方必须指定当信用事件发生时如何结算交割：

一是现金结算（cash settlement）。如果信用违约互换是现金结算，交易双方会得到违约参照资产的市值，互换的卖方将支付当前价格和合约中的行使价（通常是票面价格）之间的差价，比如某对冲基金持有 A 公司面值 100 万元的债券，并向银行通过 CDS 购买信用保障。当信用事件发生时，该债券的市场价格为 25%，则银行向对冲基金支付 1 000 000 ×（1－0.25）＝750 000（元）的现金。

二是实物交割（physical settlement）。如果信用违约互换是实物结算的，信用保护的买方将向卖方交割参照资产，或者其他满足可交割债务条件的资产，同时卖方按照行使价向买方支付现金，比如，某对冲基金持有 A 公司面值 100 万元的债券，并向银行通过 CDS 的形式购买信用保障。当信用事件发生时，银行付给对冲基金 100 万元，而得到该面值 100 万元的债券。

三是如果交易的是“数字”（digital）信用违约互换，当信用事件发生时，保护的卖方将向买方支付预先设定的数额。

与资产互换不同，大多数信用违约互换是标准化的合约，流动性比较高。它采用逐日盯市制度，其价格非常接近地反映了市场对基础债务人违约概率的看法。当违约概率发生时，信用违约互换将发生变动，基础债券的差价也会发生变化。因此，信用违约互换不仅仅在违约时提供保护，而且可以通过差价变化开展对冲交易。

信用违约互换对投资组合经理的吸引力是显而易见的。当他观测到自己过分暴露于某一特定对象交易的风险时，就会降低自己的信用风险暴露，而不需要出售资产。当基础资产，如银行的某一项贷款的流动性非常差时，信用违约互换就成了非常有用的工具，因为此时银行无法出售手中的资产头寸。

对于信用保护的卖方（例如保险公司），信用违约互换可以使它们只承担纯粹的信用风险，而不必承受利率波动的风险（例如购买债券将承担两种风险）。

信用违约互换的定价相对来说是很直接的，是根据经折现后的、不同时期赔付额（减保费）与其发生概率乘积的现值确定的。CDS 的价格随信用参照体（债券发行公司）的信用等级的改善而下降；反之则上升。CDS 定价与 t 时刻支付的年费一致，该费用是在 t 与 T 时刻之间为了对违约进行保护而支付给卖方的金额。因此，信用违约互换的价格可以用年费的百分比来表示。债券的交易价格可以反映信用违约定价的风险中性概率。当观测到信用违约互换的价格时，就可以迅速地推断出市场对发行人违约概率的看法。

在经济状况较好时，CDS 的风险很低，能够为贷款和债券避险，是一种良好的投资避险手段。但在危机发生后，它却因保证金杠杆交易放大了 CDS 的虚拟需求而成为众矢之的。如果对公司资信的变化趋势的判断正确，投资于 CDS 所能得到的利润将超过投资于作为 CDS 保险对象的债券本身所能带来的利润。如果发生参照实体（出售公司债券的第三方）违约、破产等信用事件时，保险卖方（可以是投资银行或其他金融机构）就必须向保险买方赔偿损失。

信用违约互换的种类主要有：第一，一揽子信用违约互换（Basket Default Swap，BDS）。BDS 与 CDS 类似，只是 CDS 以单一的资产作为基础资产，而 BDS 以若干资产构成的组合为基础资产。BDS 具有多种类型，按违约事件次序分为首次违约互换（first-to-default swaps）、第 n 次违约互换（nth-to-default swaps）、m 个参照体中 n 次违约互换（n-out-of-m-to-default swaps），以及全体违约互换（allto-default swaps)。以第2次违约篮子为例(second-to-default basket),在该金融合约中,违约保护的买方定期向卖方支付保护费。当发生第1次违约时,合约买方继续支付保护费,而卖方也不需要做任何支付。当发生第2次违约时,买方停止支付保护费,而卖方向买方支付违约证券票面价值和违约回收率之差额,合同相应终止。资产组合的第3个资产以后的资产将得不到保护。一揽子信用违约互换的价值依赖于基础资产的相关性。一揽子中的证券违约概率相关性越低,那么BDS的违约风险越高,BDS的保护费率越高,反之亦然。第二,可取消违约互换(Cancelable Default Swap)违约互换和违约互换期权的结合。看涨违约互换(Callable Default Swap)合约买方有权终止合同,看跌违约互换(Putable Default Swap)合约卖方有权终止合同。第三,或有违约互换(Contingent Default Swap)指只有当标准信用事件和额外信用事件都违约时,合约卖方才向买方支付补偿。额外信用事件可以是其他证券的违约,因此,或有违约互换比标准违约互换合约便宜(除非违约事件的相关性为1)。合约买方的目的(除了保护费率低以外)主要是为寻求一种弱保护,即只有当两个基础资产都违约时才获得保护。第四,杠杆违约互换(Leverage Default Swap)指在违约发生时卖方的支付额是损失额的一定倍数。此合约中规定违约发生时卖方的支付额通常是标准违约互换支付额加上资产名义总量的一定比例。因此,杠杆违约互换比标准违约互换贵。合约买方可能出于投机的目的,也可能出于简化管理的目的,有些资产管理者则是为了避免对不同资产都对冲违约风险的麻烦。采用单一的杠杆违约互换可以对冲掉大部分的名义资产违约风险。但如果杠杆违约互换合约中基础资产与买方的资产组合中真正的风险暴露不相匹配,买方将暴露于风险中:资产组合中某合约违约,而杠杆违约互换中并没有对此资产进行保护。

②信用违约互换的合约形式与用途。CDS合约一般要求明确说明以下几个方面。参照实体(reference entity),一般为一个发行了债券的公司或机关。参照债务(reference obligation),一般为非次级的公司债或者政府债。合约规定的违约保护的期限为生效日期(effective date)至计划终止日期(scheduled termination date)。合约中还会明确定义信用事件。典型的信用事件包括参照实体的破产或参照实体担保的债券无法赔付。另外,合约还会明确参照实体的重组(restructure)、可交付债务特征(deliverable obligation characteristics),以此来限制信用保障购买方在发生信用事件时可交付债务的范围。典型的限制包括该债务应该为贷款或者债券、到期日不超过30年、非次级等。注意,CDS并不要求信用保障买方持有信用工具,因此这也为投机提供了条件。

信用违约互换的主要用途是投机、套期保值和套利。

第一,投机(speculation)。由于CDS不要求买方持有信用工具,因此投资者可以通过参照实体信用质量的变化来进行投机。这是因为 CDS 利差是随着参照实体违约的可能性，即其信用质量的变化而变化的。一种常用的投机策略称为“Curve Trades”。举例来说，如果投资者对参照实体的长期信用质量较有信心，而认为短期内参照实体的公司价值将有较大的波动和不确定性，那么他就会采取卖出长期 CDS（如利差为 170bps，时限为 7 年）而买入短期 CDS（如利差为 70bps，时限为 2 年）的交易。

第二，套期保值（hedging）。这是 CDS 产品设计时的本意，将持有债券的信用风险转移给信用保障卖方，虽然在一定程度上降低了收益，但是同时消除了持有债券的信用风险。在保守的投资组合，如养老基金中多有使用。

第三，套利（arbitrage）。资本结构套利（capital structure arbitrage）是套利策略中的一种。它是以公司的股票价格与其 CDS 利差成负相关为基础的一种投资策略。但是由于市场上对债券和股价信息反映存在不完全性，这为套利提供了机会。例如，如果某公司发布利空消息，而公司的股价下跌了 25%，但是 CDS 利差没有变化，此时投资者将会预期 CDS 利差会增加，因而买入 CDS（购买信用保障）并且与此同时买入该股票。

③信用违约互换的风险。

第一，卖家。信用保障卖家也承担买家的违约风险。如果信用保障买家停止支付固定费用，那么对卖家来说则失去了部分确定的现金流。另外，信用保障卖家，通常是银行等投资机构，在卖出 CDS 之后会以买方身份签订另外一个 CDS 合约，以将风险转移。但是如果此时信用保障买家违约，那么银行则相当于做多参考资产的风险，并且为其支付费用。此时银行不得不继续寻找下家，做空该风险。但此时的 CDS 售价一般比市场价要便宜一些。

第二，买家。信用保障买家面临卖家的违约风险。如果发生信用事件需要信用保障卖家进行赔付时，信用保障卖家无法赔付，即卖家违约，则买家不光面临所持债券带来的损失，还将承受固定支付所带来的损失。

第三，流动性风险。由于 CDS 没有集中的交易场所，而是实行 OTC 交易，因此一般来说都要交纳一定的保证金。这便形成了一定的流动性风险。

④信用违约互换与其他金融衍生品的比较。CDS 的非对称性像期权，交易像期货，作用像保险。

购买一个公司的股权，相当于购买了一个以公司资产为标的，以公司负债为敲定价格的看涨期权。而购买一个公司的债券，则相当于同时卖出了一个以公司资产为标的，以公司负债为敲定价格的看跌期权。那么在理论上，如果在购买一个公司的债券的同时，也买入一个以公司资产为标的，以其负债为敲定价的看跌期权，就可以完全对冲公司债券的风险。而实际上，CDS 就相当于这个看跌期权的角色。事实上，很多实际情况中，CDS的价格就是以这个关系为基础的。

CDS是场外OTC交易，并不像期货那样标准化和规范化，并且有集中的中央清算系统及集中交易的报价系统。因此，CDS持有者不能像期货投资者一样，通过卖出一个相同面值和到期日的CDS来达到平仓的目的。举一个例子，如果B公司从A公司以2%的价格购买了一个固定名义本金的CDS，当参照实体的条件恶化时，则CDS利差将升高。此时B公司以5%的价格卖CDS给C公司，期望将3%收入囊中。如果这里将CDS换成期货的话，那么就结束了。B公司可以拿着这3%退场。但是事实并非如此。如果参照实体没有违约，那B公司是可以拿着3%退场，确实套利成功。如果这里参照实体违约，那么B公司并没有可以赔付给C公司的资产，只有依靠A公司赔付给它的资金来赔付C公司。但是如果这时A公司没有办法拿出这么多钱，即A公司违约，那么就会产生多米诺效应。B公司也会违约，而C公司同样会经受相当大的损失。问题在于，此时C公司甚至不知道自己的命运与A公司相关，而仅仅以为自己同B公司做生意。

CDS与保险不同，CDS可以类似地看成是给金融资产的保险。但是两者有一点很大的不同是，CDS合约中不要求CDS的购买者确实地持有该金融资产（信用工具）。这也是2008年金融危机中CDS扮演重要角色的原因之一 。

⑤信用违约互换的数值例子。A持有一张面值100万元5年后到期的公司债，为规避该公司债的信用风险，与B承做一笔5年期的CDS，名义本金100万元。CDS利差为2%，一年结算4次。则根据契约内容，A每年要支付1 000 000 ×2% =20 000（元）给B，分4次结算，即每次付5 000元。若没有发生违约事件，则A将不会得到任何赔付金额；反之，如果公司债发生违约，若采用现金结算，记清偿率为40%，则B就须支付100 ×0.6 =60（万元）给A。

4.4.4 中国的信用风险管理工具

中国有两种信用风险管理工具，一种是信用风险缓释合约（Credit Risk Mitigation Aggrement，CRMA），另外一种所谓的中国创新就是信用风险缓释凭证（Credit Risk Mitigation Warrant，CRMW）。与信用风险缓释合约相比，信用风险缓释凭证需要登记，可以类似于债券一样交易，可以流通，两种都是用来对冲信用风险的，对银行最具实际意义的就是可以降低资本金要求，扩大放债规模。根据2010年10月29日中国银行间市场交易商协会发布的《银行间市场信用风险缓释工具试点业务指引》第十条，创设了一种信用衍生品，即信用风险缓释工具（Credit Risk Mitigation，CRM），信用风险缓释工具是中国银行间市场交易商协会组织广大市场成员，经过深入研究和充分论证，自主创新开发的可交易、一对多、标准化和低杠杆率的产品，被业内认为是中国对世界信用衍生品市场的一个创新。信用风险缓释工具是指信用风险缓释合约、信用风险缓释凭证及其他用于管理信用风险的简单的基础性信用衍生产品，类似于国际上的 CDS。

信用风险缓释合约是指交易双方达成的，约定在未来一定期限内，信用保护买方按照约定的标准和方式向信用保护卖方支付信用保护费用，由信用保护卖方就约定的标的债务向信用保护买方提供信用风险保护的金融合约。信用风险缓释凭证是指由标的实体以外的机构创设的，为凭证持有人就标的债务提供信用风险保护的，可交易流通的有价凭证。

对信用风险缓释凭证（CRMW）的创设机构是需要监管核准的，国外的创设机构不但不需要监管核准，而且多数情况下是未能签署主协议的那些机构，基本上这类交易很少；指引中设计的 CRMW，卖掉它则能马上全部转移风险，能够避免多米诺骨牌效应，能降低像金融危机那样的系统性风险发生。

CRMA 不同于 CDS，CRMA 是针对具体某一个债项的，但国外的 CDS 则是针对主体的，同时杠杆率上也不同。中国银行间信用风险缓释工具交易商，同时也是 CRMW 创设机构，CRMA 是只针对某一主体对某一特定债券违约时创设的，而不同于国外 CDS 是针对某一主体的，其任何一项债务违约都需要赔偿。

信用风险缓释合约是双边产品，不可转让，其内容由买卖双方自行协商确定；信用风险缓释凭证为标准化产品，是指由标的实体以外的第三方创设的、为持有人就公开发行的标的债务提供信用风险保护的有价凭证，并可以在市场中销售、流通、交易。

截至 2011 年 12 月，已经有 17 家机构获准称为交易商，中资商业银行有中国银行、建设银行、交通银行、工商银行、光大银行、民生银行、兴业银行、浦发银行，外资银行有汇丰银行（中国）、德意志银行（中国）、巴黎银行（中国）、花旗银行（中国）、巴克莱银行（上海分行）。

CRMW 实行集中登记、集中托管、集中清算，有利于增强市场透明度，严格控制杠杆率，有效防范市场风险；作为标准化的、可在二级市场上交易流通的有价凭证，CRMW 的推出有利于促进该产品二级市场流动性的提高，也将进一步拓展信用衍生产品市场的深度和广度。

2010 年 11 月 5 日，中债信用增进投资股份有限公司与中国工商银行股份有限公司签署贷款信用风险缓释合约交易确认书，正式达成了以银行贷款为标的的“信用风险缓释合约”交易，共 7 笔，合计名义本金 5 亿元人民币，期限小于等于 1 年。这是中国第一笔贷款信用风险缓释合约。

2010 年 11 月 5 日，中债信用增进投资股份有限公司与光大银行、兴业银行等交易对手达成了首批以银行间市场已发债券为基础资产的“信用风险缓释合约”交易。这既是 2010 年 10 月末交易商协会发布《银行间市场信用风险缓释业务指引》后，中国银行间市场上出现的首批信用风险缓释工具，也是中债公司继可选择信用增进合约（中债 I 号）、贷款信用风险缓释合约（中债 II 号）之后，推出的又一款管理、缓释信用风险的创新产品——债券信用风险缓释合约（中债 III 号）。中国银行间市场交易商协会 2010 年 11 月 19 日称，3 家创设机构正式发布信用风险缓释凭证（CRMW）创设公告，首批 4 只 CRMW 共计名义本金 4.8 亿元。这是中国第一批信用风险缓释凭证。其中：中债信用增进 2010 年第一期 CRMW（凭证代码 021001001），标的实体为中国联通公司，标的债务为 10 联通 MTN2，实际创设名义本金总额 1.3 亿元，凭证创设价格 0.87 元/百元面值，保障期限 1 032 天；中债信用增进 2010 年第二期 CRMW（凭证代码 021001002），标的实体为中国联通公司，标的债务为 10 联通 CP02，实际创设名义本金总额 1 亿元，凭证创设价格 0.3 元/百元面值，保障期限 301 天；交通银行 2010 年第一期 CRMW（凭证代码 021002001），标的实体为 TCL 集团公司，标的债务为 10TCL 集团 CP01，实际创设名义本金总额 5 000 万元，凭证创设价格 0.35 元/百元面值，保障期限 9 个月；民生银行 2010 年第一期 CRMW（凭证代码 021003001），标的实体为云南铜业（集团）有限公司，标的债务为 10 云铜 CP01，实际创设名义本金总额 2 亿元，凭证创设价格 0.23 元/百元面值，凭证到期日为 2011 年 10 月 20 日。

在 CRMW 机制下，中国市场中会出现这样一种类似保单的凭证，如 A 公司发行一单 6 年期中期票据，投资人为一些银行、保险等机构投资者，作为标的实体以外的核心交易商 C 保险公司可以创设一种凭证，卖给多个投资人并在市场中流通转让，有价格的波动，部分投资人甚至只赚取中间差价，这些投资人有的是银行希望降低资本占用缓释风险，有的则是纯粹为了交易获利，假如最后 A 公司在这单中期票据上违约了，则凭证持有人享有向 C 保险公司的赔偿权。国外运用的多数就是这种性质的合约。信用保护提供方如果不想承担这个风险了，则只能通过再找一个交易对手、再签署一个合约，成为在新合约中的信用保护买入方，即通过签署反向合约的方式才能平掉风险敞口。这里的合约是非标准化、不可转让的，一对一的，合约签署了之后权利义务就针对签署合约的双方了。

还是 A 公司发中期票据的案例，D 和 E 是该指引中规定的合格的核心交易商，持有 A 公司债券的 D 银行认为 A 债券风险较高，要求的资本也较高，出于降低资本占用、提高资本充足率的考虑，它会和一个更高信用等级的 E 签署一个合约，E 认为 A 到期不会违约，双方签署合约约定 A 违约时 E 支付给 D 一定的费用，6 年内该合约不变，权利义务约束 D 和 E 双方。假如 6 年中的某一时刻，D 后悔自己的决定了，它可以和 F 再签订一个反向合约，E 亦然，双方可以背对背签订反向合约将权利义务转移出去。

信用风险缓释工具的成功推出，有利于丰富投资者的信用风险管理手段，完善债券市场信用风险分担机制，对增强中国金融市场的竞争力和吸引力，推动中国金融市场的深化和维护金融体系的稳定具有重要的现实意义，标志着中国金融市场特别是金融衍生产品市场步入新的发展阶段。

4.5 本章小结

信用风险的度量和管理已经得到了国内外学术界、金融机构、监管者和投资者的密切关注。任何风险的管理都包括风险的识别、度量和控制三个程序，其中风险的度量是风险管理的核心。本章主要介绍了信用风险度量和管理的传统和现代方法，并介绍了用互换、远期、期权和信用联系票据等信用衍生产品对冲和管理信用的方法，对违约负债债务结构化、证券化产品的结构和类型也进行了简单介绍。关于信用风险的定价也是信用风险管理的重要组成部分，但由于信用风险的定价比较复杂和本书篇幅所限，没有对其进行分析，有兴趣的读者可以参考相关文献。

复习思考题

1. 找到一组上市公司的数据，利用 Z-score 评分和 ZETA 模型对公司的信用状况进行分析，并比较两个模型估计结果有何不同。

2. 比较 Probit 模型和 Logit 模型的异同，并写出两者适合的情形。

3. 思考现代信用度量模型与传统度量模型的异同。

4. 阐述信用衍生产品在信用风险管理中的作用，并分析中国在发展信用衍生产品中的机遇与挑战。

5. 找出目前国内外的信用评级机构，并从不同角度分析信用评级的功能和作用。

6. 利用案例分析方法研究中国目前资产证券化的发展，及其对中国商业银行不良资产管理的作用。

7. 结合本章内容分析 2008 年美国次贷危机的原因及对中国证券市场和金融机构信用风险管理的启示。

8. 如何认识 CDS 的作用与风险？

9. 简单分析信用风险缓释合约、信用风险缓释凭证与 CDS 的异同点。

10. 怎样理解 CDS 像期权而不是期权，像期货而不是期货？

第 5 章

交易行为风险管理

随着社会经济的逐步深入发展，社会财富的日益扩大，个人的财富积累也在不断增加，怎么利用自身积累的财富，使财富日益增值，同时使个人的财富服务于整个社会经济，已经越来越引起人们的高度重视。古罗马有句谚语：人群，整个世界，甚至是墓穴，都会为知道方向的人让路，却会推开那些毫无目标的流浪汉。库佩尔认为投资成功与失败的关键因素是心理素质，他认为所谓潜在资源就是个人的心理素质，它将决定你的自信、自尊、信仰、注意力及心态。本章 5.1 中首先提出 5 个问题，然后给出常见的若干种交易行为及其存在的风险；5.2 中对行为金融理论进行了简单介绍；5.3 中运用行为金融理论分析股票市场与期货市场，指出了重要的共性与区别；5.4 中给出了案例分析。

5.1　交易行为风险概述

5.1.1　问题提出

问题 1 是什么决定你买入股票？

①某分析师推荐了一只股票由 5 元涨到了 20 元，没买，今天该分析师又推荐了一只股票是 6 元，你买吗？如果今天该分析师又推荐了一只股票是 20 元，是否买入？

②某分析师推荐了一只股票 20 元，买了，三个月后跌到了 7 元，今天该分析师又推荐了一只股票是 20 元，你买吗？如果今天该分析师又推荐了一只股票是 2 元，是否买入？

③某分析师推荐了一只股票 20 元，没买，三个月后跌到了 7 元，今天该分析师又推荐了一只股票是 20 元，你买吗？如果今天该分析师又推荐了一只股票是 2 元，是否买入？

问题 2 是什么决定你卖出股票？

①某投资者以 10 元的价格买了 1 万股，现在涨到了 12 元，是否卖出？

②某投资者以10元的价格买了1万股A股票，现在跌到了9元，是否卖出？

③某投资者拿出20万元，都以10元的价格买了2只股票各1万股，现在1只股票涨到了11元，另一只股票跌到了9元，该投资者此时需要9万元，问怎样操作？

问题3 是什么影响你的心理感受？

①价格10元的股票想买没买，涨到了11元。

②买入价格11元的股票，跌到10元卖出了，后来跌到了5元。

③买入价格11元的股票，跌到10元卖出了，后来涨到了11元。

以上三种情况，哪个打击大？

问题4 是什么决定股票的收益和风险？

A股票由30元跌到了10元。

B股票由2元涨到了10元。

C股票三年多了一直在10元左右。

你认为三只股票谁风险最大，谁风险最小？三只股票谁收益最大，谁收益最小？如果让你在A、B和C中选择一只股票买入，你选哪一只呢？

问题5 你设定什么目标？

以下是摘自撒普博士写的《通向金融王国的自由之路》书中的一段对话，这是作者在芝加哥的奥黑尔菲尔德机场一次商务旅行快要结束时与萨姆的10分钟对话：

我能帮你些什么，萨姆？

哦，我就是觉得我的交易结果没上轨道。

什么是“没上轨道”？

我对我的结果不满意。

你今年在市场中的交易目标是什么？

哦，其实我并没有任何目标。

你今年想在市场中实现什么？

（停顿了很长一段时间后）我想用交易所得的利润为我妻子买一辆汽车。

好的，那么你想买一辆什么样的汽车？劳斯莱斯？奔驰？凌志？还是敞篷小载货卡车？你想给你妻子买什么样的车？

哦，就是一种美国车，售价大概是15 000美元。

很好。你想什么时候买这辆车？

9月份，在三个月内。

好的。你的交易账户中有多少钱？

大约10 000美元。

那么说来，你想在三个月内让你的账户获利 150%？

可能，我想是的。

你有没有想过三个月内 150% 的回报率相当于每年几乎 1 000% 的回报率？

没有想过。

为了赚到那么多钱，你最多能够承受你的账户损失多少钱？

我不知道。我真的没有想过这些。

你可以承受损失 5 000 美元吗？

不能，我不可能这么做的。这损失实在是太大了。

那你能承受损失 2 500 美元吗？就是 25%。

不能。还是很多。可能 10% 左右。

那么就是说你想在三个月内从市场中获利 150%，却只愿意在此过程中承受 10% 的风险？

是的。

你有没有听说过有哪种交易方法可以连续地给你 15 比 1 的风险回报率？

没有。

以上 5 个问题说明了什么，值得我们认真思考。这些问题与交易行为是什么关系？存在什么交易风险？对大多数交易者来说是否存在这些问题？为了系统分析这些问题，我们有必要知道什么是交易行为，有哪些交易行为，这些交易行为的风险是怎样的。

5.1.2　什么是交易行为

按照马克思政治经济学的观点，资本是一种可以带来剩余价值的价值。交易原意是指以物易物，现泛指买卖一切商品。交易行为就是指在市场买卖过程中参与主体心理变化。在证券市场上的交易行为主要说明价格波动曲线背后参与各方的心理变化，与“行为交易”对应。行为交易就是指由于市场参与主体心理波动变化表现出的行为决策或动作。

仅了解以上基本概念和定义是远远不够的，众所周知，人们之所以去交易，其目的并不是为了去买卖证券本身，而是为了去买卖证券附加的“能够带来的收益”。我们看到几乎所有参与市场交易的人都是冲着这个“能够带来收益”的目标而来的。

为了进一步了解交易行为，下面简单罗列了部分证券市场上众所周知的谚语：①强者恒强，弱者恒弱；②机会是跌出来的，风险是涨出来的；③就买创新高的股票；④否极泰来；⑤快进快出；⑥长期持有；⑦多看少动；⑧高抛低吸；⑨顺势而为；⑩半仓、三分之一仓、重仓、空仓；⑪不割肉、割肉；⑫股跳三空，气数已尽；⑬量在价先，等等。毫无疑问，这些是影响人们交易行为的重要因素，当然远远不止这些。问题是我们思考过这些问题的逻辑和严重的局限性吗？粗略来看似乎有道理，仔细分析模棱两可，甚至有的还自相矛盾。同样道理，再看看下面列出的众所周知的股市高手悟出的炒股铁律：

（1）坚持只买处于上升通道的股票，坚决不买下降通道的股票，如果股票一直处在上升通道，就应该把握住机会，坚持持有。千万不要脑袋一热就卖掉！

（2）在上升通道的下轨买进股票，然后持有，等到上升通道发生了明显的变化时，就要果断卖出，不要犹豫。

（3）不是上升通道的股票，根本不要看，管它将来怎么样，如果你误买了下降通道中的股票，一定要赶紧卖出，避免损失扩大。如果买的股票目前还没有损失，但已经进入下降轨道，也要赶紧退出观望。

（4）如果股票一直处在下降通道中，就应该始终握住现金，坚持观望，千万不要脑袋一热就抄底！在下降通道的上轨卖出股票，然后耐心等待上升通道的出现，不要指望买到最低点的股票，不要频繁试图抄底。

（5）对于那些局面复杂、自己看不清的股票，千万不要贸然进去，柿子捡软的捏，炒股也是一样。

（6）不要把所有的钱一次性买进同一只股票，不要把所有鸡蛋放在一个篮子里。即便你非常看好它，而且事后证明你是对的，也不要一次性买进，因为市场瞬息万变，谁也不知道明天会发生什么，说不定以后可以买得更低，或者有更好的机会买进呢。

（7）赢钱时加仓，输钱时减码，如果你不想死得早而想赚得多，这是唯一的方法。

（8）不要相信业绩，那只代表过去，不代表将来，炒股是在炒将来，而不是过去。

（9）事实证明，主力资金和持仓变化是判断主力进出的最可靠方法，如果你从盘面上看不出来，可以借助第三方网站。

（10）不要幻想自己能赚钱而老是去做短线，每天进进出出。频繁进出，可能会给你带来快感，但是会让你损失很多的钱，唯一受益的就是证券公司，而且你不会有那么高的水平，你也不是庄家。不要买太多的股票，因为你没有那么多精力看着它们。

（11）股票很便宜了，跌了很多了，不是你买入的理由，永远不是！它还可能更加便宜！

（12）股票很贵了，已经涨了很多了，也不是你拒绝买入或者卖出的理由，它还可能涨得更高！

总结股市高手悟出的炒股铁律，本质上就两条：第一是买上升通道的股票，不持有下降通道的股票；第二是股票很便宜，跌很多了不是你买入的理由，股票很贵，涨很高了也不是你不买入或卖出的理由。对此如果认真思考，能发现什么问题吗？很显然理念上是有道理的，但逻辑上是说不清楚的，比如什么是上升通道、什么是涨很高了，还需要认真思考和研究。

5.1.3　交易行为的分类

交易行为的分类有很多种，按照交易的期限分为短期交易、中期交易和长期交易；按照交易的动机分为保值性交易、套利性交易、投资性交易、投机性交易、赌博性交易、情绪性交易、操纵性交易和关联性交易；按照交易的依据分为基本面交易、技术面交易、被动性交易和内幕交易。其中应用最多的就是按照交易动机分类。事实上，把交易行为按照交易的期限分为短期交易、中期交易和长期交易意义不大，因为对不同品种的交易和不同交易者存在很大差异，比如对期货而言，短期交易就是指当日回转，不过夜，甚至 1 日可以有多次回转，中期交易也很少超过 10 天或半个月，长期交易也不会超过 3 到 4 个月，其中短期交易占大多数。对股票而言，差异更大，有人认为短期交易就是 1 到 5 天，中期交易就是 2 到 5 周，长期交易就是 2 到 5 个月；也有人认为短期交易就是 1 到 3 周，中期交易就是 2 到 5 个月，长期交易就是 1 到 5 年。对债券而言，认识也存在差异。更重要的是交易期限不是影响交易风险的重要因素。下面重点分析按照交易动机的分类和按照交易依据的分类。

(1) 按照交易动机的分类

保值性交易多发生在期货市场，很少发生在股票市场，主要以保值为目的，规避风险，降低成本，减少损失，这种交易的风险较小，在商品期货市场不占主流，在股指期货市场占有一定的地位。

套利性交易主要是指通过套利模型分析，发现相关金融产品的正常关系发生扭曲，并相应地对一种证券做多，并对另一种证券做空。当价格变化使相关金融产品恢复正常关系时，两个头寸必然出现一个盈利一个亏损的情况，而且盈利大于亏损，这种多出来的盈利就是套利，这种交易避免了投资组合收益的大幅波动。简单说，它的基本思想是找到两个相似的现金流，然后对便宜的现金流做多，对价格高的现金流做空。

投资性交易主要以价值投资为主，以获取高于银行存款收益的红利为目标，多为长期投资，追求长期稳定收益，中国的这类投资者占少数。

投机性交易主要是以价差收益获利为目的，发现价格，承担风险，中国的这类交易者占多数。

赌博性交易就是类似于赌博或压宝一样，以赌某公司发布什么信息或国家经济政策使股票发生涨跌来进行交易，这类交易者多数以惨败告终。

情绪性交易主要是以自己的心情、喜好和憎恶来交易，这种交易虽然不是主流，但确实在少数投资者身上时有发生。

操纵性交易主要是指运用信息发布、行为参与或靠资金实力通过交易操纵市场或股票，这是法律所不允许的，是需要监管和打击的。操纵性交易的类型和手法多种多样，比如蛊惑交易操纵，是指行为人进行证券交易时，利用不真实、不准确、不完整或不确定的重大信息，诱导投资者在不了解事实真相的情况下作出投资决定，影响证券交易价格或者交易量，以便通过期待的市场波动，取得经济上的利益的行为；欺骗性交易行为是指经营者采用不正当手段从事市场交易，损害竞争对手的利益及消费者的利益的行为；尾市交易操作，是指行为人在即将收市时，通过拉抬、打压或锁定手段，操作证券收市价格的行为，还有对敲、逼空、轧空等。比如，2011 年 12 月 9 日中国证监会通报了广东中恒信传媒投资有限公司操纵证券市场案等 6 起违法违规案。其中，广东中恒信传媒投资有限公司及其他涉案人员等以 70 个自然人名义在 44 家证券营业部开立 112 个资金账户，使用 148 个证券账户，动用超过 20 亿元资金预先买入他们选定的股票。同时，涉案人员通过广东中恒信传媒投资有限公司，私下联络 10 家证券公司和 8 家证券投资咨询公司的 30 名证券分析师，录制了相关荐股节目。随后，以 4 483 万元购买了 9 家电视台的证券栏目时段，播放上述荐股节目，吸引投资者入市。在节目播出后，将预先买入的股票迅速卖出获利，以“抢帽子”交易方式操纵股票价格。通过上述方式，共交易股票 552 只，累计交易金额约 571.76 亿元，非法获利 4.26 亿元。

关联性交易是指关联方直接转移资源、劳务或义务的行为，而不论是否收取价款。关联交易在市场经济条件下广为存在，但它与市场经济的基本原则却不相吻合。按市场经济原则，一切企业之间的交易都应该在市场竞争的原则下进行，而在关联交易中由于交易双方存在各种各样的关联关系，有利益上的牵扯，交易并不是在完全公开竞争的条件下进行的。关联交易客观上可能给企业带来或好或坏的影响。从有利的方面讲，交易双方因存在关联关系，可以节约大量商业谈判等方面的交易成本，并可运用行政的力量保证商业合同的优先执行，从而提高交易效率。从不利的方面讲，由于关联交易方可以运用行政力量撮合交易的进行，从而有可能使交易的价格、方式等在非竞争的条件下出现不公正情况，形成对股东或部分股东权益的侵犯。正是由于关联交易的普遍存在，以及它对企业经营状况有着重要影响，因此，全面规范关联方及关联交易的信息披露是非常有必要的。

（2）按照交易依据的分类

事实上，大家可以思考一个问题就是在股票市场和期货市场上，参与者是根据什么进行交易的，对于以投资和投机交易来获取收益为目的的交易者来说，交易依据分为基本面交易、技术面交易、被动性交易和内幕交易。

基本面交易是指根据国家的经济政策、宏观形势及上市公司的生产经营和财务指标的分析来决定交易的对象、时机和规模。这类交易者占主体地位。

技术面交易是指根据各类量价关系来进行交易，也就是根据各类技术指标进行交易。它的理论基础是一切信息都反映在量价关系上，而且有滞后和超前的特征，常用的技术指标有趋势理论、价格平均线理论、MACD 指标、KDJ 指标等。依靠技术指标分析来进行交易的在市场上也不是少数。

被动性交易主要是交易者完全不懂基本面分析和技术分析，完全听信于亲属、朋友、专家和媒体的推荐和建议。

内幕交易是指掌握未公开的价格敏感信息的人，利用该信息进行的股票交易，目的是获取收益或减少损失。内幕交易行为是指，知悉证券交易内部信息的人员或非法获取证券交易内部信息的人员在涉及证券的发行、交易或其他对证券交易价格有重大影响的信息未公开前，买入或卖出该证券的行为。内幕交易行为具有如下特征：其一，违法行为主体具有特定性和广泛性。违法行为主体包括禁止证券交易的内幕信息知情人、内幕信息泄露人、非法获取内幕信息人、短线交易行为人、“老鼠仓”行为参与人等。《证券法》第七十四条还对内幕信息知情人作了归纳。其二，违法行为产生于对信息不对称的利用。即利用行为主体的特殊地位，在信息的获得和利用上形成不对称优势。因此，考虑到作为受害者的中小投资者处于弱势地位，故必须在法律制度上予以特殊保护。其三，违法行为具有隐蔽性和多样性，即违法行为主体充分利用证券交易制度中的种种不完善与执法不严，规避法律和反监管以获得非法收益。其四，内幕交易行为往往同虚假陈述行为、操纵市场行为相联系，相互配合，前后连接，互为因果。

根据上述交易行为的分类，不难看出保值性交易和套利性交易风险是不大的；被动性交易、赌博性交易和情绪性交易风险是极大的，是绝对不鼓励的，且坚决反对；操纵性交易和内幕交易是法律和制度所不允许的，是需要坚决打击的；关联性交易是需要加强监管的。本章所讲的内容主要是针对投资性交易者和投机性交易者，部分内容对套利性交易者也是有意义的。

5.2 行为金融理论概述

5.2.1 行为金融的核心理论

众所周知，传统金融理论主要包括有效市场理论（EMH）、证券组合理论（MPT）、资本资产定价理论（CAPM）、套利定价理论（APT）、资本结构理论（MM）、期权定价理论（B-S）。运用传统金融理论对大量的金融之谜还无法进行更好的解释，比如股权溢价之谜、红利之谜、波动率之谜、封闭式基金折价之谜和期权微笑之谜，等等。因此，2002 年诺贝尔经济学奖获得者丹尼尔·卡尼曼（Daniel Kahneman）和阿莫斯·特维尔斯基（Amos Tversky）在 1979 年提出前景理论（Prospect Theory），前景理论描述实际行为，是描述性的；传统金融的期望效用理论描述理性行为，是公理性的。

首先举几个例子，这几个例子可以详细地向人们说明前景理论具体所描述的原理（统计结果在括号中）：

①你刚赢了 30 美元，然后再在选项 A、B 中任选一项：

A. 一半的机会再赢 9 美元，一半的机会输 9 美元（82%）

B. 不再继续（18%）

②你刚输了 30 美元，然后再在选项 A、B 中任选一项：

A. 一半的机会赢 9 美元，一半的机会再输 9 美元（36 %）

B. 不再继续（64%）

这些结果显示先前的盈利情况会制约到其后对风险程度的选择。一般在盈利之后，人们通常显得更敢于尝试一下在一般情况下他们不愿意去冒的风险。然而，如果先前他们已经遭受了损失，则就会显得格外谨慎，测试者们勉强接受风险赌博的态度都显得较为合理。

Thaler 和 Johnson 对这个实验进行了更深入的研究。

A. 你输了 9 美元

B. 你先赢了 30 美元之后再输了 9 美元

哪种情况下你觉得受的打击更重一些？

选择 A 选项的占 84%，选择 B 选项的占 10%，还有 6% 的人认为两个选项没有分别。

A. 你输了 9 美元

B. 你在输了 30 美元之后再输了 9 美元

哪种情况下你觉得受的打击更重一些？

选择 A 选项的占 22%，选择 B 选项的占 75%，还有 3% 的人认为两个选项没有分别。

前景理论将决策过程分成编辑（editing）和评价（evaluation）两个阶段。编辑阶段是对所给定的各种可能性进行事前分析，从而得出简化的重新表述，人们通常是以获利或损失来感受结果，而不是财富的最终状态，获利或损失总是与一定的参照物相比较，称为参考点（reference point），参考点可以理解为进行比较的个人视点。

在期望效用理论中，决策者关心的是财富本身的最终值；在前景理论中，决策者关心的是财富相对于某一参考值的变化。

在期望效用理论中，效用函数通常是处处平滑的凹函数，在前景理论中，期望的价值函数除了根据财富变化以外，这一函数是 S 型的，对收益而言它是凹的，对损失而言它是凸的，对两个方向的变化呈现敏感性递减趋势，而且，它在原点上发生弯曲。人们将资金放入不同的心理账户（mental accounting）。投资者资本金心理账户的损失和红利心理账户的损失不同。人们对待不同的心理账户的风险的态度也是不一样的。投资者通常对于放入保值心理账户的资金具有较强的风险厌恶特点，而对于放入升值心理账户的资金具有较弱的风险厌恶特点，有时候甚至主动寻求风险。与传统的期望效用理论描述的不同，他们发现人们对同等程度的收益和损失的态度是不一样的，预期损失带来的苦恼要强于同样大小预期收益带来的喜悦。有些经济学家得出 1 美元损失带来的痛苦 2 倍于 1 美元收益带来的喜悦。

5.2.2 行为金融的基石

行为金融的一个核心理论是前景理论。行为金融的两个理论基石是有限套利（limit to arbitrage）和有限理性（bounded rationality）。

首先，有限套利是指错误定价的证券没有替代品，这时套利者面临基本风险。这种情况下套利行为被限制的充分条件是：①套利者是风险厌恶型的；②风险是系统风险，无法分散。其次，有限套利是指即使存在一个完美的替代品，套利行为仍然会被限制。替代证券使得套利者免于遭受基本风险和模型风险，两种有相同未来现金流的证券，现在却有不同的定价，则一定存在某种证券的错误定价。

有限理性的概念最初是阿罗提出的，他认为有限理性就是人的行为“即是有意识地理性的，但这种理性又是有限的”。一是环境是复杂的，在非个人交换形式中，人们面临的是一个复杂的、不确定的世界，而且交易越多，不确定性就越大，信息也就越不完全；二是人对环境的计算能力和认识能力是有限的，人不可能无所不知；此外，在很大程度上，由于受到情境的影响，理性在这里根本就未发挥作用。

20世纪40年代，西蒙详尽而深刻地指出了新古典经济学理论的不现实之处，分析了它的两个致命弱点：①假定目前状况与未来变化具有必然的一致性；②假定全部可供选择的“备选方案”和“策略”的可能结果都是已知的。而事实上这些都是不可能的。西蒙的分析结论使整个新古典经济学理论和管理学理论失去了存在的基础。西蒙指出传统经济理论假定了一种“经济人”。他们具有“经济”特征，具备所处环境的知识，即使不是绝对完备，至少也相当丰富和透彻；他们还具有一个很有条理的、稳定的偏好体系，并拥有很强的计算能力，以此能计算出在他们的备选行动方案中，哪个可以达到尺寸上的最高点。西蒙认为人们在决定过程中寻找的并非是“最大”或“最优”的标准，而只是“满意”的标准。有限理性，一般来说，投资者的非理性行为主要有两大类：①非财富最大化行为。传统金融理论认为投资者最大化其投资组合的预期价值，而行为金融学者认为，事实上，投资者往往最大化他们认为比财富更重要的东西。②启发式偏见（heuristic biases）和定式心理误会（systematic mental mistakes）。启发式偏见导致投资者形成定式心理误会而不正确地处理信息。

5.2.3 三类行为现象

经济学家Hirshleifer（2001）将丹尼尔·卡尼曼（Daniel Kahneman）和阿莫斯·特维尔斯基（Amos Tversky）在20世纪70年代开始的各种各样的心理偏误的研究（Tversky 和 Kahneman，1971，1973，1974，1981，1982，1983，1986；Plous，1993）分为三类：经验法则简化（heuristic simplification）、自我欺骗（self-deception）和以情感为基础的判断（emotion-based judgments）。

经验法则简化是指人们由于时间、记忆力以及注意力等都是有限的，所以在作决定时经常采用一些简单的经验法则（heuristics 或 general rules of thumb），根据这些经验法则，很快就作出决定。这种对决策过程的必要的简化，可称之为经验法则简化。在大多数情况下，运用经验法则会导致系统性的偏误。

自我欺骗是指人们倾向于认为自己比他们实际的状况更好、更聪明、更有判断力和预见性等。

以情感为基础的判断是指决策会受感情的影响，而感情力量有时会压倒理智。比如心情效应（mood effects）和归因错误（misattribution errors），Saunders（1993）发现纽约市的天气对华尔街的股票行情会有影响；Hirshleifer 和 Shumway（2003）研究了分布在各国的26个股票交易所从1982～1997年的行情和早晨阳光的关系，发现阳光和日收益率高度相关。

根据三类行为现象，行为经济学家做了很多实验，其中著名的有：

实验一：处置效应

处置效应是指投资者在获得股票时对股价有一个自我设定的参考价格，该类投资者比较愿意卖出那些具有账面获益（即市价超过参考价格）的股票，而倾向于继续持有那些具有账面损失的股票。

问题 1：投资中经常会遇到这样的情况，一个月前您以 20 元的价格买了某只股票。现在一个您信任的股评家告诉您，大盘要下跌。哪种情况下您卖出该股的可能性较大？

A. 现在的价格是 19 元/股，即每股您亏 1 元

B. 现在的价格是 21 元/股，即每股您赚 1 元

结果：80% 的人选择了 B，20% 的人选择了 A。

实验二：风险喜好

风险喜好是指人们在确定性损失和冒着更大损失风险时期望出现不损失的可能，是一种侥幸心理。

问题 2：请您先想象自己在类似情况下的决策。最近两天因为有急事用钱，需要卖出股票。只能在今天或者明天卖，请您选择：

A. 今天卖，损失 750 元

B. 明天卖，75% 的可能损失 1 000 元，25% 的可能不损失

结果：60% 的人选择了 B，40% 的人选择了 A。

实验三：呈示方式

呈示方式是从个体的概率思维来说的，一些学者在实验的基础上认为多数人的思维不符合贝叶斯过程中的延展性原则，即相同外延的事物未必能够被认为具有相同概率，同一事物的不同描述能够使人产生概率判断上的系统偏差。Kehneman 和 Tversky（1979，1982）指出，实验者面对不同方式描述的同一问题的反应是不一样的，并将这种现象称为框架效应（framing effect），又称呈示方式。

问题 3：两只股票，请选择：

A. 买第一只，肯定能赚 240 元

B. 买第二只，25% 的可能赚 1 000 元；75% 的可能什么也不赚

结果：在问题 3 中，69% 的人选择了 A，31% 的人选择了 B。

问题 4：您账户上的钱只够做下面的投资中的一种，请选择：

A. 买债券，肯定能赚 240 元

B. 买某只股票，25% 的可能赚 1 000 元；75% 的可能什么也不赚

结果：在问题 4 中，43% 的人选择了 A，57% 的人选择了 B。

实验四：模糊厌恶

人们厌恶主观或模糊不确定性，甚于厌恶客观不确定性，这一发现称为“模

糊厌恶”（ambiguity aversion）。而且人们厌恶模糊性的程度和他们对不确定性的主观概率估计能力呈负相关关系。Ellsberg（1961）的著名实验指出如果人们曾经有过决策失误的经历，他们将更加厌恶模糊性。

问题5：你有两只股票。每只股票基本一样，如果上涨您就能盈利5 000元，如果下跌则损失5 000元。它们唯一的不同在于上涨和下跌的可能性。第一只股票有50%的可能上涨，也有50%的可能下跌。第二只股票上涨或者下跌可能性的大小是未知的。同时，排除价格不涨不跌的情况。现在，任一只股票你都可以买或卖，你认为哪一只更好？

A. 第一只

B. 第二只

结果：63%的人选择了A，37%的人选择了B。

实验五：损失厌恶

趋利避害是人类行为的主要动机之一。在经济活动中，首先考虑如何避免损失，其次才是获取收益，这就是所谓的损失厌恶（loss aversion）。损失厌恶表明，人们在决策过程中，其内心对利害的权衡是不均衡的，赋予“避害”因素的考虑权重远大于“趋利”因素的权重。

问题6：请选择：

A. 有80%的概率失去4 000元

B. 有100%的概率失去3 000元

问题7：请选择：

A. 有25%的概率失去3 000元

B. 有20%的概率失去4 000元

结果：对问题6大多数人（79.58%）选择了A，对问题7大多数人（71.83%）选择了B。

实验六：确定性效应

确定性效应是指明显违反预期效用理论，对确定性事件的偏好高于确定性等价的非确定性事件，而非相等。

问题8：请选择：

A. 33%的可能性得到2 500元；66%的可能性得到2 400元；1%的可能性得到0元

B. 100%能得到2 400元

问题9：请选择：

A. 33%的可能性得到2 500元，67%的可能性得到0元

B. 34%的可能性得到2 400元，66%的可能性得到0元

结果：对于问题8，两轮测试中分别有89.15%、72%的人选择B；而对于问题9，绝大多数人（86.56%、56%）选择A。

实验七：心理账户

心理账户的研究起源于Kahneman和Tversky（1979）提出的前景理论，由Thaler（1985，1999）正式提出并加以总结。传统观点认为完全理性的人在考虑一个决策问题时会全面考虑各种结果，并综合计算各方面得失带来的效用。心理账户则认为人们实际上会将问题分解成一些相对习惯和简单且分别独立的科目，其感受的效用分别来自于这些科目的损益。Shefrin和Statman（1994）认为散户会将自己的投资组合分成两部分，一部分是低风险的安全投资，另一部分是风险性较高但收益也可能较高的投资。

问题10：以下选项，你认为哪一个更好？

A. 一只股票，赚75元

B. 两只股票，一只赚50元，一只赚25元

问题11：以下选项，你认为哪一个更好？

A. 一只股票，亏150元

B. 两只股票，一只亏100元，一只亏50元

结果：在问题10中，认为A好的占44%，认为B好的占40%，认为都一样的占16%。在问题11中，认为A好的占37%，认为B好的占35%，认为都一样的占28%。

实验八：锚定效应

锚定效应（anchoring effect），也有人翻译成粘固效应，是行为经济学范畴术语，指人们趋向于把对将来的估计和过去已有的估计相联系。锚定：心理学相关定义，指与某一主题不相关的信息对该人的信念及判断产生影响，即心理污染的一个范畴。例如：人们在对某一事物进行估算（估计）时，常会由于外界原因锚定一个参考起点，并在此基础上随意地开始移动，直到找到他们想要的答案为止。锚定效应说明当事人过于依赖旧信息，对新信息反应不足，以致确定一个特定的初始值进行估计和调整，并将其作为决策的依据。这种调整通常是不充分的，不同的初始点会产生不同的估计，这就易于偏离其初始价值。不同的决策者依据各自的“初始点”作出不同的“锚定”。比如，主持人问：“A企业2012年的净利润是多少？是不是9 000万元？”这个提问会直接影响到回答的结果，最后的答案平均是5 900万元。如果主持人问：“A企业2012年的净利润是多少？是不是1 000万元？”回答的数字会略低一些，平均下来是3 900万元左右。

5.3 有效市场理论与行为心理

5.3.1 有效市场理论

法玛（Fama）于1970年在金融杂志上撰文认为，“有效市场是一个充分反映所有可获信息的市场”。他根据不同种类的可获得的信息集合，定义了三类有效市场假设（Efficient Market Hypothesis，EMH）。第一，弱式有效市场，假设当前的市场价格充分反映了市场本身所有信息，其信息包括历史的价格、交易量等；第二，半强式有效市场，假设市场价格调节对所有新的公开的信息作出迅速的反应，其信息集合除包含有关市场本身信息外，还包括公开的非市场信息；第三，强式有效市场，认为市场价格充分反映所有信息（不管是公开的还是秘密的），即是说没有任何一组投资者能垄断影响价格的信息。法玛的有效市场理论并不是说市场是有效还是无效，而是把市场有效程度分为三类。

事实上，应该进一步研究是否能够找到一个参数 α（$0\leqslant\alpha\leqslant1$）表示市场有效程度，当 $\alpha=1$ 时表示市场绝对有效，当 $\alpha=0$ 时表示市场绝对无效，而绝对有效和绝对无效的市场都是不存在的，所有市场有效程度一定在0和1之间的某个位置。1976年和1980年桑福德·格罗斯曼（Sanford Grossman）和约瑟夫·斯蒂格利茨（Joseph Stiglitz）合作发表的《信息与竞争性价格体系》和《论信息有效市场的不可能性》作为微观信息经济学经典引起了广泛的关注。其中影响最大的是著名的格罗斯曼—斯蒂格利茨（G-S）悖论。该悖论认为，如果市场价格已经反映了所有有关的市场信息，那么经济活动就没有必要去收集市场信息；但是如果所有经济活动者都不去收集市场信息，那么市场价格怎么可能反映所有有关的市场信息呢。

现实中这个悖论是不难解释的，只要用动态的、变化的，而不是静止的观点看问题，就不难发现市场有效程度是变化的。当市场有效程度高时，市场价格已经反映了所有有关的市场信息，那么就没有人去收集市场信息，这样市场价格就变得越来越不可能反映所有有关的市场信息，市场有效程度就开始变低；当市场有效程度低时，市场价格就反映不了所有有关的市场信息，那么人们就开始去收集市场信息，这样市场价格就变得越来越全面地反映所有有关的市场信息，市场有效程度就开始变高，这样周而复始地变化。只是变化周期是不确定的，需要以后深入研究。

正是这种周而复始的变化，才使人们不断努力研究各种各样的投资原则，正是这种周而复始的变化，人们才说市场并非随机的，因为随机意即时间过程中没有方向性定势，正是因为没有绝对有效和绝对无效的市场，市场有效程度也不总是高的，参与者才有动力研究投资原则。

任何研究过简单技术图形的投资者都可以轻而易举地辨别出多数市场是处于上升还是下降方向。这种确定时间范围内的定势就是指趋势。趋势实际上是市场心理作用的结果，这是基本观点之一。传统的趋势定义为：市场的高点和低点渐次上升。这里有很强的心理基础。当市场创出新高，在特定时间内，回撤下探没有创出新低之后，投资大众在情绪和理智上都很积极。这时候，多头就愿意在更高的价格买进，而空头则希望在更高的价格抛空。当然，市场在下跌趋势中情况正好相反。无论市场是处于上升趋势还是下跌趋势，或者是类似的情况，都无关紧要，获利机会是均等的。优秀的投资者都有一套方法或者是综合方法和技术进行持续交易。在金融市场，每位投资者都有一套独特的投资之“道”，我们称之为交易原则。交易原则无非是试图在喧闹的市场中，寻求规律性的东西，理解这一点非常重要。交易原则可以让投资者控制人的情绪和心理状态，否则后者会影响到前者。一个系统就是通过科学的方法，将不断变化、活力四射的市场现象进行归纳整理。

5.3.2 赌徒谬论倾向

著名经济学家、国务院发展研究中心研究员吴敬琏在2001年初，接受中央电视台《经济半小时》采访时说，中国股市的股价畸形的高，因此相当一部分股票没有了投资价值。另外从深层次看，股市上盛行的违规、违法活动使投资者得不到回报，股市成了一个投机的天堂。就像外国人说的：中国的股市很像一个赌场，而且很不规范。赌场里面也有规矩，比如你不能看别人的牌。而股市里，有些人可以看别人的牌，可以作弊，可以搞诈骗。坐庄、炒作、操纵股价可以说达到了登峰造极的程度。现在中国市场上操纵股价的一类是中介机构；一类是上市公司的某些知情人，即有内幕消息的人；还有一类就是资金的供给者，可以是银行，也可以是其他的资金供给者。他们共同密谋以后就低价吸纳。炒作的办法大概有两种：一种是关联机构互相炒作、互相买卖，买卖非常频繁，把价格炒上去。另外一种就是由有关的上市公司放出利好消息，然后把股价拉升上去。当他们发现有中小投资者或局外的大投资人跟进的时候，就偷偷地跑掉，把后来跟进的人套住，这时股价就不断地往下跌。

不要把股市变成寻租场。由于管理层把股票市场定位于为国有企业融资服务和向国有企业倾斜的融资工具，使获得上市特权的公司得以靠高溢价发行从流通股持有者手中圈钱，从而使股市变成了一个巨大的“寻租场”。因此，必须否定“股市为国企融资服务”的方针和“政府托市、企业圈钱”的做法。也有多位人士表示，吴敬琏是“中国经济学界的良心”，吴敬琏自始至终没有否定股票市场和证券市场对中国经济的作用，他只是敢于指出了当时股市存在的问题。

赌徒谬论倾向指的是这样一种信念，如果一个随机序列形成了一个走势，对这里来说就是市场，这个走势在任何时刻都可能改变。因此，在大盘连续 3 天上涨之后，就预期会有下降的一天。甚至是那些受到广泛敬重的市场研究者们也有这样的倾向。当你知道了成功的含义之后，就像专业赌徒们所知的，你就会在一个有赢倾向的赌局中下更多的赌注，而在一个有输倾向的赌局中少下一些赌注。然而，一般的人恰恰做的是相反的事，在连续输了几局之后下更大的赌注，而在连续赢了几局之后却下很小的赌注。

究竟为什么这些参与者们倾向于在不利的情况下压更多的赌注，而在有利的运行情况下压更少的赌注？这是因为参与者们固有的错误的小概率事件影响心理判断，并且有一种赌的念头，而不是客观判断，因此这种行为导致巨额亏损的概率很高。

赌徒谬论倾向会影响大多数人的交易、调整头寸大小的心理。他们完全忽视了那些随机因素，他们寻找确定的事实，并且进行系统交易时就好像他们有这样的系统，不给自己足够的保护，甚至都不把头寸调整看作是交易的重要组成部分。

毫无疑问，股票市场参与者必须考虑经济政策、经济环境状况与上市公司的未来发展前景，而赌场只需要考虑概率与运气，这是不同点。这里要说的是无论股票市场还是赌场，人的心理行为都是十分重要的，都是影响盈亏的重要因素，因为无论证券市场还是赌场，参与者都处于劣势。比如附录中的附表 1 列出了赌场中压大小和幸运轮的赌博出现的事件符号及事件内容，附表 2 列出了事件的频率、赔率及赌场优势，很显然，压大小赌博中的事件 A28 和 A29 的赌场优势最小，都是 0.0278，赌场优势最大的是事件 A3 和 A14，都是 0.4722；幸运轮赌博中的事件 B1、B2 和 B3 的赌场优势最小，是 0.0769，赌场优势最大的是事件 B5，是 0.1923。

虽然股票市场与赌场有本质不同，但是参与者遵循的基本原则有极大的相似之处：① 都要有计划和有合理目标，比如准备赢多少休息，输多少退出。②都要重视资金管理，不能孤注一掷。比如你拿 10 万元一次性买入某股票，一旦买入这股票后，连续下跌又不肯停损是非常糟糕的事情，弥补的办法只有停损，同样如果 10 万元一次性压在某事件上，一旦输了，挽回损失的机会都没有，只好认赔出局，这是非常重要的，特别是一般不赌像 A1 、A2、A3、A4、A19、A20、A21、A22 和 A23 这样的事件，因为连续 10 次不出现的概率也是相当高的。③都要在参与人多的情况下考虑进场，对股票市场而言就是流动性要好，对赌场而言就是参与人要多，有人气，不是一边倒。④都要学会休息和研究与观察。比如股票市场也不能每天都进进出出的，不清楚或环境明显不利的情况下就休息。赌场也一样，不要每次都压，要有更多的观察时间，比如你观察压大小的事件 A28 和 A29 出现的次数，如果事件 A28 或 A29 连续 8 次没有出现，那么你可以拿出 10 万元的万分之 1 到万分之 5 去赌第 9 次，如果输了再加倍赌第 10 次，因为第 10 次再不出现的概率是 0.0013（见附录中的附表 3），虽然不能保证一定赢，但只要设好停损位，亏损的概率是很小的。⑤都要设停损点。

以上这些仅仅说明心理素质的重要性，因为万事万物都有相通之处。

5.3.3　股票市场与期货市场

股票市场与期货市场都是投机家的乐园，市场也确实需要大量的投机者矫正市场的不合理价格，当然也经常出现矫枉过正的情况。股票市场与期货市场也有很大差别，虽然都是投机者占主体，但股票市场还有一部分投资者，期货市场有一部分保值者，这里要强调的是两个市场都需要参与者有良好的心理素质。本章开篇就提到了心理素质决定参与者的成功与失败，只不过期货市场对这种心理素质要求更高。

接下来先介绍期货交易者经常遇到的几个期货术语：①空开是指空头主动开仓；②多开是指多头主动开仓；③空平是指空头主动平仓；④多平是指多头主动平仓；⑤双开是指新多头跟新空头开仓，持仓量增加；⑥双平是指老多头跟老空头平仓，持仓量减少；⑦空换是指空头换手，就是老空头买进平仓，新空头卖出开仓，持仓量不变；⑧多换是指多头换手，就是老多头卖出平仓，新多头买进开仓，持仓量不变。对这些情况的了解和掌握对超短线投机者有一定的参考意义。

众所周知，停损是一种交易风险管理最基本和最简单的手段，但是稳健更是一种风险控制的前提，这是对交易风险管理理念的一种升华，是对停损方法的一种深刻认识及实践。停损是在做错了方向的时候才运用的保护性手段。也就是说，停损的前提至少有一个必要条件——方向做错了。那么，投资者确定方向的依据是什么？如果是短线操作，要依据高抛低吸的原则；如果是趋势交易，要依据顺势而为的原则；如果是波段交易，要依据压力位做空，支撑位做多的原则。依据的反面就是停损。而一个账户的资金是有限的，如果频繁停损，结果就是亏钱。换句话说，停损是一个必不可少的防守措施，但它的前提是交易计划具备正确的依据。如果不对市场进行认真研究，交易缺乏依据，而胡乱地设定停损盲目交易，其结果只能是在胡乱的停损中一败涂地。在期货分析方法上，长期存在着基本面分析与技术面分析孰优孰劣的问题。

技术派与基本面派并没有绝对的优劣之分，关键是在这两个派别中，自己能占到何种优势。显然，作为普通投资者，相比拥有强大现货背景的国企交易团队和机构投资者来说，基本面分析是不具备优势的。个人投资者得到的基本面信息往往是过时的，甚至是失真的，并且是公共的，这些都决定了基本面分析对于民间投资者难以提供太有效的帮助。而技术分析则避免了这种“信息不对称”，在行情图表面前，每个交易者都是平等的，只要善于总结，足够勤奋，民间投资者可以通过技术分析找到一条投资成功的路子。从最基本的投资理论看，这种只用技术方法炒股并非纯属无稽之谈。在经典的经济学案例中，价格总是所有市场信息的反映，当股价进入上升通道时，公司的基本面可能也在发生相应的变化，只不过只有部分资金了解而已。

要想成为一名优秀的交易者，需要一条清晰的交易思路，创造一个完善的交易架构，这其中包括：第一，确定自己的交易风格。日内短线、短线、波段交易或趋势交易，有的交易员可以几种风格并存，有的则只能专注于一种风格，这因人而异。要根据自己的情况选定自己的投资风格。第二，为自己的交易原则选择交易指标。技术指标当然也包括基本面指标，要根据自己的交易风格选择指标，譬如日内短线交易就不需要用基本面指标，指标的选定是入场出场的依据。第三，当具备了前两个条件后，制定一个资金管理计划。现在的资金有多大？适合做哪些品种？每次建仓用大概多少资金？个人最大能承受的亏损是多少？资金能承受几次这样的最大亏损？这一点是极其重要的，如果有一个完整的资金管理计划，就不会在市场发生与头寸反方向运行的情况时手忙脚乱。第四，每天写交易日记，把自己一天的交易记下来：开仓的时候是怎么思考的？依据是什么？明天市场会出现哪几种情况，分别把对策写下来。不交易的理由是什么？这对于交易是有很大帮助的。第五，假如以上几点都具备了，最后一点就是坚持，这虽然是最后的条件，却也是必备的条件，做不到这一点，以上几点就像是建立在沙堆上的大厦，终有一天会轰然倒塌。事实上，具备了这些并坚持这样做，就有可能成为成功的和独立思考的交易者。

撒普博士在《通向金融王国的自由之路》一书中也指出，如果你想成为一个真正成功的交易商或投资者的话，你应该依据以下这些因素进行交易或投资：

（1）可靠性，就是盈利的概率。比如说，如果你进行了 10 种股票交易并且有 6 种股票挣了钱，那么你的可靠性是 60%。它等于你所盈利的交易次数除以总的交易次数。有些时候，可靠性也被称作命中率。基本上可以说，它是你在交易中达到正确的实践百分比。

（2）利润和亏损的相对大小。当以可能的最小水平交易时，比如说，1 股股票或者 1 张期货合约。例如，假如你交易失败，每股亏损了 1 美元，但在成功的交易中每股赚取了 1 美元，那么你的利润和亏损的相对大小是一样的。然而，如果你成功交易的利润是每股 10 美元而失败交易的每股亏损只有 1 美元的话，相对大小就会大不相同，现在是10 比 1。通过对比成功和失败交易的平均大小，你就可以对利润和亏损的相对大小有一个比较好的了解。这可以帮你大概理解相对大小的含义。然而，你可能有一个巨大的利润头寸和很多很小的亏损头寸，因此这并不是一种精确的测度。

更精确的测度是考虑把收益作为在交易时所承受的初始风险的一个乘数。因此，你的收益可能是一个 R 乘数的完整系列。举个例子，比如你在一次交易中只愿意承受 500 美元的风险，就是说如果你有了 500 美元的亏损后就会立即离开，以使损失不再变大，那么你的基本风险就是 500 美元。因此，1 000 美元的收益就是一个 2R 乘数，而 5 000 美元的收益就是一个 10R 乘数。如果由于一些意外，你亏损了 1 000 美元，那么你就有 2R 的亏损。

（3）投资或交易的成本。由于执行成本和佣金等，无论你什么时候进行交易，对你的账户大小来说都是一种破坏性的压力。人们一般在计算平均收益或平均亏损时就已把这些成本包括进去了。然而，留心一下这些成本对你来说有多大也是比较明智的。

（4）出现交易机会的频率。现在假设前三个因素是固定的，那么它们的组合效应取决于你进行交易的频率。比如说，前三个因素的组合效应是每 1 美元所冒的风险能使你获利 20 美分，就是说如果你进行 100 次交易，每次都冒 100 美元的风险，最后将总共得到 2 000 美元的利润。但是，现在设想如果进行 100 次交易需要一天的时间，而你每天可以挣得 2 000 美元，把这个与一个每年只进行 100 次交易、每年的交易只能挣得 2 000 美元的系统相比较可知，机会因素会引起很大的差别。

（5）交易或投资资本的规模。前四个因素对你的账户所产生的效应在很大程度上取决于你账户的规模。例如，即使是交易成本也会对一个 1 000 美元的账户产生很大的影响，如果交易成本是 100 美元，那么在你获得利润前，每次交易都要承受 10% 的打击。因为为了覆盖这些交易成本，每次交易的平均利润必须超过 10%。然而，如果你有一个 100 万美元的账户，那么同样的 100 美元的交易成本的冲击对你来说就微不足道了。

（6）头寸调整模型。或者说你一次交易多少单位（比如 1 股股票相对于 1 万股股票）。很显然，你每股的盈利或者亏损的金额就要乘上交易的股票数。

著名金融家巴鲁克经常在当时华尔街几乎所有人物都光顾的华尔道夫酒店观察人性，研究人性。巴鲁克认为，一个优秀的投资者应该在“用钱做成任何事之前就能清楚他会做成什么”。这句话反过来也就是巴菲特说过的，风险来自于不知道自己在做什么。比如，许多人总会卖出已经获利的股票，因为好股票通常跌幅最小，或者已经产生利润，那么抛出在心理上就容易接受，而手握一只坏股票，有可能已经遭受重大损失，于是心里想着守住股票好让已造成的损失弥补回来，这也是林奇所说的“铲除鲜花，浇灌杂草”。巴鲁克认为，正确的做法应该是，卖出坏股票，继续持有好股票。股票价格高是因为它是好股票，而价格低则是因为它的价值令人怀疑。巴鲁克的投资方法更加灵活多变，他提倡坚决停损。他说投资者如果有停损的意识，即使每十次只做对三四次的话，也会成为富翁。巴鲁克将他的思考浓缩成投资的十大原则：①不要投机，除非你可以把投机当作一份全职的工作；②谨防理发师、美容师、出租车司机，也就是任何人带来的内部消息或特别消息；③买入某一证券前，必须弄清与这只证券相关的公司、公司管理、竞争对手情况、公司盈利状况及未来前景；④不要企图在底部买入，在顶部卖出，谁也不可能做到这一点，除了骗子；⑤学会如何迅速地接受损失，干净利落地处理损失，不要指望能够做到一贯正确；⑥不要买入太多不同的证券，最好仅持有几只可以持续关注的证券；⑦定期评估所有投资，看看不断变化的情况是否已经改变这些投资的前景；⑧研究自己纳税的情况，了解何时卖出可以获得最大的税收优势；⑨始终以现金储备的形式保留一部分适量资本，永远不能将所有资金全投资出去；⑩不要试图做万事通，什么投资都想做，应坚守自己最熟悉的领域。

总之，心理素质在期货市场中扮演着极为重要的角色，既可以让你稳操胜券，也可以使你一败涂地。期货市场上高手之间的较量不是技术水平的较量，而是投资哲学的较量，心态和境界的较量。接下来给出交易系统中包含的基本交易原则。

5.3.4 交易原则

成功的交易原则由大量独立的因素组成，它们相互构成一个整体。这些因素各自独立，但又相互影响。这些因素主要包括：①趋势确认；②入市和出局；③资金管理。

在详细探讨交易原则之前，必须反复强调重点不是深入研究交易市场的技术分析，而是如何将学到的心理技巧运用到交易原则中去。很显然，决定系统或者某种分析方法成败的是投资者的心理活动。如果市场确如某些学院派理论所想象的，是一套有效的机制，那么市场价格就会一步到位，然而，正如前面所述由于周而复始的变化，价格一步到位，不发生改变是不可能的。

(1) 趋势确认

趋势确认的主要方法有：①简单的阶段线；②移动平均线；③通道突破。

简单的阶段线通常是这样绘制的：连接两个低点，形成一条上升趋势线，或者是连接两个高点，形成一条下降趋势线。区别趋势的另外一些切实可行的方法，不是用低点，而是利用收盘价或者是日波动范围均价，通过这些点位来帮助判定市场趋势。

移动平均线是最古老而又为人们所熟知的绘制趋势线的方法。计算移动平均数最简单的方法是，用一系列市场收盘价之和除以这些计算天数的总和，所得结果就是移动平均数。其结果是一系列平滑数字，这是判断趋势的有效方法。在计算移动平均数方面可能有许多差别，例如整个系列中天数的不同，或者是以每日波动价格的均价为基准，或者是以最高点和最低点为基准，甚至是把近期市场价值的变化同早期相比，等等。当收盘价（或者是其他选择的基准）高于（或者是低于）平均线时，往往是预示着一种方向，这是利用移动平均线判别趋势最为便捷之处。

通道突破可以独立或者连同其他方法来使用。定义通道为在数天或者数周内，市场价格在某些高点或者低点范围内运行（或者高点和低点的平均范围内）。当价格突破市场一段时间盘整的区间，那么预示着新趋势的形成。

需要指出的一点是，由于每个投资者个人偏好和心理存在的差异，从而限制了他们对上述鉴别方法的有效使用，不过，反之亦然。

（2）入市和出局

市场趋势一经确立，投资者必须决定如何选择最佳入市点，最常见的方法便是利用快速移动平均线。快速移动平均线是由一系列相对较短的天数或者周数构成。因为它是对市场运动的快速反应，我们称之为“快速”。当价格跃上快速移动平均线，且已经确立一种趋势时，就积极入市，这是该平均线简易的用法。市场之道是，当价格位于快速移动平均线之上时做多，而当价格跌穿此线时便平仓出局。

投资中常常会用到市场的高点和低点。当市场趋势确立之后，市场创出新高或者新低可以视为市场沿着趋势运行。有些投资者喜欢等待市场回撤到趋势变化的区域，或者是接近移动平均线，或者是接近阶段线。投资者对回撤的理解和在实践中去应用不能一概而论。

（3）资金管理

恰当的资金管理技术是一套成功体系中最为复杂的因素。此外，因为期货市场交易带有高度杠杆效应，所以，毫无疑问，资金管理是最为关键的。假如一个体系中没有资金管理，即使90%正确，也可能亏光全部资金。轻视资金管理，这是阻碍投资者走向成功最常见的情绪和心理障碍。所有优秀投资者都有资金管理意识，并且坚持不懈，行之有效。

期货市场可以提供巨大的盈利机会，源自其杠杆效应，同时也是因为这种杠杆效应使得成功步履维艰。投资者中认识到这一点的人不多，采取一些保护自己、防避风险的方法，这样的人就更少了。有许多警言哲句，比如：及时停损及放足盈利、不要让到手的肥鱼再溜掉、不要孤注一掷等皆与资金管理概念有关。

如果能树立这样一种理念：接受小亏损，获取大的盈利，即使10次交易中只有3次是正确的，我们仍可盈利。如果按照这种思路去做，10次交易中连续8次是亏损的，资金损失相对来说还是较小。理解构成交易体系的必要因素，可以提供一个寻觅市场机会的框架，这样就可以充分发挥所学的心理技巧，以及其他个性品质。成功的交易原则制胜的原因十分简单，就是在交易的时候，接受小亏损，赢得大利润，这正是交易之道。

简单的上升趋势线显示了一个上升趋势含义，高点和低点渐次升高。连接两个低点并向上延伸，等待未来价格的运行。事实证明，趋势线简单易行，在实践操作中成功概率相当高。

趋势线是否具有自我实现的预言性，是否真的是某种趋势的线性表现，这些都并不重要。如何才能从不断重复的市场行为中获利才是我们关心的焦点。用趋势线来指导操作本来应该是切实可行的，但由于投资者存在心理障碍，阻止大多数人能够连续有节制地利用它。让我们来观察一下实际情况，并看看如何才能有效利用趋势线。在画出趋势线之后，当市场价格穿越趋势线时，时机来临，投资者可以在市场突破时买入。从心理角度讲，在此节骨眼上，做多需要注意三个问题：①相信趋势有效；②当每个人都在抛空的时候仍有信心做多；③要有心理准备，可能因判断错误而亏损。

这里需要强调的是如何来把握这种机会。如果利用上述所列的各个因素，施行一套简单易行的交易体系，需要逾越的第一道心理障碍就是在趋势线或者趋势附近建立多头头寸。第二道需要跨越的心理障碍就是决定何时出局，这是最大的难关。如果这样操作，会产生许多良好的结果：第一，我们保全了资金；第二，空仓的时候，应该有能力对未来市场有一个更为客观的看法。只要遵循连续有效的操作思路，广阔的盈利空间就在眼前。需要引进的另一个思路就是重新入市。研究发现，投资者在离场时犹豫不决，其原因在于，他们内心深感恐惧：一旦亏损出局，再也没有入市的机会了。重新入市就可以再返市场，例如，根据趋势线，市场一旦符合入市的标准，就会重新建立头寸。这些交易体系中简单的因素在实践过程中会不断得以提炼、调整和优化。

趋势线说明了许多问题，市场能否站稳，要以事实为依据。极为有利的一种情况是，当价格跌破已经建立的趋势线之后，紧接着又重新站在这条线之上，这是极好的买入信号。风险小，回报率高。由于买气不足，吸引了空头卖压，市场跌破趋势线；但是卖压有限，新的多头入场积极，市场下行动力不足，脱离卖压之后反转向上，这是一个极为清晰的买入良机。

在不断变化的市场，运用趋势线来分析判断市场走势，唯一受到限制的是投资者的想象力，移动平均线也一样。移动平均线本质上并非趋势的典型代表，移动平均线可以帮助投资者确定构成趋势的要素，这样就可以更好地制定具有个性化的交易体系。通过改变一系列收盘价的数量，投资者可以改变移动平均线对市场变化的反应速度。当市场站上移动平均线之上，并且连续跃居其上运行时，趋势便显示在眼前。如何利用一个体系中的各种要素，有效利用市场趋势，往往取决于个人的判断、信心和投资者自己的心态。

最难交易的市场就是那些根本没有明显趋势的市场；然而，一个毫无趋势的市场，没有明显上升或者下降趋势，可以称之为盘整走势。在这种情况下，市场同样提供了额外的机会，借此可以找到获利投资策略。市场心理在形成盘整或者箱体整理走势中同样扮演了一个重要的角色。

因为市场处于这样一种状态，多头入场积极，市场开始稳定下来；而在此价位，空头则显得迟疑，价格回升。当价格上涨到一定程度时，吸引了空头入场打压，而多头买气衰竭，或者说短期多头获利离场，市场上涨终结。价格重新回撤到前期低点，周而复始。这样的市场可以运行数天、数周、数月乃至数年。机会在于，首先要确定市场在一个箱体内运行，然后制定一个交易计划，从中获利。

另外一个投资办法是，等待箱体向上或者向下的突破，这样预示着市场方向发生转变。市场脱离箱体表明市场心理产生变化，如果向上突破，空头被强劲的买盘所吞没，因为后者愿意付出更高的价格买进；相反，如果市场向下突破，道理也是一样。当上述两种情况中的任何一种发生时，顺市操作是明智之举。投资者的恐惧、贪婪和希望构筑了市场形态。

最后概括成功交易原则是：①确认风险；②设定止盈和停损点；③相信自己的同时还要相信市场诸多不确定性；④制定良好的资金管理体系；⑤不要因为价格低廉而买入；⑥不要将偏激的情绪带入交易中去；⑦在预定的点位大举入市；⑧等待突破；⑨密切关注时机；⑩持续有效地运用你的交易战略和规则；⑪积极主动，目标明确；⑫交易过程中，永远保持积极的心态。

下面举两个投资者投资股票的例子：

某投资者 A，投资的基本特征是：专买长期低迷后，突然放量上涨的股票，中期持有。比如：

2006 年 10 月 12 日包钢股份放量上涨，10 月 13 日以 2.29 元价格买入 10 000 股，2007 年 3 月 2 日以 5.33 元价格卖出。

2009 年 2 月 3 日精功科技放量上涨，2 月 4 日以 7.6 元价格买入 20 000 股，2009 年 6 月 2 日以 15.09 元价格卖出。

2010年2月9日山东高速放量上涨，2月10日以5.8元价格买入20 000股，到2011年8月仍然持有，8月19日的收盘价格是3.82元。

2011年3月14日华东数控放量上涨，3月15日以27.2元价格买入5 000股，到2011年8月仍然持有，8月19日的收盘价格是13.30元。

某投资者B，投资的基本特征是：专买接近涨停的股票，持有1~3天后卖出。比如：

2009年1月14日珠海港涨停，当日以4.40元涨停价格买入10 000股，2009年1月16日以4.60元价格卖出。

2009年2月16日珠海港涨停，当日以6.27元涨停价格买入10 000股，2009年2月17日以6.70元价格卖出。

2010年12月2日三变科技涨停，当日以17.40元涨停价格买入10 000股，2010年12月3日以16.80元价格卖出。

2010年11月22日山东高速涨停，当日以5.47元涨停价格买入10 000股，2010年11月23日以5.20元价格卖出。

两个例子说明投资者A和投资者B都有自己的投资原则，失败和成功并存，主要问题是投资者A没有停损，而投资者B的投资原则相当于有停损，不会产生巨额亏损。

5.4 案例分析

下面引用格兰特（Kenneth L. Grant）所著《交易风险管理》一书中的案例，说明心态对交易的影响有多重要。

5.4.1 案例描述：压垮的O.J.

我认识一个人，他原来在一个较大的交易公司的后台工作，通过他的天资、勤奋、坚持不懈以及一点点好运气，他一步步打拼到交易室工作。这种事不会经常发生，因此，每一个人——最明显的是落后于他的那些同事——都全力支持他。他偶然进入农产品期货交易领域，包括像橙汁（O.J.）这些神秘产品。巧合的是，他是一个黑人。我提到这一点只是因为我已经决定在这里称呼他为O.J.。他一度在他的交易账户中建立了一些海斯曼式数字——尽量是小规模的。他对不断变化的各个部分具有敏锐的观察力，这对积极的交易者来说是非常必要的。在他的好年景里，周围是非常聪明、更成熟的一群市场参与者，并且在非常活跃的市场环境下，O.J.引起了整个管理团队的注目，大家都认为他非常具有潜力。

但O.J.有自己的大计划，他甚至认为自己已经是名人堂的成员之一。在成功运营两年之后的年尾，他要求给他增加资金，并提出一个合同计划，根据这份合同，他管理的资金将增加到10倍于他近几个月的资金总额，并将合同计划以最后通牒的方式提交给公司管理层。唉，他公司管理团队的几个成员对他的交易技能并不是十分了解。特别是，他们觉得他的成功更多的是受益于良好的市场以及与有才能的基金经理的接近，而不是他自己的能力。他们认为他的野心超出了公司对他的培养计划，并决定还是只让他管理原有资金规模。

这让O.J.暴跳如雷。也许这是可以理解的（虽然，我认为这是错误的），他认为管理层的决定有一定的偏见。而且，正如经常出现这样的情况，他精神状态的恶化正好与他所在市场的突变赶在一起。就在某个时候，他的动机已不再以盈利为目的，而是转而渴望证明公司是错误的，此时他最依赖的策略开始失效。转念一想，这样说有点太客气了：O.J.的交易开始叫人非常失望。

没过多久，O.J.的市场斗争以及个人的烦恼开始扰乱他的决策。这种决策失误表现为多种形式。首先，他开始在不利于他的头寸上双倍下注。接着，因为开始优先考虑风险管理，他将几乎全部组合资金转向买入期权，并以为这是控制风险的最好方法。不久，他开始抱怨期权所摆脱的损失和交易原则所显示的风险方式一样——这一系统在他成功时期是完全满足他的需要的。当他试图隔离基于期权的风险时，结果却进一步加剧了他的损失。

从事后来看，显然，对他来说这会是一个到海边旅行的完美时刻。当他的管理层向他提出这一建议的时候，他反应极坏。不，他说，他决心通过交易使自己走出困境。他还指出，他曾花了大量时间和精力来分析自己的问题，在此分析的基础上，他不仅相信困难时期已经过去，而且相信大量市场机会肯定会很快出现，而现在对他的投资组合进行清仓是最不适宜的时候。不愿过度打击他的信心，他的管理层不情愿地同意了这个计划。

随着O.J.的损失加大，他对其核心思想的正确性的信心也受到了挑战。为了控制风险，他几乎清空了全部头寸，除了留下几个代表他的市场观点核心部分的商品期货：冬小麦与橙汁空头。其他市场实际上更符合他的策略，但他并不关心。他相信，小麦和橙汁将要下跌，并期待着市场如他预期的那样变动，若如其所料，则不仅能挽回其损失，同时也能澄清他所受到的怀疑。您知道吗？这些市场确实开始下跌。虽然精疲力竭，但仍信心满满，O.J.休息了一周。

假期行将结束的时候，也到了最终揭开底牌的时候，其时O.J.的期货合同正进入交割期。首先是来自纽约橙汁交易所一封措辞严厉的信函，该信称O.J.所在公司已经超过了橙汁合同最近合约月的投机交割限制。您知道，正如大部分农产品期货合约都会在交割期到期之前进行平仓一样，交易所允许交易者在实物交割之前持有比实际交割的实物规模更大的头寸。专业交易者都知道这一点，并有责任相应地调整他们的头寸。O. J. 未能作出调整，因此对他而言犯了一个很低级的错误。此外，作为橙汁交易所的一个重要参与者，该公司非常尴尬，而且在这之前，该公司一直都严格遵守农产品交割程序。

然而，这一错误的最大影响不是公共关系问题，而是一个直接的、基于市场的问题。交割头寸会向每个市场参与者公布，每个人都可以看到有人有义务交割一大堆橙汁。业内人士知道，交割物品的供给非常紧张。面对每况愈下的处境，O. J. 就要垮掉了。

投机性买家闻到了水中的血腥，并哄抬橙汁交割月份的价格，就像这是对男性秃顶的一个治疗。此时 O. J. 和他的公司只有两个选择：要么迅速买回这些期货合约，要么自己榨橙汁。问题是，期货市场上几乎没有卖家。O. J. （必须插一句，其假期突然提前结束）必须以比平时高得多的价格买进才能使自己得以平仓，整个交割周期经历了漫长而又痛苦的两周。当尘埃落定之后，他几乎失去了在辉煌的前两年所挣得的一切。

O. J. 现在已经退出市场。有传言说，大部分的时间他都在打高尔夫球。

5.4.2 透过案例看本质

这个案例表明，在交易者情绪很坏的情况下，容易暴露出交易者的各种行为缺陷，比如盲目、急躁、贪婪、恐惧、犹豫不决、刚愎自用、孤注一掷、过度自信和患得患失，等等，克服这些问题的唯一办法就是运用有效工具和严守纪律。

著名分析师陈晓钟分析了四类性格心理素质的交易表现：

第一类无胆无识的人在交易中的表现是：往往只买躺在地板上的股票，而不敢碰涨得凶的股票；只关注自己仓内的股票，很少关注大盘的趋势和强势板块走势；不经意地总是逆势反向操作，而不知道要顺势而为；经常长线持有套牢的股票，很少长期持有赚钱的股票；自己早就看好的股票，却不敢果断买进；常常自己吓唬自己，很少自己给自己打气；很轻易地把黑马放掉，反而长期骑病马捂弱势股票；买了就后悔，卖了也后悔；往往在少数人抄底的时候站一旁，在高手刚撤的时候却坚持买股；喜欢抄底，但总是一次次抄错底部；实战中实施对股票止盈，而从不对股票停损；对中低价股感兴趣，而对价高的股票敬而远之；经常奢求要买到最低价，而股票上涨了却不敢买入；眼光狭窄，认定在哪个股票上输钱，则非要在那个股票上补回来。

第二类有胆无识的人在交易中的表现是：往往胆大和冲动，敢于追买涨得凶的股票，哪个股票连续上涨就会吸引他们的眼球和注意力，谁涨得凶谁就是大黑马。喜欢做短线，很少做长线；经常在股票涨高了才敢买入，而不敢在下跌时抄底，导致时常在山顶上站岗，而不知道在山谷下埋伏；他们追涨后赚了就笑，跌了却不知道吸取教训，以后仍犯同样的投资错误；经常满仓持有，很少空仓休息；投资中把股票看得很重要，而不知道现金在股票市场上才是最重要的；喜欢买一个股票，很少投资多类题材或几个股票；他们买入爽快，卖出拖沓；喜欢好大喜功，夸夸其谈，把自己当作股票专家，而很少向别人学习；大盘一涨就高兴，一跌就丧气；经常在股票跳水后卖掉，却会在以后的反弹中高价买回；时常思路混乱，看多却做空，看空又做多；在熊市中买对股票，而却在牛市中买错了股票；当然在某些市场中，此类人会突然赚钱，但很难持续赚大钱。实际上，当投资者感觉到市场上的股票很难操作，热点难以把握，绝大多数股票出现大幅下跌，涨幅榜上的股票涨幅很小，而跌幅榜上股票跌幅很大，这个时候就要考虑空仓了。虽然指数怎么跌都会有逆市而上并有涨停的股票，但是谁能保证那些少之又少的黑马股票就是您买的股票呢？为规避风险，有专家建议不要买入近期出现过连续一周上涨 30% 的个股；不要买入近期 K 线图上出现过 60 度角以上拉升的股票；不要买入高位放量的个股。这个建议很适合该类投资者。

第三类谨慎软弱的人在交易中的表现是：当行情爆发之初不敢介入，一定要走出了一段之后才肯下单；在行情发展途中，常常被市场制造的“杂波”与“毛刺”所干扰，数波浪，算时间周期，进行技术分析，看基本面的消息，当眼前的走势与分析结果背离时，就马上把自己吓倒了，要么坚持深套，要么离场观望。这种人通常对行情也能分析得有理有据，头头是道，可实际操作中的交易结果却不尽如人意。该买的时候，优柔寡断，不敢放开大胆买进，患得患失多次错失买入良机；该卖的时候，又是优柔寡断、缩手缩脚、怕这怕那而再次错失卖出机会。喜欢买自己熟悉的股票，而很少去尝试买入新的股票；经常暗恋和谈论某个股票，而当需要及时采取买入和持有行动时却临阵脱逃、彷徨犹豫、考虑再三，以致贻误战机；他们尽管把风险时刻记在心中，但由于谨慎有余、果断不足而经常错失良机。到处听课打听黑马，却从来不吸取老师的正确投资思路；他们往往奢求要买到最低价，而在股票上涨了却不敢买入。最容易受到他人情感变化而影响到自己的情绪，无法自我控制，贸然建仓，或者不能够忍受损失，斩仓在“地板价”上，失败往往也由此而生。

第四类有胆有识的人在交易中的表现是：认为市场上升趋势不是中小散户可以操纵和决定的，但自己账户亏损比例是可以事先设限认赔的；认为股票操作成功的关键是被动地跟踪股价运动，不可主观妄想。对市场的研究透彻，技术分析是炉火纯青，对行情往往能够看透其本质，不会被眼前的假象所迷惑，不会迷信专家权威的评论。他们极有远见，又有主见。有胆有识是这类人共同的特点，静如处子，动如鹰隼。行情窄幅波动、交投清淡的时候，绝不动心；一旦行情突破，走势确认就果断买进或卖出，绝不手软。他们清楚自己的特长，有着成熟的操盘理念，独特的操作风格，并且由于只选择适合自己的操作方式，交易过程举重若轻，游刃有余。一般来说，人的习惯是赚钱兑现很主动积极，而输钱停损却被动消极。既然任何人都有机会在市况分析中犯错，该类人认为心理上要有“亏损是买卖结果的一部分”的观念，勇于接受失败，调整好自己的情绪；其次是要强制自己在交易不利时于第一时间停损，要有“壮士断臂”的勇气，错了不拖。“留得青山在，不怕没柴烧”。这种有胆有识的人士是股市上为数不多的成功者。

各人有不同的脾气与不一样的性格，然而股市也有它与生俱有的特定自然规律，既然无法改变股市的规律和走势，那么就有必要改变自身的交易习惯来适应股市的走势，效益取决于性格，效益取决于学识。性格好比是水泥柱子中的钢筋铁骨，而知识和学问则是浇筑的混凝土。克服性格上的缺陷才能在纷繁复杂的股票投资中赚取可观的利润。当然，个人性格很难改变，江山易改本性难移，但只要运用有效的投资工具和铁定纪律约束自己就无往不胜。

显然，案例中的主人公 O. J. 是第二类和第四类兼而有之，因亏损而导致情绪失控和刚愎自用产生了严重亏损，如果能严守纪律和让交易员休息度假一段时间，给他一个冷静的思考时间或许是一个好办法。

5.5 本章小结

本章首先提出 5 个问题，然后给出常见的若干种交易行为及其存在的风险，充分认识投资成功与失败的关键因素是心理素质，这一部分对其依据的理论基础——行为金融理论进行了简单介绍，并将其理论用来分析股票市场与期货市场，指出了重要的共性与区别，分析了有效市场理论与投资原则，最后给出一个案例。简单总结归纳防范交易行为风险的原则和经验为：①设置合理的回报目标，严格遵守投资计划；②具有一整套经得起历史检验的有根据的交易规则；③坚持资金管理，不能孤注一掷，不能有短期获取暴利的思想和行为；④具有根据简单历史统计资料评估投资组合风险敞口的能力，并能恰当调整风险敞口；⑤严守纪律，不忘停损。什么是命运，投资者的行为模式即命运，应包括三个层次的内容：第一是根据历史经验和直觉形成的交易习惯与方法；第二是一整套的投资方法，从经验和习惯上升到程序化的投资步骤；第三是投资者对市场本质的理解和把握，其核心思想是投资方法具有系统性和一致性。三个层次从低到高，共同形成了投资行为模式的整体，代表了投资者适应市场、减少偶然性的主动努力。事实上就是用中医的哲学思想做交易治本，而用西医的思维方式做交易是急功近利的，只能治标。

复习思考题

1. 怎样理解赌博性投资行为和情绪性投资行为的区别与风险。

2. 从本章的案例“压垮的 O. J.”中你有什么体会，学到了什么？

3. 从本章 5.1 部分问题 5 的对话中，如何理解目标的设定？

4. 某投资者有 100 万元，按照截断亏损和让利润奔跑的原则全部投资股票市场，每次获得 1% 到 10% 的收益，该投资者都持有不动，一旦亏损达到 5% 坚决停损全部清仓，这样连续亏损 10 次。问 100 万元最多共损失多少，该投资者的投资原则有问题吗？

5. 某赌客有 10 万元现金，准备到赌场赌博压大小，当连续观察 9 次没有出现小点时，该赌客第 10 次压 25 元在小点上，如果输了那么在第 11 次压 50 元在小点上，依次加倍压下去直到出现小点结束，然后再观察；或亏损一旦超过 5 000元，停损结束。问当该赌客出现第 1 次盈利时，总盈利额是多少？当出现停损结束时，亏损是多少，概率是多少，该赌客共赌多少次？怎样评价该赌客？(见附录 1 中的附表 3)

6. 假设某一封闭式基金在到期清算前持有一揽子股票，市值是 15 亿美元，用 10 天时间把这一揽子股票全部变现为现金，市值却只有 12 亿美元。问这 3 亿美元市值的损失是由什么原因造成的，为什么？

7. 某股票投机者总想在 1 年之内资产翻倍，而不想承担任何损失，问这类投机者很可能会出现什么投资行为？有一夜暴富思想的人投机收益的结果常常如何？

8. 怎样理解如下趋势投资原则：

(1) 5 日、10 日和 20 日简单价格移动平均线形成多头排列，做多；5 日、10 日和 20 日简单价格移动平均线形成空头排列，做空，当二者都不满足时平仓。

(2) 10 日和 20 日简单价格移动平均线都上翘，做多；10 日和 20 日简单价格移动平均线都下翘，做空；当二者都不满足时平仓。

(3) 当价格站在 10 日和 20 日简单价格移动平均线之上时，做多；当价格站在 10 日和 20 日简单价格移动平均线之下时，做空；当二者都不满足时平仓。

9. 举例说明什么是处置效应，什么是锚定效应，你是否存在处置效应和锚定效应，对存在处置效应产生的风险如何规避，对存在锚定效应产生的风险如何规避。

10. 如何理解资金管理的重要意义？

11. 某投机者在期货市场上的交易规则是，只要出现长期价格移动平均线上翘，短期价格移动平均线连续 2 日上翘就做多；只要出现长期价格移动平均线下翘，短期价格移动平均线连续2日下翘就做空；当二者都不满足时就空仓观望。问如何理解长期与短期价格移动平均线，怎样评价这种交易规则。

12. 有人说：交易之道由心开始，次正理念，再次策略，最后技术。而世人反其道而行之，故事倍功半，期货交易首正其心。还有人说对金钱太看重的人、鼠目寸光的人、只看眼前利益的人是做不好期货的。你是如何理解的？

第 6 章

风险预算管理

在 20 世纪 90 年代后期，风险预算管理作为一种新的风险管理理念和技术，开始在理论和实务界出现。它是风险度量和风险管理工具发展的结果。目前风险预算理论在国外已为越来越多的机构投资者所重视，特别是在养老基金中得到了广泛的应用。风险预算作为一种新的风险管理方法，已经将资产配置从一个限制风险的防御性角色转变为一个最优化风险的主动进攻型角色。它不仅要求对投资组合进行长期的战略资产配置，更是寄托于积极管理者，并且以市场的非有效性作为投资的指导，目标是通过发掘市场的失效点来追求超额收益，从而超越基准或市场指数。风险预算管理的关键在于能够适时地发现混沌世界金融市场的失效点，并且动态调整组合头寸以达到投资收益最大化的目的。正是基于此目的，本章详细介绍了风险预算管理。6.1 中介绍了风险预算管理的产生与发展，风险预算管理的概念和意义，风险预算管理的特征；6.2 中介绍了风险预算管理的技术和流程，包括战略性资产分配、基准组合设计和投资经理结构与投资经理选择三个层次；6.3 中介绍了风险预算管理应注意的问题。

6.1　风险预算管理概述

6.1.1　风险预算管理的产生与发展

整个风险管理理论发展至今，基本上可以分为四个阶段：第一个阶段是经验性质的风险管理方法；第二个阶段是基于投资组合理论，利用标准差和 Beta 值作为风险度量指标的风险管理方法；第三个阶段是 VaR 模型的应用；第四个阶段则是风险预算管理。

在现代投资组合理论诞生以前，早期的投资者们大多是依靠个人的主观经验来判断投资风险的大小，风险管理手段比较落后，人们往往只关注投资收益率，对风险的忽视是相当普遍和严重的。

1952 年，“现代金融学之父” Harry Markowitz 把收益与风险这两个原本有些含糊的概念明确地表达成为具体的数学概念——均值与标准差，也就是说，若视证券的收益为一随机变量，则投资者期望获得的收益可以定义为这一随机变量的均值，投资风险则被定义为这一随机变量的标准差，在此基础上，Markowitz 建立了资产组合选择理论的基本框架。投资组合理论标志着现代金融经济学的诞生，从此，金融理论研究和金融投资实践步入了一个新的时代。

在此基础上，William Sharpe 和另外一些经济学家则在一般经济均衡理论的框架下，导出了资本资产定价模型（CAPM）。特别是 Sharpe 所提出的单指数模型大大减少了均值方差模型的计算量而在实践中得到了广泛的应用。现代投资组合理论和资本资产定价模型为投资风险管理提供了一个有力的工具，这一时期可以视为风险管理理论发展的第二个阶段，其标志就是以标准差和 Beta 值作为风险的度量指标。

20 世纪 70 年代以来，金融创新及金融衍生产品层出不穷。这些衍生产品本身也成了风险管理的有力武器。Black-Scholes 的期权定价公式是第二次“华尔街革命”，在这次革命中，期权定价公式不仅为衍生产品的定价提供了一个利器，而且为现代风险管理——基于严格的、全面的量化分析、适用于不同金融产品的第三个阶段的 VaR 风险管理方法的产生打下了坚实的基础。

20 世纪 90 年代以来，随着衍生金融工具及其交易的迅猛增长，市场风险显著放大。金融灾难的发生促使人们开始关注市场风险，并发展出了各种各样的市场风险测量与资本配置模型。其中最著名的当属 VaR 方法。VaR 方法带来了市场一次金融风险管理的革命，使风险管理进入到了全面风险管理的阶段。

虽然 VaR 方法如此强大，它的出现使得风险管理有了崭新的面貌，但 VaR 也确实存在一定的局限性。这种局限性表现在两方面：一是 VaR 概念本身的内在局限性，如它只适用于可交易的资产与负债，只能度量市场风险而不能度量信用风险，而且没有考虑市场流动性风险等；二是计算 VaR 的统计方法的局限性，VaR 的测算是建立在统计假设和统计方法论基础上的，如果这些假设不符合实际，或者这些方法无法体现真实世界金融市场的复杂性，就会影响测算结果的准确性。因此，对于风险管理者来说，仅依赖于 VaR 是远远不够的。尤其对于机构投资者来说，往往拥有多个投资组合管理者，因此，他们更加关注风险管理的透明性以及风险的分配与控制，仅有 VaR 技术是不够的。他们希望了解投资组合管理者是如何产生价值的，积极收益产生的风险源是什么，如何建立机构投资的风险规划并在这些管理者之间进行风险配置和管理，等等。为了满足这种需求，金融界近年来兴起了一种新的风险管理技术——动态的、过程与结果并重的风险预算理论。

第四个阶段就是风险预算管理的出现，在以往的风险管理的基础上，风险预算管理旨在将风险管理结合进整个投资过程中，形成一种全新的动态风险管理方法，使风险管理的工作变得更加主动。学术界对于风险预算的研究问题主要有资产负债比率、基准组合的设计、时间周期、利率风险、管理者选择、风险的分解、alpha 的配置以及如何利用工具和系统来监管预算模型。同时，风险预算也存在它自身的缺陷：数据和统计上存在问题和不足，需要依赖历史数据，同时风险预算并不是一个简单的过程。尽管存在以上问题和缺陷，但是风险预算并不单是增加 alpha，它还带来一些外围的利益，例如：能够更准确地理解风险，更多地关注对资产负债的研究，更好地理解在建立基准和投资决策过程中的风险的作用，投资收益和贡献水平的稳定性，更佳的管理者选择，更有效的平衡投资组合。

迄今为止，风险预算管理已经受到全球范围内的重视。风险预算理论从开始到现在发展了十年左右的时间，虽然已经取得了一定的研究成果，但是与那些历史悠久的风险管理方法相比，仍然欠缺一套完整的理论体系。国内外很多证据已经表明，风险预算在机构投资者中，具有很大的用武之地，发展潜力巨大。风险预算方法在国外已经被广大的机构投资者所重视，尤其在养老基金中得到了很大的应用，而近年来，中国的机构投资者也开始对风险预算管理方法关注起来。

6.1.2　什么是风险预算管理

风险预算是最近发展起来的一个新的概念，它引起了理论界和投资界的众多关注。和其他预算一样，风险预算也是一个分配稀缺资源的基本经济问题，不过这里的稀缺资源是可以接受和度量的投资风险。风险预算的目标就是，在投资者可以接受的风险水平下获得最大的收益。通常的风险预算定义认为，风险预算是度量和分解风险，在资产配置决策时加入风险度量，并且将预算的风险分配给投资组合经理，同时监测资产配置和投资组合管理人的过程。

风险预算的前提条件是风险分解，包括：①辨别各种风险来源，即风险因子，比如说证券收益、利率、汇率的波动；②度量每一个风险因子、投资经理以及资产类别对于总风险的贡献程度；③将事后实现的风险和预期的风险进行比较；④识别愿意承担的风险与意外承担的风险。

通过风险分解，管理人能更好地理解风险是如何被设定和如何变化的，从而能更加有效地与投资经理交流。当投资风险过大时，投资人可以辨别哪些是不想要的风险，并在任何不好的结果出现之前发现投资经理是否偏离他们以前的投资风格。这对于提高资产配置的效率以及制定投资策略都有积极意义。

在风险分解基础上，把风险精确地分配到各个因子、投资经理以及资产类别上，就称为风险配置或者风险预算。风险预算包括：①给每种资产类别、投资经理和风险因子设定限制因素或风险预算，设定定量的风险；②对各因子或资产类别、投资经理承担的风险进行度量；③比较风险预算与现行的各资产类别上所承担的风险；④调整资产配置，使风险保持在预算范围之内。

不过风险预算不仅仅是一些步骤和程序，更广义来说，风险预算是一种投资组合管理的方法。普遍的观点认为，风险预算依赖于对风险概率的统计度量，并且使用现代的风险和组合管理工具来管理风险。自然而然，可以用风险配置的思路来代替传统的资产配置方法来考虑资产配置的问题。当然，也可以用传统的资产配置方法，即投资于每类资产占组合的百分比。但是通过风险预算，可以看到传统的资产配置方法只是前面提到的资产预算过程的一种近似而已，其中的组合权重代替了风险度量。与传统方法相比，风险预算的优点在于它清楚所承担的风险，并且承认风险是随着时间变化的。除此之外，风险预算也比较自然地用于一些非传统类型的资产，比如对冲基金，与传统资产类别不同，这类投资基金经常采取高杠杆的投资策略，因此如果不关注其风险，就很难度量这类基金的投资绩效。

目前学术界尚存争议的是风险预算是否可以作为投资和组合管理的更为有效的方法。这不是风险预算的定义是否准确的问题，也不是风险预算从成本上考虑是否有效的问题，许多这些争论之所以产生是由于投资人和组合管理人持不同的观点。

反对风险预算的观点认为，风险的计算以及风险的分解和风险预算过程需要大量的人力物力，并且，数量度量工具，比如 VaR，本身也存在不足和错误之处，理性的人认为即使风险预算用于组合管理比较合适，但是也会觉得它的花费是不值得的。也就是说，由风险预算提供的关于组合风险的额外信息以及对组合风险的理解并为之付出的成本，是得不偿失的。但是随着时间的推移，风险管理教育的加强和知识的普及以及风险度量系统的改进，会提高风险预算带来的收益，并降低风险预算的成本。

6.1.3 风险预算管理的意义

风险预算管理作为一种风险管理方法，它突破了传统的风险管理方法，将风险管理和投资过程系统地结合起来，成为事前、事中和事后并重的一种全新的风险管理模式。风险预算是风险管理发展的未来，是风险管理的革命。

长期以来，由于中国证券市场的不规范以及投资者风险意识不足使得投资者以及投资组合管理者对风险并不重视，而仅仅把注意力放在收益上。这样的投资理念，在市场发生变化（尤其是下跌）时，投资者和管理者往往束手无策。2007年开始的一轮下跌中，中国股票市场指数下降幅度达 2/3，众多机构投资者和个人投资者亏损累累，这一惨痛的现实已使个别机构投资者开始将风险因素纳入投资组合管理中，资产配置渐渐得到业界的重视和应用。近几年来，国内已经有一些机构投资者开始重视对风险预算的研究，并尝试应用于投资实践中。国内第一只风险预算基金——湘财荷银风险预算混合型基金已在全国范围内正式发行，该基金采用从荷兰银行最新引进的风险预算技术，依托荷兰银行专门开发的相关专用软件（LIBRA 软件）对投资决策的风险进行事前测算和事中、事后的控制。风险预算是一种新的风险管理理念，将会有效提高国内机构投资者和个人投资者的风险意识和风险管理能力。或许如今在中国的资本市场，资产配置还不能广泛应用，谈论风险预算还为时过早，但是随着近来计算机技术的发展、金融自由化的进一步加深，中国证券业正同时面临着巨大的机遇与挑战，大胆利用国外先进的风险管理新技术和新方法是国内证券业发展过程中必须引起高度重视的问题。

6.1.4 风险预算管理的特征

风险预算作为一种新的风险管理手段，具有鲜明的特征。风险预算的优点主要在于其能清楚地向风险管理人员呈现所承担的风险，而实际运用中的难点，恰恰在于风险的计算与风险的分解。

事实上，人们对风险本质认识上的差别，会产生风险理论研究方法上的差异，从而导致不同的风险管理理论框架体系，由此，也会形成迥然不同的处理风险问题的思路和方法，导致不同的风险管理理念和策略。人类对风险本质的认识也是随着社会的不断进步和发展而逐步深入的，从传统资产配置理论到风险预算方法的转变过程正是这一认识发生变化的结果。

早期的风险研究一般都是把“风险”与“危险”等同起来。研究的核心是设法消除和规避危险。其中心思想是为了抵御自然界和意外事件对人们造成的危害，保证人们的正常生产和活动得以进行，日常生活得以保障。后来，随着研究的逐步深入，人们将风险与损失的不确定性联系起来，使风险理论的研究由主要侧重自然的危险转向主要着眼于经济活动中损失的不确定性。特别是自 20 世纪初的经济大萧条以后，经济危机这个魔鬼就始终周期性地伴随着商品经济和市场经济的发展过程：工厂倒闭、工人失业、生产过剩、经济衰退使整个社会财富遭受了巨大的损失。因此，人们开始从对自然风险的防范向寻求最有效规避经济活动中的风险转变。这样，就萌发了以控制和规避风险为主要内容的资产配置方法研究。

不过，这一风险研究核心内容的转变并没有使风险理论研究产生质的变化。因为这种变化只是研究的对象主要由过去的自然界转变为经济活动，而无论是自然界的危险还是经济活动中的不确定性危害，都是风险不利性的单向结果。但是，问题的实质在于不确定性带来的并不都是利益损失，在很多情况下，不确定性所形成的恰恰是利益增加。所以，在风险预算下将风险的本质归结为利益风险，风险理论的研究就发生了根本改变，而这种改变具有重要的理论创新意义。

首先，风险理论研究的对象发生了根本改变。把风险的本质归结为利益风险，就是说，由于经济活动中风险的存在，其结果就不再是单向的，而是双向的，既可能出现利益的损失，也可能出现利益的增加。这时，风险的研究对象就不仅是损失风险，也包括利益风险。

其次，风险的性质发生了根本性改变。当风险研究的内容包括风险利益时，风险就由一种被动性、消极性的事物转变而成为一种主动性、积极性的事物，即通过冒险获取超额利益（利润）。在很大程度上，风险就成为值得推崇和效仿的进取性和创造性的行为。“风险投资”应该是这种行为和理念的最好阐释。这时，风险的性质发生了根本性改变。

再次，风险研究的重心发生了根本性改变。当风险研究的核心是危险和损失时，风险理论研究的重心是如何使风险损失最小化的问题。但是，在风险研究的对象包括风险利益时，获取风险利益就成为人们追求的目的，而风险损失的防范和规避则成为获取更大风险利益的手段。因此，风险理论研究的重心自然转到了风险利益最大化方面。

最后，有关风险的观点发生了根本性转变。因为，风险不仅存在危险或损失这一单向性结果，它还有可能获取风险利益，而且风险越大，收益也越大。这时，人们就会对风险产生偏好，愿意从事风险性的经济活动。正是因为人们对风险认识的这一根本性转变，使得只注重风险的规避和控制而忽视风险的获利性的传统资产配置理论，不能适应现代投资组合发展的需要。风险预算作为一种新的风险管理方法，它适应了当今投资者资产组合的要求，摆脱了传统资产配置的束缚，不仅可以用于对资产进行有效配置，还可以用于对风险这一稀缺资源进行最优配置，从而实现在总风险规划下最大化投资组合收益的目的。

6.2 风险预算的技术

6.2.1 风险预算管理流程

在风险预算过程中，有三个主要的层次：一是战略性资产分配；二是基准组合设计；三是投资经理结构与投资经理选择。在战略性资产分配层次，最重要的是确定资产类别，比如债券、股票以及其他可选择的资产。这是风险预算中最主要的决策。第二个层次是设计基准组合，也即选定投资的工具范围，如确定投资的股票库。这个投资的股票库就类似于一个新的“小型的市场组合”，它的收益率就被当作基准收益。在第三个层次，投资人可以选择被动投资，完全跟踪战略性基准组合；也可以选择积极投资，设计合适的投资经理结构，选择适当的投资经理。不同的投资经理结构有着不同的风险收益，也可以用类似于资产配置的方法来优化。对于基金经理而言，风险预算不再将他们的投资目标单纯地设定为打败基准，而是要求他们在给定的风险范围内，尽可能获取相对于基准的超额收益。如果投资者决定要求某一个基金经理承担更多的风险，以获取更大的收益，只需要给这一个基金经理分配更多的跟踪误差；如果投资者觉得某一个基金经理承担的风险过大，需要适当减少，只需要分配给这个基金经理更少的跟踪误差即可。通过风险预算，原有的对于基金经理的积极管理策略，变成了基金经理在预先设定好的风险结构内获取最大收益的投资策略。

所有这些风险预算和风险分解的问题都可以用模型来解决。模型的核心是一些关于收益、方差以及各类资产收益率之间的相关系数的假设。对于每一种决策，模型可以得到如下结果：①相对于无风险头寸的积极回报率（超额收益）；②跟踪误差（或者积极风险）；③信息系数（积极回报/积极风险）；④以货币形式表示的实际期望收益和可能的损失（VaR）。

其中，超额收益是指超过无风险资产的收益；积极风险是指经理人由于采取积极的投资策略而承担的额外的超过基准组合的风险；积极回报是指积极策略下经理人获得的超过基准组合的收益；VaR是选定的一种度量风险的工具，当然这里度量风险也可以选择其他的工具，比如标准差等。

可以将风险预算流程大致归为这样一些步骤：设定风险预算，也即设定在一定时段内基金可以承担的最大风险；然后将愿意承担的风险这种“稀缺资源”在资产种类或基金经理中间进行分配，这种分配通常是基于一定的模型计算出来的；进行战略性资产配置，也即进行资产配置，包括不同风险、不同长短期限资产的选择等；设计基准，选定股票库；基于风险预算，确定投资经理构成；根据投资经理的特征，选择合适的投资经理；最后根据风险收益综合衡量，进行监督控制与反馈调整。上述步骤如图6-1所示。风险预算的过程就是通过三个层次的投资配置和对每一个环节的风险进行监控与分配来实现的。因此说，风险预算管理是一种实时的、动态的、积极的风险管理方法。

6.2.2 总体风险的确定及组成

同一金融资产所带来的风险是相同的，但投资者的风险承受能力却是千差万别的，投资者可以承担的总风险取决于投资人的财务状况和非财务状况以及投资限制等方面的影响，因而其衡量也较为困难。

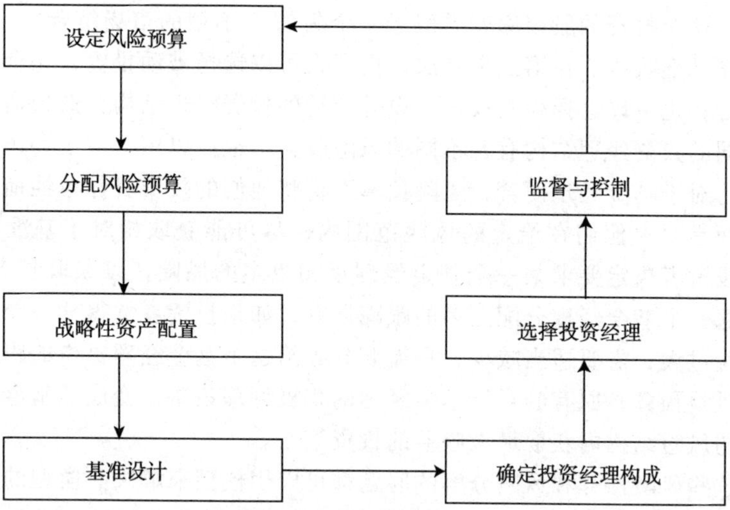

图 6-1　风险预算流程图

(1) 投资人的财务状况

投资人的财务状况主要是指投资人的资产负债性质。

对于保险公司、养老基金在内的存在债务压力的投资人来说，负债的性质决定了投资人对未来现金流的最低要求。在投资人设定投资目标时必须考虑自身的负债性质。因而资产管理人在选择包括在其投资组合中的资产类型时，负债的性质就成为其主要的考虑因素。所谓负债的性质指的是投资人支付时间和金额的确定与否。例如银行定期存款属于负债金额和偿还时间均确定的金融资产；人寿保险合同的负债金额确定但偿还时间不确定。与此同时，由于一些安排的存在，即使是确定支付金额或者确定支付时间的负债，也有可能在某些情况下变得不确定，如定期存款的提前支取，这使得投资人在正常的资产负债管理之外，还需要准备一定数量的现金储备以应付不确定性的赎回。

同时，用于投资的资金来源与资金性质也会影响投资人的风险承受能力。例如，当个人投资者用于证券投资的资金只是财产中的较小部分，其正常的生活不会因投资的短期失败而遭受重大的打击时，投资人的风险承受能力自然要高于那些把资产全部都集中于高风险的股票投资上的投资人。

(2) 投资人的非财务状况

非财务状况主要是指投资人的心理因素，其中尤其是指投资人的风险偏好。如果投资人属于风险偏好类型的，则其风险承受能力将较高；反之，如果投资人属于风险回避类型的，则其风险承受能力必然较低。心理因素对风险承受能力的影响在个人投资者中表现得比较明显。投资者是否属于风险规避型的，其程度如何，这些因素都将影响投资人的风险偏好。在机构投资者方面，机构的行为方式与风格，主要取决于决策者的心理因素和投资风格等。这些因素都将影响投资人的风险偏好，进而影响其风险承受能力。

(3) 投资限制

投资限制是指投资者由于自身的某种特性而在某些领域的投资受到限制。这些限制可能来自法律法规，也可能来自外汇管制、股东要求等具体因素。例如，法律法规可能对养老金的投资范围进行了较为严格的限制，不允许投资于高风险的期货市场。又如，在中国外汇管制的情况下，国际股票投资或者债券投资就将受到限制，外国投资者也很难进入到国内市场，因而不能把这一市场纳入到国际资产配置的范畴之内。在某些情况下，公司股东还将对投资范围进行明确的界定。因此，必须充分了解投资者在短期、中期和长期投资时所受到的金融和非金融限制因素。

(4) 总风险的度量

确定总体风险承受度时，在考虑以上一些因素后，必须把这些因素转化为数量指标。风险本身可以有很多的方法来度量（见表 6－1），每个指标都有其优缺点，都不完善。选择风险度量工具主要注意以下两点：首先，也是最重要的一点，要选择操作性强、可比性好，并且可以加总的风险度量工具；其次，在整个风险预算过程中，所有的投资组合使用的风险度量工具应该是一致的。

表 6－1　　风险度量工具

风险度量工具	定义
标准差/方差	收益率偏离平均收益的程度
跟踪误差/积极风险	积极收益的标准差
Beta 系数	对市场变化的灵敏度
下行风险	小于均值的收益的标准差
信息系数	积极收益/积极风险
VaR	给定置信区间的一个持有期内最坏的预期损失

在选定了一个合适的风险度量工具后，可以把投资者的总风险承受度转化为用这种工具表达的形式。例如选择跟踪误差这个风险度量指标后，可以设定总风险水平为每年 9%～10%（相对于无风险资产）。最优的风险水平应该跟投资者的风险承受能力完全一致。

与风险预算的三个层次相对应，总风险由战略性风险、结构性风险和投资经理（积极）风险构成。见图6－2。

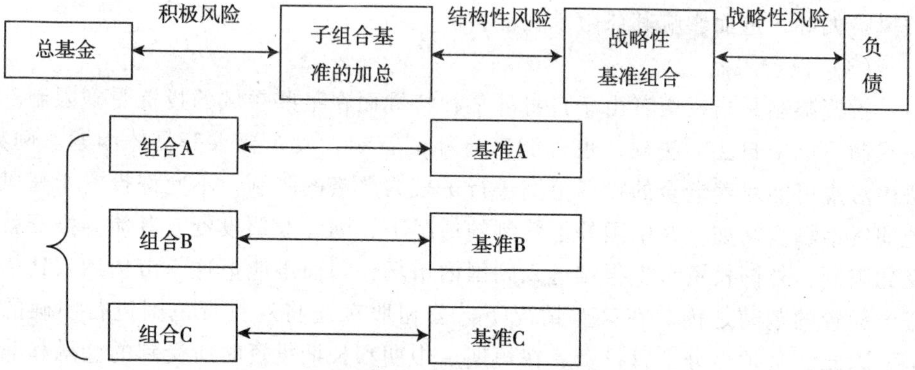

图6－2　总风险的组成

积极风险是指积极投资的经理为了达到战胜基准的目标所承担的风险。经验证明，在总风险中，如果以跟踪误差来表示，由积极管理和投资经理选择带来的风险为0%～5%，大多数基金的风险水平为2%左右。战略性风险是基准中应该包含哪些资产的决定（资产配置）所带来的风险。与2%的积极风险相比，战略性风险要大得多，一般在10%～20%的范围内。结构性风险是由于总的基准和每个资产的子部分的基准加总可能不一致的风险。如果投资规模不是太小的话，结构性风险一般都非常小。

在图6－2中，基金的资产，经过战略性资产分配后，选定了整个基金的基准组合，从而就产生了所谓的战略性风险。而总的基金将被分配到各个基金经理手中，从而形成新的“子基金”，每一个“子基金”也会在总体的基准之上形成一个新的基准，如图中的组合A、组合B和组合C分别对应了基准A、基准B和基准C；这几个基准所形成的风险之和与原有的基准风险有一定的差距，这个差距就是结构性风险。而每一个基金经理，为了打败市场，所承担的超过了基准A、基准B、基准C的风险就是积极风险。这些风险加在一起，就是这只基金的总风险。

因此风险预算可以分成两步：一是把总风险分解为战略性风险和积极性风险；二是把积极性风险分配给各个投资经理。这需要对投资经理进行风格分析。这样可以保证挑选到每种投资风格中最好的经理，并且使基金整体的投资风格比较中性。尽管在中国投资经理的风格并不明显，但是至少可以保证在使用多个投资经理时，不会过分集中于某种风格。

6.2.3　风险配置

战略性风险是资产配置带来的风险，而总风险的配置就是资产配置，因此资产配置是投资管理过程中最为关键的环节，战略性风险也是总风险的最主要来源。资产配置的目标在于以资产类别的历史表现与投资人的风险偏好为基础，降低风险，提高收益，构造最优的投资组合。一般来说，通过资产配置，可以提高组合的长期期望收益。然而天下没有免费的午餐，提高期望收益的资产配置必然导致组合的系统风险上升。

进行资产配置时，最重要的是要考虑投资人的风险承受能力。也就是说，为了提高长期收益，他们愿意承担多大的风险。实际上，决策制定人的行为也是资产配置中风险的来源之一。积极风险管理的确定与此不同。积极风险远远小于战略性风险，当两者结合时，被大大分散了。积极风险管理的关键问题是，投资人是否相信积极风险管理会产生正的超额收益，或者更确切地说，他们是否相信基金经理们可以挑选出能够带来正的超额收益的资产组合。如果他们相信的话，那么由于承担积极风险而带来的收益也是相当可观的。

资产配置有多种方法，但主要都是以下步骤：①设定资产类别集（如股票、债券、现金等）；②预期的长期投资特征，比如收益、方差、相关系数等；③在客户的限制条件下，找到有效组合集；④描述这些有效组合的风险收益特征及结果，从中选择最优组合。

Markowitz 投资组合理论是当今投资界进行投资资产配置的主流方法，采用的均值—方差模型是以概率中的方差或标准差来度量风险的大小，并假定在没有交易成本的有效市场中，由资产持有人的效用函数 EU 出发，假定投资者力求在一定风险下获取最大收益或在一定收益下承担最小风险，推导出达到收益风险平衡的最佳资产组合，如式（6－1）所示。投资者只要提供资产的期望收益、风险矩阵和风险规避系数，就可以通过数学规划求解优化问题（6－1）得到最适合的资产配置。

$$\begin{cases} \max\ EU = R_p - \dfrac{1}{\lambda} \cdot \sigma_p{}^2 \\ s.t.\ \sum_{i=1}^{N} w_i = 1 \end{cases} \tag{6-1}$$

其中，EU 为效用函数；R_p 表示资产组合的期望收益；σ_p^2 表示资产组合的风险，用方差表示；w_i 表示第 i 种资产的权重；λ 为风险规避系数，λ 越小越厌恶风险，λ 的经济意义是每获得一个单位的超额收益需要承担的风险，同样$\frac{1}{\lambda}$的经济意义是每承担一个单位的风险将获得的超额收益。

William Sharpe（2002）利用 Markowitz 有效资产组合的特性，给出了风险贡献率的表达式如下：

$$c_i = \frac{w_i \cdot \sigma_{i,p}}{\sigma_p^2} \tag{6-2}$$

其中，c_i 是资产 i 的风险贡献率，w_i 是资产 i 在 Markowitz 有效资产组合中的权重，$\sigma_{i,p}$ 表示资产 i 和资产组合之间的协方差。

在求解 Markowitz 的均值—方差模型时，一般会使用拉格朗日乘数法，构造辅助函数如下：

$$F(w_1, w_2, \cdots, w_N, \gamma) = R_p - \frac{\sigma_p^2}{\lambda} - \gamma\left(\sum_{i=1}^{N} w_i - 1\right) \tag{6-3}$$

由此，原问题转化为辅助函数的极大值问题。对辅助函数求一阶偏导后，可得

$$\begin{cases} \dfrac{\partial F}{\partial w_i} = \dfrac{\partial R_p}{\partial w_i} - \dfrac{\partial \sigma_p^2}{\lambda \partial w_i} - \gamma = R_i - \dfrac{1}{\lambda} MR_i - \gamma = 0 \\ \dfrac{\partial F}{\partial \gamma} = 1 - \sum_i w_i = 0 \end{cases}$$

整理得

$$\begin{cases} R_i - \dfrac{1}{\lambda} MR_i = \gamma \\ \sum_i w_i = 1 \end{cases} \Rightarrow MR_i = \lambda(R_i - \gamma) \tag{6-4}$$

其中 $MR_i = \frac{\partial \sigma_p^2}{\partial w_i}$ 就是第 2 章讲的边际风险，测度当资产 i 每增加一单位时，对总体风险的贡献。

原问题的边际效用为：

$$MEU_i = \frac{\partial EU}{\partial w_i} = \frac{\partial R_p}{\partial w_i} - \frac{1}{\lambda}\frac{\partial \sigma_p^2}{\partial w_i} = R_i - \frac{1}{\lambda} MR_i = \gamma \tag{6-5}$$

所以，资产 i 的边际风险为：

$$MR_i = \lambda(R_i - \gamma) \tag{6-6}$$

当组合中存在某一无风险资产时，由于无风险资产的边际风险始终为 0，因此对于无风险资产有：$MR_f = \lambda(R_f - \gamma) = 0$，因此，$\gamma$ 就是这一无风险资产的收益率，也即 $\gamma = R_f$。

所以有

$$MR_i = \lambda(R_i - R_f) \tag{6-7}$$

由于式（6－2）中的 w_i 是资产 i 在 Markowitz 有效资产组合中的权重，是 Markowitz 均值—方差模型的解，因此资产 i 的边际风险 MR_i 符合式（6－7）。

由于 w_i 是式（6－1）的解，那么式（6－7）可以用矩阵形式表示为：

$$MR=\frac{\partial\sigma_p^2}{\partial W}=\frac{\partial}{\partial W}(W^{\tau}\Sigma W)=2\Sigma W=2W^{\tau}\Sigma$$

$$MR=2\Sigma W=\lambda(R-ER_f) \tag{6-8}$$

解得：
$$W=\frac{1}{2}\lambda\Sigma^{-1}(R-ER_f)=\frac{\lambda\tilde{\Sigma}(R-ER_f)}{2|\Sigma|}$$

其中，$E=(1,1,\cdots,1)^{\tau}$ 表示元素都是 1 的 N 维向量，W、Σ、R 如本书 2.1 中所述，$\tilde{\Sigma}$是方差协方差矩阵Σ的伴随矩阵，$|\Sigma|$表示矩阵取行列式。

求解优化问题（6－1），可以证明风险贡献率与收益贡献率必然相等。

根据风险贡献率的定义有资产 i 的风险贡献率为

$$c_i=\frac{w_i MR_i}{\sum w_i MR_i}=\frac{w_i(R_i-R_f)}{\sum w_i(R_i-R_f)} \tag{6-9}$$

把 $MR_i=\lambda(R_i-R_f)$ 代入式（6－9）中得

$$c_i=\frac{w_i MR_i}{\sum w_i MR_i}=\frac{\lambda w_i(R_i-R_f)}{\sum\lambda w_i(R_i-R_f)}=\frac{w_i(R_i-R_f)}{\sum w_i(R_i-R_f)}$$

因此，风险贡献率与收益贡献率必相等。

另外根据 $MR_i=2\sigma_{i,p}$，并且 $\beta_i=\frac{cov(R_i,R_p)}{\sigma_p^{\ 2}}=\frac{\sigma_{i,p}}{\sigma_p^{\ 2}}=\frac{MR_i}{2\sigma_p^{\ 2}}$，所以有 $MR_i=2\beta_i\sigma_p^2$。

$$c_i=\frac{w_i MR_i}{\sum w_i MR_i}=\frac{2w_i\beta_i\sigma_p^2}{\sum 2w_i\beta_i\sigma_p^2}=\frac{w_i\sigma_{i,p}/\sigma_p}{\sum w_i\sigma_{i,p}/\sigma_p}=\frac{w_i\sigma_{i,p}}{\sum w_i\sigma_{i,p}}=\frac{w_i\sigma_{i,p}}{\sigma_p^2} \tag{6-10}$$

同样可以证明风险贡献率与收益贡献率必相等。

从式（6－7）和式（6－8）中可以看出，资产 i 的边际风险 MR_i 的表达式含有 λ 这一乘数，向量 W 中的每个分量也都含有 λ 这一乘数，因此在计算风险贡献率 c_i 时，会将分子和分母中的 λ 抵消掉，也即 Markowitz 均值—方差模型下的资产组合中的任意一种资产的风险贡献率与 λ 无关，仅由资产的期望收益和协方差确定。所以，当风险规避系数不同时，不同的资产配置方案具有相同的风险分配比例，使得 Markowitz 均值—方差模型下的同一种资产的风险贡献率，或者说是风险预算值始终相等。

接下来考察如何基于风险预算进行资产组合配置。首先要将资产分为风险资产和无风险资产两类，这是因为无风险资产的多少不会影响资产组合的风险，其风险预算，或风险贡献率与其价值权重无关，始终为零。由此，就得到一个简单的只有两种资产的 Markowitz 有效资产组合方程：

$$\begin{cases} \max EU = w_f R_f + w_r R_r - \dfrac{1}{\lambda}\sigma_p^2 \\ s.t.\ w_f + w_r = 1 \end{cases} \tag{6-11}$$

其中 w_f、w_r 分别表示无风险资产和风险资产的权重，R_f 和 R_r 分别表示这两类资产的期望收益率，λ 表示风险规避系数，σ_p^2 是资产组合的风险，用方差表示。由于无风险资产不会对资产组合增加任何风险，因此 σ_p^2 也就是风险资产承担的风险，所以有 $\sigma_p^2 = w_r^2\sigma_r^2$，$\sigma_r^2$ 表示风险资产的方差。

求解上式，得到无风险资产和风险资产的权重分别为：

$$\begin{cases} w_f = 1 - \lambda\dfrac{R_r - R_f}{2\sigma_r^2} \\ w_r = \lambda\dfrac{R_r - R_f}{2\sigma_r^2} \end{cases} \tag{6-12}$$

从上式中可以看出，只要知道风险资产收益率 R_r 和风险资产方差 σ_r^2，就可以计算出无风险资产和风险资产的权重。而由于无风险资产不会产生风险，因此，风险在风险资产中的分配对风险资产权重的影响就是需要研究的重点。我们希望能够用设定好的风险贡献率，表示投资者对风险预算的需求，从而计算出风险资产的权重配置。值得注意的是，这里提到的收益贡献率应该指的是相对于无风险收益的超额收益的贡献率。这样无风险资产的风险贡献率与收益贡献率都是零。

式（6-9）右边的 $\dfrac{w_i(R_i - R_f)}{\sum w_i(R_i - R_f)}$ 正是资产 i 的超额收益贡献率。由于在资产最优配置下，资产的收益贡献率之比等于资产的风险贡献率之比，并且 $c_i = \dfrac{w_i(R_i - R_f)}{\sum w_i(R_i - R_f)}$，所以对于任意的两种风险资产 i 和 j 而言，它们的风险贡献率之比为：

$$\frac{c_i}{c_j} = \frac{w_i MR_i}{\sum w_i MR_i}\bigg/\frac{w_j MR_j}{\sum w_j MR_j} = \frac{w_i(R_i - R_f)}{w_j(R_j - R_f)} \tag{6-13}$$

可以推出：

$$w_i = \frac{w_j c_i (R_j - R_f)}{c_j (R_i - R_f)} \tag{6-14}$$

由于w_i有 $\sum_i w_i = w_r$，由式(6-14)可以求出：

$$\sum_i \frac{w_j c_i\ (R_j - R_f)}{c_j\ (R_i - R_f)} = w_r \tag{6-15}$$

可以将$\frac{w_j(R_j - R_f)}{c_j}$提到求和号外面，得到：$\frac{w_j(R_j - R_f)}{c_j}\sum_i \frac{c_i}{(R_i - R_f)} = w_r$。两边同时除以$\frac{(R_j - R_f)}{c_j}\sum_i \frac{c_i}{(R_i - R_f)}$得到：

$$w_j = w_r \frac{c_j}{(R_j - R_f)} \Big/ \sum_i \frac{c_i}{(R_i - R_f)} \tag{6-16}$$

所以风险资产的权重可以表示为：

$$w_j = k \times w_r \times \frac{c_j}{R_j - R_f} \tag{6-17}$$

其中 $k = 1/\sum_i \frac{c_i}{(R_i - R_f)}$，风险资产的收益率为：

$$R_r = \frac{\sum_i w_i R_i}{w_r} = k \sum_i \frac{c_i R_i}{R_i - R_f}, \tag{6-18}$$

风险资产的方差为：

$$\sigma_r^2 = \frac{1}{w_r^2}\sum_i \sum_j w_i w_j \sigma_{ij} = k^2 \sum_i \sum_j \frac{c_i}{R_i - R_f} \frac{c_j}{R_j - R_f}\sigma_{ij} \tag{6-19}$$

根据上述分析，可以得到在既定风险贡献的情况下的有效资产组合权重为：

$$\begin{cases} w_f = 1 - \lambda \frac{R_r - R_f}{2\sigma_r^2} \\ w_r = \lambda \frac{R_r - R_f}{2\sigma_r^2} \\ w_i = k \times w_r \times \frac{c_i}{R_i - R_f} \end{cases} \tag{6-20}$$

其中，$\begin{cases} R_r = k \sum_i \frac{c_i R_i}{R_r - R_f} \\ \sigma_r^2 = k^2 \sum_i \sum_j \frac{c_i}{R_i - R_f} \frac{c_j}{R_j - R_f}\sigma_{ij} \\ k = 1/\sum_i \frac{c_i}{(R_i - R_f)} \end{cases}$

这样，投资者除了要提供资产的期望收益、风险矩阵和风险规避系数，还可以根据自己的风险预算需求，额外加入有计划的风险贡献率作为条件，求解得到最适合自己的资产配置方案，这就是基于风险预算理论的资产配置方法。

6.2.4 算例分析

下面给出一个简单的例子，对基于风险预算的资产配置方法进行简单的阐释。假设资产组合中有三种资产，其收益、风险情况如表 6-2 所示，方差—协方差矩阵如表 6-3 所示。

表 6-2　三种资产的收益与风险情况表

资产	收益率	标准差
现金	0.02	0
债券	0.04	0.10
股票	0.08	0.18

表 6-3　方差—协方差矩阵

资产	现金	债券	股票
现金	0	0	0
债券	0	0.01	0.0072
股票	0	0.0072	0.0324

在二维情况下，式(6-8)可以写成

$$\begin{bmatrix} w_1\sigma_1^2 + w_2\sigma_{1,2} \\ w_2\sigma_2^2 + w_1\sigma_{1,2} \end{bmatrix} = \frac{1}{2}\begin{bmatrix} \lambda(R_1 - R_f) \\ \lambda(R_2 - R_f) \end{bmatrix} \tag{6-21}$$

解二元一次方程组(6-21)得

$$\begin{bmatrix} w_1 \\ w_2 \end{bmatrix} = \frac{\lambda}{2}\begin{bmatrix} \sigma_1^2 & \sigma_{12} \\ \sigma_{12} & \sigma_2^2 \end{bmatrix}^{-1}\begin{bmatrix} R_1 - R_f \\ R_2 - R_f \end{bmatrix} \tag{6-22}$$

下面分别给出风险厌恶系数 $\lambda = 0.5$、$\lambda = 0.65$、$\lambda = 0.75$ 和 $\lambda = 0.81$ 情况下的资产配置策略、风险预算、风险贡献率和边际风险。从几个表中可以明显看出无论资产如何分配，只要满足优化问题(6-1)，风险贡献率和收益贡献率都是不变的，而且 λ 越小，投资在无风险资产的比重就越大，反之，投资在无风险资产的比重就越小。具体结果见表 6-4、表 6-5、表 6-6 和表 6-7。

表 6-4　　风险厌恶系数为 0.5 时资产配置与风险预算情况表

	无风险资产	风险资产 1	风险资产 2	总和
R_i	0.02	0.04	0.08	
$R_i - R_f$	0	0.02	0.06	
σ_i^2	0	0.1	0.18	
相关系数	1	0	0	
	0	1	0.4	
	0	0.4	1	
λ				0.5
方差—协方差	0	0	0	
	0	0.01	0.0072	
	0	0.0072	0.0324	
$\lambda\tilde{\sum}(R - ER_f)$		0.000108	0.000228	
$2\vert\sum\vert$		0.000544	0.000544	
w_i	0.3827	0.1984	0.4189	1
无风险资产	0	0	0	0
资产 1 的风险	0	0.000394	0.000598	0.00099
资产 2 的风险	0	0.000598	0.00568	0.00628
风险预算 $w_i\sigma_{ip}$	0	0.000992	0.00628	0.00728
σ_p	0	0.031497	0.07926	0.08529
风险贡献率 c_i		0.13636	0.8636	1
σ_{ip}		0.005	0.015	
β_i		0.68727	2.0618	
收益 w_iR_i	0.00765	0.0079	0.0335	0.0491
收益贡献率 c_i	0	0.13636	0.8636	1
$c_i/(R_i - R_f)$	0	6.81818	14.3939	21.2121
$kc_i/(R_i - R_f)$	0	0.32143	0.67857	1

续表

	无风险资产	风险资产 1	风险资产 2	总和
$w_r kc_i / (R_i - R_f)$		0.1984	0.4189	0.6173
边际风险 $MR_i = 2\sigma_{ip}$	0	0.01	0.03	
风险厌恶系数 λ	0	0.5	0.5	0.5
$w_i MR_i$	0	0.00198	0.01256	0.01455
风险贡献率 c_i	0	0.13636	0.86363	
$\underline{MR}_i = \beta_i \sigma_p = \rho_{ip}\sigma_i$		0.05862	0.17586	0.23448
$w_i \underline{MR}_i$		0.01163	0.07366	0.08529
ρ_{ip}		0.5862	0.9770	

表 6-5　风险厌恶系数为 0.65 时资产配置与风险预算情况表

	无风险资产	风险资产 1	风险资产 2	总和
R_i	0.02	0.04	0.08	
$R_i - R_f$	0	0.02	0.06	
σ_i^2	0	0.1	0.18	
相关系数	1	0	0	
	0	1	0.4	
	0	0.4	1	
λ				0.65
方差—协方差	0	0	0	
	0	0.01	0.0072	
	0	0.0072	0.0324	
$\lambda \tilde{\Sigma}(R - ER_f)$		0.00014	0.000296	
$2\|\Sigma\|$		0.000544	0.000544	
w_i	0.1975	0.2579	0.5445	1
无风险资产	0	0	0	0
资产 1 的风险	0	0.000665	0.00101	0.00168
资产 2 的风险	0	0.001011	0.0096	0.01062
风险预算 $w_i \sigma_{ip}$	0	0.001677	0.0106	0.01229
σ_p	0	0.0409	0.1030.	0.11088
风险贡献率 c_i		0.13636	0.8636	1
σ_{ip}		0.0065	0.0195	

续表

	无风险资产	风险资产1	风险资产2	总和
β_i		0.5287	1.586	
收益 w_iR_i	0.00395	0.0103	0.04356	0.05783
收益贡献率 c_i	0	0.13636	0.8636	1
$c_i/(R_i-R_f)$	0	6.81818	14.3939	21.2121
$kc_i/(R_i-R_f)$	0	0.3214	0.67857	1
$w_rkc_i/(R_i-R_f)$		0.2579	0.5445	0.8025
边际风险 $MR_i=2\sigma_{ip}$	0	0.013	0.039	
风险厌恶系数 λ	0	0.65	0.65	0.65
w_iMR_i	0	0.00335	0.0212	0.02459
风险贡献率 c_i	0	0.13636	0.8636	
$\underline{MR}_i=\beta_i\sigma_p=\rho_{ip}\sigma_i$		0.0586	0.17586	0.23448
$w_i\underline{MR}_i$		0.0151	0.09576	0.11088
ρ_{ip}		0.5862	0.9770	

表6-6　风险厌恶系数为0.75时资产配置与风险预算情况表

	无风险资产	风险资产1	风险资产2	总和
R_i	0.02	0.04	0.08	
R_i-R_f	0	0.02	0.06	
σ_i^2	0	0.1	0.18	
相关系数	1	0	0	
	0	1	0.4	
	0	0.4	1	
λ				0.75
方差—协方差	0	0	0	
	0	0.01	0.0072	
	0	0.0072	0.0324	
$\lambda\tilde{\Sigma}(R-ER_f)$		0.000162	0.000342	
$2\|\Sigma\|$		0.000544	0.000544	
w_i	0.07407	0.2976	0.6283	1
无风险资产	0	0	0	0
资产1的风险	0	0.000886	0.001346	0.0022

续表

	无风险资产	风险资产1	风险资产2	总和
资产2的风险	0	0.001346	0.01279	0.0141
风险预算 $w_i\sigma_{ip}$	0	0.00223	0.01414	0.0164
σ_p	0	0.04725	0.1189	0.1279
风险贡献率 c_i		0.13636	0.8636	1
σ_{ip}		0.0075	0.0225	
β_i		0.45818	1.3745	
收益 w_iR_i	0.00148148	0.0119	0.050	0.0637
收益贡献率 c_i	0	0.136	0.8636	1
$c_i/(R_i-R_f)$	0	6.818	14.3939	21.212
$kc_i/(R_i-R_f)$	0	0.3214	0.6786	1
$w_rkc_i/(R_i-R_f)$		0.2976	0.6283	0.9259
边际风险 $MR_i=2\sigma_{ip}$	0	0.015	0.045	
风险厌恶系数 λ	0	0.75	0.75	0.75
w_iMR_i	0	0.00446	0.02827	0.0327
风险贡献率 c_i	0	0.13636	0.8636	
$\underline{MR}_i=\beta_i\sigma_p=\rho_{ip}\sigma_i$		0.0586	0.17586	0.2345
$w_i\underline{MR}_i$		0.0174	0.1105	0.1279
ρ_{ip}		0.5862	0.9770	

表6-7　**风险厌恶系数为0.81时资产配置与风险预算情况表**

	无风险资产	风险资产1	风险资产2	总和
R_i	0.02	0.04	0.08	
R_i-R_f	0	0.02	0.06	
σ_i^2	0	0.1	0.18	
相关系数	1	0	0	
	0	1	0.4	
	0	0.4	1	
λ				0.81
方差—协方差	0	0	0	
	0	0.01	0.0072	
	0	0.0072	0.0324	

续表

	无风险资产	风险资产 1	风险资产 2	总和
$\lambda\tilde{\Sigma}$ (R - ER_f)		0.000175	0.000369	
2 | Σ |		0.000544	0.000544	
w_i	0	0.32143	0.67857	1
无风险资产	0	0	0	0
资产 1 的风险	0	0.00103	0.00157	0.0026
资产 2 的风险	0	0.00157	0.0149	0.01649
风险预算 $w_i\sigma_{ip}$	0	0.0026	0.0165	0.01909
σ_p	0	0.0510	0.1284	0.13818
风险贡献率 c_i		0.1363	0.8636	1
σ_{ip}		0.0081	0.0243	
β_i		0.4242	1.273	
收益 w_iR_i	0	0.0128	0.0543	0.06714
收益贡献率 c_i	0	0.136	0.8636	1
$c_i/(R_i - R_f)$	0	6.818	14.39	21.2121
$kc_i/(R_i - R_f)$	0	0.321	0.679	1
$w_rkc_i/(R_i - R_f)$		0.321	0.679	1
边际风险 $MR_i = 2\sigma_{ip}$	0	0.0162	0.0486	0.0648
风险厌恶系数 λ	0	0.81	0.81	0.81
w_iMR_i	0	0.0052	0.03298	0.03819
风险贡献率 c_i	0	0.13636	0.8636	
$\underline{MR}_i = \beta_i\sigma_p = \rho_{ip}\sigma_i$		0.0586	0.17586	0.23448
$w_i\underline{MR}_i$		0.0188	0.1193	0.13818
ρ_{ip}		0.5862	0.9770	

6.3 风险预算管理存在的问题

6.3.1 投资经理结构与投资经理选择

下面来研究投资经理结构和投资经理选择的问题。尽管资产配置研究使得投资者能拥有最恰当的资产结构，但是大部分的投资者对于如何决定他们的投资经理结构，以最大效率地发挥资金的作用，都没有明确的方法。一般认为，投资经理的选择不是一次性的问题，而是一个组合的构建问题，应该在参考资产组合构建的基础上，来解决投资经理结构的问题，也就是说，投资经理结构问题就是构建一个投资经理的组合。

通过这种方法，需要解决以下问题：

①风险预算：如何控制由于使用积极投资经理带来的积极风险？

②积极和指数经理：投资经理结构中，指数基金、增强指数基金、积极型基金经理结构如何确定？

③应该保留哪些投资经理？各自的投资比重分别是多少？

④如何对比平衡型投资经理与投资者的总资产分配政策基准？

直到今天，在投资经理结构方面，投资者所能得到的理论知识仍然不多。下面讨论在传统的风险收益最优化的基础上，构建投资经理结构的最优模型。

回想在图 6 - 1 所示的风险预算流程图里，在战略性的投资组合确定之后，需要做的是基准设计，然后进行投资经理结构的选择。组合的基准设计能够反映投资者的投资专长，一般包括了投资者选择的典型证券构成的股票库，同时也为业绩提供了一个准确的度量方法。设定了基准组合，也即选定了股票库，投资经理就是基金投资决策的实施者，他们在股票库里面进行选股，影响基金的业绩。一般基金经理分为积极型和消极型两种，其根本区别在于对市场的认识，如果基金经理认为市场是无效的，那么实施一项积极的投资战略将有可能获得超额收益，而如果他认为市场是有效的，那么基金经理只要盯住基准就可以了，因为市场不会提供获得超额收益的机会。在风险预算的实施中，有这样的假定，当积极经理人从总投资组合约束中分担额外的风险时，能生成积极收益，即持有组合的收益超过所选择基准收益的部分，一般用 α 表示。所以在风险预算中，投资者能否取得更多的投资收益，在很大程度上取决于事前能否鉴别并选择出优秀的积极管理者。对于风险预算管理中的积极经理人，为了获得超额收益，必须要承担积极风险，积极风险是超过基准收益率的波动性。基准组合不用承担积极风险，相应地，也就不能获得超额收益。

进行积极经理人的组合的构建时，可以把每一个积极经理人当作一项资产，积极经理人的选择问题就可以用类似于资产配置的方法来解决。参考上述基于风险预算的资产配置方法，可以得到在既定经理人的风险贡献情况下，经理人的资产配置。

前文提到，一个符合无套利原理的资产组合中，每一个资产的风险贡献率应与超额收益贡献率相同，否则投资者就可以通过减少投资于风险贡献率大于超额收益贡献率的资产，并增加投资于风险贡献率小于超额收益贡献率的资产，获取套利收益。

所以，对于积极经理人 i 的积极风险贡献率有：

$$c_i = \frac{w_i \alpha_i}{\sum_i w_i \alpha_i} \tag{6-23}$$

其中，c_i 表示积极经理人 i 的积极风险贡献率，w_i 表示积极经理人 i 的配置权重，α_i 表示积极经理人 i 的超额收益率。式（6－23）右边的比值式子是积极经理人 i 的超额收益贡献率。

由于积极经理人的配置权重和为 1，所以 w_i 有 $\sum w_i = 1$。由式（6－23）可以求出：

$$w_i = k \cdot \frac{c_i}{\alpha_i}，其中，k = \frac{1}{\sum_j c_j / \alpha_j} \tag{6-24}$$

在这一方法中，投资者根据积极经理人的不同特点，在不同的积极经理人之间有计划地分配风险，通过加入风险贡献率作为条件，求解得到最适合自己的积极经理人结构，这就是基于风险预算理论的积极经理人选择。

6.3.2　基准组合的选择和动态调整问题

风险预算管理中存在一个应该由谁来构建基本组合的问题。关于这一问题，存在两种不同的观点。有些研究者认为管理者自己故意构建易于超越的基准组合，从而减少努力就可以轻易超越基准，以获得更多的激励费用，因而损害了投资者的利益，应该由第三方来构建基准组合以保证公平。有些研究者则持相反的意见，他们认为度量经理人的最好的指标是信息系数，如管理者构建一个容易超越的基准的话，那么在获得高额收益的同时积极风险也在增大，信息系数的变化并不大。同时，由于超额收益的方差增加，也增加了管理者在低收益时被解雇的可能性，所以管理者不会构建一个容易超越的基准组合。

目前中国的经理人市场和发达国家相比，发展还不成熟，投资者根据基准组合的收益和风险比较来对管理者进行选择的能力还比较弱，经理人市场的淘汰机制也不是非常完善。因此，中国机构投资者在构建基准组合时，还应该适当地吸收第三方的意见，甚至可以委托第三方进行基准组合的构建，这样有利于投资者用基准组合对投资机构的管理者进行激励与约束。

6.4　本章小结

风险预算，就是通过度量和分解风险，在资产配置决策时加入风险度量，将风险分配给投资组合经理，组合经理在投资者可以接受的风险水平下获得最大收益的过程。和其他预算一样，风险预算也是一个分配稀缺资源的基本经济问题，不过这里的稀缺资源是可以接受的投资风险。风险预算的优点主要在于其能清楚地向风险管理人员呈现所承担的风险，但实际运用中的难点也恰恰在于风险计算与风险的分解。利用当前最为流行的均值—方差方法，设定资产的风险贡献率，可以实现对风险的计算和分解。

整个风险预算过程一般可以分为三个主要的层次：一是战略性资产分配；二是基准组合设计；三是投资经理结构与投资经理选择。战略性资产分配中选择要投资的资产类别，是风险预算中的最主要的决策环节，也是引致风险最多的一个环节。基准组合的设计和投资组合的选择都是在此基础之上进行的，并希望投资经理能够在股票库的基础上，实现风险调整下的业绩最优化。

风险预算管理改变了投资者对待风险的态度，它认为风险是获利的源泉，因此愿意主动承担风险，并且对风险在事前进行预算分解，事中进行分配监控，事后进行评价调节。因此说，风险预算管理是一种实时的、动态的、积极的风险管理手段。

复习思考题

1. 什么是风险预算管理？风险预算管理有何特征？

2. 风险预算管理是如何产生的？人类对于风险的态度和认识经历了怎样的变化？

3. 风险预算管理的流程是什么？

4. 如何理解积极风险、积极收益之间的关系？

5. 风险预算管理与传统的资产配置管理有什么区别和联系？

6. 怎样理解风险贡献率和收益贡献率的关系？

7. 怎样理解风险厌恶系数的经济意义？

8. 假设资产组合中有三种风险资产和一种无风险资产，其收益与风险情况如表 6－8 所示，相关系数矩阵如表 6－9 所示，问当风险厌恶系数为 0.6 时，如何进行资产配置？此时总风险是多少？单位资产的总收益是多少？问题答案见表 6－10。

表 6－8　　　　收益与风险情况表

资产	无风险资产	低风险资产	中风险资产	高风险资产
收益率	0.02	0.04	0.07	0.10
方差	0	0.1	0.18	0.25

表6-9　相关系数矩阵

资产	无风险资产	低风险资产	中风险资产	高风险资产
无风险资产	1	0	0	0
低风险资产	0	1	0.3	0.2
中风险资产	0	0.3	1	0.4
高风险资产	0	0.2	0.4	1

表6-10　风险厌恶系数为0.6时资产配置与风险预算情况表

资产	比例	边际风险	收益	风险预算
无风险资产	0.1418	0	0.0028	0
低风险资产	0.3217	0.012	0.0129	0.0019
中风险资产	0.2504	0.03	0.0175	0.0037
高风险资产	0.2861	0.048	0.0286	0.0069
合计	1	0.09	0.0618	0.0125

第7章

投资组合保险策略

现代投资理论认为，投资组合面临的风险包括系统性风险和非系统性风险。系统性风险是由宏观性因素决定的，难以通过分散投资的方法加以规避。非系统性风险是针对特定的个别股票发生的风险，与整个市场无关，投资者通常可以采取投资组合的方式规避此类风险。投资组合虽然能在很大程度上降低非系统性风险，但当整个市场环境或某些全局性的因素发生变动时，即发生系统性风险时，所有股票的市场价格会朝着同一方向变动，单凭股票市场的分散投资，显然无法规避市场价格整体变动的风险。尤其是在20世纪70年代，政治因素引发的系统性风险使全球投资者损失惨重，现代投资组合理论没能在这次股灾中保护投资者的安全，这使得机构投资者开始思考如何尽量避免系统性风险造成的巨额损失，如何在保障一部分本金的前提下获取股市上涨的收益，因此投资组合保险策略便应运而生。本章7.1中简单介绍了投资组合保险策略产生的背景和发展现状；7.2中介绍了静态投资组合保险策略，主要包括较为传统的买入持有策略和停损策略以及较为先进的欧式保护性策略和信托式保护性策略；7.3中介绍了动态投资组合保险策略，包括复制性卖权策略、固定比例投资组合保险策略、时间不变性投资组合保险策略和VaR套补的投资组合保险策略；7.4中对各种方法进行了比较和总结，并介绍了投资组合的调整策略。

7.1 投资组合保险策略概述

投资组合保险策略的主要目的是保证投资者在继续拥有资产增值潜力的同时，回避或者锁定资产价格下跌的风险。运用投资组合保险策略，可以利用低风险资产的收益来弥补高风险资产的损失，保障投资组合的价值在一定程度内不受侵蚀，相应减少投资组合的系统性风险和非系统性风险，以实现既能保证本金安全，又能获得可能的收益。

近些年来，在欧洲和亚洲，以动态资产组合保险策略为核心技术的保本基金得到了迅猛的增长。在欧洲，截至 2002 年 7 月，2229 只保本基金的资产总值已经达到 250 亿欧元。在日本，保本基金占了绝对优势，占基金市场份额的 90% 以上。在中国，由于近些年银行存款利率持续走低，股市前景不明朗，投资者投资意愿低迷，国内居民苦于没有既安全又有较高收益的投资渠道，所以很多盈余的现金都存入了银行，与日本和中国香港地区相似，中国内地也是高储蓄余额地区。从 1996 年开始，中国人民银行连续 8 次降低人民币存贷款利息，而人民币储蓄余额却连创新高，到 2003 年末，城乡居民储蓄存款余额达到了 10.4 万亿元。2004 年 3 月 2 日，国内首只正式冠名"保本"的保本基金（银华保本增值证券投资基金）宣告成立。实际上，银华保本增值证券投资基金一再创下募集量的新高，且个人投资者持有比例超过 95%，说明中国普通投资者已经开始认同将保本基金作为低风险的储蓄替代型投资产品。有理由相信，保本基金在中国内地的市场上必然会得到更快更好的发展，而动态组合保险策略已经成为这些基金公司投资的核心策略，所以研究资产组合保险策略有明显、重要的现实意义。

在操作上，投资组合保险策略一般可以分为两大类：一类是运用Black-Scholes期权定价公式所衍生出的基于期权的投资组合保险策略（Option-Based Portfolio Insurance，OBPI），如欧式保护性卖权（Protective Put Option，PPO）策略、信托式保护性买权（Fiduciary Call Option，FCO）策略和复制性卖权（Synthetic Put Option，SPO）策略；另一类则是依据投资者本身的风险收益偏好及承受能力，设定一些简单的参数，以达到保险的目的，如买入持有（Buy-and-Hold，BAH）策略、停损（Stop-Loss，SL）策略、固定组合（Constant-Mix，CM）策略、固定比例投资组合保险（Constant Proportion Portfolio Insurance，CPPI）策略、时间不变性投资组合保险（Time Invariant Portfolio Protection，TIPP）策略。

按调整方式分类，投资组合保险可分为静态投资组合保险策略和动态投资组合保险策略。本书利用调整方式作为分类依据来介绍投资组合保险策略。静态投资组合保险 1981 年首先由 Hayne E. Leland 和 Mark Rubinstein 提出。它通过期初购买股票期权或股票期货来进行避险，并一直持有至期末，在持有期间内不作任何调整。按购买期权的不同，静态保险策略可分为欧式保护性卖权（Protective Put Option）和信托式保护性买权（Fiduciary Call Option）两种。由于衍生金融工具市场不能随时提供投资者所需要的特定期权种类，在这种情况下，1985 年 Rubinstein提出期权复制的观点。投资者需要采用动态的投资组合保险策略，即利用动态复制技术，利用股票自身或期货来构建模拟所需期权的组合，其实现方式是利用动态资产配置方法来模拟卖出期权。所谓动态配置是指投资者根据市场行情的变化在股票和无风险证券之间进行投资调和转换，以保证整个投资组合的收益率在设定的保护收益率之上。

7.2 静态投资组合保险策略

静态投资组合保险首先由 Hayne E. Leland 和 Mark Rubinstein 提出。所谓静态投资组合保险策略，就是利用市场上现有的金融衍生工具来达到对投资组合保险的目的。投资者持有期权至到期日为止，期间并不作任何头寸调整，所以称为静态投资组合保险策略。按购买期权的不同，静态保险策略可分为欧式保护性卖权和信托式保护性买权两种。事实上，买入持有策略和停损策略也可以认为是静态投资组合保险策略。

7.2.1 买入持有策略

买入持有策略是所有投资组合保险策略中最简单的一种操作策略，即将投资按照一个固定比例分别投资于风险资产和无风险资产。买入持有策略是一种买入后就什么也不做的策略，无论风险资产发生了什么变化，资产配置均不作调整。如果投资者希望将投资损失维持在一个限度内，则可将要保险的金额投资于无风险债券，将剩余资金购买股票。当投资期满时，无风险债券本息的收回就已经达到保险的底线。在买入持有策略之下，投资者可以维持一个最低的报酬率不受侵蚀，同时又可以享受投资于股票市场的增值利益收益，期初投资于风险性资产的比率越高，可享受的增值利益亦越高，但相应的保险底线也就越低。

假设投资者的初始资产为 100 万元，股票指数的初始点位为 100，投资期限为 1 年，1 年期国债的利率为 5%，投资者要求的保本底线为 94.5 万元，则期初投资债券资产的价值为 $94.5/(1+0.05)=90$(万元)，投资股票资产的价值为 $100-90=10$(万元)。表 7－1 列示了 1 年后不同股票价位时资产组合的价值。

表 7－1　　买入持有策略组合的价值变动　　单位：万元

	情况 1	情况 2	情况 3	情况 4	情况 5
股票指数	40	55	90	100	120
债券价值	94.5	94.5	94.5	94.5	94.5
股票价值	4.0	5.5	9.0	10.0	12.0
BH 资产组合价值	98.5	100	103.5	104.5	106.5

7.2.2 停损策略

投资者可以根据自己对风险的容忍度和风险偏好对其投资的资产设立一个停

损点，执行停损（SL）策略，来达到对投资组合进行保险。投资者于期初先将所有投资金额投资于风险性资产，当股价一旦触及停损点时，便出售所有的风险性资产，并将全部所得转投于无风险资产，使该投资组合能在期末时保有要保险的金额。采取该策略时，若股价在保险期间并未跌至停损点之股价，则无须做任何交易，亦不需支付任何成本，即可享有股价增值的利益。

假设初始资产为 100 万元，股票指数的初始点位为 100，停损点为 95 万元。停损策略的调整过程如表 7 - 2 所示。

表 7 - 2　　停损策略的调整过程　　单位：万元

时期	1	2	3	4	5	6
股票指数	108.83	115.52	118.50	117.19	112.17	105.00
股票资产比率	100%	100%	100%	100%	100%	100%
债券资产比率	0%	0%	0%	0%	0%	0%
SL 资产价值	108.83	115.52	118.50	117.19	112.17	105.00
时期	7	8	9	10	11	12
股票指数	97.83	95	91.50	94.48	101.17	110.00
股票资产比率	100%	0%	0%	0%	100%	100%
债券资产比率	0%	100%	100%	100%	0%	0%
SL 资产价值	97.83	95	95	95	101.17	110.00

7.2.3　欧式保护性卖权

投资组合保险策略中，欧式保护性卖权（PPO）策略给股票投资者提供了一个简单、有效的保险方法。具体的策略是：持有标的资产，并买入该标的资产的看跌期权，其执行价格等于标的资产最初价值。若期末股价低于合约执行价格，投资者可以执行卖权，使投资组合的价值符合要保险的金额；若期末股价高于合约执行价格，投资者则不必执行卖权，即可保有高于合约执行价格的投资组合价值。证明如下：

W_0 和 W_T 分别代表一份资产组合的最初和最终价值，且投资期与以其为标的资产的期权的执行期相同。如果投资者对其资产组合进行全额保险，则期末资产价值 Y 为：$Y(W_T;W_0)=\max[W_T,W_0]$。

一个执行价格为 W_0 的看跌期权期末价值为：

$$P(W_T;W_0)=\max[W_0-W_T,0] \qquad (7-1)$$

持有一份标的资产和一个执行价格为 W_0 的看跌期权的期末价值是

$$W_T + P(W_T; W_0) = W_T + \max[W_0 - W_T, 0] = \max[W_T, W_0] = Y(W_T; W_0) \quad (7-2)$$

因此，持有一份标的资产和一个执行价格为 W_0 的看跌期权等同于对一份标的资产进行组合保险。保险的价格等于执行价格为 W_0 的看跌期权的价格。

假设投资者投资期限为1年，初始资产为100万元，股票组合A的初始点位为100，1年后到期且标的资产为股票组合A的看跌期权的价格为0.5元，其执行价格为100元，投资者要求的保本底线为100万元。PPO策略要求投资者在购入100万元组合A的同时，购入对应的看跌期权1万份，以保证期末资产组合的价值满足所要求的保本底线，投资者为此所付出的代价即为0.5万元。表7-3列示了期末不同股票指数下的资产组合价值。

表7-3　欧式保护性卖权策略的组合价值变动　单位：万元

	情况1	情况2	情况3	情况4	情况5	情况6	情况7
股票组合A指数	80	90	95	100	110	125	140
看跌期权价值	20	10	5	0	0	0	0
股票组合价值	80	90	95	100	110	125	140
PPO资产组合价值	100	100	100	100	110	125	140

假设有一风险资产和以该风险资产为标的还有半年到期的欧式看跌期权，当时价格分别为10元和0.766元，测得该资产收益率的波动率是30%，市场上的无风险利率是3%，若投资者希望把10万元投资在风险资产上，并保证在半年内不产生任何损失，而又能享有风险资产价格上涨带来的收益，则投资者需要使用欧式看跌期权进行保值交易，保护费用即期权费用的具体计算见表7-4。

表7-4　组合保险的看跌期权费用　单位：元

时间段(t)	利率(r)	执行价格(X)	当时价格(S)	波动率(σ)	N(-d1)	N(-d2)	看跌期权(P)
0.08	0.03	10	6	0.3	1	1	3.9750
0.17	0.03	10	7	0.3	0.9975	0.9983	2.9507
0.25	0.03	10	8	0.3	0.9135	0.9348	1.9702
0.33	0.03	10	9	0.3	0.6786	0.7379	1.1985
0.5	0.03	10	10	0.3	0.4298	0.5141	0.7660
0.33	0.03	10	11	0.3	0.2436	0.3010	0.3003
0.25	0.03	10	12	0.3	0.0900	0.1169	0.0800
0.17	0.03	10	13	0.3	0.0124	0.0169	0.0071

7.2.4 信托式保护性买权

所谓信托式保护性买权（FCO）策略是在确定组合投资期限和保险底线基础上，购买根据投资期限设定的短期国债或零息债券等无风险资产，再加上一个买权（Call Option），以便在该标的股票价格上涨时可以较低价格买进获取增值利益。证明如下：

W_0 和 W_T 分别代表一份资产组合的最初和最终价值，且投资期与以其为标的资产的看涨期权的执行期相同。如果投资者对这份资产组合进行投资组合保险，即期末资产价值 Z 为：$Z(W_T;W_0)=\max[W_T,W_0]$

一个执行价格为 W_0 的看涨期权期末价值为：

$$C(W_T;W_0)=\max[W_T-W_0,0] \tag{7-3}$$

持有一份期末价值为 W_0 的无风险资产和一份执行价格为 W_0 的看涨期权的期末价值是

$$W_0+C(W_T;W_0)=W_0+\max[W_T-W_0,0]=\max[W_T,W_0]=Y(W_T;W_0) \tag{7-4}$$

因此，持有一份期末价值为 W_0 的无风险资产和一个执行价格为 W_0 的看涨期权等同于对期权标的资产进行投资组合保险。保险的价格等于执行价格为 W_0 的看涨期权的价格。

这个策略同样可以利用买权和卖权的平价公式作进一步的解释：

$$S+P=C+Xe^{-rT} \tag{7-5}$$

其中，S 为标的股票价格，X 为执行价格，C 为买权价格，P 为卖权价格。上式的左边即为欧式保护性卖权，右边即为信托式保护性买权。信托式保护性买权所达到的保险效果，经由买权卖权平价公式同欧式保护性卖权的效果是一样的。

来看一个数值算例：假设有一风险资产和以该风险资产为标的还有半年到期的欧式看涨期权，当时价格分别为 10 元和 0.915 元，测得该资产收益率的波动率是 30%，市场上的无风险利率是 3%，若投资者希望投资在一个单位风险资产上的价值保证在半年内不低于 10 元，则应该用欧式看涨期权来为该组合进行保险。期权费用见表 7－5。

表 7－5　组合保险的看涨期权费用　　单位：元

时间段（t）	当时价格（S）	N(－d1)	N(－d2)	现值 Xexp(－rt)	看涨期权（C）
0.17	7	0.9975	0.9983	9.9501	0.0006
0.25	8	0.9135	0.9348	9.9252	0.045
0.33	9	0.6786	0.7379	9.9004	0.298

续表

时间段（t）	当时价格（S）	N(-d1)	N(-d2)	现值 Xexp(-rt)	看涨期权（C）
0.5	10	0.4298	0.5141	9.8511	0.9149
0.33	11	0.2436	0.3010	9.9004	1.3998
0.25	12	0.0900	0.1169	9.9252	2.1547
0.17	13	0.0124	0.0169	9.9501	3.057

以上两种投资组合保险策略虽然可行，但是在实务中会遇到以下问题：

（1）对于特定的风险资产，其对应的欧式期权不一定存在。

（2）市场上交易期权的到期日与投资组合保险的保险期间不一定相符。

（3）投资组合保险需要欧式期权，而市场上多数的期权是可提前履约的美式期权，利用美式期权会增加提前履约的风险并增加成本。

（4）市场上交易期权的履约价格与投资组合的保险额度不一定相符。

由于现有的期权可能并不适合执行投资组合保险策略，因此就有必要通过动态地投资于风险资产（Risky Asset）与无风险资产（Reserve Asset）的组合来复制期权，使其收益结构与卖权的收益结构相同，或者说利用动态资产配置方式来达到投资组合保险的效果。

7.3 动态投资组合保险策略

由于静态投资组合保险策略的一些局限性，动态投资组合保险策略随着期权理论的不断发展应运而生。动态投资组合保险（Portfolio Insurance）已逐渐成为一种流行的资产分配策略，它是一种动态避险策略（Dynamic Hedging），即它的投资组合中的风险资产和无风险资产的比例需要根据股票价格波动情况不断进行调整。动态投资组合保险策略在投资组合保险执行时，必须在风险资产价格上扬时增加风险性资产的持有，反之则削减其持有的比重。这种动态的资产分配方式显示出两个特点：一是必须随着风险资产价格的变化进行持续调整，以达成保险的精确度；二是就风险性资产而言，基本上是一种买高卖低的策略或称追涨杀跌的策略。就总体效果而言，投资组合保险策略能够将投资组合所面临的风险控制于一定的程度内，以锁定整个投资组合价格下跌的风险，而另一方面又不致损失价格上涨的利益。投资组合保险策略尤其适用于大笔资金的持有者，他们一般只愿意承受一定范围内的损失，如退休基金、保险基金、共同基金或各类信托基金的基金经理人。一般而言，构建投资组合可以分散非系统性风险，至于如何消除系统性风险，则可透过投资组合保险来达成。动态投资组合保险策略主要包括复制性卖权策略、固定比例投资组合保险策略、时间不变性投资组合保险策略和VaR套补策略等。

7.3.1 复制性卖权策略

为了解决市场上缺乏适当的期权作为投资组合保险工具的问题，Rubinstein和Leland（1981）提出了复制期权的概念，即经由连续调整投资组合中无风险资产与风险性资产的相对比例，以达到与欧式保护性卖权策略一致的保险功能。该策略可由Black-Scholes期权定价公式代入买权卖权平价公式而得：

$$
\begin{aligned}
C &= SN(d_1) - e^{-rT}XN(d_2) \\
S + P &= C + Xe^{-rT} \\
&= SN(d_1) - e^{-rT}XN(d_2) + Xe^{-rT} \\
&= SN(d_1) + e^{-rT}X[1 - N(d_2)] \\
&= w_1 S + w_2 Xe^{-rT} \ [\text{其中 } w_1 = N(d_1),\ w_2 = N(-d_2)]
\end{aligned}
\tag{7-6}
$$

式（7－6）左边即为保护性卖权策略的收益形态，此时若以投资组合的角度看，可以利用持有w_1单位的股票（组合）及w_2单位期初价值为Xe^{-rT}、年利率为r的无风险资产，来复制一个与保护性卖权相同的投资组合，以达到相同的保险效果。由于$N(d_1)$和$N(-d_2)$并非定值，而是随着股价及距到期日的时间影响而变动，这就意味着必须连续不断地调整风险资产与无风险资产的头寸，也就是说，在任何一个时刻某一个股价之下，要维持所持有的股数为w_1，无风险资产数为w_2。一般而言，当股价下跌时，投资者将股票卖出转换为现金，当股价上涨时，投资者将现金转换为股票，以享受股价上涨的收益。

假设有一风险资产当前价格是20元，测得该资产收益率的波动率是25%，市场上的无风险利率是5%，某投资者现有资金20.746万元，若投资者希望最差情况下在半年内资产不低于19万元，同时当资产上涨时尽可能获得更大的收益，问如何在风险资产和无风险资产间分配这20.746万元。

首先计算$N(d_1) = 0.6984$，这样分配给股票资产的资金是13.969万元，存入银行获得无风险收益的资金是6.777万元(20.746－13.969)，见表7－6第1行。

股票$= SN(d_1) = 20 \times 0.6984 = 13.969$

现金$= e^{-rT}X[1 - N(d_2)] = 18.531 \times [1 - 0.6343] = 6.777$

同样道理，如果当时你没有买，过了10天股票的价格上涨到了20.9元，你此时恰好有现金21.378万元，你仍然希望从当初开始算半年内资产不低于19万元，同时当资产上涨时尽可能获得更大的收益，这时你分配在风险资产股票上的资金是 16.365 万元，存银行的资金是 5.013 万元，见表 7－6 第 2 行。表 7－6 中的当时保险比例是指以当时的股票价格、资金情况和到期期限计算的保险金额需要的分配比例，当然在资金小于一定额度时，只能全部存在银行，也不一定能达到保险目标。调整过程如表 7－7 所示。表 7－6 和表 7－7 的价格时间序列是相隔 10 天。

表 7－6　　复制性卖权策略下资产组合的当时保险比例

时间段	当时价格（元/股）	标准正态	标准正态	现值	看涨期权	看跌期权	当时保险比例（万元）	
t	S	N(d1)	N(d2)	Xexp(－rt)	期权 C	期权 P	股票	现金
0.500	20.00	0.698	0.634	18.531	2.216	0.746	13.969	6.777
0.460	20.90	0.783	0.730	18.568	2.811	0.478	16.365	5.013
0.421	22.00	0.868	0.830	18.605	3.651	0.256	19.086	3.169
0.381	21.00	0.802	0.756	18.642	2.743	0.385	16.844	4.540
0.341	19.80	0.682	0.628	18.679	1.769	0.647	13.496	6.951
0.302	18.00	0.415	0.362	18.716	0.687	1.403	7.466	11.937
0.262	17.00	0.241	0.203	18.753	0.291	2.043	4.097	14.946
0.222	16.30	0.126	0.103	18.790	0.114	2.604	2.048	16.857
0.183	17.50	0.264	0.230	18.827	0.284	1.612	4.620	14.492
0.143	18.10	0.348	0.314	18.865	0.380	1.145	6.299	12.946
0.103	19.00	0.542	0.510	18.902	0.657	0.559	10.290	9.269
0.063	18.00	0.219	0.201	18.940	0.138	1.078	3.938	15.140
0.024	18.30	0.178	0.168	18.977	0.067	0.744	3.258	15.786

现在解释表 7－7 中的不变保险比例和调整保险比例。不变保险比例是指投资者按照半年内资产不低于 19 万元的目标，把 20.746 万元分配在股票资产 13.969 万元和存入银行 6.777 万元以后，过了一段时间，股票价格发生了变化，但仍然没有改变这个比例。比如过了 20 天股票价格变为 22 元，投资者此时的股票价值是 15.366 万元（13.969 × 1.1），银行存款是 6.804 万元［6.777 × exp（0.05 ×20/252）］，见表 7－7 第 3 行。调整保险比例是指在初始分配比例的基础上，随着时间的推移和价格变化来调整分配比例，调整的原则是按照要调整时刻的总资产和套期比 $N(d_1)$ 重新分配资产 。比如投资者按照半年内资产不低于 19 万元的目标，把 20.746 万元分配在股票资产 13.969 万元和存入银行 6.777 万元以后，过了 10 天，股票价格变为 20.9 元，投资者此时的股票市值是 14.5976 万元（13.969 ×

表 7－7　　　复制性卖权策略下资产组合的调整保险比例

时间段	当时价格（元/股）	不变保险比例（万元）			调整保险比例（万元）		
t	S	股票	现金	合计	股票	现金	合计
0.500	20.00	13.969	6.777	20.746	13.969	6.777	20.746
0.460	20.90	14.598	6.791	21.388	16.365	5.023	21.388
0.421	22.00	15.366	6.804	22.170	19.086	3.173	22.260
0.381	21.00	14.668	6.818	21.485	16.844	4.554	21.398
0.341	19.80	13.829	6.831	20.661	13.496	6.949	20.445
0.302	18.00	12.572	6.845	19.417	7.466	11.766	19.232
0.262	17.00	11.874	6.858	18.732	4.097	14.743	18.840
0.222	16.30	11.385	6.872	18.257	2.048	16.654	18.701
0.183	17.50	12.223	6.886	19.109	4.620	14.265	18.885
0.143	18.10	12.642	6.899	19.541	6.299	12.773	19.072
0.103	19.00	13.271	6.913	20.184	10.290	9.120	19.410
0.063	18.00	12.572	6.927	19.499	3.938	14.949	18.887
0.024	18.30	12.782	6.941	19.722	3.258	15.724	18.982

20.9/20)，银行存款是 6.79 万元［6.777×exp（0.05×10/252）］。调整的思路是由于套期比 N(d_1)由 0.6985 增加到了 0.783，所以增加股票资产的数量是 1.7665 万元［20.9×（0.783－0.6985）］，当然银行存款减少也是 1.7665 万元，调整后股票市值是 16.365 万元（14.5976＋1.7665），银行存款是 5.023 万元（6.79－1.7665），总资产是 21.388 万元（16.365＋5.023），这就是调整后的结果。由于股票价格在变动，因此总资产也在变动，如果在此基础上按照表 7－7 第 2 列价格变化序列继续调整，过了 120 天当股票价格是 18.3 元时，应该持有股票 3.258 万元，存入银行 15.724 万元，总资产是 18.982 万元。见表 7－7 最后 3 列。附录 2 中的附表 4 给出了股票价格另一路径变化的计算结果。同样在无风险利率是零，其他条件不变的情况下，计算结果见附录 2 中的附表 5。复制性买权策略下资产组合的计算结果和调整结果与复制性卖权策略完全相同。

不过，执行复制性卖权或复制性买权做组合保险也有如下缺点：

（1）由于在实务中复制性卖权的操作无法达到连续调整的境界，只能以间断的方式调整，使得执行结果常会因理论上的给付误差，而致使保险效果大打折扣。

（2）一旦考虑交易成本，复制策略可能因动态操作而衍生出许多交易成本，调整的间隔越密，所需付出的交易成本也越大。

(3) 卖权的构建，理论上需要估计波动率，但波动率的估计至今在学术界仍然是一个较难的问题。波动率估计得精确与否，将会影响到组合保险的构建。

7.3.2 固定组合保险策略

固定组合（CM）保险策略也是一种动态的组合保险策略，操作中要求在保险期间投资组合中风险资产和无风险资产维持固定比例。即

$$\frac{S_t}{P_t} = c \tag{7-7}$$

其中，S_t 为 t 时刻风险资产的价值，P_t 为 t 时刻无风险资产的价值，c 为比例系数。

随着时间的变化，组合中风险资产和无风险资产的价值都会发生变化，固定组合策略要求投资者调整组合中的风险资产和无风险资产，使它们保持固定的比例，即：

$$S_{t+1} = \frac{c}{1+c}(S_t + P_t) \tag{7-8}$$

$$P_{t+1} = \frac{1}{1+c}(S_t + P_t) \tag{7-9}$$

固定组合保险策略没有设定价值底线，只规定了风险资产和无风险资产的比例。从原理上看是一种低买高卖策略，当股价上涨时，卖出股票，降低风险资产在组合中的比例；当股价下跌时，增持股票，提高风险资产在组合中的比例。采用固定组合策略，投资者要根据自己的风险偏好和市场走势选择合适的比例系数 c，由于没有价值底线，因此固定组合策略不能保证保本。

为了考察固定组合保险策略运作情况，选取一组 12 个随机数据模拟市场走势，根据固定组合保险策略的原理进行模拟分析。假设初始资产为 100 万元，股票指数的初始点位为 100，风险资产与保守资产的投资比例为 6∶4，风险资产为股票，保守资产为债券；不考虑债券价格变化和利息收入影响，不考虑交易成本。在时点 1，当股价上涨 8.83% 时，股票部位价值为 65.3 万元，占总资产的比例大于 60%，此时必须卖出股票，买入债券，使股票在投资组合中仍维持在期初所设定的 60% 的比例。调整后的股票头寸价值为 63.18 万元，债券部位价值为 42.12 万元，总资产为 105.30 万元。反之，当股价下跌时，股票在总资产中的比例会下降，此时必须买入股票以维持期初设定的比例。表 7-8 列示了固定组合保险策略的调整过程及每一阶段资产组合的价值。

表 7-8　　固定组合保险策略下资产组合价值变动　　单位：万元

时期	1	2	3	4	5	6
股票指数	108.83	115.52	118.5	117.19	112.17	105
调整后股票价值	63.18	65.508	66.522	66.084	64.386	61.914
调整后债券价值	42.12	43.672	44.348	44.056	42.924	41.276
CM 资产组合价值	105.3	109.18	110.87	110.14	107.31	103.19
时期	7	8	9	10	11	12
股票指数	97.83	92.81	91.5	94.48	101.17	110
调整后股票价值	63.18	57.552	57.06	58.176	60.648	63.822
调整后债券价值	42.12	38.368	38.04	38.784	40.432	42.548
CM 资产组合价值	98.96	95.92	95.1	96.96	101.08	106.37

从原理上看，固定组合保险策略为一种“低买高卖”策略，即在股价上涨时卖出股票，降低其比例到设定值；在股价下跌时买入股票，增加其比例到设定值。在上面的例子中，固定组合保险策略下的投资组合的涨幅在市场上涨时略低于市场，跌幅在市场下跌时略高于市场。由于股票投资的比例不变，在股票市场上涨时，股票投资的价值增加，抛售股票；在股票市场下跌时，股票投资的价值降低，买入股票。

7.3.3　固定比例投资组合保险策略

Black 和 Jones 于 1987 年提出了针对股票的固定比例投资组合保险（CPPI）策略。CPPI 的基本思路是风险资产的最大损失不超过预先确定的数额，让投资者根据个人对收益的要求程度和对风险的承受能力选择适合自己的参数，通过动态调整资产组合，保证风险资产的损失额不超过投资者的承受能力。

在保险期内，投资于风险资产的价值为：

$$S_{t+1} = \min(mC_t, V_t) = \min[m(V_t - K), V_t] = \min[m(S_t + P_t - K), (S_t + P_t)]$$

其中，S_t 为 t 时刻风险资产的价值，m 为乘数，V_t 为 t 时刻组合总价值，K 为组合价值底线，P_t 为 t 时刻无风险资产价值，C_t 为安全垫。

首先，投资者要设定组合的价值底线 K，即能承受的最低组合价值；其次，计算组合的现时价值 V_t 超过价值底线 K 的数额，也就是我们说的安全垫 $V_t - K$；再次，投资者选择适当的系数 m，即将安全垫放大 m 倍投资于风险资产，其余的投资于无风险资产，如短期国债。

基于同固定组合策略相似的假设，假设保险初期投资者的资产总额为 100 万元，股价指数为 100，所设定的保险底线为 70 万元，乘数为 2，并选择股票作为风险资产。则投资者初期应投资 60 万元在股票上，其余 40 万元以债券形式保留。假设经过一段时间后，股票指数由 100 跌至 80，此时投资者的股票价值由 60 跌为 48，此时资产总值为 88 万元（48 +40）。根据 CPPI 策略，此时投资者应投资在股票部位的大小就应变成 36 万元［2 ×(88 –70)］，即投资者应卖出 12 万元的股票，以达到避险的目的。当股票指数由 100 上涨到 120 时，投资者应投资在股票上的部位从 60 万元上升到 84 万元。表 7 –9 列示了 CPPI 策略的调整过程及每一阶段资产组合的总价值。

表 7 –9　　固定比例投资组合保险策略下资产组合价值变动　　单位：万元

时期	1	2	3	4	5	6
股票指数	108.83	115.52	118.50	117.19	112.17	105.00
股票资产	70.596	79.2753	83.3654	81.5222	74.5379	65.0089
债券资产	34.702	30.3623	28.3173	29.2388	32.7310	37.4955
CPPI 总资产	105.30	109.64	111.68	110.76	107.27	102.50
最低保险额度	70	70	70	70	70	70
时期	7	8	9	10	11	12
股票指数	97.83	92.81	91.50	94.48	101.17	110.00
股票资产	56.1305	50.3700	48.9481	52.1364	59.5198	69.9094
债券资产	41.9347	44.8149	45.5259	43.9327	40.2400	35.0452
CPPI 总资产	98.07	95.19	94.47	96.07	99.76	104.95
最低保险额度	70	70	70	70	70	70

由此可见，CPPI 策略为一种“买高卖低”的策略，即在股价上涨时根据缓冲额度的增加买入股票，在股价下跌时根据缓冲额度的降低卖出股票。CPPI 策略的涨幅在市场上涨时略低于市场，跌幅在市场下跌时略高于市场。相对于固定组合策略，CPPI 策略在同样市场状况下风险资产投资部分的波动较为剧烈，这是因为乘数的放大作用。

7.3.4　时间不变性投资组合保险策略

Estep 和 Kritzman 于 1988 年提出，当投资组合的价值上涨时，投资者希望能保护当前的价值，而不是像 CPPI 一样保护期初设定的价值底线，并因此提出了时间不变性投资组合保险（TIPP）策略。TIPP 与 CPPI 都不需要复杂的计算公式来进行资源配置，与 CPPI 不同的是，在 TIPP 策略中，价值底线并不固定，而是在某时刻按当前组合价值确定的价值底线和原来的价值底线中，选择较大的一个作为新的价值底线。即当投资组合的总值上涨时，价值底线也会随之上调；若投资组合总值下跌，则价值底线维持原有水平。

$$S_{t+1} = m(V_t - K_{t+1}) \qquad K_{t+1} = \max(K_0, V_t \times \lambda) \qquad \lambda = \frac{K_0}{V_0}$$

S_{t+1}为 t+1 时刻应投资的风险资产，m 为乘数，V_t 为 t 时刻组合的总价值，K_{t+1}为 t+1 时刻的价值底线，K_t 为 t 时刻的价值底线，λ 为保本比例，K_0 为期初的价值底线，V_0 为期初组合的价值。

设定期初投资者的资产总额为 100 万元，股价指数为 100，所设定的最低保险额度为 70 万元，保本比例 λ 为 0.7，乘数为 2，并以股票作为风险资产。则投资者初期应投资 60 万元在股票上，其余 40 万元以债券形式保留。假设经过一段时间后，股票指数由 100 涨至 120，此时投资者的股票价值由 60 万元涨为 72 万元，则资产总值为 112 万元（72+40）。根据 TIPP 策略，此时最低保险额度为原有保险额度 70 和 78.4（112×0.7）之间的大者即 78.4。投资者应投资在股票部位的大小就应变成 67.2 万元［2×（112－78.4）］，即投资者应卖出 4.8 万元（72－67.2）的股票，以达到避险的目的。表 7－10 列示了 TIPP 策略的调整过程及每一阶段资产组合的总价值。

表 7－10　时间不变性投资组合保险策略下资产组合价值变动　单位：万元

时期	1	2	3	4	5	6
股票指数	108.83	115.52	118.50	117.19	112.17	105.00
股票资产	63.1788	65.5090	66.5229	66.0817	64.3833	61.9140
债券资产	42.1192	43.6727	44.3486	44.0544	42.9222	41.2760
TIPP 总资产	105.30	109.18	110.87	110.14	107.31	103.19
最低保险额度	73.71	76.43	77.61	77.10	75.11	72.23
时期	7	8	9	10	11	12
股票指数	97.83	92.81	91.50	94.48	101.17	110.00
股票资产	57.9244	51.9748	50.5124	53.8026	60.4266	63.5910
债券资产	41.0377	44.0101	44.7473	43.0986	40.2844	42.3940
TIPP 总资产	98.96	95.99	95.26	96.90	100.71	105.99
最低保险额度	70.00	70.00	70.00	70.00	70.50	74.19

TIPP 是一种较 CPPI 更为保守的策略。它在股价变化时根据组合总资产调整最低保险额度，按变化后的缓冲额度确定股票投资的部分。在考察的例子中，采

用 TIPP 策略的投资组合价值，在市场上涨时略低于 CPPI 策略，在市场下跌时略高于 CPPI 策略，较大幅度地修正了市场的波动。

7.3.5 VaR 套补投资组合保险策略

VaR 套补投资组合保险策略是根据风险收益对应论发展起来的一种新的投资组合保险策略方法。它的具体思想是：具有不同风险偏好的投资者，根据自己的风险容忍度估算出一定置信度水平下一定期间的风险资产的 VaR 值，通过资产的配置使总资产价值中投资于无风险性资产的部分所获得的回报等于或覆盖投资于风险资产的 VaR 值。

假设 A 代表资产总值，r 为无风险收益率，w 为投资于无风险性资产的比重，VaR 为一定置信度水平下投资于风险性资产的 VaR，那么投资于风险性资产和无风险性资产的比例由以下公式确定：

$$Aw(e^{rt}-1)=A(1-w)VaR \tag{7-10}$$

$$w=\frac{VaR}{e^{rt}+VaR-1} \tag{7-11}$$

上式确定的 w 就是投资于无风险性资产的比例，那么投资于风险性资产的资产价值就相当于 A(1－w)。式(7－10)的含义就是投资于无风险性资产上所获的收益能够足以抵补投资于风险性资产上所面临的潜在损失。随着证券市场的变化，VaR 值也会变化，从而投资于无风险性资产和风险性资产之间的比例也会发生变化。而为了更好地捕捉市场的上升或下降趋势，对 VaR 值要作如下修正，即：

$$V'_{T-1}=Max\{0,\ [V_{T-1}-max(0,\ AR_{T-t})]\} \tag{7-12}$$

其中 AR_{T-t}为时间 T－t 期间的累积收益率。做这样的修正也是基于 VaR 的套补思想，因为时间 T－t 期间正的累积收益率 AR_{T-t}可以套补部分 VaR 的值，所以剩余还需套补的 VaR 值应把这部分扣除。

以上 VaR 套补投资组合保险策略是典型的厌恶风险、百分之百保险策略，几乎相当于不投资于风险性资产，当然对有一定风险承受能力的投资者也可以应用这种方法，比如能够承担的最大损失是总资产的 α 倍，那么可以重新确定投资于无风险性资产的比例 w：

$$Aw(e^{rt}-1)+\alpha A=A(1-w)VaR \tag{7-13}$$

$$w=\frac{VaR-\alpha}{e^{rt}+VaR-1} \tag{7-14}$$

若投资者能够承担的最大损失是总资产不低于初始总资产的 α 倍，用 A^* 表示最初总资产的价值，那么投资于无风险性资产的比例 w 为：

$$Aw(e^{rt}-1)+A-\alpha A^{*}=A(1-w)VaR \tag{7-15}$$

$$w=\frac{VaR-1+\frac{\alpha A^{*}}{A}}{e^{rt}+VaR-1} \tag{7-16}$$

如果用 α 表示能够承担的最大损失是初始总资产的倍数，用 A^{*} 表示最初总资产的价值，那么投资于无风险性资产的比例 w 为：

$$Aw(e^{rt}-1)+\alpha A^{*}=A(1-w)VaR \tag{7-17}$$

$$w=\frac{VaR-\frac{\alpha A^{*}}{A}}{e^{rt}+VaR-1} \tag{7-18}$$

假设有一风险资产，当时价格为 100 元，测得该资产收益率的波动率是 20%，市场上的无风险利率是 3%，若投资者有 100 万元，希望有 95% 的把握享有风险资产价格上涨带来的收益，又能在半年内的最大损失为不超过最初总资产的 95%。如何在风险资产和无风险资产之间分配这 100 万元资金，才能满足投资者的愿望。分析结果如表 7－11 所示。

表 7－11　　VaR 套补投资组合保险策略下资产组合价值变动　　单位：万元

时间段（t）	当时价格（S）	VaR	无风险资产	风险资产	总资产（V）
0.5	100	0.2326	73.7183	26.2816	100
0.46	90	0.2231	78.0058	20.4801	98.4859
0.42	80	0.2132	81.6765	15.6177	97.2942
0.38	70	0.2028	84.791	11.5867	96.3777
0.34	75	0.1918	77.4736	20.7038	98.1774
0.3	86	0.1802	60.1012	41.9071	102.0083
0.26	70	0.1677	91.9245	2.8304	94.7549

VaR 套补投资组合保险策略不仅实现了投资保险的功能，而且由于它基于 VaR 的特性，使它能动态测定风险性资产投资所面临的风险值，能更有效地进行市场风险的监控和管理，所以更符合机构投资者的需求。同时，该策略充分注意了市场风险的时变性。它能根据投资者不同的风险偏好和风险容忍度的大小来选择、确定置信水平和资产调整频率，从而拓宽了投资组合保险策略创新的视野，大大提高了投资组合保险产品设计的灵活性，为具有不同的风险收益对应关系的个性化投资品种的设计提供了理论基础，能够逐步满足中国证券市场日益兴起的对保本型或保险型投资理财产品或基金产品的需求。

7.4 组合保险策略特征与调整

7.4.1 组合保险策略特征

投资组合的保险策略有买入持有策略、静态投资组合保险策略、动态投资组合保险策略、VaR 套补的投资组合保险策略等。这些策略各具特色，每种策略都拥有其优缺点和使用范围。本节将对这些策略进行比较和分析。

买入持有策略的优点是简单易行，但由于它过于死板，表现为一种被动的策略，因此在买入持有策略下的组合资产业绩经常不如非保险的买入持有策略（即风险资产的比例为100%）。

停损策略的特点是可以预防较大规模的损失。但是，如果市场处于较为危险的情况，可能引起流动性的大幅下降，从而可能很难预防价格的突然大幅下跌，因此经常也达不到停损的目的。

欧式保护性卖权策略给股票投资者提供了一个相当方便且有效的方法，但期权合约是标准化的，市场上交易的卖权种类也不够多，往往无法满足个别投资人的避险需求，加上卖权流动性不足，所以购买卖权进行投资组合保险的策略虽有效，但实际上运用并不那么容易。除此之外，投资者所投资的标的资产如果不是单一股票，而是一篮子股票所形成的投资组合，则分别购买以个股为标的物的卖权，其权利金加总必然高于直接购买以该一篮股票为标的物的卖权权利金。这样说的原因是，因为投资组合本身就会分散非系统风险，而个股则同时承担了系统及非系统风险。因此分别购买个别的卖权进行保险是同时对非系统性风险和系统性风险支付保费，故较直接购买以该一篮股票为标的物的卖权为贵，投资组合愈分散，这个差距就愈大。事实上，市场上所交易的卖权很少是以一篮股票为标的物的，就算能找到这样的卖权，其标的资产组合也不见得就是投资人所持有的资产组合。这项因素对于机构投资者或基金公司等拥有大量资金、持有风险分散投资组合的市场参与者更是不利，大大限制了卖权保险策略对他们的可行性。

对于大型机构投资者而言，复制性卖权策略是其回避风险的一种较为理想的选择，相对于直接购买欧式卖权，复制性卖权有如下的优点：①若购买市场上所交易的期权以进行投资组合保险策略，则可能会付出过高的成本。原因主要是市场上的期权大多属于美式，亦即可在到期日之前履约，因此，它的价格一般高于欧式期权，而组合保险的管理者只需要在到期时对组合进行保险，并无提前执行期权的要求，这一功能对执行组合保险策略的管理者而言，是不必要的成本。②市场上存在的期权的到期日，和要保险的期间并非一致。通常市场上交易较活跃的期权，多集中于未来两三个月到期的上市期权契约。此外，上市期权契约多为标准化规格，常无法满足投资者的需求，而通过使用复制性卖权的方法，可以解决此问题。③并非所有的股票都有期权或权证上市交易，在中国只有少部分上市公司有权证交易，而期权市场还没有正式形成。④如前所述，即使构成投资组合的个股都有期权交易，分别购买个股期权的成本，也必定高于购买整个投资组合期权的成本。因为根据 Makowitz 的投资组合理论，投资组合可以分散非系统风险，故其风险会较个股低，而在 B-S 分析中，期权的价值会随股票波动性的提高而增加。因此，投资组合将因降低风险，而不必付出高的期权费用，这就意味着保费的降低。但是复制性卖权的策略，也存在一个问题，就是很难对波动率作出正确估计。

CPPI、TIPP 等策略可以通过几个简单的参数设定来动态调整资产配置，从而达到保险的目的；而复制性卖权策略则必须对波动性进行精确的估计，然后在一定期间内使累积波动率保持在预定水平，从而达到保险的目的；CPPI 及 TIPP 策略则不对波动率进行估计，但只能在累积波动率达成预设水平时达到保险目的，因而无法准确要求在一定时间内达到保险目的。

复制性卖权策略采用股票与现金复制策略时，必须随着股价的变动随时调整持有的股票与现金的比例，因此，比较适用于单一股票的投资组合；反之，若投资组合为包含多个股票的投资组合，则采用上述的复制策略，会导致需要经常耗时费力地对股票比例进行调整，并产生巨额交易成本。因此，在进行较多股票的组合投资时，指数期货（Index Futures）是较佳的复制策略。

固定比例投资组合保险策略（CPPI）和时间不变性投资组合保险策略（TIPP）的原理类似，区别仅在于时间不变性投资组合保险策略的保险金额是可变的，策略更为保守。采用固定比例投资组合保险策略和时间不变性投资组合保险策略时无须预测波动率，运用起来远比复制性卖权策略简单，而且这两种保险策略的保险效果明显好于复制性卖权策略，因为其采用的是机械式保本的方法，只要跌至保本线，就将自动停止风险资产的配置，而复制性卖权策略需要预测波动率，如前所述，实际上它往往达不到预定的保险目标。复制性卖权策略的优点在于它更完备，它可以将保险比例设为 10 或更高，而固定比例投资组合保险策略和时间不变性投资组合保险策略的保险比例则不能为 100%。此外，复制性卖权策略的收益率分布较为分散，不像固定比例投资组合保险策略和时间不变性投资组合保险策略那么集中，因而对市场环境的适应性更好。

7.4.2　组合保险策略调整

不论是复制性卖权策略、CPPI 策略还是 TIPP 策略，其共同的特点，都是在风险性资产价格下跌时，增加无风险性资产的持有比例，以达到保险的目的；反之，则削减无风险性资产的比重，增加风险性资产的比重，以提高组合收益。换句话说，这三种组合保险策略都必须随着市场变动，持续调整其投资组合中风险性资产与无风险性资产的相对比重，以及风险性资产的组合搭配。但在实务中连续调整不仅无法做到，而且交易成本也相当可观。更何况上述调整策略都是在股票价格上升时增加股票持有数量，在股票价格下跌时减少股票持有数量，这种高买低卖的特性，在股票市场盘整时，会产生过于频繁的调整，反而对于执行保险策略有着相当不利的影响。因此，采用投资组合保险策略时必须在执行精确度与交易成本之间做一定的权衡，建立适当的调整法则，以增进投资组合保险策略执行的效率。

比较传统的调整法则，一般包括定期法则（Time Discipline）、市场波动性法则（Market Move Discipline）与落差法则（Lag Discipline）等三种调整方式。所谓定期法则，是指每隔一段时间就调整一次。市场波动性法则，是指在市场变动达到一定的程度时，才进行调整。落差法则的调整方式，是在风险性资产占总资产的实际比例，偏离理想比例达到一定程度以上时才予以调整。依据 Etzioni（1986）针对复制性卖权策略分别采用前述三种调整法则的实证研究结果，以落差 3% 的落差调整法则所提供的执行效果最佳；若采用定期法则，则以每星期调整一次较为适当；而市场波动性法则不论起始比例设为 1% 或者 5%，其执行效果都表现得不如落差法则和定期法则。但是，定期法则只是机械地随时间而调整，忽略了市场行情的变化，而落差法则只针对资产比例的误差来决定调整时机，因此可能在市场变化时，未能如市场波动性法则那样能够敏感地争取较佳的收益。

还有一类调整法则，可以称为技术分析法则。投资组合保险策略因具有买高卖低的特性，在有明显趋势的行情时应用投资组合保险策略最为有利，在横向整理的震荡行情下应用投资组合保险策略会导致进行频繁的调整从而最不利，因此，为了提高投资组合保险的绩效，应该遵循与技术分析相同的原则，必须及早确认趋势的变动，以便在掌握趋势后继续保持其投资策略，直到该趋势出现反转时为止。基于以上分析，将技术分析法引入调整法则，同时由于两条长短周期的移动平均线交叉，在技术分析上综合来说有两个作用：一是滤除小幅震荡所发出的噪音，二是确认当时价格走势是否已由多头转空头或空头转多头。

一般技术分析上，最常采用的长短周期移动平均判断原则为黄金交叉（golden cross）与死亡交叉（dead cross）。当两条移动平均线出现黄金交叉时，代表行情已确认走向多头，因此在下一个死亡交叉出现前，只需要依据市场波动性法则，当价格上涨达一定百分比时，做单向买入操作，当下跌超过一定百分比时，任何卖出讯号皆被视为噪音而不作调整；反之，当线型出现死亡交叉时，代表市场已经步入空头，因此在下一个黄金交叉出现前，只允许依市场波动性法则做单向卖出操作。通过这种操作方式，可以避免因小幅波动而频繁调整的现象。

下面给出一个技术分析法则调整操作的例子。首先，以风险资产价格为样本绘出移动平均线，以5~10日的移动平均线为例，5日移动平均线上每一时刻的值均为该时刻前5天的上证综合指数收盘价的平均值，10日移动平均线上的值均为该时刻前10天的上证综合指数收盘价的平均值，其他周期类似。其次，在同一图表中观察风险资产价格变动曲线与5日、10日移动平均线，当5日移动平均线从下方向上穿过10日移动平均线，且10日移动平均线斜率为正，股价大于等于短期移动平均线时，即出现黄金交叉，代表市场行情已确认走向多头，因此在下一个死亡交叉出现前，只需依据市场波动性法则，当价格上涨达到一定百分比，如1%时，做单向买入操作，当下跌在一定百分比之内时，任何卖出讯号皆被视为噪音而不进行调整，即此时只当上证综合指数价格上涨超过1%时调整风险资产比例，下跌时则不进行调整；反之出现死亡交叉时，只在股价下跌超过1%时进行调整，上涨时则不进行调整。

滤嘴法则是一种能够产生买入和卖出信号，使投资人在股票市场波动期间以一定的法则进行买进与卖出风险资产的机制。其操作方法有如Fama和Blume（1986）提出的买长卖空法则与Sweeney（1988）提出的买长法则。

（1）买长卖空法则（Go Long and Go Short Discipline）

当风险性资产价格上涨超过事先设定的一定比率时，即断定其价格受某种影响将持续上涨，此时买入并持有该风险资产，称之为“买长”（go long）。当风险资产价格出现回跌，且跌幅超过前次最高点的该比率时，则预测其价格将持续下跌，此时即卖出原有风险资产，并借券从事卖空交易，直至风险性资产价格止跌回升，并且涨幅超过前次最低点的该比率时再买入风险资产，并回补卖空交易借入的风险资产，称之为“卖空”（go short）。在操作过程中低于该比率的价格变动不予考虑，视之为噪音。

（2）买长法则（Go Long Discipline）

与买长卖空法则不同的是，在价格回跌超过前次最高点的一定比率时，不从事卖空交易，只是卖出原本持有的风险资产并将所得资金全部投资于无风险性资产，直至风险性资产价格止跌回升且涨幅超过前次最低点的一定比率时，再购入风险性资产。实务中，使用滤嘴法则获取超额收益的大小受三个因素的影响：滤嘴比例的大小、价格变动的持续程度、交易成本。下面采用简单数字对滤嘴法则进行说明：

当股票价格由10元上涨到20元时，滤嘴比例选用5%，则投资者会在10×

(1+5%)=10.5(元)时买入，在20×(1-5%)=19(元)时卖出，获益19 -10.5 =8.5(元)。在买长卖空法则下由于在股票价格下跌时要借券从事卖空交易也能得到同样的收益。如股票价格由20元下跌到10元，滤嘴比例选用5%，则投资者会在20×(1-5%)=19(元) 时借券从事卖空交易，在10×(1+5%)=10.5(元) 时回补借入的风险性资产，同样可获益19 - 10.5=8.5(元)。

7.5 本章小结

投资者可以利用分散化的技术消除非系统性风险，但是系统性风险却不能被分散化。系统性风险一般是由宏观因素决定。当整个市场环境或某些全局性的因素发生变动时，也存在规避系统性风险的需求。本章所介绍的投资组合保险策略，正是为了对系统性风险进行规避而产生的一系列的理论与实务运作方法。本章主要介绍了4类投资组合保险策略，包括买入持有策略、静态投资组合保险策略、动态投资组合保险策略、以及基于VaR套补的投资组合保险策略，其中重点介绍了动态投资组合保险策略，包括OBPI、CPPI、TIPP和VaR套补保险策略的理论模型。这些理论都存在着不同的适用情形和优缺点，使用者应该根据需要以及对待风险的态度进行选择。在资产组合保险策略的实务运用中，往往由于市场的交易成本等因素，使得实际的组合保险策略不能完全地被执行，因此也就存在所谓的调整法则。投资组合管理者应该在成本与保险收益当中进行权衡，然后制定合适的调整法则。一般常见的调整法则有定期调整法则、市场波动性调整法则、落差调整法则、技术分析调整法则以及滤嘴调整法则等。

复习思考题

1. 比较SPO策略、CM策略、CPPI策略和TIPP策略在牛市中的保本效果。

2. 以上证A股指数作为标的风险资产，无风险资产的年收益率假定为3%，当固定风险乘数（M）取不同值时，测试CPPI和TIPP方法是否可保证保本，测定M取值大小对保本效果的影响。

3. 假设有一风险性资产，当时价格为100元，测得该资产收益率的波动率是20%，市场上的无风险利率是3%，若投资者希望有95%的把握享有风险性资产价格上涨带来的收益，又能在半年内的最大损失为零，那么，他如何在风险性资产和无风险性资产之间分配资金？如果能够承受的损失是不超过最初总资产的10%，他又该如何在风险性资产和无风险性资产之间分配资金？

4. 某股票现价为20元/股，假设6个月后其价值变化只有两种情况：或者是

26/股元，或者是 16 元/股，不考虑中间情况，再假设无风险收益率为 10%，投资者以当前价格购买该股票 10 万股。问：

（1）若投资者希望保证期末该投资至少为 200 万元，同时亦有可能达到 260 万元的水平，若市场上有投资者想要的期权，投资者应该怎样做，需要另外投入多少资金？若没有任何期权，投资者至少需要投入多少资金，然后把这些资金与 200 万元共同分配在这个股票资产和银行存款上，才能达到投资者的目标？

（2）若投资者卖出了 10 万份以该股票为标的，期限为半年，执行价格为 20 元的看涨期权，能否达到保险的作用，存在什么风险，应如何规避？

（3）若投资者不另外投入任何资金，又希望保证期末该投资至少为 260 万元，如何配置资金？（见附表 6）

5. 假设有一风险性资产，当前价格是 20 元，测得该资产收益率的波动率是 25%，市场上的无风险利率是 5%，由此运用 B-S 公式计算该资产还有半年到期的平价欧式看跌期权和平价欧式看涨期权，价格分别是 1. 1582 元和 1. 652 元。某投资者现有资金 30 万元，问：

（1）若市场上能够以 1. 1582 元的价格买到平价欧式看跌期权，如何把 30 万元配置在风险性资产和平价看跌期权上，才能使配置在风险性资产上的资金不产生损失？

（2）若当时市场上所有需要的期权都没有，投资者希望通过自制平价看跌期权或平价看涨期权的办法，在半年内使总资产 30 万元的最大损失不超过 10%，在初始时刻如何在风险性资产和无风险性资产间分配这 30 万元？[$N(d_1)$ = 0. 59088]

（3）若按照（2）的资产配置方式半年不变，当资产上涨 20% 时，该投资者的收益率是多少？当资产下跌 20% 时，该投资者的损失率是多少？

6. 假设有一风险性资产，当前价格是 20 元，测得该资产收益率的波动率是 25%，市场上的无风险利率是 5%，由此运用 B-S 公式计算该资产还有半年到期的执行价格为 19 元的欧式看跌期权和欧式看涨期权，价格分别是 0. 74639 元和 2. 2155 元。某投资者现有资金 100 万元，问：

（1）若市场上能够以 0. 74639 元的价格买到执行价格为 19 元的欧式看跌期权，如何把 100 万元配置在风险性资产和执行价格为 19 元的看跌期权上，才能在半年时间内使资产配置效益最大化？

（2）若当时市场上所有需要的期权都没有，投资者希望通过自制执行价格为 19 元的看跌期权或执行价格为 19 元的看涨期权的办法，在半年内使总资产 100 万元的资产配置效益最大化，那么在初始时刻如何在风险性资产和无风险性

资产间分配这 100 万元？[$N(d_1)=0.698457$]

（3）若投资者只有 20 万元，又希望保证期末该投资至少为 20 万元，如何配置资金？(见附表 7)

7. 假设某投资者希望把 100 万元投资在上证 50ETF 上，在 6 年时间内尽可能享受上证 50ETF 上涨带来的收益，同时最大限度地保证最大损失不超过 20%。由于没有上证 50ETF 的看涨期权和看跌期权，问：

（1）是否可以通过自制看跌期权或看涨期权的办法基本满足投资者的要求？

（2）假设不考虑交易费用和冲击成本，不考虑融资融券，无风险利率是 0，自制一个还有到期 5 天，执行价格始终是前 5 日的收盘价，波动率按前 30 日收益率计算的欧式看涨期权。若按此方法在 2006 年第 1 个交易日把 100 万元分配在风险性资产和无风险性资产上，然后按照 $N(d_1)$ 每变化 0.2 个点调整 1 次，到 2011 年最后 1 个交易日总资产是多少？

第 8 章

商业银行风险管理

商业银行是经营风险的金融机构，银行业的竞争就是风险管理能力的竞争，风险管理能力构成了商业银行竞争力的核心要素。当前，中国日益融入全球经济，银行业面临的风险日趋复杂多变：国内银行不良资产屡有反弹，信用风险形势不容乐观；利率和汇率市场化进程的加快，使得市场风险逐渐显现；大案要案频频发生，操作风险日益严峻。并且，国内商业银行竞争日益国际化，《巴塞尔新资本协议》已经公布实施，银行业风险监管更加严格。因此，尽快构筑起健全、有效的全面风险管理体系，提升风险管理水平已成为中国商业银行亟待解决的问题。本章的内容安排如下：8.1 中首先介绍了商业银行的风险来源和风险类型及风险管理的策略，然后对商业银行的内部控制进行了简单介绍；8.2 中重点介绍了经济资本测度方法，首先对经济资本的基本概念进行了介绍，然后对基本指标法、资产波动法和收益波动法等经济资本测度方法进行了介绍和比较；8.3 中介绍了新旧巴塞尔协议的内容，重点介绍了信用风险监管资本的计量方法；8.4 中介绍了商业银行的静态和动态的资本配置方法。

8.1 商业银行风险管理概述

本节对商业银行风险管理的相关内容进行了概述，首先对商业银行面临的风险类型进行了介绍；然后介绍了商业银行针对信用风险、市场风险和操作风险等各类风险的管理策略；最后，对商业银行内部控制的基本内容和与风险管理的关系进行了介绍。

8.1.1 商业银行的风险类型

商业银行所面临的风险种类很多，从不同的角度可进行不同的划分。从来源上来看，可以将商业银行所面临的风险划分为内部风险和外部风险。由于商业银行外部经济因素变化造成的风险称为外部风险；由于商业银行内部经营管理不善造成的风险称为内部风险。实际上，许多风险都是由内部因素造成的，否则无法解释处于同样环境的商业银行，为何有的能较好地防范风险，有的却遭受了严重损失。从另一角度考虑，商业银行的风险又可划分为系统性风险和非系统性风险，其中系统性风险又可分为经营风险和金融风险，如图 8 - 1 所示。

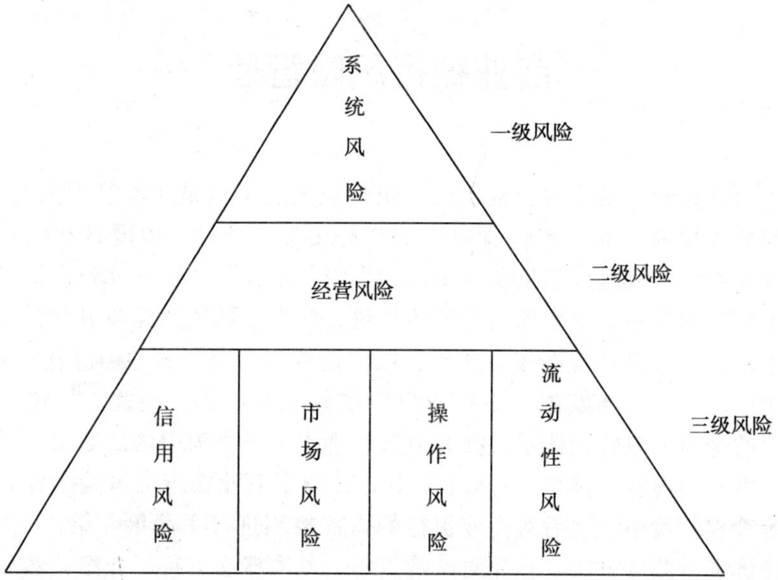

图 8 - 1　商业银行风险金字塔

在金字塔的上方是所谓的系统风险，如出现大的社会动荡、政治危机，发生战争和出现金融危机等。它对银行的经营影响较大，但这是银行所不能控制的，可以将其称为第一级风险。在金字塔的中间是经营风险，主要包括战略风险、业务风险、声誉风险、竞争风险和监管风险，这些风险是银行在经营过程中，因战略和业务决策失误以及外部竞争环境和监管环境变化所导致的损失，对银行的经营影响也很大，是银行可以影响却不能控制的风险，我们称之为第二级风险。在金字塔的下方，是银行所面临的金融风险，包括信用风险、市场风险、流动性风险和操作风险，这些风险是银行基本可以控制的，我们称之为第三级风险。

信用风险在第 4 章已经论述，这里要突出说明的是：商业银行针对不同的客户，可以利用不同的方法识别其信用风险。对大型企业客户，目前欧美银行的信用风险管理主要采用 4 种不同的计算模型，它们分别是 JP Morgan 集团的 Credit Metrics 模型，KMV 公司的 CreditMonitor/Portfolio Manager 模型，Mckinsey 公司的 CreditPortfolio View 模型和 CSFP 公司的 CreditRisk + 模型，其中前 2 个模型已经在信用风险管理一章进行了详细叙述，这里不再赘述。对中型企业客户，银行采用自身开发的信用管理工具进行风险的识别和管理。一些银行的内部分析工具，是由其风险管理部按照 CreditMetrics 的一些思路来进行开发的。对个人客户或小型企业客户，国外银行广泛采用由银行外机构的个人信用登记系统（如 Equi Fax 和 Trans Union）来了解和确定客户的信用风险情况，从而快速审批客户的信用申请，如信用卡、住房贷款、消费信贷等。同时，银行内部开发了一种信用打分系统（Credit Scoring）来识别客户的风险。

商业银行市场风险可以概括为图 8－2。需重点关注的是如何保持资产负债的平衡。

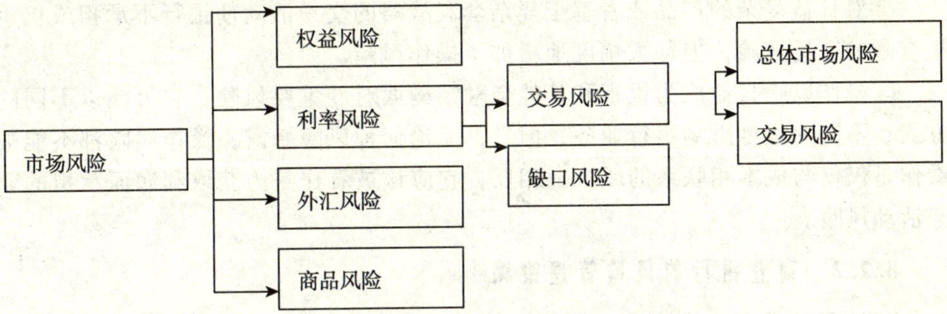

图 8－2　市场风险分解图

关于银行操作风险这里只给出巴塞尔委员会定义的 7 种不同的操作风险类型：内部欺诈，外部欺诈，就业政策和工作场所安全，客户、产品和业务操作，实物资产损坏，业务中断和系统失败以及执行、交付和流程管理。上述 7 种来源的操作风险类型可以按照发生的频率（特定时间内发生的损失事件数）和损失强度（事件导致的财务损失）进行分类。表 8－1 给出了一个包括投资银行、商业银行和典型零售银行中每一风险类型的频率和强度。

表 8－1　操作风险损失频率和强度

风险类型	频率	损失强度
内部欺诈	低	高
外部欺诈	高／中	低／低
就业政策和工作场所安全	低	低
客户、产品和业务操作	低／中	高／中
实物资产损坏	低	低
业务中断和系统失败	低	低
执行交付和流程管理	高	低

银行操作风险的产生并不仅仅来自于日益复杂的业务活动与操作，它可能是银行与其他金融机构为获得期望回报而有意承担的风险。在利润不断降低的国内或国际市场上，高效的风险管理与递增的规模效益是利润的主要来源。风险不可能被完全消灭，昨天的信用风险与市场风险至少部分是今天和明天的操作风险。复杂的风险度量技术、风险细分以及更为复杂的产品设计使化解市场与信用风险的综合性产品与实施方法得到广泛的应用。这些复杂的技术为提高风险控制水平提供了可能，但同时增大了公司的操作风险。例如：

①用于化解信用风险和市场风险的复杂技术（如抵押、对冲、信贷衍生工具、资产证券化）将这些风险转变为操作风险。

②对日益复杂的产品或者基于复杂套利战略的交易活动使银行不承担或仅承担有限的市场风险，但却大幅度地增加了操作风险。

③操作风险日益成为银行和其他金融结构面对的重要风险。它可能以不同的方式、不同的程度影响银行业务，但是，无论何种风险暴露，操作风险都不能被看作是仅仅与成本相联系的风险，相反，它应该被看作是为获取利润而承担的业务活动风险。

8.1.2 商业银行的风险管理策略

（1）风险管理策略概述

风险管理主要包括风险识别、风险度量、风险控制等几个阶段，表 8 - 2 列出了商业银行不同业务单位所对应的主要风险类型。本节介绍商业银行针对各种风险的管理策略和银行的内部控制框架，关于各类风险的测度将会在经济资本和监管资本部分和本书的其他章节分别进行介绍。

从总体上来说，商业银行针对不同风险的管理策略有：

①风险预防策略，是指商业银行设置各层预防线的办法。商业银行抵御风险的最终防线是保持充足的自有资本，但是要达到预防风险的目的，还是要加强商业银行的内部管理，主动调整资产结构，使之与资本状况相适应。另外，商业银行还可以通过设置各种准备金，如一般准备金、贷款坏账准备金等预防损失。

②规避风险的策略，是指对风险明显的经营活动采取避重就轻的策略。例如，贷款风险管理原则中的首要一条是贷款规避和拒绝原则。主要方式有：资产结构短期化，以降低流动性风险和利率风险；债权互换扬长避短、趋利避害，即商业银行利用自己的优势，将不同期限、利率或币种的债权互换，达到彼此取长补短；在开展外汇业务时，对有关货币汇率走势作出明智的判断，努力保持硬通货债权、软通货债务，避免汇率风险。

表 8－2　　商业银行部分业务面临的主要风险类型

业务	主要的风险类型	是否适用统计模型
私人银行／资产管理	面临金融市场变化风险（部分收入将因组合头寸而下降）	是
	面临金融市场情绪风险（牛市中高额组合头寸带来的高额收入）	否
	面临信用风险（贷款给私人客户）	是
零售银行业	面临信用风险（贷款给私人客户）	是
	利率风险	部分
商业银行业	信用风险	是
	利率风险	部分
外汇交易和买卖	面临市场风险（持有头寸价值的变化）	是
	面临信用风险（主要是衍生工具）	是
投资银行业：证券／衍生工具的交易买卖	面临市场风险（持有头寸价值的变化）	是
	面临信用风险（主要是衍生工具）	是
投资银行业：公司融资	面临市场风险（主要的头寸）	是
	面临信用风险（贷款给公司顾客）	是
总的（所有业务）	法律风险（法庭判决合同无效的风险，或是银行因某些问题而遭起诉）	否
	业务风险（市场、法规、竞争及其他业务环境的变化）	否
	其他操作风险（产生过失的风险导致损失）	否

③转移风险的策略，指利用某些合法的交易手段和业务手段将风险全部或部分转移出去。其包括：风险资产出售策略，即将银行自身不愿承担的风险资产出售出去；担保策略，将银行承担的信用风险转移给担保人；保险策略和衍生产品交易策略等。

④通过资产的多样化分散风险的策略，指将资产在不同区域、行业或借款者之间充分分散。

⑤风险抑制策略，指商业银行在承担风险之后，要加强对风险的监督，发现问题及时处理，争取在损失发生之前阻止情况继续恶化或提前采取措施减少风险造成的损失。风险抑制策略常用于信用放款过程。从放款到借款人出现财务问题而倒闭清算，都会有一段时间，商业银行可以在这段时间内凭借自己作为债权人的有利地位，采取抑制风险的措施，以避免或减少损失。风险抑制的手段有：向借款公司派驻财务专家，帮助公司分析财务恶化的原因，提出解决

问题的指导性意见；发现借款人财务出现困难时，立即停止对该客户的新增放款，并尽一切努力尽早收回已发放的贷款本息；追加担保人和担保金额；追加资产抵押。

⑥风险补偿策略，指银行用资本、利润、抵押品拍卖收入等资金补偿其在某种风险上遭受的损失。抵押品可以是存款、有价证券、固定资产、流动资产等多种形式。当借款人不能按照抵押贷款合同履行偿付贷款本息责任时，贷款银行有权按照协议接管、占有、拍卖有关抵押品，以弥补银行的呆账损失。商业银行也可以在利润中提取一定数额的呆账准备金，用作信用风险的补偿手段。为保障银行经营安全，呆账准备金应随时保持充足。例如，对一项发生问题的贷款而言，贷款的残值加上呆账准备金应大于或等于该项贷款的本息总额。

（2）信用风险的管理策略

每家银行都应该确定一个信用风险管理策略，比如应按什么期限，对什么客户，提供多少贷款。管理人员应确定信用风险容忍度，并对贷款进行限制，还应设定贷款规模和风险敞口的审批权限，此外，还需要建立一个跟踪信用风险敞口的报告体系，并定期对借款人的信息进行更新。

另外，商业银行应该站在风险组合的角度对贷款进行分析，同时，更多地采取积极的风险管理策略，寻求最佳的资产组合。充分利用银团贷款、贷款买卖、信用衍生产品及证券化等金融工具，提高银行在信用风险管理方面的主动性，可以更好地管理债务人和资产组合的集中度、持续期及信贷规模等风险因素。

（3）市场风险的管理策略

有些商业银行内部设立投资银行和证券部，主要从事外汇买卖、债券业务、股票交易、衍生工具和商品期货等。所有这些产品都与市场变化有关。银行内部应专门设立交易风险管理部，对市场风险进行管理。目前，各种规模的机构在利率风险管理过程中都会运用久期、凸性、期权调整利差等方法。先进的利率风险管理手段可以帮助银行管理层和股东获得更好的风险回报，也有助于提高整个银行系统承受利率风险的能力。

在市场风险的管理方法上，一方面，风险价值（VaR）和压力测试等重要概念已成为风险管理的标准做法；另一方面，风险管理手段也从简单的设置限额发展到应用越来越复杂的技术手段，并广泛使用数据分析和多样化的新金融工具。如远期利率协议、利率远期和期货、利率互换和期权互换。与此相适应，监管当局也制定了反映业界最新进展的监管指引，以鼓励银行不断完善其市场风险管理体系。

管理人员还应决定在各项业务和各个部门间如何分配资本和风险，以实现其目标。市场风险越大，银行的预期收益率越高，管理人员应该确定能够承担的市场风险敞口的大小，并明确可以接受风险的高低。

（4）操作风险的管理策略

所有的银行业务和交易活动都面临着操作风险。这类风险源自人工失误、计算机故障，以及使用了不合适的定价模型等。管理人员应决定对哪种操作风险投保，对哪种风险进行管理。对操作风险的管理主要有购买保险、进行内部控制和计算经济资本三种方式。

银行对操作风险的管理，可以采用区别对待的方式：

①对一些发生频率高、金额较小的风险，银行可以利用自己的内部经验判断什么事情容易出现偏差，建立自己的全面风险管理框架，努力使自己保持在事先确定的置信水平范围内，保证损失保持在可以接受的程度以内，也可以计算出一个内部的保险费用或者购买保险。

②对一些潜在的重大事件风险，银行应当尽可能多地购买保险，因为这些事件造成的损失巨大，并且是直接的可见损失。购买灾难保险可能是对这些风险进行套保的最好方式。

③当银行购买的保险达到了自己预期的要求，并且建立了自己良好的操作风险内控管理体系，那么银行便应当只为剩余的事件风险提取相应的经济资本。

8.1.3　商业银行信贷风险管理

商业银行尤其是一些地方性的小银行，其信贷风险比较集中，一个企业的违约可能引起一连串的连锁反应，造成其巨大的信贷风险。因此这些商业银行需要进一步重视信贷集中风险。

（1）优化信贷集中风险划分识别

商业银行需要科学定义信贷集中的相关维度，并积累高质量数据。不应简单照搬官方统计分类或外部分类标准，而要根据自身需要，从风险驱动因素相关性出发，界定并划分客户、行业、区域信贷集中。例如，不应仅据股权关系，而应从存在高度相关违约因素角度定义关联客户，如高度依赖单一客户或单一供应商。对地区或国家分类，也不应只关注行政区划，还应从更广视角，按地区或国家特有的风险驱动因素对借款人的影响进行界定，如产品需求地、经营地点或主要投资地等。而对行业分类，也应更多考虑系统性风险因素对借款人的影响，比如，按国家统计分类，造纸机械制造行业属于专用设备制造业，但其与造纸及纸制品业违约相关性更强。此外，还应在贷款发起阶段就逐户识别客户对关联方、行业、地理等因素的敏感性，并将相关数据保存于信贷管理信息系统中，为更好地识别信贷集中风险奠定基础。

（2）提高信贷集中风险度量水平

商业银行应借鉴国际先进经验，开发内部信贷组合模型，努力提高信贷集中风险度量水平。通过计量不同维度信贷集中的经济资本消耗情况，从边际风险贡献角度识别并度量信贷集中风险大小，为进而采取针对性风险管理措施提供科学依据。同时，高度重视压力测试在信贷集中风险度量中的重要作用。如先设定具体的压力情景，将情景转换为模型中系统性因素的压力值，再模拟组合损失分布，计算非预期损失、经济资本等参数，确定压力情景对信贷集中的影响。2005年以来，房地产、交通、能源等行业信贷集中现象突出，且抵押物也集中于房地产，商业银行应将房地产等行业作为定期压力测试重点。具体地，分析、预测房地产市场规律，设定不利市场条件下系统性风险因素变量，然后结合房地产行业一个周期的信贷损失历史数据，模拟不利环境下信贷损失分布，评估危机发生时损失大小，并采取一定措施规避房价下跌的风险。

（3）建立健全信贷集中限额体系

商业银行应根据自身情况，逐步建立健全信贷集中限额体系。建立简单的绝对额或比例限额，如单一客户敞口上限为10亿元，行业敞口上限为400亿元或建筑业贷款敞口不超过全部敞口15%等。考虑借款人或行业风险特征，以风险等级为基准设定限额。例如，某一基准客户敞口上限为2%，对于低风险客户，适当上调限额，而对于高风险客户，则下调该限额。对行业，其限额根据行业加权平均风险等级高低分别确定。

（4）综合运用各种风险管理手段，并协助指导贷款企业做好风险管理

商业银行可以积极采取措施减少信贷集中情况，如通过银团贷款、贷款出售等方式分散或转移大额（如大型集团）、行业（如房地产、能源）、区域等信贷集中风险。对于已经造成信贷集中风险的，可以通过各种手段进行信用风险管理，同样，商业银行也可以尝试对热点行业的中长期贷款实施信贷资产证券化或参与境外信用衍生品交易市场对冲涉外借款人或信贷业务的集中风险，有效进行信用风险管理。由于信贷集中，贷款企业能否按时还款对商业银行非常重要，商业银行也可以对贷款企业进行风险管理协助与指导，降低其信用风险。

8.2 经济资本的概念及测度方法

8.2.1 资本在银行中的作用

在金融机构中，资本可以为不确定性的损失提供缓冲，也是银行是否稳健的一个信号。

克力斯·马腾在《银行资本管理》一书中从四个不同的角度对资本进行了分析（见图 8－3）。

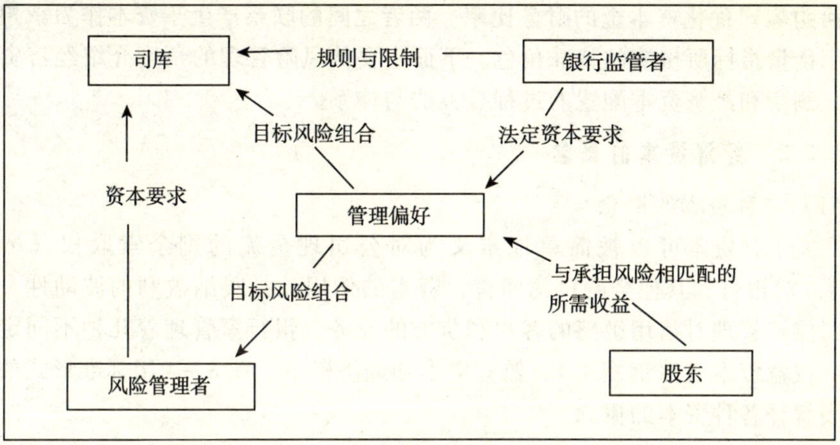

图 8－3　观察资本的四个角度

（1）从银行司库的角度：主要关心资本的可获得程度以及投资方式，同时努力降低资本的总成本。司库就是指负责为银行筹集资本的个人或者部门。

（2）从监管者角度：主要关心银行是否有足够的资本以保证存款者和其他债权人获得资金。

（3）从风险管理者的角度考虑：风险管理者主要关心损失的风险，而不是公布的比例或者资本的构成，他们经常提出的问题是，在没有任何监管要求下我们会认为需要多少资本。风险管理者的模型常常用于资本配置、绩效评估和激励补偿。

（4）从股东的角度：股东主要关心自己的投资能够获得多少收益以及获得的回报能否适当地补偿风险。这种角度最为重要，因为它促使银行实现股东回报的最大化，而股东回报的最大化也是股份管理公司的首要目标。应该将这种角度和风险管理者的角度结合起来，因为正是发生损失的可能性使得股东希望获得特定的最小回报以补偿自身的风险。可以用股东在银行所拥有的权益来衡量其投资多少，并计算投资的收益。股东衡量风险时，并不经常用自下而上的风险头寸逐步分析法，而是通过观察实际收益的波动情况来估计。因此在对金融机构内部的业务配置资本时，可以仿效股东的资本观，以业务收益的变动性为基础配置资本。

资本管理主要包括两方面的内容：一是银行需要保证资本金总额符合以下几方面的要求，比如信用评级机构的期望、银行承担的风险的评估、监管者的要求和股东的投资回报。二是要充分利用资本投资工具和资本管理手段（红利政策、股票回购等）优化资本金的财务比率。两者之间的联系产生于资本作为承担风险的一个衡量指标所扮演的特殊角色。下面主要从风险管理的角度介绍经济资本的概念、测度和经济资本配置的过程、方法与体系。

8.2.2 经济资本的概念

（1）三种资本的概念

广义上，资本可以被简单地定义为对公司现金流的剩余索取权（residual claim）。对银行和其他金融机构而言，资本的作用就是吸纳盈利的波动性，从而使公司能够管理对信用敏感的客户和贷方的业务。银行家管理着几种不同定义的资本：权益资本（账面资本）、监管资本和经济资本。图 8－4 用标准形式的资产负债表解释各种资本的概念。

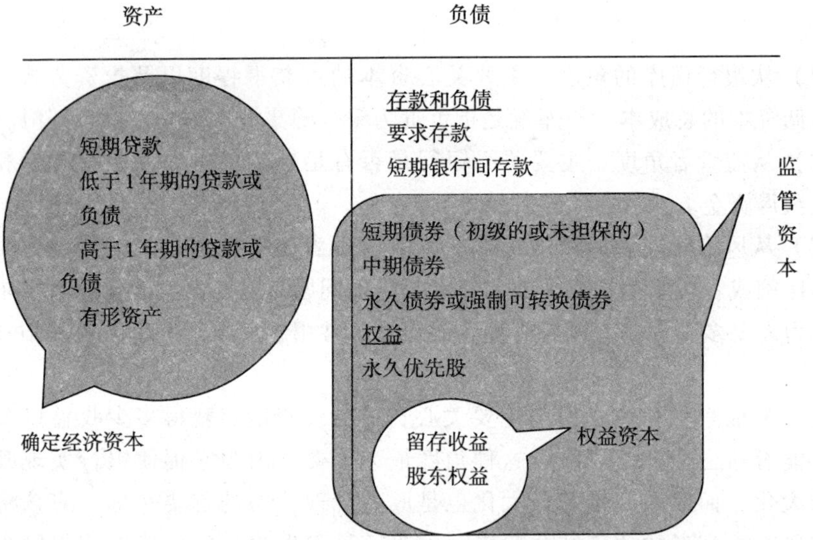

图 8－4 经济资本、权益资本和监管资本示意图

权益资本，也称为会计资本，在银行的资产负债表中是所有者权益部分，包括股东权益、资本公积、盈余公积和未分配利润，即是资产负债表中的资产减去负债的部分，反映了银行实际拥有的资本水平。权益资本是一个财务会计的概念，反映的是金融机构实际拥有的资本水平，而不是应该拥有的资本水平，因此尚未反映商业银行资本的核心功能。

监管资本指资本协议下基于风险的资本要求。监管资本的目的是确保有足够的可用资源来吸收整个银行的非预期损失。尽管监管资本是基于资产风险计算的，但却从来没有在交易水平上产生精确的资本配置。关于监管资本的具体分类和组成，将在巴塞尔协议和监管资本管理一节中进行详细介绍。

经济资本是根据资产负债表内和表外的资产风险来进行定义的，它是一种在给定确定性水平下（如 99%）弥补给定时期（如 1 年）内非预期损失所需资源的统计测度。1 减去确定性水平有时称为破产率（insolvency rate）或相当于信用评级。既然经济资本由资产的风险确定，那么银行所要求的经济资本就有可能比其实际拥有的权益资本要多——这种情况在长期内是不可维持的。然而在业务单元水平上，某些业务员所要求的权益资本相对较少，而对经济资本要求却非常大，由于银行必须持有较大规模的经济资本，因此对业务单元的风险资本（而不仅是权益资本）进行恰当收费是最根本的。

经济资本可用于风险管理、投资决策、业绩衡量、资本预算、战略管理以及监管资本衡量。其最主要的作用是把股东回报的价值最大化要求和责任通过经济资本配置落实到不同的层面（分行、产品、部门、客户和员工），把风险和收益的平衡通过经济资本的配置联系起来。

经济资本应该覆盖所有的风险因子，包括市场风险、信用风险、操作风险等，应该考虑风险因子彼此之间的相关性和风险分散化效应。对各种风险的计量是经济资本确定和配置的基础，经济资本反映风险的准确程度与金融机构风险量化水平直接相关。

（2）三种资本间的关系（见图 8－5）

①经济资本与监管资本的关系。从风险的角度来看，经济资本与监管资本都是风险缓冲。两者的区别在于监管资本是由监管当局从外部来认定这种缓冲，不能代表银行实际弥补消化非预期损失的能力，也不一定反映银行的风险特征；经济资本是由银行管理者从内部来认定和安排这种缓冲，反映了已有股东价值最大化对银行管理的要求，是为承担风险真正需要的资本，完全反映了银行自身的风险特征。

从数量关系的角度来看，如果银行监管资本大于其经济资本，意味着银行自有资本足以补偿非预期损失，银行的风险抵御能力较强而处于安全状态；如果其监管资本等于经济资本，意味着银行自有的资本金恰好补偿非预期损失，银行处于安全临界状态；如果其监管资本小于经济资本，则意味着其监管资本不足以弥补非预期损失，如果出现有异常的情况，银行可能会因无法抵御非预期损失风险而破产。

监管资本逐渐向经济资本靠拢。由于经济资本是银行实际承担风险的最直接反映，而监管当局也日益重视监管资本是否能够敏感地反映银行实际风险状况，于是开始重视发挥银行风险度量的作用，把监管资本的计算依据建立在银行实际的状况之上，在巴塞尔协议中不断鼓励有条件的商业银行使用内部评级法即是这种倾向的重要佐证之一。当然，只要银行和监管者之间存在差异，经济资本和监管资本就不可能完全一致。在监管资本大于经济资本时，监管者不会干预；监管资本小于经济资本时，银行必须采取行动使两者对齐。总体来讲，两者关系的主流趋势是收敛和一体化。

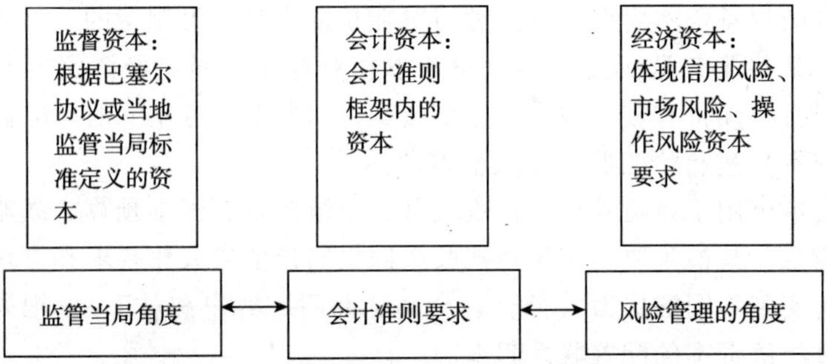

图8－5　经济资本、权益资本和监管资本关系图

②经济资本与账面资本的关系。银行账面资本的数量应当大于等于经济资本的数量。账面资本虽然不直接与银行实际承担的风险挂钩，但是在实际当中，银行因为承担风险而遭受的损失最终要反映为账面资本的减少，比如银行不断地要用当年利润或者资本来核销不良资产，而当银行真正面临破产时，银行实际需要付出的也必然是账面实际存在的资本，其中股东权益首先要承担清偿责任。这种联系说明银行账面资本的数量应当大于等于经济资本的数量。

③监管资本与账面资本的关系。监管资本是金融监管机构为了保持金融体系的稳定和防范风险要求商业银行必须持有的最低资本要求。两者的不同之处在于监管资本中包括了一部分不属于账面资本的部分，例如长期次级债，从会计角度看属于负债，但由于是商业银行长期稳定的资金来源，可以满足商业银行流动性管理的要求，从监管角度讲可以等同于自有资金，计入监管资本。

8.2.3　经济资本的测度方法

（1）简单系数法

简单系数法假设经济资本是资产特征的函数，资产特征包括资产余额、资产期限和资产质量等，用公式表示：

$$经济资本 = f(资产特征) = f(额度，期限，质量) \quad (8-1)$$

因此，可以设计一套方案，使银行的每一种资产对应一定的经济资本，也就是给每一类资产确定一个经济资本分配系数：

$$经济资本 = 资产余额 \times 经济资本分配系数 \quad (8-2)$$

根据资产对象的不同，经济资本分配系数的求取可分为两类：一是在交易基础上进行测算，主要方法是根据每个交易额度大小、交易对象信用等级和交易时间等确定经济资本分配系数；二是在资产组合的基础上进行测算，主要按照产品类别确定经济资本分配系数，需要综合分析产品的余额、期限、内部风险评级和授信使用情况等。系数法比较直观易懂，因此被一些银行采用，其难点是在系数的确定上。

（2）资产波动法

资产波动法是指通过度量资产价值的波动性和相关性，计算出银行组合和交易层面的经济资本额度。从银行总体经济资本的角度上看，市场风险、信用风险和操作性风险是所有银行共同面临的风险，经济资本主要覆盖的也是这三类风险；从当前银行风险管理的实践上看，大多数银行在总体经济资本的计量上采用对信用风险、市场风险和操作风险三者经济资本的简单加总，这样做的前提是假设三类风险之间是完全不相关的。不过，由于实践中对不同类型风险之间相关性的估计是相当困难的，所以简单加总的做法也是不得不做出的妥协。关于三种风险类型的具体经济资本计算，在接下来的内容中进行介绍。

资产波动法需要解决的几个问题：

①第一个是实践问题。三种模型的发展程度相差很远，一个非常完善的市场模型可能会与一个仍有待发展的信用风险模型和一个简陋的初期操作风险模型并存。

②风险的加总问题。大部分银行都有自己独立的内部模型建模方法，根据不同的风险（信用、操作和市场风险）来配置资本，但由于不同风险类别间的关系很难量化，故独立计算各种风险的资本并简单加总。简单相加法假设风险之间完全不相关，该假设不太合理。

③加总风险的另一个问题是持有期的确定，通常的做法是设定持有期为 1 年，但这样会高估市场风险，低估信用风险。

解决上述问题的一种处理方法就是利用自上而下的风险模型来确定银行总的

资本水平，以此来校正自下而上的风险模型。

（3）收入波动法

收入波动法是通过度量收益的波动性和相关性来计算经济资本额度的，其含义是需要多少经济资本才能保证获得的无风险盈利可以抵消收入的一般波动。它通过观察收益在一段时间内的波动额来估计各类业务活动的风险大小。这种方法适用于业务比较稳定的企业（即每期的业务基本不发生变化），但它需要大量的数据支持（最好是每天的收入观测数据，而实际仅能得到每月或每季度的数据）。

收益波动法的基本模型是关于风险收益的定义，该定义运用了衡量收入或盈利偏离平均值的程度，风险收益定义为：

$$EVR = k\sigma_r$$

其中，k 为倍数值，σ_r 为银行或业务收入或盈利的标准差。就是说风险收益定义为收益分布标准差的某个倍数。

确定了风险收益后，如何转化为资本数呢？现在的问题是：支持该收益所需要的资本是多少？一种处理方法是可以作为永久年金（perpetual annuity）来处理，需要的资本为：

$$EC = \frac{EVR}{R}$$

其中，EC 表示经济资本，R 表示无风险利率。

收益波动法的优点在于提供了总体经济资本的一个估算值。通过考虑业务单元或整个公司的收益，就可以测度信用风险、市场风险和操作风险，但问题是很少有业务能使用自上而下法，因为该方法不仅要求业务具有稳定性，还需要提供大量高重复率的数据。另外，收益波动模型还存在以下局限性：

①假设变量符合正态分布，这是为了得到某些衡量指标，如标准差。但实际中，收益并不一定满足正态分布。

②使用的是后验方法。这种做法能告诉我们过去已经遇到的风险，但它假设将来银行还会遇到同样的风险。然而风险是瞬息万变的，利用这种方法很难捕捉住这种变化。

③该模型无法帮助控制经济资本。它只能告诉我们某项业务的风险很大，应该设法降低，除此之外，没有提供给管理层任何手段来降低这种风险。

然而，收益波动法在以下三方面是有用的：

①因为它能正确地衡量某一期间的回报以及相应的风险，所以可以用它来评定与业绩挂钩的薪酬指标。

②它能很好地反映银行在市场上的地位，即银行的资本成本，最终反映银行的股东价值。

③当银行制定边际决策时，如进入或退出某项业务时，可以用它来判断业务的边际影响。有些业务尽管本身的波动性很大，但是实际上可以减弱整个银行的波动性。

(4) 三种方法的比较

系数法比较直观易懂，因此容易被银行采用，其缺点在于未能与非预期损失挂钩，风险要素不够突出；没有考虑资产之间的相关性；对风险的变动不够敏感；计量的结果不够精细；无法体现银行的风险偏好。

收益波动法的好处在于它是从上至下的，而且可以将单项业务的风险资本和股东感觉到的风险联系起来。它的问题是很难细分到更低的层次，而且不能用它来为单项业务定价。

资产波动法恰恰相反，这种方法擅长在较低层次以先验方法来估计潜在的资产价值波动额，甚至可以为某项业务定价；但是它依赖于不稳定的相关性，从而使这种方法的用途减少。

最好的方法是将收益波动法和资产波动法相结合。利用收益波动法将银行的经济资本分配到下一个或两个层次，然后在业务层次分别研究波动的主要驱动因素，利用资产波动法建模。

资产波动法与收益波动法的比较见表 8－3。

表 8－3　　资产波动法与收益波动法的比较

资产波动法	收益波动法
直观	不直观
可以作为定价工具	不能作为定价工具
向前看的	向后看的
提供控制杠杆	不提供控制杠杆
要求为所有的风险建立明确的模型	涵盖所有的风险类型
严重依赖统计指标	基本不需要统计指标
创建成本和运行成本较高	廉价、计算简单
将不同类型的风险加总令人质疑	直接与股东对风险的理解相联系

资料来源：《银行资本管理——资本配置和绩效评价》。

8.2.4 经济资本与风险管理的关系

经济资本是银行自身业务发展过程中实际承担风险水平的真实反映。因此，经济资本与风险管理相辅相成、密不可分，具体而言，可概括为：

（1）资本是银行确定风险管理边界的基础

资本是商业银行防范风险的最后一道防线，资本的这种属性决定了商业银行资产规模的大小应取决于资本金总量和风险偏好。也就是说，商业银行应当从持有的资本金总量出发，在考虑了风险偏好后，再确定其经营产品的种类、范围和总量。当经济资本在数量上接近或超过银行的实际资本时，说明银行所面临的风险水平接近或超过其风险承受能力。此时，银行要么补充实际资本，要么调整业务结构，降低经济资本总量，使风险处于可承受范围之内，否则将威胁整个银行的安全性。

（2）经济资本是进行全面风险管理的重要工具

经济资本管理范围涵盖了信用风险、市场风险和操作风险，全面提升了对银行风险的管理范围和内涵。经济资本管理使利润计划、不良贷款计划和信贷业务计划协调联动，三者有机结合，同时更好地整合银行的财务资源、信贷资源和有关政策资源，是更为完整的银行风险管理工具，推动经济资本的管理必然会促进银行内部评级法等风险管理技术的发展，进而带动银行风险管理水平的进一步提高。

（3）经济资本是对风险的精确量化

经济资本等于非预期损失，而非预期损失正是银行面临的真正风险。因此，经济资本是对风险的精确量化，是银行风险状况的真实反映。通过经济资本，银行可以精确估计资产或组合风险的大小，从而可以增强防范风险的主动性和灵活性。

（4）经济资本可以实现资本与风险的匹配

银行的各分行和业务线存在多少风险，就应该分配给其等额的经济资本。经济资本直接反映银行的风险状况，并可以方便地进行分解、合并，通过对经济资本进行计量，不仅显示了银行各分行和各业务线的真实风险，而且还实现了资本与风险的匹配。

（5）经济资本为风险调整业绩度量奠定基础

在经济资本分配基础上，通过风险调整后的收益率和经济增加值等指标可以实现对各部门、分行和业务线实施科学的绩效考核，这种考核既考察盈利能力，又充分考虑承担的风险，实现收益与风险的匹配，从而达到资源的优化配置。

8.3 巴塞尔协议与监管资本管理

前面介绍了银行面临的主要风险类型及管理策略，并且对商业银行风险管理的基本理论，尤其是经济资本的测度方法进行了比较详细的介绍。介绍商业银行的风险管理，不得不介绍巴塞尔协议，因为商业银行风险管理所取得的发展有很大一部分要归于巴塞尔协议的颁布和实施，两者在发展的过程中起到了互相促进、互相借鉴的作用。现行的监管框架最初于 1988 年提出，由于金融创新和套利的原因，经过了多次的修正。当前开发的新资本协议主要关心的一个问题是协议是否具有潜在的灵活性以适应不断发展的金融市场；另一个关心的问题就是新协议是否阻碍银行业向多样化发展的趋势。这一节对银行监管的历史和新旧巴塞尔协议的主要内容进行介绍，并且着重对巴塞尔协议中有关信用风险监管资本计量方法的演进和发展进行详细介绍，而操作风险和市场风险监管资本的计算在本书的其他章节进行分析。

8.3.1　1988 年巴塞尔协议

(1) 巴塞尔协议的发展脉络

国内外商业银行资本充足率的管理是由巴塞尔银行监管委员会 1988 年 7 月发布的《统一国际银行资本衡量和资本标准》（即《巴塞尔协议》）开始的，该协议只考虑了信用风险作为计算资本充足率的依据，并未考虑市场风险的因素。其原因是传统的商业银行收入主要来源于存贷款利率差，并且利率水平受到政府的监管而相对稳定，利率风险不突出。

随着布雷顿森林体系的解体，各国利率、汇率逐步取消了管制。金融自由化和全球化趋势的发展、银行混业经营的出现、金融衍生工具的迅速发展使银行面临的市场风险越来越大。为了将市场风险纳入商业银行的整体风险管理框架之中，巴塞尔委员会于 1996 年 1 月颁布了《资本协议市场风险补充规定》。

随后，1997 年亚洲爆发了金融危机，并且波及全球的金融体系，全球的银行体系受到了巨大的冲击。金融危机的爆发使得银行界及各国金融监管当局纷纷对现行银行业的国际监管标准产生了怀疑，开始考虑对其进行修订和完善。1999 年 6 月，巴塞尔委员会发布了《新资本充足率协议框架》，向全世界征求意见，此即为新巴塞尔协议第一轮征询意见稿（Consultative Document，CP1），确定了以最低资本要求、监管约束和市场约束的三大支柱为特点的基本框架；2001 年 1 月，再次发布了内容更加翔实的新资本协议草案第二稿（CP2）；2003 年 4 月，发布新巴塞尔协议草案第三稿（CP3）。随后，2004 年 1 月，巴塞尔委员会针对第三轮征询意见，发布了三篇技术性的回应报告：①资产证券化框架改动；②预期和未预期损失资本处理的修改；③高级法下操作风险资本要求的本国监管当局认可原则。2004 年 6 月发布新巴塞尔协议定稿。新资本协议成为各国监管机构和银行界配置资本的指导性文件。表 8 - 4 描述了上述的发展过程。

表 8 – 4　　巴塞尔资本协议的发展

时间	发布内容
1988. 7	《巴塞尔资本协议》
1996	市场风险资本修订条款
1996 ~ 1998	信用衍生产品的特别规则
1999. 6	巴塞尔委员会的咨询文件（CP1）
2001. 1	巴塞尔委员会的咨询文件（CP2）
2003. 4	巴塞尔委员会的咨询文件（CP3）
2004. 6	巴塞尔新资本协议

（2）合格监管资本的组成

①资本比率的规定。巴塞尔协议规定资本总量不应低于风险加权资产的8%。总资本相对于风险加权资产总和的百分比被称为“总资本比率”。其中，至少50%的资本要以一级资本的形式出现。一级资本占风险加权资产总量的百分比被称为一级资本比率。补充性资本进一步分为高端二级资本和低端二级资本，后者属于次级债务。低端二级资本不能超过一级资本总量的50%。

表 8 – 5 展示了各种资本可能的组合。在例 1 中，所有的资本都可以包含在合格资本中，因为高端二级资本和低端二级资本的总量没有超过总资本的50%，并且低端二级资本没有超过一级资本的50%。在例 2 中，低端二级资本的 25 元应被排除，因为它超过了一级资本的50%。在例 3 中，低端二级资本的 25 元也应被排除，另外总二级资本的 25 元也应被排除，否则二级资本总量将超出总资本的50%。但这 25 元到底来自高端还是低端二级资本并不重要，因为规则并没有要分开计算二级资本比率或其组成，而只规定了百分比限制。在例 4 中，高端二级资本的 25 元同样应被排除，因为二级资本不应超过一级资本。

表 8 – 5　　巴塞尔协议下的资本结构举例

	例 1	例 2	例 3	例 4
一级资本	100	100	100	100
高级二级资本	50	50	75	125
低端二级资本	50	75	75	0

②一级资本。一级资本包括权益资本和公开储备。权益资本定义为已发行并且完全支付的普通股，以及非累积的永久性优先股。公开储备包括披露的普通储

备，如某些国家和地区要求的针对银行风险的普通储备；外币转换储备也被作为一级资本的一部分处理。针对银团集团的并表账户，一级资本更进一步包括其在子公司的少数权益。另外，银行必须从以上所列部分总额中扣除其资产负债表项中未摊销商誉，从而得到全部的一级资本数额。见表8-6。

表8-6　一级资本组成

发行并完全支付的普通股权益	X
留存收益	X
股票补贴/资本盈余账户	X
非累积、永久性优先股以及其他混合型股本工具	X
披露的一般性储备	X
子公司的少数权益	X
减：未摊销商誉	(X)
总合格一级资本	X

③二级资本。二级资本包括很多类型的长期债务以及某些储备。巴塞尔协议以及其修订稿规定了以下五种具体构成：

第一，未公开储备。在某些国家和地区，银行可以持有未公开或“隐藏”的储备。这些储备通常经损益账户而来，但不明确记录，而是通过“其他负债”或资产负债表中的类似头寸来记录。然而，这些储备仍将会以机密方式披露给监管者。

第二，资产重估储备（revaluation reserves）。这些储备或者是正式的重估储备，即商业银行对固定资产进行重估时，固定资产公允价值与账面价值之间的正差；或者是为投资而设立的名义储备，这些投资具有很高的市场价值，但是尚未被明确重估。

第三，普通贷款损失或呆账准备金。用于防备当时尚不能确定损失的准备金或呆账准备金，在一旦出现损失时可以用于弥补。若不是针对一些特定资产或负债的具体损失（如国别风险准备或房屋贷款准备），便可以算作合格的二级资本。普通贷款损失准备只能占到风险加权资产的1.25%。

第四，债务股本混合工具，包括一系列具有股本资本特征和债务特征的金融工具，例如可转换债券和累积性优先股。巴塞尔协议未列出所有可能的工具，而是设定了某些必须要满足的标准：未担保、次级，并且是完全支付的；不可赎回，至少不能没有监管者的同意；银行承担损失不致迫使银行停业；银行延缓利息支付时不致迫使银行停业。

第五，次级长期债务工具包括普通的、无担保的、初始期限五年以上的次级债务资本工具和不可购回的优先股。这被看作低端二级资本，并且要服从一项附加的限制（不能超过一级资本总量的50%）。另外，一旦债务期限在五年以下，则次级债务要服从每年20%的折扣，也就是说，次级债务到期日不足两年时，要扣除80%，不足一年时，全部扣除。

④三级资本。三级资本的概念由市场风险修订稿引入，以便使银行能够持有一种更短期的应对市场风险的资本，显然这些风险比传统的资产负债表表内信用业务的清算期更短，因此亏损会在更短的时间内出现以及被吸收。

三级资本是资本的一种弱势形式，它是一种短期附属债务，用来支持金融机构承受在商业和国库券交易活动中的市场风险。三级债券必须是无担保、全额支付、要求权次于优先债权人、最低期限为两年，而且在没有达到最低监管资本要求时，可以推迟支付本金和利息的支付。

作为三级资本，必须满足以下条件：最初的到期期限不得少于两年；有“锁定”条款，规定一旦支付利息或本金会导致银行总资本比率下降至最低要求以下，便可不支付利息或本金。

所有合格的三级资本总量不得超过被分配用于支持市场风险一级资本的250%。具体计算步骤为：首先计算银行为满足信用风险所需要的一级资本的数量，这个数量与实际可用的一级资本的差额被看作是可用于市场风险的。然后将这个差额乘以2.5得出合格的三级资本的最大值。

事实上，只有使用过的三级资本才被包括在正常资本比率中。例如，假设一家银行有一级资本700亿元，二级资本100亿元，三级资本600亿元，并且信用和市场风险的加权资产分别为7 500亿元和4 375亿元，那么三级资本的计算方法如下：

a. 用于信用风险加权资产的总资本为600亿元（7500×8%）。由于二级资本只有100亿元，银行必须利用一级资本中的500亿元来应付信用风险。

b. 剩余的700亿元－500亿元＝200亿元可用于应付市场风险，这样三级资本的上限为500亿元（200亿元的2.5倍）。

c. 实际的市场风险要求是350亿元（4 375×8%），由100亿元的一级资本和250亿元的三级资本组成。

d. 剩余的“未用过”的100亿元一级资本和250亿元的三级资本包括在总资本比率中，但是未被接受的350亿元三级资本没有被包含在内。

⑤资本扣减项。最后，必须要在一级、二级和三级资本的总量中作一些扣除以得出合格资本量。首先要从一级资本中扣除商誉。其次，在非并表的银行及金

融子公司的投资要从总资本中扣除。在非并表的非银行子公司的投资，被看作是普通贷款，遵循下述风险加权法（即 8% 的资本对应）。各国监管当局可自行断定在其他银行和金融机构的长期投资是否应从总资本中扣除。

综合以上内容，总资本的构成见表 8 - 7。

表 8 - 7　　总资本的组成

一级资本（见表 8 - 6）		X
二级资本		
未披露储备	X	
重估储备[a]	X	
一般贷款损失储备[b]	X	
合格的混合型债务工具	X	
次级债务[c]	X	X
三级资本[d]		X
减：		
在非合并银行子公司的投资		(X)
在其他银行及金融机构的投资		(X)
总资本		X

注：a. 有 55% 的折扣。

b. 上限为风险加权资产的 1.25%。

c. 上限为一级资本总量的 50%。

d. 上限为用于市场风险的一级资本的 250%。

⑥风险加权资产的计算。协议针对不同资产的相对信用风险分别给予 0%、20%、50% 和 100% 的风险权重，见表 8 - 8。风险加权资产简单地定义为贷款数量乘以风险权重。例如，银行至少要持有风险加权资产的 8% 作为资本金：考虑给一个公司发放贷款 100 元，则银行须持有这个贷款的资本金数额至少为 $100 \times 8\% \times 100\% = 8$（元），而相同的贷款发放给 OECD 银行只需 $100 \times 8\% \times 20\% = 1.6$（元）。但是，风险加权系数的确定比较粗糙，没有与相应资产的风险精确挂钩。

表 8－8　　资产负债表中的风险权重

风险权重（%）	资产类型
0	银行持有的现金及黄金；对经合组织国家中央政府及美国财政部的债券
20	对经合组织国家银行的债券；美国政府机构发行的债券；对市政机构的债券
50	住房抵押贷款
100	所有其他债券，例如企业债券、发展中国家债务；对非经合组织国家银行的债权、股票、不动产、厂房设备、抵押贷款及其他资产

（3）1988 年协议的优势和缺点

《巴塞尔协议》是巴塞尔委员会统一各成员国商业银行资本充足标准的第一个里程碑式的文件，《巴塞尔协议》定义了银行的资本构成，确定了风险加权资产的标准法系数，阐述了各成员国商业银行应该实行的最低资本标准。当然，标准法对同一类资产使用同一个风险加权系数的方法对商业银行资产风险的度量是粗糙的，没有与相应资产的风险精确匹配，但对商业银行资本配置的要求毕竟是从无到有，有了一个不精确但可以操作的方法。《巴塞尔协议》颁布后，商业银行资本充足率的管理方法不仅在巴塞尔委员会成员国中得到积极的贯彻实施，并且被其他国家的一些国际性商业银行采纳和使用。

①优势和作用。巴塞尔资本协议的最大优势是简单，这使得银行和会计制度差别很大的国家能够接受巴塞尔协议的框架。这样，巴塞尔协议就达到了它的两个基本目标：一是维护银行系统的安全性（通过最低资本水平的要求），二是保证一个更加平等的国际竞争环境（通过使所有银行都遵守基本相同的条款）。

②缺点。1988 年协议受到了 5 个方面的批评：

第一，它提供的信用风险处理是不一致的。通过对比 OECD 银行与其他公司的风险权重就可以看出，OECD 国家中对有一定风险的银行所要求的监管资本比对风险相对较低的公司所要求的要少；另外根据该协议，对通用电气的贷款和对街头报刊经销人的透支都采用同样的资本要求，这显然是不合理的。这种谬误导致了内部风险资本模型在许多主要国际化银行中的发展。另外，此框架也没有涉及证券化和信贷衍生工具。

第二，1988 年协议没有度量组合的风险，没用考虑多样性或集中度，也没有提供短期头寸。

第三，1988 年协议没有提供作为模式或管理改进的监管解释。

第四，没有重视期限结构的影响。即使控制好信用等级，贷款期限在衡量信用风险时仍是一个重要的因素。例如，向 AA 等级的公司提供 3 年期的贷款几乎没有违约风险，相反，向该公司提供 30 年期贷款，则有较大的风险。

第五，忽视风险缓解作用。净额结算或使用衍生品降低了信用风险，但 1988 年巴塞尔协议则没有考虑这一点。净额结算指交易双方之间的债务被合并为一个单一净债务的一种法定协议。根据净结算，如果借入的款项和借出的款项相差不多，则违约一方的损失会很小。同样，如果银行持有抵押品，贷款损失将会降低。

8.3.2　资本协议市场风险补充规定

对商业银行来讲，信用风险是首当其冲的风险，因此，1988 年《巴塞尔协议》仅仅给出了信用风险资产的加权计算方法，其设定的资本衡量框架并未涉及包括市场风险在内的其他风险。随着 20 世纪 90 年代国际金融市场的快速发展，金融创新使得大量新的金融工具不断出现，许多国际性商业银行积极参与各种金融工具的市场交易，面临的市场风险（银行因市场价值波动所引起的表内外交易头寸损失的风险）越来越大。1995 年，就发生了英国巴林银行事件和日本大和银行事件。为适应商业银行风险管理的需要，巴塞尔委员会对 1988 年的《巴塞尔协议》进行了修订，于 1996 年初正式发布《资本协议市场风险补充规定》，该规定将市场风险纳入到了资本充足率管理框架中，要求商业银行必须量化市场风险并计算相应的资本要求。

在补充规定中，市场风险被界定为因市场价格波动而导致表内、表外头寸损失的风险，协议认为四类产品会带来市场风险——利率风险、外汇风险、股票风险和商品风险。补充规定认为市场风险包括两个组成项目：一般市场风险和特定市场风险。一般市场风险是指市场波动从而引起市场价值波动的风险。特定市场风险是指单个证券的价值受到市场波动以外的因素，如与发行者有关因素（例如信用质量和流动性）的影响而波动的风险。特定风险资本的要求一般是对债券的附加要求。除了对以上四类产品相关市场风险的两个组成部分进行界定外，补充规定还对银行资产组合中的非线性期权风险进行了明确的规定。

补充规定要求商业银行在资本充足性管理中将银行业务按性质不同分为银行账户（banking books）和交易账户（trading books）两类。银行账户包括存款、贷款等传统银行业务及这些业务相关的衍生产品。银行账户业务不以交易为目的，其风险主要是信用风险，对应的最低资本要求的计算方法与 1988 年《巴塞尔协议》中规定的计算方法相同。交易账户包括债券、股票、外汇交易以及与这些交易相关的衍生产品。商业银行往往根据市场的变化进行交易账户业务，其目的常常是为了获得短期价差收益。交易账户面临的风险主要是由于利率、汇率等变化而产生的市场价格波动风险。对于交易账户中的市场风险下的监管资本或经济资本的计算规定两种方法，一是标准法；二是内部模型法，其详细的内容可参看补充规定。

8.3.3 巴塞尔新资本协议

（1）巴塞尔新资本协议的三大支柱

巴塞尔委员会对实施新协议的条件作了明确的规定。首先，巴塞尔委员会对用于定量数据的收集和使用给出了很多相关的说明。此外，由两个外部监控活动来补充内部资本金的要求以实现委员会的目标：监督检查和信息披露。为了强调后面两个部分与第一个部分同等重要，委员会把最低资本要求、监督检查和信息披露作为合理监管的三大支柱（见图8-6）。

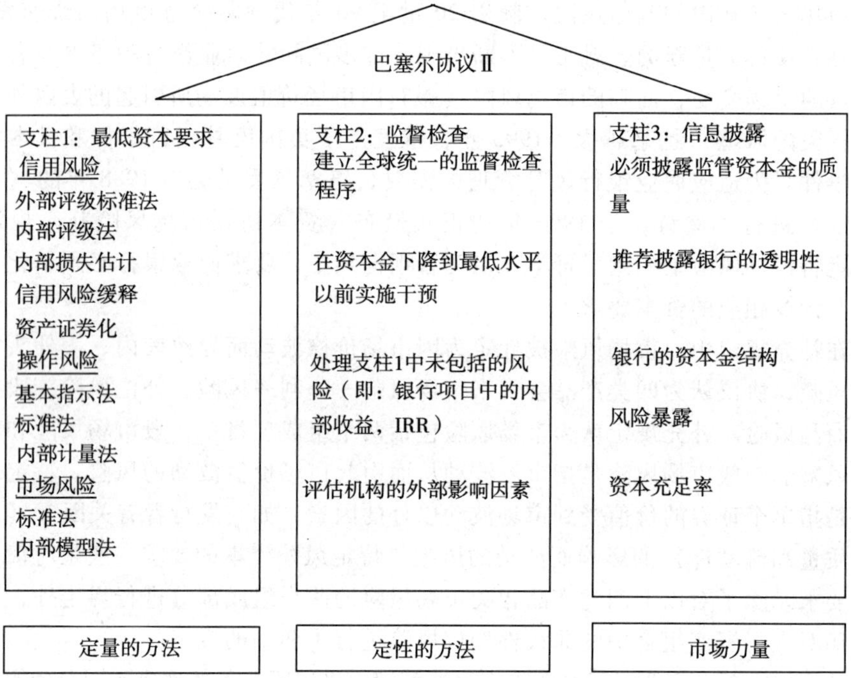

图8-6 巴塞尔协议Ⅱ的三个支柱

支柱1——最低资本要求（见图8-7）。《新巴塞尔资本协议》草案关于风险的度量有很大变化。主要改变在于两个方面：第一个方面，1988年巴塞尔协议及其1996年所做的修改主要涵盖信用风险和市场风险（包括交易账户中的利率风险、汇率风险、商品风险等），而新协议试图涵盖所有的风险，将商业银行资本充足率管理的风险范围确定为包括信用风险、市场风险和操作风险，增加了对操作风险的资本要求管理。第二个方面，新协议对信用风险的衡量及风险资产的计算方法做了重大修改。其目的在于推行一种新的标准化方法：将风险加权资产建立在可获得外部信用评级基础上的违约风险计算方法。风险控制经验丰富的银行可以使用以其内部评级为基础的其他模型。但是有两个问题需要注意：一是如何证实内部评级的有效性；二是怎样将风险加权计算同银行内部评级结合起来，以确保不同的银行对相同风险的处理保持一致。

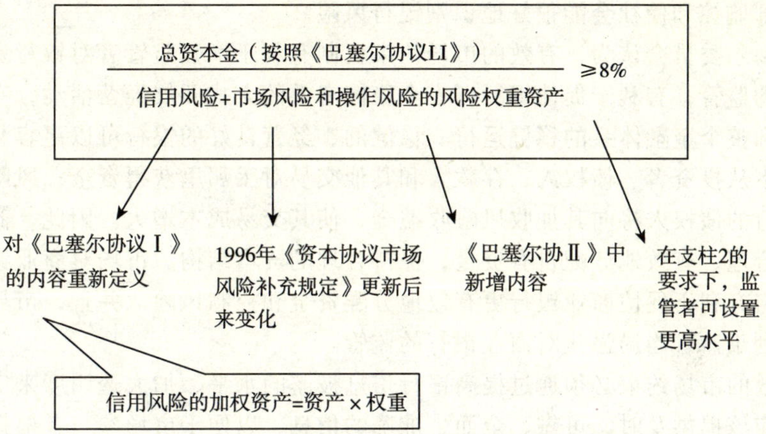

图 8－7　巴塞尔资本协议资本计算

支柱 2——监督检查。监督检查使监管者可以在早期采取行动和防止银行使用不可靠的数据。监管者还应处理一些诸如可能引起对银行资本金有较高风险敏感性的顺周期效应。监管者需要对银行业务进行审查，以确保银行在实践中严格遵循有关规定，正确评估其风险敞口并保有足够的资本金。

金融监管机构对商业银行资本充足性进行监管，可以促使银行的资本状况与其经营战略和所承受的总体风险度相匹配，以便于监管当局在银行资本水平低于其应达到的水平时，及时地对该银行实施干预。

巴塞尔委员会认为有效的监管约束有四个基本原则。第一个原则是监督当局应该根据银行的风险状况和外部经营环境，要求银行保持高于最低水平的资本充足率；第二个原则是银行应按照其承担风险的大小，建立起关于资本充足整体状况的内部评价机制，并制定维持资本充足水平的战略，使其资本水平同其经营战略及所承受的总体风险程度相匹配；第三个原则是监管当局应对银行的内部评价程序与资本战略以及资本充足率状况进行检查和评价；第四个原则是监管当局应及时对银行实施干预，以防止银行的资本水平低于审慎水平（prudent level）。

金融监管当局可以通过现场和非现场稽核来审核银行的资本充足程度。在对资本充足程度实施监管时，监管当局应在综合考虑银行的风险化解情况、风险管理状况、所在的市场性质、收益状况的可靠性和有效性、会计核算制度和评价制度的一惯性、经营活动类型的划分以及国际国内金融市场对该银行的重要性等一系列因素的基础上进行。

支柱3——信息披露。要求银行向它的竞争对手和金融市场披露信息，以便实施外部监控和使社会能很好地识别银行风险。

巴塞尔委员会认为，有效的市场约束机制有利于增强监管者对银行资本及其他方面的监管，有利于促使银行以安全稳健有效的方式开展经营活动，有利于银行体系和整个金融体系的稳健运行。稳健的、经营良好的银行可以更容易和以更低的成本从投资者、债权人、存款人和其他交易对手那里获得资金；风险较高的商业银行的债权人将向其加收风险收益金，使其交易成本增大。因此，商业银行会努力合理、有效地分配自有资金，保持合理的资本结构。市场对商业银行的激励机制将有利于促使商业银行更有效地分配资金和控制风险。并且，市场约束机制还有利于监管当局强化对商业银行的监管。

有效的市场约束必须通过提高银行信息披露的水平、加大透明度来实现，商业银行应该提供及时、可靠、全面、准确的信息，以便于市场参与者根据商业银行的信息披露作出有效的判断。商业银行应及时公开包括资本结构、风险敞口、资本充足比率、对资本的内部评价机制和风险战略管理等在内的信息，披露的频率至少一年一次。

（2）新协议对信用风险的资本要求量化

新协议对信用风险的资本计量规定了三种方法：修正的标准法、内部评级初级法和内部评级高级法。修正的标准法主要根据1988年的巴塞尔协议有关内容修订而成。与旧协议主要不同之处在于该协议根据外部评级所反映出的债务人信用价值来确定每个资产的风险权重。内部评级初级法规定银行计算违约概率可使用内部评级体系，其他的输入变量（如违约损失率）则从外部机构得到。内部评级高级法是唯一允许银行可以使用自己的输入数据估计风险的方法。信用缓释技术和资产证券化都融合到这三种方法之中。监管者还对如抵押条款、信用衍生产品、净扣和证券化等许多重点内容进行了严密的定义。资本计量方法的比较见图8－8。

①修正的标准法

A. 风险权重和违约概率

修正的标准法与1988年协议的相似之处在于风险权重取决于借款人（政府、银行和公司）的类型，风险权重是基于认可的评级机构的信用评级确定的交易对

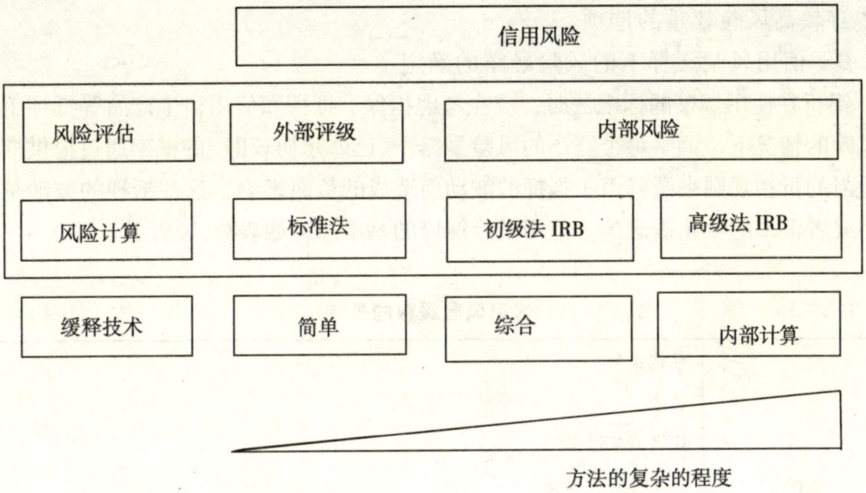

资料来源：标准普尔。

图 8－8　信用风险资本计算方法比较

象的违约概率来决定的，但也可以通过一些调整系数反映出每个交易对象实际的信用风险水平。资产标准的风险权重等于100%。表 8－9 是根据标准普尔的评级尺度对风险权重作的详细介绍。

表 8－9　　调整的标准法风险权重系数

评级结果 评级对象		AAA 到 AA^-	A^+ 到 A^-	BBB^+ 到 BBB^-	BB^+ 到 B^-	低于 B^-	未评级
主权及中央银行		0	20	50	100	150	100
银行和证券机构方法 1		20	50	100	100	150	100
银行和证券机构方法 2	长期	20	50	50	100	150	50
	短期	20	20	20	50	150	20
其他公司（包括保险公司）		20	50	BBB^+ 到 BB 100	低于 BB 150		100

注：对银行而言，由政府监管者确定选择方法 1 还是方法 2。

这一次修正的标准法与 1988 年协议相比，改进了风险的灵敏度。它有以下特点：第一，删除了 1988 年协议中对 OECD 俱乐部的优惠；第二，为公司信用提供了更大的差别；第三，引入了更高的风险类别（150%）；第四，包含了允许实体有较高风险权重的选项。

B. 信用风险缓释下的风险暴露的确定

银行在使用调整的标准法时，应在考虑担保、抵押和信用衍生产品等抵押工具缓释风险的情况下，调整每个资产的风险暴露。《巴塞尔协议Ⅱ》的框架通过提供准确而又适当的折扣规则来缓释由于抵押的波动而造成的负面影响，这些抵押的波动是由于价格或者汇率的变化造成的。信用风险缓释的基本原理如表8－10所示。

表8－10　信用风险缓释的处理

抵押	存款现金 黄金 评级债务担保 未评级债务担保 主要的股权或者是一些认可的交换 一定条件下的共同基金 各种方法的总和
资产负债表内净扣	为银行运作的国家提供一个法律基点 银行决定认可时间内净扣协议的构成 各种方法的总和
担保和信用衍生产品	十分精确的条件下，如一个直接的、明确的而又不能取消的要求权 有关工具结构的其他条件 错配的债项 担保人或提供信用保护人的高信用价值 各种方法的总和

从实践的角度来看，有两类方法来解释信用风险的缓释——初级法和和高级法。初级法：在抵押的质量和暴露不发生变化的条件下，初级法中的定义改变了风险权重的原则。高级法：高级法规定风险权重保持不变，但根据抵押质量的变化而调整风险暴露的大小。风险暴露按照折扣来调整，而折扣是根据资产和抵押市场价值的波动情况来确定。银行可以选择使用标准折扣法或自己估计出的折扣法。两种情况的框架相似，即缓释后的暴露等于折扣后暴露的现值减去抵押的价值。下面两种情况都减少了抵押价值：一是本身的波动性；二是资产当前所存在的风险。

②内部评级法（IRB）

内部评级法分成基础法和高级法。基础法需要银行利用内部模型估计违约概率（PD），而其他参数由监管当局制定，采用固定比率的方法。高级法则需要银行利用内部模型估计违约概率（PD）、违约损失率（LGD）、违约风险敞口（EAD）及有效期限。新巴塞尔协议在信用风险资本配置的内部评级法中还增加了信用风险缓释，也就是允许对合格的信用风险保证手段进行适当的资本需求递减。主要有两大类缓释：第一类是通过担保品、保证、抵消协定及购买避险的金融工具（信用衍生工具）等有效降低信用风险，可以适当缓释；第二类是对资产证券化进行单独的处理，对通过资产证券化工具手段将信用风险转移给第三方的情况，可适当缓释资本需求。新协议规定，当银行采用适当而有效的风险减少工具时，可以采用较低的风险权重。两种方法的比较见表 8 - 11。

内部评级法与标准法相比，最大的优势在于其风险敏感性增强，在具体实施时依赖于银行本身的内部模型与本国监管当局的认可，有很大的灵活性。它不仅考虑 PD、LGD 这两个维度，同时考虑了集中度的调整，也就是说它不仅对信用风险系数很敏感，同时还对资产组合的构成很敏感。利用内部评级法计算的资本要求通常比标准法低，它的主要问题是建设成本、实施成本及监管审核成本都比较高。

表 8 - 11　　　　基础 IRB 与高级 IRB 的对比

	基础 IRB 方法	高级 IRB 方法
风险权重的决定要素		
违约概率（PD）	由银行决定	由银行决定
违约损失率（LGD）	由监管者决定	由银行决定
违约风险敞口（EAD）	由监管者决定	由银行决定
期限（M）		结合期限调整
信用风险缓释		
抵押品		容许更大的灵活
信用衍生品		
银行保证		
监管资本的计算		
下限（floor）		最初两年是基础法的 90%

巴塞尔委员会提出了对计算信用风险最低监管资本公式所作的修改：

$$监管资本 = [风险权重 \times (风险敞口 + 风险集中度的分散调整)] \times 8\% \quad (8-3)$$

其中，风险集中度的分散调整反映了银行的剩余风险，即由于银行不可能持有绝对优良的组合而在银行内部不可避免地残留的那些风险。

A. 风险敞口

对资产负债表内的风险敞口来说，风险敞口数只在名义上是显著的。对资产负债表外的风险敞口，风险敞口数的计算依赖于产品的类型。对承诺但未提取的便利，风险敞口的计算公式是：

$$风险敞口 = (承诺但未提取的总量) \times CCF \quad (8-4)$$

其中，CCF 是信用换算系数。对于利率、商品和股票衍生产品，巴塞尔委员会建议使用 1988 年协议中的信用等值数额。

B. 风险权重

在 IRB 方法中，风险权重是风险敞口类型（比如公司与零售）和以下 4 个变量的函数：借款人 1 年期的违约概率（PD）、违约损失率（LGD）、期限（M）和违约风险敞口（EAD）。

在计算所考虑公司的风险权重之前，先介绍债务人的基准风险权重（Benchmark Risk Weight，BRW）。公司的基准风险权重基于一个 3 年期风险敞口（a three-year exposure），使用如下公式计算：

$$BRW(PD) = 976.5 \times N[1.118 \times N^{-1}(PD) + 1.288] \times \left[1 + \frac{0.047 \times (1 - PD)}{PD^{0.44}}\right] \quad (8-5)$$

其中，N(·)表示标准正态分布的累积分布函数。

C. 关于式(8-5)的解释

刚看到式(8-5)时，可能觉得公式有些武断和随意。但该公式蕴含了一些重要的概念，下面分三部分对式（8-5）进行解释：

部分 1：$N[1.118 \times N^{-1}(PD) + 1.288]$为使用信贷资产组合模型来评价 1 年期贷款构成的一个无限分散组合时，所获得的预期损失和非预期损失。实际上，IRB 风险权重中包括了一个信贷资产组合模型。

部分 2：$\left[1 + \frac{0.047 \times (1 - PD)}{PD^{0.44}}\right]$为将部分 1 中 1 年期的信贷组合进行调整以反映 3 年期的组合。

部分 3：当违约概率（PD）等于 0.7% 时，这一部分对风险权重进行修正以使 BRW 等于 100%，其中，0.7% 对应于 BB + 评级。

在基础法中，公司风险敞口的风险权重（RW）为：

$$RW(PD) = \mathrm{Min}\begin{cases} \left(\dfrac{LGD}{50}\right) \times BRW(PD) \\ 1.25 \times LGD \end{cases} \tag{8-6}$$

在高级法中，公司风险敞口的风险权重（RW）为：

$$RW(PD) = \mathrm{Min}\begin{cases} \left(\dfrac{LGD}{50}\right) \times BRW(PD) \times [1 + b(PD) \times (M-3)] \\ 1.25 \times LGD \end{cases} \tag{8-7}$$

其中，LGD 为违约损失率，b(PD)为到期调整的灵敏度，M 是所考虑交易的期限。

8.4 商业银行经济资本配置

上文介绍了商业银行总体经济资本的计量与测度方法和巴塞尔新资本协议规定的利用内部计量方法计算信用风险经济资本的方法，本节介绍如何将银行的经济资本分配到各个业务单元和交易客户的静态经济资本配置方法及银行绩效评估和实现银行价值最大化目标的动态资本配置方法。从本质上来说，经济资本的计量方法也是经济资本配置的方法，只是考虑角度不同，在本质上，经济资本配置是考虑在已经确定了总体经济资本的情况下，如何向更低级层次进行分配。

8.4.1 经济资本配置总述

(1) 经济资本配置的内涵

随着 20 世纪 90 年代后银行业危机的不断发生，人们开始意识到，需要建立灵活、动态、及时、有效的手段对银行的安全性进行衡量，以真实地反映出银行内部各部门、各业务、各资产的实际情况，保证银行能保持足够的资本来缓冲风险损失。商业银行资本的合理配置成了银行风险管理的核心。

在经济学的研究领域内，“资源配置”是一个永恒的研究主题，在经济学中，资源配置就是对相对稀缺的资源在各种不同用途上加以比较而作出的选择。在社会经济发展的一定阶段上，相对于人们的需求而言，资源总是表现出相对的稀缺性，从而要求人们对有限的、相对稀缺的资源进行合理配置，以便用最少的资源耗费生产出最适用的商品和劳务，获取最佳的效益。从这个意义上说，商业银行经济资本同样是一种稀缺的资源，其经济资本配置同样是对有限的经济资本在不同的经济部门（包括各个分支行、具体业务部门）甚至不同的业务对象之间分配和使用的选择。从经济学的角度出发，资源配置的最优状态就是实现“帕累托最优”。

具体到商业银行的经济资本配置中，就在于实现经济资本对风险的完全或最优覆盖，实现资本收益最高。商业银行经济资本配置就是对已经确定的经济资本限额向不同业务领域及不同客户的风险状况进行合理的分解，以防范银行的非预期损失。虽然这是对观念上的资本进行分配，但同时还必须处理好其与账面资本的关系，一般是通过一定的转换系数在两者之间建立联系，使得经济资本的配置与考核和账面资本的管理融为一体。总的来说，银行损失的最后实际承担者是可用资本，所以经济资本配置的总数在正常情况下不应超过可得到的资本总数。

（2）静态资本配置与动态资本配置

从商业银行对经济资本配置的流程和具体操作来看，可以将经济资本的配置分为静态配置和动态配置，或者更形象地说成“被动”配置与“主动”配置。“被动”经济资本配置法是经济资本配置的初级方法，是指银行按既定业务的风险状况配置经济资本，但并未以配置的经济资本为依据对业务部门进行绩效考核，经济资本的配置不影响业务部门对经营项目的选择，仅把经济资本量限定在银行所能承受的范围内。

而“主动”经济资本配置则是运用资本配置方法影响业务结果，它不仅按业务的风险状况配置经济资本，而且对配置的经济资本进行绩效考核，影响部门业绩及部门负责人的报酬，因而此种方法能够引导业务部门以提高资本回报率为导向，优化资产结构。“主动”经济资本配置又包括“半主动法”和“完全主动法”。通过这种方法，银行的管理者可以调整业务可用的经济资本。可见，当商业银行仅仅根据对银行非预期损失的风险计量而被动地进行资本配置时，仍停留在静态经济资本配置阶段，当资本配置的方法作为绩效衡量方法的正式组成部分被管理者所接受，并进而影响到下一步经济资本配置的结果时，静态资本配置才真正过渡到动态资本配置。动态资本配置是经济资本配置的一个高级阶段，使得资本配置更为合理和科学。

需要指出的是，严格来说，在商业银行的现实经济资本配置中，很难将静态资本配置与动态资本配置截然分开。一方面，静态资本配置是动态资本配置的基础，动态资本配置是静态资本配置的发展和更优化的阶段，动态资本配置中包含了资本的静态配置；另一方面，在资本的静态配置中，也往往会涉及一定的动态配置。但从商业银行经济资本配置的发展看，存在着从静态配置到动态配置的过渡与升级。因此，为体现这个发展过程，必须清楚哪种配置方式在商业银行的经济资本配置中起主导作用。

8.4.2 静态经济资本配置

针对商业银行的总体经济资本的测度方法，可以将静态经济资本的配置方法分为业务部门的经济资本配置和基于交易单位的经济资本配置方法。两者强调的重点不同，业务部门的配置方法一般与收益波动法相对应，强调在根据收益波动法确定了银行总体经济资本的条件下，如何向各个业务部门进行分配；而基于交易的经济资本配置方法一般与资产波动法相对应，强调单个交易对整体组合的风险贡献。两者之间也存在一定的联系，将业务部门的所有交易的风险贡献相加，就得到业务部门分配的经济资本，将两种计算的结果进行比较，能够提高经济资本分配的准确性和稳健性。

（1）业务部门的资本配置

资本配置不仅是商业银行所面临的问题，也是其他金融机构很感兴趣的问题。然而资本配置的困难在于目前还没有单独的方法来实现它。实际上，公司各业务风险资本的完全配置一般是不可行的，这种完全配置的尝试会明显地歪曲各业务单元的真实盈利能力。

但是，这并不意味着资本配置是不可能的。只是上述忠告对资本向业务单元的配置过程强调两个需要注意的问题：第一，特定活动对所需资本的测度有多种不同的方法；第二，这些不同的测度方法有不同的用途，并且每一种测度方法都有其局限性，因为并没有一种测度方法能适用于所有的实际情况。

资本配置的主要问题是怎样将投资组合的收益分配到该组合的各个组成部分。主要有三种方法：单个处理法、增量处理法和多元化法。下面给出说明：

设 $EC(t)$ 表示银行在 t 时的经济资本金，$EC_j^A(t)$ 表示分配到业务 j 的资本金数量，$j=1, 2, \cdots$，则整个经济资本金配置的公式为：

$$EC_j^A(t) = \omega_j(t) EC(t)$$

其中 $\omega_j(t)$ 是对应的权重，满足 $\sum_{j=1}^{n} \omega_j(t) = 1$，资本金公式满足：

$$EC(t) = \sum_{j=1}^{n} EC_j^A(t) \tag{8-8}$$

①单个处理法。单个处理资本就是各业务单元单独要求的资本数额。因此，单个处理资本由业务单元收益的波动性确定。

由于不包括多元化效应，所以单个处理资本主要用来评价业务的绩效。这种做法的缺点在于仅涉及一部分业务，这将导致银行的管理者忽略业务间的相互关系，对这一点应该持有谨慎态度。

② 增量处理法。增量资本金的计算等于银行按所有业务计算出的资本金减去对该银行减少一个业务后所需要的资本金。

定义业务 j 的增量资本金为：

$$IC_j(t) = EC(t) - EC_{-j}(t) \tag{8-9}$$

其中 $EC_{-j}(t)$ 表示除 j 外其他业务所需要的经济资本金。

$$\text{总的增量资本金为：} IC(t) = \sum_{j=1}^{n} IC_j(t) \quad (8-10)$$

研究表明增量资本金的总和有可能少于银行所需要的总的经济资本。增量资本用来测度业务单元对整个公司资本增加的数额。增量资本是一般公认的、最适合评价收购或出售的测度方法。但因为增量资本总是过低地分派银行总的经济资本，所以它并不是一个恰当的绩效评价工具。而且尽管增量资本的数值是按比例增长的，但用它来代表盈利水平的话将会在很大程度上导致潜在的误解。

③ 多元化法。多元化测度也称为 β 测度，因为它是基于各业务单元与整个机构的协方差来分摊风险，这和基于股票与市场的协方差来计算股票 β 类似。具体方法为：

用 $V_j(t)$ 表示第 j 个商业部门的现值（该值可根据需要取市场价值、公允价值或会计价值），收益是 R_j，那么银行 $V_j(t+1) = V_j(t)R_j(t)$，银行在 t+1 时的价值总和为：

$$V(t+1) = \sum_{j=1}^{n} V_j(t)R_j(t) \quad (8-11)$$

方差为：

$$Var[V(t+1)] = \sum_{j=1}^{n} V_j(t) \sum_{k=1}^{n} \sigma_{j,k} V_k(t) \quad (8-12)$$

其中 $\sigma_{j,k} = cov(R_j, R_k)$。

经济资本配置的权重可定义为：

$$w_j(t) = V_j(t) \sum_{k=1}^{n} \frac{\sigma_{j,k} V_k(t)}{VaR[V(t+1)]} = \frac{cov[V_j(t), V(t)]}{VaR[V(t+1)]} = \beta_j(t) \quad (8-13)$$

利用这个 β 权重函数可以对业务 j 配置的经济资本金为：$EC_j^A(t) = \beta_j(t)EC(t)$。因此，相关性越大，其风险越大，从而所需要的经济资本金也就越多。

④ 算例分析。

A. 单个处理资本

默顿和佩罗尔德给出一个例子。例子的概述可简化为表 8-12。

假设银行由 3 个业务组成，并且该银行提供的业务具有显著的多元化效应：业务 1 的价值与业务 2 的价值相关度为 0.3（$\rho_{1,2} = 0.3$），与业务 3 的相关度为 0.1（$\rho_{1,3} = 0.1$），业务 2 和业务 3 的价值不相关（$\rho_{2,3} = 0$）。

在此例中，首先利用收益波动的方法计算总体经济资本。默顿和佩罗尔德给出了一种简单的计算方法。

表 8－12　　单个处理资本、边际资本和多元化资本计算表

		资产	波动幅度	资本		
银行		3 000	19%	222		
		资产	波动幅度	单个处理资本	边际资本	多元化资本
业务 1		1 000	20%	80	33	45
业务 2		1 000	25%	100	36	56
业务 3		1 000	40%	160	77	121
	总计			340	146	222
	未分配			－118	76	0

该方法是基于默顿（1974）"债务看起来更接近于一种公司资产价值的看涨期权"这一认识而建立起来的。对资产价值的欧式期权进行估价，需要知道的 5 个变量是：第一，当前资产价值；第二，成交价；第三，资产价值的波动；第四，无风险利率；第五，到期期限。

假定已知 5 个变量的值如下：

当前的资产价值　　100

成交价（相当于执行价格）　　110

资产价值的波动　　14%

无风险利率　　10%

到期期限　　1 年

利用 B-S 公式计算期权的价值为 5. 34。

默顿和佩罗尔德指出，只要负债相对保持常量，就可以用下面的简单公式来近似计算期权的价值：

$0.4\times$资产价值$\times$资产价值的波动$\times\sqrt{T}$

将已知的资产价值、资产价值的波动和期限值带入上式，得到：

$0.4\times100\times0.14\times1=5.60$

可见，期权的实际价值为 5. 34，而给出的近似价值为 5. 60。

使用上述公式计算银行的整体经济资本为：

银行整体的经济资本 $=0.4\times$资产价值$\times$资产价值的波动$\times\sqrt{T}$

$=0.4\times3\ 000\times0.19\times\sqrt{1}$

$=228$

3 个业务单元的单个处理资本：

业务 1 = 0.4 × 1 000 × 0.20 × 1 = 80

业务 2 = 0.4 × 1 000 × 0.25 × 1 = 100

业务 3 = 0.4 × 1 000 × 0.40 × 1 = 160

我们注意到，这 3 个业务单元的单个处理资本之和为 340，该值与银行整体的经济资本 222 的差别是由于风险分散化的结果所导致的。每个业务的单个资本处理并不考虑业务彼此间的分散效应。

B. 3 个业务单元的增量资本

要求 1 个业务单元的增量资本，先要计算包括和不包括该业务单元两种情况的银行总资本的数额，然后通过取这两种总银行资本数额的差来获得。具体计算见表 8 - 13。

表 8 - 13　　资本计算表

	单个处理资本			增量资本
	资产	波动率	资本	
业务 2 和业务 3	2 000	24%	189	业务 1 = 222 - 189 = 33
业务 1 和业务 3	2 000	23%	186	业务 2 = 222 - 186 = 36
业务 1 和业务 2	2 000	18%	146	业务 3 = 222 - 146 = 76

C. 3 个业务单元的多元化资本

多元化资本可以用业务单元的单个处理资本乘以该业务单元和整个银行的相关系数来计算。对于业务单元 i 来说，其多元化资本为：

$$(\text{多元化资本})_i = \rho_{i,B} \times (\text{单个处理资本})$$

其中，$\rho_{i,B}$是业务单元 i 与整个银行的相关系数，具有较低相关系数的业务单元比有较高相关系数的能更大幅度地缩减它的单个处理资本。

⑤小结。对每个业务单元来讲，有 3 种资本测度——单个处理资本、增量资本和多元化资本，这 3 种资本测度在银行中有不同的应用。如果银行对该业务单元管理者的绩效进行评估，应该用单个处理资本，银行并不会因为业务单元的管理者没有确保多元化效果而惩罚管理者。对于定价决策和考虑银行资本在不同业务之间进行重新配置的决策，银行应该使用多元化资本。对进行或推出一项业务的决策而言，银行应该使用增量资本。见表 8 - 14。

表 8－14　　单个处理资本、增量资本和多元化资本小结

资本测度	性质	典型应用
单个处理资本	银行总资本小于各业务单个处理资本之和	绩效评价：当将一个业务看作一个独立单元时，业务管理者如何操作
多元化资本	银行总资本等于各业务多元化资本之和	定价和资本配置：当包括多元化利益时，多少银行资本应分配给该业务
增量资本	银行总资本大于各业务增量资本之和	进入退出决策：如果退出一个业务，将释放多少资本

（2）交易的资本配置

交易的资本配置问题与在业务单元上讨论的配置问题相似，可以完全按等价于多元化测度的形式来配置，也可以考虑按增量配置——即这一交易在 99.9% 的置信水平上所要求的额外风险资本。但是单个处理资本的思想不适用交易情况。

单个交易资本的配置是站在一定资产组合的角度，通过计算单项资产或交易对资产组合的“风险贡献”（risk contribution）来计算经济资本。要计算风险贡献，需要选择一个最佳的风险贡献测度，本节将介绍以标准差、在险价值（VaR）和预期下跌（Expected Shortfall，ES）为风险测度的经济资本的多元化和增量资本配置。

①基于 VaR 的经济资本配置。目前，度量风险使用最多的指标是风险价值（VaR）。在一定时期（市场风险通常为 10 天，信用风险通常为 1 年）内，置信水平 α（如 95%）的风险价值可表示为：

$$VaR(\alpha)=\min\{j \mid P(L_p>j)\leqslant 1-\alpha\} \tag{8－14}$$

其中：L_P 表示资产或交易的损失。

在大多数情况下，银行管理者计算 1 年期经济资本金的公式可表示为：

$$EC_P(\alpha)=VaR(\alpha)-EL_P \tag{8－15}$$

其中，EL_P 表示预期损失。经济资本资本金可以解释为银行在置信水平为 α 下为了防止破产而预先提留的资本金。通常资本金与银行的信用评级相联系。例如若银行的信用评级为 A 级，则对应的资本金数量为 $EC_P(\alpha)$，$1-\alpha$ 对应于 A 级资产的违约概率。

总体来说，这个方法的主要缺陷是评级机构的分析师考虑的许多因素并未包括在资本金中。经济资本金的另一个缺点是经济资本金直接继承了风险价值的特性，对置信水平的选择非常敏感，而且在高置信水平下也表现出十分不稳定：

$$\frac{\partial EC_P(\alpha)}{\partial\alpha}=\frac{\partial VaR(\alpha)}{\partial\alpha} \tag{8－16}$$

A. 增量 VaR 经济资本

可以使用增量和边际 VaR 作为一个交易或资产对组合风险的作用。一个资产 j 的增量 VaR($IVaR_j$)定义为整个资产组合的风险价值（VaR_P）减去资产组合中不包含资产 j 的 VaR 的值（VaR_{P-j}）：

$$IVaR_j(\alpha) = VaR_P(\alpha) - VaR_{P-j}(\alpha) \tag{8-17}$$

一般情况下，增量风险价值的总和并不等于组合的总风险价值，即：

$$EC_P(\alpha) \neq \sum_j^n IVaR_j(\alpha) - \sum_j^n EL_j \tag{8-18}$$

一种处理方法，是引入权重函数 $w_j^t = IVaR_j(\alpha) / \sum_j^n IVaR_i(\alpha)$，则每个交易的经济资本为：

$$EC_j(\alpha) = w_j^t EC_P(\alpha),\text{并且有 } EC_P(\alpha) = \sum_j^n w_j^t EC_j(\alpha) \tag{8-19}$$

B. 边际 VaR 经济资本

另一种处理方法是考虑边际 VaR(MVaR)，它是通过求偏导数来获得的：

$$MVaR_j(\alpha) = \frac{\partial VaR_P(\alpha)}{\partial A_j} A_j \tag{8-20}$$

其中，A_j 表示资产组合中资产 j 的数量。MVaR 满足可加性，即：

$$VaR_P(\alpha) = \sum_j^n MVaR_j(\alpha) \tag{8-21}$$

用这个方法计算的各资产或交易的经济资本为：

$$EC_{P,j}(\alpha) = MVaR_j(\alpha) - EL_j \tag{8-22}$$

写成 $EC_{P,j}(\alpha)$而非 $EC_j(\alpha)$，主要是强调资产 j 的经济资本金配置是根据资产组合，而非仅仅是组合中的资产 j。

同样预期下跌（Expected Shortfall）也可以讨论增量预期下跌和边际预期下跌。

②基于标准差的经济资本配置。最常用的计算风险贡献的方法就是先计算整个投资组合的标准差，然后再把该标准差分配到单个资产或交易。如果组合损失服从正态分布，资产组合损失的期望和方差与资产组合的损失分布完全一致。下面就假设信贷资产组合的损失服从正态分布，以标准差作为风险测度介绍单个资产风险贡献和经济资本测度的思想。

信用风险经济资本测度就是关注一定时间内、一定置信水平上头寸组合的最大可能性损失，并且使用资产波动法的分析模型来评估，建模的方法大体可分为四步：

第一步，在既定时间内计算每个风险头寸的预期损失水平；

第二步，计算每个风险头寸预期损失的波动性；

第三步，计算组合头寸预期损失的波动性；

第四步，计算整个头寸组合信用损失的概率分布状态，确定在给定时间内、给定置信水平上，每个风险头寸对所需资本的影响。

A. 单个资产的预期损失

预期损失不是损失的一部分，而是经营业务的一项成本。然而它是确定经济资本的基础和第一步，因为经济资本就是预期损失水平上下实际损失的波动，预期损失就是某段时间内风险头寸或其组合的平均信用损失。计算预期损失需要三个要素：

违约概率（PD）：一定时间内借款人违约的概率。

违约风险暴露（EAD）：违约时信用余额的可能总额。

违约损失（LGD）：如果借款人违约，信用风险头寸的损失量。

对资产 j 的预期损失可定义为：

$$EL_j = EAD_j \times PD_j \times LGD_j$$

其中，EL 表示预期损失，EAD 表示违约的风险暴露，PD 表示违约概率，LGD 表示违约损失率。

B. 单个资产的非预期损失

单个资产 j 的非预期损失即资产 j 随机损失的标准差，可表示为下式：

$$UL_j = EAD_j \times \sqrt{PD_j \times \sigma_{j,LGD}^2 + LGD^2 \times \sigma_{j,PD}^2} \qquad (8-23)$$

其中，假设违约概率（PD）服从二项分布，那么它的方差 $\sigma_{j,PD}^2$ 为：

$$\sigma_{j,PD}^2 = PD_j \times (1 - PD_j) \qquad (8-24)$$

注意上述推导非预期损失的前提是假设导致债务人违约的随机因素（即 PD 的决定因素）与损失程度（LGD）相互独立，具体证明可参见内部信用风险模型——资本分配与绩效测度。

C. 资产组合的预期损失

资产组合中 N 个资产的预期损失等于组合的预期损失：

$$EL_P \equiv E(L_P) = \sum_{j=1}^{n} EL_j = \sum_{j=1}^{n} EAD_j \times PD_j \times LGD_j \qquad (8-25)$$

其中，L_P 表示组合投资中投资的损失，资产组合的预期损失 EL_P 就是资产组合中所有风险资产各自预期损失的简单加总，这是由于期望算子的线性特征决定的。

D. 资产组合的非预期损失

定义资产组合的非预期损失等于组合损失的标准差：

$$UL_P = \sqrt{E\{[L_P - E(L_P)]^2\}} \tag{8-26}$$

如果组合损失服从正态分布，预期的和非预期的损失分布将和组合损失分布完全一致。由于组合损失的方差是单个资产损失协方差的总和，因此组合的非预期损失为：

$$UL_P = \sqrt{\sum_{j=1}^{n}\sum_{i=1}^{n} UL_i \times UL_j \times \rho_{ij}} \tag{8-27}$$

其中，ρ_{ij}表示资产 i 和 j 的违约相关性，关于它的定义可参见信用风险管理的相关章节。从上面的公式可以看出 $UL_P \neq \sum_{j=1}^{n} UL_j$。

这意味着资产组合整体的非预期损失并不等于所包含资产的非预期损失的线性总和。由于分散化效应，资产组合的非预期损失小于所包含资产的非预期损失之和。因此，当对资产组合中单个资产的风险特征进行评估时，就需要知道这个资产的风险贡献是多少，风险贡献这个指标能够解决上述问题。

定义资产 j 对组合非预期损失的单个风险贡献 RC 为：

$$RC_j = \frac{\partial UL_P}{\partial UL_j} UL_j \tag{8-28}$$

将式(8-27) 带入式 (8-28) 得资产 j 的风险贡献为：

$$RC_j = \frac{2UL_j + 2\sum_{i \neq j} UL_i \rho_{ji}}{2UL_P} UL_j$$

$$= \frac{\sum_{i=1}^{n} UL_j \times UL_i \times \rho_{ji}}{UL_P} \tag{8-29}$$

风险贡献的大小等于资产 j 与其他资产的协方差之和除以组合损失的非预期损失，因此满足：

$$UL_P = \sum_{j=1}^{n} RC_j \tag{8-30}$$

上述风险贡献的性质很好，它表示组合的总体风险等于单个风险的总和。根据这个性质可以得到一个在组合水平上配置经济资本金的公式。

风险贡献是度量资产组合中每笔资产不可分散风险的指标，这部分风险无法用在资产组合中添加新资产的方法而予以抵消。因此可将风险贡献视为既定资产组合中信用风险的最小单位。下面分析风险贡献与违约相关性的关系，实际中，给定银行的资产组合，很难确定两个资产之间的违约相关性。但是不能确定组合中债务人之间的两两违约相关系数，就无法计算单个资产的风险贡献。下面采取一种按照行业标准的粗略分类，会有效减少计算的两两相关系数的个数。

由式（8－29），得到资产 k 对资产组合的风险贡献为：

$$\begin{aligned}RC_k &= \frac{\partial UL_P}{\partial UL_k}UL_k \\ &= UL_k \times \frac{1}{2UL_P}\left[2UL_k + 2\sum_{j\neq k}UL_j\rho_{jk}\right] \\ &= \frac{UL_k}{UL_P}\left[UL_k + \sum_j UL_j\rho_{jk} - UL_k\rho_{kk}\right] \\ &= \frac{UL_k}{UL_P}\left[UL_k(1-\rho_{kk}) + \sum_j UL_j\rho_{jk}\right]\end{aligned} \tag{8-31}$$

实践中，可以将资产按恰当的行业标准分类，以减少需要计算的违约相关系数的数量。引入两个行业的相关系数 α 和 β，分别表示 k 和 j 所在行业的相关系数。基于标准差的风险贡献测度实际上是度量交易头寸数额一个微小变动所导致的组合标准差变化的大小。那么，用行业相关系数代替资产相关系数得到资产 k 的风险贡献可表示为：

$$RC_k = \frac{UL_k}{UL_P}\left[UL_{k\in\alpha}(1-\rho_{\alpha\alpha}) + \sum_\beta\left(\sum_{j\in\beta}UL_j\right)\rho_{\alpha\beta}\right] \tag{8-32}$$

同样，资产组合的非预期损失也可表示为：

$$UL_P = \sqrt{\sum_k UL_k\left[UL_{k\in\alpha}(1-\rho_{\alpha\alpha}) + \sum_\beta\left(\sum_{j\in\beta}UL_j\right)\rho_{\alpha\beta}\right]} \tag{8-33}$$

E. 经济资本计算

如前所述，经济资本的需求量就是在给定的置信水平上，预期结果与非预期结果之间的距离。实际中，风险管理者一般假定银行经济资本金和非预期损失的公式的关系为：

$$EC_P(\alpha) = M_\alpha \times UL_P \tag{8-34}$$

其中 M_α 成为经济资本的乘数，在实际使用中取值范围为 7 ~ 8 之间。由于资产组合中所有 UL_j 之和等于 UL_P，因此单笔资产或贷款 j 配置的经济资本金为：

$$EC_{P,j}(\alpha) = M_\alpha \times RC_j \tag{8-35}$$

也就是说，单笔资产或交易所需要的经济资本与它对整体资产组合的风险贡献成比例关系。

其中，经济资本乘数的计算与资产组合的损失分布有关。在已知损失的概率分布函数时，经济资本的乘数 M_α 可通过下式来确定：

$$\rho\left(\frac{X_H - EL_P}{UL_P} \leqslant M_\alpha\right) \leqslant \alpha \tag{8-36}$$

实际中，由于信贷资产的损失分布一般不服从正态分布，并且具有尖峰厚尾的特征，一般用β分布来拟合。β分布使用非常灵活，可以用于不同形状的分布，它的概率密度函数为：

$$\beta(a,\ b;\ x) = \frac{\Gamma(a+b)}{\Gamma(a)\Gamma(b)} x^{a-1}(1-x)^{b-1},\ 0 < x < 1 \tag{8-37}$$

其中，a，b两个参数能刻画β分布的各种形状；$\Gamma(b) = \int_0^\infty y^{b-1}e^{-y}dy,\ b > 0$ 表示伽马函数。

若已知违约损失的期望值（EL_P）和方差（UL_P），则贝塔分布的两个参数a和b可分别表示为：

$$b = \frac{EL_P(1-EL_P)^2}{UL_P} + EL_P - 1 \tag{8-38}$$

$$a = \frac{b \times EL_P}{(1-EL_P)} \tag{8-39}$$

基于标准差的风险贡献及经济资本测度在实践中容易实施，尤其是在银行信贷资产的经济资本测度中已经得到了广泛的应用。该方法之所以有这么大的吸引力，是因为计算出的单个风险贡献之和就是资产组合总的经济资本。不过对这种风险贡献测度有以下几点需要使用者注意：

第一，这种方式假设信贷资产属于变现能力较低的资产，它衡量的是对现有的资产组合的风险贡献（本质上属于内部β法），而不是同流通市场中风险因素之间的协方差。随着银行信贷资产的流通性越来越高，并可以在资本市场中进行交易，采用价值衡量的方式将会更合适。

第二，在利用方差和协方差度量风险时，如果损失服从正态分布，用这种方法比较合理，但不太适合损失服从其他分布的情况。

第三，风险贡献超过风险敞口的例子是存在的。如果一个交易和组合的其他部分高度相关，那么它的风险贡献就可能大于风险敞口。

第四，当从标准差向损失分布的高分位点变动时，交易的相对风险可能发生转移。

如果详细分析，融会贯通地思考这部分内容，可以发现这恰恰就是风险预算管理在银行风险管理中的应用。

8.4.3 中国商业银行的资产状况

中国商业银行作为金融体系重要的组成部分，在国民经济中起着举足轻重的作用，因而商业银行体系的稳健运营和健康发展尤为重要，其在金融市场中面临的危机更需要加强防范和严格控制。特别是在中国商业银行逐渐开始全面的对外开放，并融入国际金融市场的过程中，中国商业银行也面临日益复杂化的金融风险和严峻的挑战。

近年来，部分国有银行为了适应形势的变化，开始实行股份制改革，从计划体制逐步转变为市场体制，这样一方面有利于银行的自主经营，另一方面，商业银行流动性危机敞口更加受到重视。虽然 2005 年以来，中国商业银行业出现了普遍的流动性过剩，但考虑到中国金融系统近两年放贷速度过快，资金来源渠道窄且形式单一，商业银行在盈利的同时，应当始终将保持适度的流动性作为经营目标之一，在盈利性和流动性之间做出权衡。

2012 年 6 月 8 日，中国银监会正式发布《商业银行资本管理办法（试行）》，并于 2013 年 1 月 1 日起实施，标志着中国版《巴塞尔协议Ⅲ》正式落地，在资本新规下，系统重要银行和其他银行的资本充足率要求分别为 11.5% 和 10.5%，核心一级资本、一级资本和总资本的最低要求调整为 5%、6% 和 8%，详细内容见《巴塞尔协议Ⅲ》和附录 4 中的附表 13。

资本充足率是指银行业持有的、符合监管机构规定的资本与风险加权资产之间的比率，是对于银行自身抵御风险的能力的判断。资本与风险之间存在密切的联系，通常认为，银行抵御风险的能力会随着银行资本充足率的提高而提升。然而过高的资本充足率意味着商业银行必须支付更多的股息、债券利息费用，降低了经营效率，制约了商业银行业务的进一步拓展，因此如何保持一个恰当的资本充足率不仅是监管者也是银行经营者思考的问题。

以当前 16 家上市银行 2005～2011 年间的相关数据为基础，选取流动性比率和存贷比为度量流动性的指标，选取资本充足率和核心资本充足率测度银行的资本充足率水平。详细的计算结果见附表 9 至附表 12。通过数据分析，探讨中国商业银行流动性评定系统的有效性，对建立全面的流动性风险管理体系，探讨中国商业银行资本充足率的变动趋势和原因，为资本充足率的有效管理提供依据，研究结果认为：

（1）中国商业银行近几年来流动性过剩的现象虽然有所缓解，但依然存在。从流动性比率来看，上市银行整体该指标近年来呈下降趋势，且银行间差距缩小。从存贷比来看，上市银行近年来虽呈现下降趋势，但仍有个别银行超过监管线，过于依赖存贷利差、盈利模式单一的情况依然不容忽视。不同资产规模对流动性产生较大影响，四大国有银行的整体表现优于股份制商业银行。

（2）中国于 2004 年实施的《商业银行资本充足率管理办法》从整体上促进了中国银行业资本充足率达标的进程，资本充足率较低的银行明显提高了其资本充足率并且达到了8%的监管要求。2007年是资本充足率管理最有成效的一年，但是也是银行间差距最大的一年，此后，银行间资本充足率水平呈现趋同的态势，也从侧面反映了银行资本扩张的困难。整体来看，四家国有银行在该项上表现优于股份制商业银行。

(3) 资本充足率和流动性水平正相关，但是相互引起的变动较小。银行资本的扩张有利于增大公众信誉，提高获利能力，进而影响流动性水平；而流动性水平的提升，使银行资产的利用更加有效率，盈利能力提升，有利于银行吸引更加优质的资本，提高资本充足率和核心资本充足率。但是影响资本充足率和流动性的相关因素很多，在资本充足率管理上，银行不应仅仅满足巴塞尔协议的要求，应真正从银行的风险管理要求出发。

8.5 本章小结

本章主要介绍了与商业银行风险管理相关的主要内容，介绍了商业银行的风险来源、面临的主要风险和相应的风险管理策略，使我们了解到理论的发展是随着实践的要求而不断创新的，未来商业银行面临的新环境也会促使新理论出现。随着商业银行面临的来自银行和非银行金融机构竞争的加剧，商业银行表外业务发展迅速，银行面临的风险也日趋复杂，传统的资产负债管理已经不能适应银行风险管理的要求。《新巴塞尔资本协议》的实施，鼓励商业银行采用先进的内部方法来计量风险，资本日益成为稀缺的资源，股东价值最大化的管理理念也日益深入。围绕上述背景，本章重点介绍了以经济资本配置为核心的相关内容，从概念到理念，从静态到动态都进行了比较全面的介绍。相信随着实践的发展，理论会逐步完善，商业银行的风险管理能力一定会不断提高。

复习思考题

1. 比较风险测度VaR和ES的优缺点，并推导以ES为基础的增量经济资本和边际经济资本的公式。

2. 分析中国金融市场的结构，从而分析商业银行与其他金融结构（保险公司、证券公司、基金等）面临风险的异同。

3. 以中国某商业银行为例，分析中国商业银行的组织结构和风险管理框架的优缺点，并与其他国家的管理框架比较。

4. 总结分析资产波动法、收入波动法，向业务部门和向交易部门的资本配置方法，以及两组概念的关系。

5. 什么是 RAROC 方法，怎样计算？需要注意什么问题？

6. 已知银行的资本充足率要求最低为 8%。某银行的风险加权资产计算值为 10 000 亿元，市场风险资本要求为 420 亿元，银行的资本层次 1 是 750 亿元，资本层次 2 是 250 亿元，资本层次 3 是 600 亿元。问在计算资本充足率时资本层次 3 有多少未被使用，该银行的资本充足率是多少？

7. 什么是优先股，什么是累计优先股？

8. 什么是次级债务，什么是短期次级债务？

9. 如何从资本金和经营风险分析商业银行的资本充足率？

第 9 章

金融风险案例

历次金融危机暴露出来的重大事件几乎都与金融衍生品有密切关系，对于中国企业涉入金融衍生品市场而言，国储铜事件、锌期货事件和中航油事件都具有标杆性意义。问题是这种标杆事件没有得到业界的深入解剖，导致在三五年后，诸如中国东航、国航、深南电和中国双铁等公司继续重蹈覆辙，损失之重大、教训之深刻，令人触目惊心。本章第 1 节介绍碧桂园股份掉期协议；第 2 节介绍中信泰富累计期权合约；第 3 节介绍太子奶集团危机案；第 4 节介绍远期运费协议套期保值案例；第 5 节介绍摩根大通巨亏事件。

9.1 碧桂园股份掉期协议

碧桂园集团创建于 1992 年，以房地产为主营业务，并涵盖五星级酒店、教育、社区商业、休闲娱乐产业等多个行业，是国内最大的综合性房地产开发企业之一，碧桂园凭借自身优势逐渐成为行业的领跑者。2007 年 4 月 20 日，碧桂园在香港联交所上市，企业仍然处于迅猛发展之中，其土地储备已经由上市时的 1 900万平方米扩充到 3 840 万平方米。尽管碧桂园的上市为其成功筹集资金约 148.5 亿港元，但急速的扩张还是令其资金链出现压力，为了缓解流动性及偿还大额的债务，碧桂园准备于 2007 年 10 月，计划向海外发行一次性还款的优先票据，以用于开发新项目和偿还中国银行（香港）有限公司一笔短期借款。然而，受次贷危机爆发影响，发债遇阻。为了偿还债务，发展项目，碧桂园重新计划进行了一次大规模融资，这次在新加坡发行了可转换公司债券，融资规模缩减至 5 亿美元，且发债方式由优先票据形式转变为可换股债券。这次成功的发行主要取决于碧桂园与美林签订的债券认购协议和股份掉期协议。

9.1.1 债券认购协议

2008 年 2 月 15 日，碧桂园与美林国际签订了债券认购协议，美林国际同意认购初步本金总额为 5 亿美元，相当于 35.95 亿元人民币（约合 38.99 亿港元）

的 5 年期以人民币计值及以美元偿付的可换股债券，并就此付款。碧桂园还向美林出售期权，在接下来的 2 个月内美林可要求碧桂园额外发行本金总额最多达 1 亿美元，相当于 7.19 亿元人民币（约合 7.80 亿港元）的选择性债券。该选择性债券可于合约规定的截止日期后 60 天以内随时一次全部或分次行使认购权，所以，碧桂园发行的债券最低本金总额为 38.99 亿港元，最高本金总额为 46.79 亿港元（38.99 + 7.80 = 46.79）。

债券按面值平价发行，从 2008 年 2 月 22 日起计息，年利息为 2.5%，半年付息一次，以美元或美元等值等额结算。债券面值人民币 100 000 元，不附带票息。远远低于国内 3 年至 5 年期贷款利率 5.8% 的信贷成本。债券包销佣金及销售费用为发行的债券本金总额的 2.5%。债券持有人可于 2008 年 4 月 3 日到 2013 年 2 月 15 日期间，随时行使换股权。如果债券持有人要求回售或碧桂园要求赎回，则债券转换期规定有所不同。

协议规定的初步换股价为 9.05 港元。协议订立前一日 2008 年 2 月 14 日碧桂园在港交所的收市价为每股 6.82 港元，9.05 港元这一换股价较之溢价约 32.70%。假设按初步换股价 9.05 港元悉数转换债券，则最多时债券将可转换股份 517 012 020 股（即以公司固定债券转换 430 843 350 股股份及以选择性债券转换 86 168 670 股股份的总和）。这一股数总和相当于碧桂园转股扩大后的股本总和的 3.1%。因债券获转换而将予发行的股份，将在各方面均与有关换股日期当时的已发行股份享有同等权益。

除非先前已按债券的条款及细则赎回、转换或购买及注销，否则碧桂园将于 2013 年 2 月 22 日赎回各债券，赎回价等于债券的人民币计值本金额的美元等值乘以 121.306%。即 100 000 × 121.306% = 121 306（元）人民币，并将其转换为美元用以偿还。债券持有人也有权在 2011 年 2 月 22 日之后选择回售，任何债券的持有人均可选择要求公司按债券人民币本金额的美元等值乘以 111.997% 连同截至回售日期的应计未付利息来偿还。

假设关于可选择债券的期权不获行使，则债券发行所得款项总额为 38.99 亿港元；若全数发行选择性债券，则为 46.79 亿港元。总开支及佣金合共约 1.04 亿港元。换言之，假设期权不获行使，碧桂园将收取债券发行所得款项净额 37.95 亿港元；若全数发行选择性债券，则为 45.75 亿港元。

发行债券募集资金的计划用途为：①股份掉期抵押品资金，约占总额的 50%，约合 2.933 亿美元，约等于 22.87 亿港元；②偿还现有债务资金，占比 40%，约合 2.347 亿美元，约等于 18.30 亿港元；③现有及新物业项目资金，占比 10%，约合 0.587 亿美元，约与于 4.58 亿港元。此债券认购协议可归纳为表 9－1。

表 9-1　　　　协议条款分析——债券认购协议

债券面值	100 000 元人民币
币种	人民币计值，美元结算
该协议的本金总额	至少 35.95 亿元人民币，由于可选择性债券的行使，则最多可达 43.13 亿元人民币
期限	5 年，2013 年 2 月 22 日到期
发行方式	平价发行，以人民币计值及以美元偿付
债券利息	2.5% 年利息，半年付息一次。小于同期国内 5.8% 的信贷成本
债券权利	可换股，可要求回售
初步换股价	9.05 港元
换股条件	2008 年 4 月 3 日至 2013 年 2 月 15 日期间，随时行使换股权
回售条件	2011 年 2 月 22 日以后
债券发行费用	1.04 亿港元
债券到期或期间回售、赎回时	到期时，赎回价等于债券的人民币计值本金额的美元等值乘以 121.306%；债券的持有人要求回售时，赎回价相当于按债券人民币本金额的美元等值乘以 111.997%；公司要求赎回时，赎回价计算稍复杂，但小于本金额的 121.306%
募集资金计划用途	50% 的募集资金用于股权掉期抵押品资金；40% 的募集资金用于偿还现有债务；其余 10% 用于补充现有及新项目资金
承销商及承销方式	美林（新加坡），全额包销

9.1.2　股份掉期协议

2008 年 2 月 15 日，在碧桂园与美林国际签订了债券认购协议的同时，碧桂园亦与美林国际签订了价值最多达 2.5 亿美元（约合 19.50 亿港元）的股份掉期协议，即日起生效。根据股份掉期，若最终价格高于初步价格，则碧桂园会收取款项；若最终价格低于初步价格，则股份掉期对手方会收取款项。有关股份掉期合约与可换股债券年期同为 5 年，每年的 2 月和 8 月会根据股价变动，按届时股价作出公允价值调整。

根据协议的约定，如发生以下任何事件之一，则交易双方均有权按比例提前终止股份掉期：①任何债券持有人有效行使其全部或部分换股权；②任何债券持有人于认沽日期要求回售全部或部分债券；③ 任何债券因认沽事件以外的原因而须于到期日前付款，而债券的持有人不行使该等债券所附有的换股权。初步价格将按股份掉期所载公式计算（未披露，但小于 9.05 港元），而最终价格则参考指定平均日期有关股份价格的算术平均数计算。股份掉期操作示意图如图 9－1 所示。

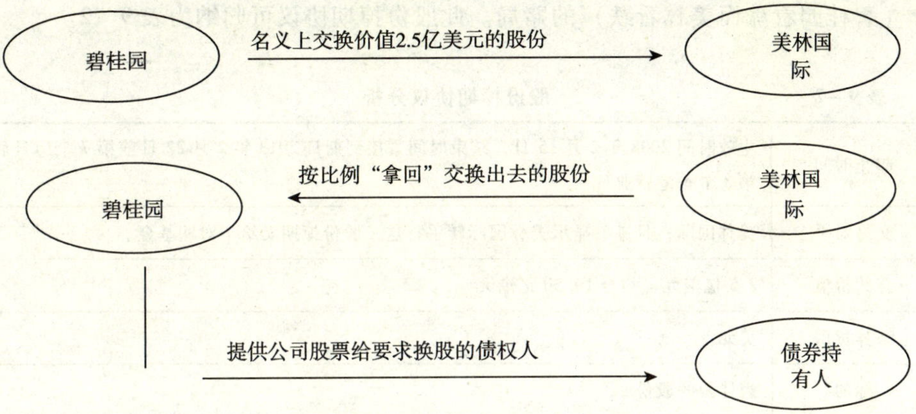

图 9－1　股份掉期操作示意图

首先，期初碧桂园名义上提供给美林价值为 2.5 亿美元（约等于 19.50 亿港元）的公司股票，实际上是用 2.5 亿美元作为抵押品，股份无须进行实物交收，款项以美元结算。其次，债券持有人行使换股权时，碧桂园和美林都有权提前按比例终止股份掉期。碧桂园按比例“拿回”交换出去的股份，再把这些股份偿还给债券持有人。实际上，碧桂园在市场上回购股份提供给债权人，它与美林国际之间是按差额进行现金结算，不涉及实物交割。

当时签订掉期协议的原因是碧桂园股份的公众流通量只有 16.86%，而回购任何股份均可能导致公司无法符合上市规则的公众持股量高于 15% 的规定（一般上市公司要求公众流通量在 25% 以上，但因碧桂园市值较大，所以获豁免降至 15%）。在遵守上市规则及有关法律的情况下，碧桂园拟于日后在公开市场上购回股份。若日后股价上升，则股份掉期对手方将须向碧桂园支付款项，款额参照日后市价与股份掉期当日前后的市价之间的差额计算，反之亦然。因此，若碧桂园日后在公开市场上购回股份，则股份掉期将对冲未来股价。在任何情况下，股份掉期均会以现金结算。

根据协议的约定，碧桂园在日后可以按差不多现有水平（实际价格有待确定）回购公司股份。假设回购价定在每股 7 港元，若到期时碧桂园的股价上升 1 倍至 14 港元，则美林便需要向碧桂园支付差价，即碧桂园可获利 19.5 亿港元；相反，如果股价下跌，则碧桂园须向美林支付差价。理论上，只有股价跌至零，碧桂园才输掉全部19.5亿港元。虽然这种做法的出发点是好的，以期望在债转股后，对冲未来股价，回购股份，减少股份摊薄的损失。然而碧桂园与美林的这份股份掉期协议从表面上看来，规避风险的特征并不显著，实质却是一场关于股价（碧桂园看涨而美林看跌）的赌局。此股份掉期协议可归纳为表9－2。

表9－2　股份掉期协议分析

起止时间	生效时间2008年2月15日，结束时间紧接到期日2013年2月22日前第7个历日后第3个香港营业日
交易对手	美林国际；且迹象显示美林国际转手将这一股份掉期卖给了对冲基金。
合约价值	2.5亿美元，约合19.50亿港元
结算货币	美元
标的	碧桂园的股份
初步价格	即执行价格，公告未披露，据推理，执行价格在6.87港元附近
合约内容	股份名义交换。当最终股价高于初步价格，则碧桂园收取款项；若最终股价低于初步价格，则股份掉期对手方会收取款项。相当于碧桂园拥有基于公司股票的看涨期权，美林国际有等量的基于公司股票的看跌期权，双方执行价格相同
合约签订目的	碧桂园避免流通股份扩大，在债券持有人选择换股时，要回购公司股票，股份掉期的签订对冲了回购时股票的升幅。碧桂园看涨公司股票，认为掉期协议的存在使其相当于以14港元的价格发行新股
合约的主要风险	市场风险，当公司股价低于初步价格，碧桂园要付款给美林国际； 汇率风险，结算货币是以美元计价

事实果然不像预料般的如此顺利，至2008年6月30日中期报告截止期，碧桂园股价已跌至5.06港元，与协议订立前一日2008年2月14日碧桂园在港交所的收市价为每股6.82港元相比，下跌了1.76港元；由此，这份股份掉期协议使碧桂园8月中旬公布的中期报告中出现了4.42755亿元人民币的衍生品投资的巨额浮亏，这是按2008年6月30日收盘时的股价做出公允值调整后产生的损失。具体见碧桂园2008年中报损益表如表9－3所示。2008年上半年碧桂园净利润为10.16亿元人民币，同比下落28.5%，很大程度可以归因至这个衍生品交易。

表 9-3　　**2008 年碧桂园半年报损益表**　　单位：千元人民币

	截至 6 月 30 日 6 个月	
	2008 年	2007 年
收入	7 438 138	6 033 798
销售成本	(3 530 914)	(3 414 450)
毛利	3 907 224	2 619 348
其他收入——净额	38 933	19 628
行销及市场推广成本	(218 599)	(157 559)
行政开支	(556 603)	(301 656)
经营利润	3 170 955	2 179 761
财务收入	39 176	355 250
财务费用	(593 285)	(315 750)
财务费用/收入——净额	(554 109)	39 500
衍生金融工具的公允价值变化	**(442 755)**	-
税前利润	2 174 091	2 219 261
所得税费用	(1 108 130)	(776 088)
本期利润	1 065 961	1 443 173
权益所有人所占利益	1 015 769	1 421 048
少数股东权益	50 192	22 125
总和	1 065 961	1 443 173
每股盈利（基本及摊薄）	6.22	9.68

由于该股份掉期并未终止，风险仍然继续存在，定期报告中的浮动亏损也还没有进行现金结算，短期内，对碧桂园的现金流不致构成影响。但从长远看，一旦整体宏观经济受到金融危机比较严重的影响，房地产市场未来几年内持续低迷，在债券到期时，公司仍情况不佳，股价持续现在的低迷状态，碧桂园将额外付出更高的代价来赔付给美林。这笔交易实际上是以大风险博取小收益，在不利的市场环境下，为了缓解资金压力，实现资金融通，碧桂园参与了股份掉期这个特殊的金融衍生品交易，也承担了不小的风险。

9.1.3　协议条款的成本与损益分析

(1) 碧桂园发行可转债成本分析

最差情况是可选择债券全部发行，则初始募集资金扣除费用开支后为 45.75

亿港元（46.79 - 1.04），半年支付利息一次 0.571875 亿港元（45.75 × 0.0125），并且如果无提前赎回、无换股、无回售，还假设抵押给美林的 19.5 亿港元全部损失，则到期后，碧桂园偿还债券持有人 55.497495 亿港元（45.75 × 1.21306），则通过贴现公式（9 - 1）可以计算发行成本为 r = 19.64%。

$$\sum_{i=1}^{10} \frac{0.571874}{(1+r)^{0.5i}} + \frac{55.497495}{(1+r)^{5}} = 45.75 - 19.5 \qquad (9-1)$$

碧桂园发行的公司债虽然名义利率仅为 2.5%，但是如果考虑了发行费用、偿还时的溢价，则发行成本高达每年 19.64%，虽然这种极端情况发生的可能性是极小的，但在不利情况下，发行成本远高于国内同期信贷成本。

最好最理性的情况是当股价高于转股价时，可转债全部转股，由于债券最多可转股份 5.17 亿股，股份掉期总股本 2.79 亿股，所以需要偿还债务相当于股本 2.38 亿股，每股需要偿还的最大金额是 $\frac{45.75}{5.17} \times 1.21306 = 10.7345$（港元）。这时由于掉期协议对冲掉一部分成本，则通过贴现公式（9 - 2）可以计算发行成本为 r = 3.9%。

$$\sum_{i=1}^{10} \frac{0.571874}{(1+r)^{0.5i}} + \frac{2.38 \times 10.7345}{(1+r)^{5}} = 45.75 - 19.5 \qquad (9-2)$$

不难发现，只有在股票价格有比较多的上涨的情况下，发行成本是最低的。

如果碧桂园在发可转换债券的同时，与美林不签掉期协议，则通过贴现公式（9 - 3）可以计算发行成本为 r = 6.29%。

$$\sum_{i=1}^{10} \frac{0.571874}{(1+r)^{0.5i}} + \frac{55.497495}{(1+r)^{5}} = 45.75 \qquad (9-3)$$

显然除最好最理性的情况外，融资成本明显高于同期国内信贷成本 5.8%。另外，该种公司债券还有可换股和可要求提前回售的权利，若考虑进这些权利价值，碧桂园实际的成本还要略高一些。以上说明了碧桂园这一债券融资实际的总成本其实并不算低。

（2）股份掉期协议损益分析

由于碧桂园当时流动性出现了问题，或者说资金期限不匹配，短债多，短期资金不充足，发行了这一债券，短期所要付出的利息费用少。碧桂园可能对其中长期发展有信心，3 ~ 5 年内回笼的资金充沛，所以当 2011 年 2 月债券能回售时，碧桂园并不担心当时可能无力偿债等问题。碧桂园这一股份掉期事件引起轩然大波，是在它公布了 2008 年中报之后。

由表 9 - 3 可以看出，除去衍生金融工具的公允价值损失，碧桂园 2008 年前半年损益情况比 2007 年同期要好。衍生金融工具的公允价值变化只是账面上的损失，实际现金流变化要等股份掉期交割时才会发生。当时碧桂园的股价低于换股价 9.05 元，债券回售、赎回只能在 2011 年后发生，所以股份掉期交割条件不成立，暂不会发生，碧桂园当时无须付出那么大笔的现金作为偿付。

根据 2008 年 6 月 30 日收盘价为 5.06 港元和中期报告账面损失 4.42755 港元计算，执行价格在 6.87 元左右。计算方法如下：

$$执行价格 = \frac{4.42755}{2.79} \times 1.14 + 5.06 = 6.87\ (元)$$

其中股份掉期总股本 2.79 亿股，汇率为 1 元人民币 =1.14 港元。因为最终价格是指定平均日期的算术平均值，但是公告未披露具体指定什么日期。姑且以 6 月 30 日的收盘价为最终价格。下面给出三种极端情形理论上的损益分析：

①第 1 种情况，当碧桂园股价 S 上升至每股 10.978 港元以上时。

不管怎样，债券持有人在股价为 10.978 港元（9.05 ×121.3%）以上时肯定会选择换股。此时股份掉期条件成立，按债权人换股的比例股份掉期相应被执行。碧桂园为了满足债券持有人换股的需求，在不扩大股本的前提下，要回购股票，此时碧桂园在换股债券中的损失为（S -9.05 ×1.213） ×5.17，其中 5.17 亿股是可转债全部转换为股票时的数量，乘以 121.3% 是因为到期时碧桂园要以债券面值的 121.3% 左右进行偿付。同时，碧桂园在股份掉期中的收益为（S - 6.87） ×2.79（假设为 6.87 港元，实际执行价格在 6.87 港元附近）。具体结果见表 9 -4。

表 9 -4　碧桂园股价上升至每股 10.978 港元以上时的损益分析

股价（港元）	转股债券的损失（亿港元）	股份掉期的收益（亿港元）	净收益（亿港元）
10.5	-2.4695	10.1277	12.5972
10.97	-0.0396	11.4390	11.4786
10.98	0.0121	11.4669	11.4548
11.5	2.7005	12.9177	10.2172
12.9	9.9385	16.8237	6.8852
13.5	13.0405	18.4977	5.4572
14.5	18.2105	21.2877	3.0772
15.79	24.8798	24.8868	0.0070
15.8	24.9315	24.9147	-0.0168
16.9	30.6185	27.9837	-2.6348
17.5	33.7205	29.6577	-4.0628
18.5	38.8905	32.4477	-6.4428

当股价高于 10.95 港元低于 15.8 港元时，净收益都为正值。随着股价的上

升，碧桂园在转债中的损失变大，在股份掉期中的收益增加。但是由于债券协议涉及的名义股本大于股份掉期涉及的名义股本，碧桂园的净收益在股价大于10.978港元的区间里是递减的。

②第2种情况，当碧桂园股价S下降至执行价格（暂定为6.87港元）以下时。

此时，债券持有人因无利可图不会选择换股，如果未到2011年2月，债券不可回售，则股份掉期执行条件不成立。计算出来的损益都是会计账面上的损益，不能记作实际发生的。如果在2011年2月后，债券可回售，碧桂园在债券上不亏不赚。此时股份掉期交易条件成立，碧桂园的损失为6.87－S。以下是基于所有债券都回售情况的分析。

例如当股份掉期交割时，碧桂园股价为3港元，股份掉期涉及的股份数额为2.79亿股，则碧桂园大约损失2.79×(6.87－3)＝10.797（亿港元），损失将极为惨重。对股份掉期交易对手而言，碧桂园的股价被拉得越低，从股份掉期中获得的收益越大，19.5亿港元既是协议标的，也是协议的极限赔付。若债券到期偿还，碧桂园还需要以债券到期面值的1.213倍左右偿还给投资者，此时碧桂园在债券上有所损失。

③第3种情况，当碧桂园股价S在执行价格（暂定为6.87港元）和9.05港元之间时。

若对碧桂园到期股价的预期介于6.87～9.05港元之间，而可转债“三不”的情况发生（不转股、不赎回、不回售），对赌协议到期后执行。那么即使从美林那里得到了股价上涨的差额收益，但公司还需以债券到期面值的1.213倍左右偿还投资者。这种情况下，碧桂园亏多赚少。比如当股价为7.95港元时，碧桂园股份掉期的收益是（7.95－6.87）×2.79＝3.0132（亿港元），转股债券的损失是（6.87－9.05×1.213）×2.38＝－9.7762。具体结果见表9－5。

表9－5　股价介于执行价格与换股价格之间，债券到期偿付时的损益分析

股价（港元）	股份掉期的收益（亿港元）	转股债券的损失（亿港元）	净收益（亿港元）
6.87	0.0000	－9.7762	－9.7762
6.97	0.2790	－9.7762	－9.4972
7.55	1.8972	－9.7762	－7.8790
7.95	3.0132	－9.7762	－6.7630
8.35	4.1292	－9.7762	－5.6470
8.85	5.5242	－9.7762	－4.2520
9.05	6.0822	－9.7762	－3.6940

实际上，碧桂园与美林国际签订的这项转债协议和股份掉期极其复杂，转股可随时进行，回售也在 2011 年 2 月后可随时进行，股份掉期的执行与转债权利行使相绑定。所以基于这项金融衍生产品，碧桂园从中的损失和收益都是逐步发生的。损益情况随着时间的推移和股价变化而变化，以上几种情况只是几种简单和极端的特例，足以说明问题，具体情况更加复杂，需要具体分析。

按 2008 年 12 月 31 日碧桂园的收市价 1.90 港元计算，上述股份掉期合约的公允价值损失扩大至约为 12.415 亿元人民币。在股价对赌亏损的拖累下，2008 年碧桂园净利润大幅下滑了 66.7%，损失为 13.78 亿元人民币，可以看出风险是巨大的，见图 9－2。

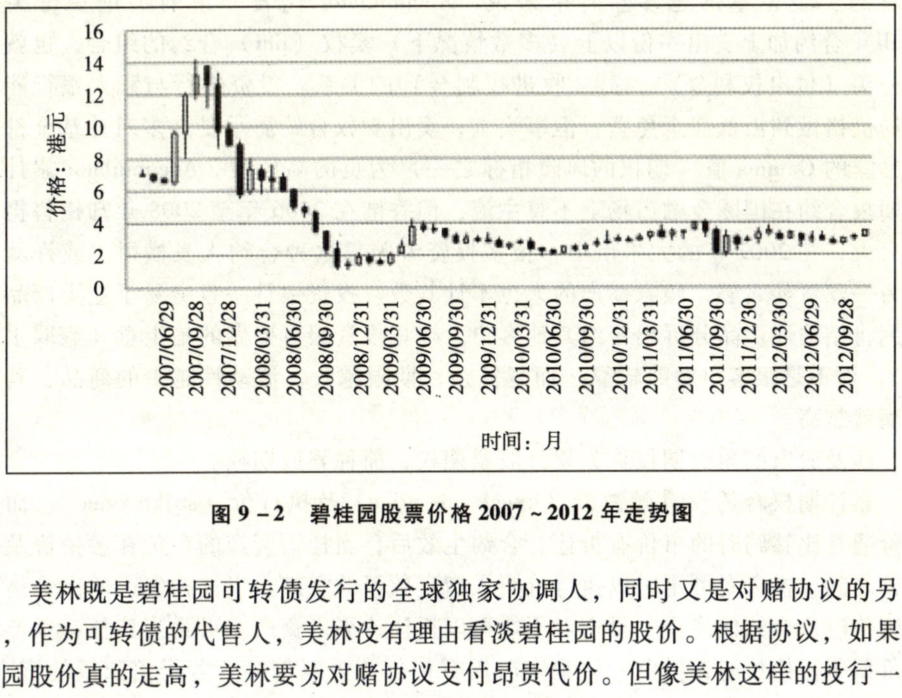

图 9－2　碧桂园股票价格 2007～2012 年走势图

美林既是碧桂园可转债发行的全球独家协调人，同时又是对赌协议的另一方，作为可转债的代售人，美林没有理由看淡碧桂园的股价。根据协议，如果碧桂园股价真的走高，美林要为对赌协议支付昂贵代价。但像美林这样的投行一般不冒这样的风险，美林很可能只是这份掉期合约的中间人，最终接货的可能是一些对冲基金，美林是真正几乎稳赚不赔的一方，风险极低。在国际市场，可转债往往能赢得对冲基金的青睐，因为稳定的利息收入加上设定的回购价能够让对冲基金轻松完成套利。一般而言，对冲基金在认购了可转债之后，可在市场上放空正股，当股价下跌时他们可以重新买回赚取差价。若是股价并未如愿下跌，那么对冲基金还可以选择债转股偿还之前用来放空的股份。所以，对于对冲基金来说，可转债是个锁定沽空风险的好工具。总的来看，如果计入机会成本，碧桂园亏多赚少，收益与赔付不对称，赔付风险远高于收益，对碧桂园的业绩和股价会造成更深层次的影响和冲击。

9.2 中信泰富累计期权合约

9.2.1 累计期权合约

累计期权合约（Knock Out Discount Accumulator，KODA）也被称为 Accumulator，这是一种极其复杂的金融衍生产品，投行尽量地兜售这种复杂的衍生产品。因为针对这种合约有很大的激励机制，在复杂衍生产品上赚的越多，这些销售员的奖金也拿的越多。简单来说，Accumulator 代表一系列买进一份买权（call）合约加上卖出一份以上（多数情况下）卖权（put）合约的组合，也就是这一买（付出权利金）一卖（收进权利金）的关系。投资银行与私人银行能将合约价格做到极低甚至免费，但事实上，卖出卖权合约需承受许多对冲基金都不愿暴露的 Gamma 值（期权的风险指标之一）为负的高风险。Accumulator 累计股票期权合约在国际金融市场上不算主流，但香港在 2006 年至 2008 年却销售得红红火火，在 2007 年的大牛市中，很多投资者曾靠这种合约大发横财。或许就是因为一丝贪婪之心，倾家荡产的人也不计其数。投资银行一旦交易了这类产品会立刻将结构性产品分拆出售给其他客户，毕竟投资银行要做的是生意（赚取手续费），而不是跟客户对赌输赢。而越复杂，期限越长，流动性越少的商品，其中利润就越高。

涉及股票的累计期权称为累计股票期权，简称累股期权。

累计期权合约设有触销价（knock out price）及执行价（strike price），而执行价通常比签约时的市价有折让。合约生效后，当挂钩资产的市价在触销价及执行价之间，投资者可定时以执行价买入指定数量的资产。当挂钩资产的市价高于触销价时，合约便终止，投资者不能再以折让价买入资产。可是当该挂钩资产的市价低于行使价时，投资者便须定时用行使价买入双倍甚至若干倍数量的资产，直至合约完结为止。

累计期权近似投资者向庄家沽出认沽期权，而所得的折让购入权就是变相的期权金，但是玩法较期权更复杂。累计期权的游戏规则较偏袒于投资银行一方。因为就算投资者看对了市，如果挂钩资产升破触销价，合约会提早终止，为庄家的损失设立上限；但是投资者如果看错了市，合约没有止蚀限制，而且合约条款会以倍数扩大亏损。如果挂钩资产价格大跌，投资者可被要求增加保证金，资金不足的投资者便被迫停损沽货套现，再以执行价接货，若当该挂钩资产价值持续下跌，投资者的损失便变成无底深渊。沽货也加速资产价格的跌势。投资者如无法补仓，可被斩仓，并须承担所有亏损。由于累计期权的设计有如用些许甜头吸引投资者承担极高风险，一旦市况大幅逆转，投资者就会损失惨重，有人便把其英文名称“Accumulator”谐音，戏称它为 I kill you later。

9.2.2　中信泰富事件背景

中信泰富为一家投资控股公司，进行与中国业务有关的投资，包括特钢制造、铁矿石开采、物业发展及投资、发电、航空、隧道、信息业，以及全中国分销汽车及消费品。近年，特钢制造占中信泰富收益贡献的最大部分。中信泰富在西澳洲拥有 20 亿吨磁铁矿的开采权及拥有可购入另外 40 亿吨磁铁矿的选择权，这些铁矿石开采是中国内地特钢制造的投资相关部分。估计该矿场 20 亿吨磁铁矿石可每年生产 2 760 万吨铁矿产品，满足中国内地及中信泰富本身的钢铁厂的需要。

根据中信泰富 2008 年 6 月 30 日的中期报告，中信泰富仍在继续澳洲铁矿石开采项目的基础建设，该项目当时两期的最新资本开支预计达 35 亿美元（约相当于 273 亿港元），其中约 75% 为已承诺开支。另一笔约 3.5 亿美元（约相当于 27 亿港元）的资本开支预期将于该项目第三期展开时产生，此项投资将为加工及基础建设（包括港口设施、矿浆管道、发电站及海水淡化厂）提供资金。

由于以澳元及人民币支出重大开支承诺（少数以欧元做出），而项目贷款以美元列值，中信泰富账目的呈报货币为港元（港元与美元挂钩），当时全球铁矿价格以美元计价，此项投资为中信泰富的货币管理带来重大挑战。因此，董事局计划五年内此项投资将需要约 35 亿澳元及 1.23 亿欧元。按 2008 年 6 月 30 日的未经审核账目所示的中信泰富集团综合资产总额约港元 1 242 亿元计算，澳洲铁矿石开采项目占中信泰富资产的主要部分。

2008 年 10 月 20 日，香港恒指成分股中信泰富突然惊爆，因投资杠杆式外汇产品（以澳元产品为主）而巨亏 155 亿港元，其中包括约 8.07 亿港元的已实现亏损和 147 亿港元估计潜在的亏损，而且亏损在不断扩大。21 日，中信泰富股价开盘即暴跌 38%，盘中更一度跌至 6.47 港元，跌幅超过 55.4%，当日收报于 6.52 港元，跌幅达 55.1%，远远超过业界预计的 20% 左右的跌幅。从 11 月 11 日至 11 月 26 日期间，中信泰富集团澳元累计认购期权合约的亏损由 155 亿港元扩大到 186 亿港元。通过观察中信泰富股价指数变动情况，及其他指数的变动情况，可以清晰地看到这次事件对中信泰富的影响，具体见表 9－6。

表 9-6　　中信泰富股价及指数水平的变动

	2007. 12. 31	2008. 12. 31	变动百分比
中信泰富	港元 43. 55 元	港元 5. 22 元	-88%
指数			
恒生指数	27 812. 65	13 888. 24	-50%
恒生中国内地流通指数	8 927. 61	3 907. 43	-56%
恒生中国企业指数	16 124. 72	7 207. 48	-55%
上海综合指数	5 261. 56	1 871. 16	-64%
道琼斯工业平均指数	13 264. 80	8 829. 04	-33%
标准普尔 500 指数	1 468. 36	896. 24	-39%
W - iltshire5 000	14 753. 60	8 835. 38	-40%
日经 225 指数	15 307. 78	8 512. 27	-44%
富时综合指数	3 286. 67	2 098. 01	-36%
摩根士丹利资本国际（亚太）（不含日本）指数	1 574. 55	871. 15	-45%
摩根士丹利资本国际全球指数	1 588. 80	892. 93	-44%
标准普尔／澳洲证券交易所 300 金属及矿业指数	5 286. 50	2 998. 30	-43%
中国铁粉矿（中国港口每吨价格）	188	72. 5	-61%
FIBER 美国商品钢铁价格	270. 33	101. 67	-62%
波罗的海干散货指数	9 143. 00	715	-92%
上市联属公司			
国泰航空	港元 20. 40 元	港元 7. 52 元	-63%
中信 1616	港元 2. 16 元	港元 0. 78 元	-64%
大昌行	港元 3. 50 元	港元 1. 00 元	-71%
中信国安	人民币 17. 25 元	人民币 6. 02 元	-65%

9.2.3　中信泰富魔鬼条款详解

2007 年到 2008 年两年中，中信泰富分别与花旗银行香港分行、渣打银行、Rabobank、NATIXIS、瑞信国际、美国银行、巴克莱银行、法国巴黎银行香港分行、摩根士丹利资本服务、汇丰银行、国开行、Calyon、德意志银行等 13 家银行，共签下了 24 款外汇累计期权合约，构成了所谓的魔鬼条款。正是这些合约让中信泰富陷入了巨亏深渊。

中信泰富已订立的杠杆式外汇合约可分为两类，即澳元每日累计远期合约及累计目标可赎回远期合约。前者的结算方式为每日结算，后者为每月结算。此外，后者的累计收益存在上限，达到合约规定的利润上限后，剩余合约便被终止。

按币种进行细分，又可分为四类：每日累计澳元远期合约（AUD daily accrual），澳元累计目标可赎回远期合约（AUD target redemption forward），双货币累计目标可赎回远期合约（Dual currency target redemption forward），人民币累计目标可赎回远期合约（RMB target redemption forward）。其中，大部分澳元累计目标可赎回远期合约已通过约定更替的方式转让给中信集团 57 亿元后，自己留下了 30 亿元。

（1）条约内容详解分析

①每日累计澳元远期合约，澳元累计目标可赎回远期合约。所有澳元累计目标可赎回远期合约须接收的最高金额为 90.5 亿澳元，每月接收，至 2010 年 10 月。所有每日累计澳元远期合约须接收的最高金额为 1.033 亿澳元，每月接收，至 2009 年 9 月。

中信泰富当时预计铁矿项目至 2010 年的资本开支对澳元的需求为 16 亿澳元。此外，该项目（预计项目为期 25 年）若完全营运的每年度营运开支估计最少需要 10 亿澳元。仍在生效的澳元杠杆式外汇合约的加权平均价为：1 澳元 = 0.87 美元。

仍在生效的澳元累计目标可赎回远期合约，尚余之最高利润总额为 5 150 万美元。每份澳元累计目标可赎回远期合约当达到其规定，中信泰富可收取的最高利润时（幅度由介乎 150 万美元至 700 万美元）便须终止，但亏损则并无类似终止之机制。

②双货币累计目标可赎回远期合约。双货币累计目标可赎回远期合约须接收的最高金额为 2.907 亿澳元或 1.604 亿欧元，每月接收，至 2010 年 7 月。中信泰富当时预计铁矿项目资本开支对欧元的需求为 8 500 万欧元。仍在生效的澳元杠杆式外汇合约的加权平均价为：1 澳元 = 0.87 美元或 1 欧元 = 1.44 美元（视哪种货币更疲软）。

仍在生效的双货币累计目标可赎回远期合约，尚余之最高利润总额为 200 万美元。每份双货币累计目标可赎回远期合约当达到其规定的最高利润时（幅度由 80 万美元至 140 万美元）便须终止，但亏损则并无类似终止之机制。

③人民币累计目标可赎回远期合约。人民币累计目标可赎回远期合约须每月作净结算，直至 2010 年 7 月。按照最后实际可执行日期的 1 美元 = 6.84 元人民

币的汇率计算，应付的美元结算金额不会超过 4 280 万美元（当中并无实质人民币交收，此为中信泰富的最高实际风险）。

中信泰富预计对人民币的需求约为 100 亿元人民币。

仍在生效的澳元累计目标可赎回远期合约，尚余之最高利润总额为 730 万元人民币。每份人民币累计目标可赎回远期合约当达到其规定的最高利润时（幅度由 240 万元人民币至 380 万元人民币）便须终止，但亏损则并无类似终止之机制。

澳元累计目标可赎回远期合约是亏损最严重的合约，也是下面重点研究的合约。因为中信泰富并没有公布一份完整的合约，但是根据中信泰富的几次公告和媒体上披露的信息进行综合分析整理，可以推算出一些合约的情况。中信泰富在 2008 年 7 月的头三周内密集签署了至少 13 份合约。中信泰富签订的这些外汇合约本质上是一个累计期权，其特点是：向上利润封顶（本例中为 350 万美元），但向下亏损不限而且加倍。

中信泰富在公告中说，该合约规定中信泰富须以固定汇率（加权汇率 0. 87 美元/澳元），每月买入一定数额的澳元，到期日 2010 年 10 月，累计最大买入数额为 90. 5 亿澳元；其中每一份合约都有最大收益终止（knock out）条款，每份合约的最大盈利在 150 万 ~700 万美元。由此推算，这些合约的杠杆倍数有 2 ~3 倍，取平均值 2. 5 倍。其公告中也说合约中最大的加权行权价为 0. 89 元，7 月 16 日澳元兑美元的汇率基本达到最大值，中信泰富的最大赢利为 5 150 万美元，相当于每份合约最大的盈利在 350 万美元左右。综合这些信息可以基本推断出一个合约的基本情况，如表 9 -7 所示。

表 9 -7　　中信泰富外汇合约的结构（1 份合约）

合约名称	澳元累计目标可赎回远期合约
标的证券	澳元兑美元汇率（AUD:USD）
合约签署时间	2008 年 7 月 16 日
合约开始结算时间	2008 年 10 月 15 日
合约签署时汇率价格	0. 9749 美元/澳元
加权协议汇率	0. 89 美元/澳元
到期时间	2010 年 9 月（24 个月）

续表

合约名称	澳元累计目标可赎回远期合约
结算方式	每月结算。累计赢利 350 万美元，合约敲出并终止
	汇率高于协议汇率，中信泰富每月购买 1 000 万澳元
	汇率低于协议汇率，中信泰富每月购买 2 500 万澳元
敲出条件	累计赢利 350 万美元

（2）中信泰富合约理论损益图

中信泰富的这个外汇合约可以分解成触销和触发两种障碍期权的组合，一种是向上触销的看涨期权（Up-and-Out Call），另一种是向下触发的看跌期权（Down-and-in Put）。从障碍触销期权结构看（见表 9－8），看涨期权和看跌期权的条款是一样的。通常这种合约在签订之时，双方没有现金支付，相当于在未来的两年内的每一个月，中信泰富获得 1 个向上敲出的看涨期权，同时送给对方 2 个或多个向下触发的看跌期权作为对价。

表 9－8　　中信泰富外汇合约的障碍期权结构

	看涨期权	看跌期权
标的证券	澳元兑美元汇率	澳元兑美元汇率
汇率现价	0.9749 美元/澳元	0.9749 美元/澳元
到期时间	1～24 个月	1～24 个月
敲出条件	累计赢利 350 万美元	澳元兑美元的结算汇率低于 0.87
协议汇率	加权汇率 0.87 美元/澳元	加权汇率 0.87 美元/澳元
交易数量	1 000 万澳元	2000 万澳元
敲出方式	向上触销	向下触发

假如未来澳元兑美元持续升值，中信泰富会获利，但其总盈利被“敲出障碍期权”封顶，最多只能赢利 350 万美元。但是，一旦未来澳元兑美元贬值，中信泰富需要加倍以约定的汇率买入澳元，而且没有相应的敲出条款防范下跌风险，亏损可以达到十几亿美元。

这种合约具有很大的风险，特别是在牛市中。很多投资者认为只要价格不大幅度下跌，就可以包赚不赔。在牛市末期，投资者通常比较亢奋，风险意识比较低，容易上当。而这种合约时间跨度比较长（本例中为两年），为市场反转预留了足够的空间，

事实上，中信泰富第 8 款（见附录 8）外汇合约就是目标累计赎回合约（Target Accrue Redemption Note，简记为 TARN），合约的基本结构是：

合约类型：TARN

每月交易量：1 000 万澳元

合约期限：24 个月

敲出条件：累计盈利 350 万美元

看涨期权执行价：0.87 美元/澳元

看跌期权执行价：0.87 美元/澳元

杠杆比率：2

澳元现价（CL1）：0.9749 美元/澳元

下面以表 9-8 这份合约为例画图分析每月损益情况，首先画出该合约的到期损益图见图 9-3。

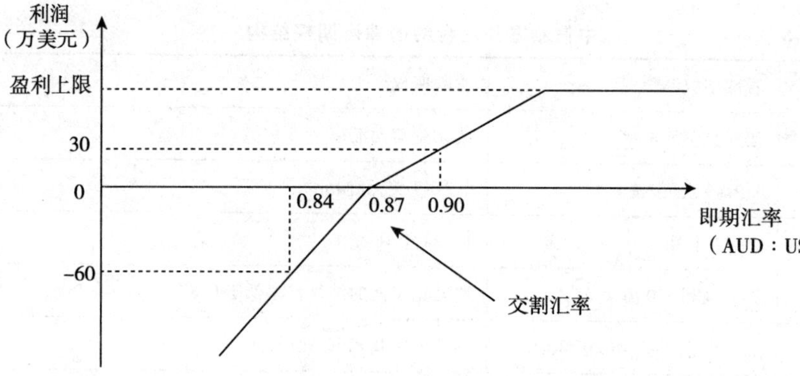

图 9-3　中信泰富第 8 款合约的到期损益图

从图 9-3 中可以看出，对于单期 1 个月的情况，当澳元兑美元的结算汇率低于 0.87 时是加倍亏损的，当澳元兑美元的结算汇率高于或等于 0.87 但小于等于 1.22 时，最多获利 350 万元，当澳元兑美元的结算汇率高于 1.22 时，期权是不起作用的。

对于几个月的多期情况分析要复杂一些，为了清晰分析这个合约每月的损

益情况，可以进一步将该合约拆解成以下两份简单合约：①卖出1份以0.87美元为执行价格的看跌期权；②卖出1份以1.22美元为执行价格的看跌期权。这两份看跌期权的权利金总额为350万美元。这个是第一个月的图，比较容易理解。再复杂一点，假如第一个月产生盈利，且盈利金额低于350万美元，那么，第二个月的图就变为：①卖出1份以0.87美元为执行价格的看跌期权；②卖出1份以（1.22－第一个月盈利金额/1 000万）美元为执行价格的看跌期权，这两份看跌期权的权利金总额为350万美元－第一个月的盈利金额。假如第一个月产生亏损，那么，第二个月的图就变为：①卖出1份以0.87美元为执行价格的看跌期权；②卖出1份以（1.22＋第一个月盈利金额/1 000万）美元为执行价格的看跌期权，这两份看跌期权的权利金总额为350万美元＋第一个月盈利金额。

以此类推，后面的第二份看跌期权的执行价格和两份期权的权利金总额完全取决于前面从合约开始到当时的总体盈亏，这就是目标累计赎回合约的特征。从图9－3可以看出，要是澳元兑美元的汇率向上攀升，中信泰富的收益是被封住的，最多只能到达350万美元，但是要是澳元兑美元的汇率向下走的话，中信泰富的损失是没有下限的，虽然说，澳元兑美元最多跌到0，然后按照每个月2 000万美元×0.87买入澳元，也就是每个月最多亏损1 740万美元。但是要注意的是最差的极端情况。

对于单期1个月的情况，还可以把图9－3看成是如下三个简单期权合成的结果：①买入1份以0.87美元为执行价格的看涨期权；②卖出2份以0.87美元为执行价格的看跌期权；③卖出1份以1.22美元为执行价格的看涨期权。因为双方没有现金支付，可以这样理解，买入1份看涨期权的权利金相当于卖出2份看跌期权和1份看涨期权的利金之和。

类似地可以画出其余23款合约的到期损益图，这24款合约内容摘要和到期损益图见附录8。

（3）中信泰富亏损计算

由表9－9可以看出，中信泰富共计亏损达到15亿美元，约116亿港元（按2008年10月20日美元兑港元汇率计算）。与官方公布的数据基本一致。

表 9－9　　根据合约内容一次计算每个合约的亏损额度以及总体亏损额度

单位：万美元

单位：万美元								
合约类型								
每月结算	汇率：AUD:USD							
		合约编号	合约份数	交割汇率	估值日期	已生效月数	已发生损失	预计（浮动）亏损（24个月）
澳元目标	估算	1	1	0.87	每月4日	0	0	−12 355.2
	估算	2	24	0.87	每月16日	1	−459.75	−11 034
	估算	3	24	0.87	每月16日	1	−689.625	−16 551
	估算	4	1	0.87	每月20日	1	−417.75	−10 026
	估算	5	1	0.87	每月29日	1	−504.75	−12 114
	估算	6	1	0.87	每月23日	1	−320.623327	−7 694.959843
	估算	7	24	0.87	每月23日	1	−204.479167	−4 907.500004
	估算	8	1	0.87	每月25日	2	−559.2	−6 710.4
	估算	9	1	0.87	每月28日	1	−546.5	−13 116
	估算	10	1	0.87	每月26日	2	−739.25	−8 871
	估算	11	24	0.87	每月2日	1	−486.5	−11 676
		12	24	0.7975	每月12日	2	−215.6	−2 587.2
	估算	13	1	0.87	每月15日	1	−1 071.5	−25 716
		14	24	0.79	每月10日	2	−286.7	−3 440.4
		15	1	0.786	每月10日	2	−346.15	−4 153.8
		16	1	0.79	每月11日	2	−279.1	−3 349.2
每日结算					10月20日截止			
澳元目标		17	1	0.768		50天	−4.676	−68.2696
		18	19	0.78		49天	−17.689	−258.2594
		19	19	0.768		50天	−14.028	−204.8088
						合计	−7 163.87049	−154 833.9976
						即亏损	7 163.870494	154 833.9976
双币种	汇率：AUD:USD;EUR:USD							
每月结算								
		20	24	0.845	每月14日	3	−131.92	−1 055.36
	估算	21	1	0.8703	每月20日	3	−101.28	−810.24
						合计	−233.2	−1 865.6
						即亏损	233.2	1 865.6
						总亏损	7 397.070494	156 699.5976
					换算为港币的总亏损		57 401.26703	1 215 988. 878
人民币	汇率：USD:RMB							
每月结算								
	估算	22	18	6.5	每月7日	3	317.7	2541.6
	估算	23	1	6.5	每月14日	3	321.6	2 572.8
	估算	24	1	6.5	每月20日	3	254.16	2 033.28
						合计	893.46	7 147.68
						总合计	65 03.610494	149 551.9176
2008年10月20日美元：港币汇率为7.76					换算为港币的总合计		50 468.01743	1 160 522. 881

9.2.4　中信泰富事件根源分析

自 2007 年 12 月 31 日及 2008 年 6 月 30 日中期未经审核账目发布以来，全球市场出现不寻常的大幅波动，而许多市场亦出现逆转。各货币之间的汇价大幅变动，在中信泰富经营业务的所有主要市场中，一直处于上升趋势的股票市场及商品价格亦大幅下跌；而普遍用于衡量全球贸易情况的波罗的海证券交易所，自其于 2008 年 5 月的高位下跌约 93%。有关波幅及多项重大逆转造成全球普遍出现亏损，使资本市场资金捉襟见肘，并令中国及其他地方的商品价格和资本资产价格大幅波动。具体来分析主要有以下 5 点原因：

（1）大宗商品价格下跌

澳大利亚是一个资源十分丰富的国家，由于资源需求近年猛增，因而对澳元的需求也同步增加，澳元在一定程度上成了大宗商品货币。在全球流动性泛滥、通胀抬头的背景下，从 2007 年 8 月中旬开始，原油、铁矿石等大宗商品价格大举上升，澳元兑美元也从 0.8 升至 2008 年的 0.98。但随着次贷危机的进一步扩散，世界经济形势日益严峻，集聚在大宗商品市场的资金火线撤离，全球市场大宗商品价格一路下滑。澳元兑美元于 7 月 15 日见到最高点 0.9848 后迅速下跌至最低点 0.6056（见附录 7 中的附图 7）。澳洲金属及矿业类股份、钢铁及铁矿石价格的重大跌幅对中信泰富的资产账面价值造成极其严重的负面影响。

（2）结构性理财产品助跌

由于 2007 年至 2008 年澳元一直是世界上少有的强势货币，因此吸引了不少金融机构开发与之挂钩的结构性理财产品，并进一步推动了澳元的上涨。但随着世界经济走弱，澳元突然转势，市场波动加大，而结构性产品的收益主要由与其连接的金融衍生品而定，这些衍生品挂钩对象的波动范围一般设定得较小，并且少有完全看空的产品发行，这导致停损盘蜂拥而出，澳元跌势被突如其来的平仓潮放大。

（3）利率影响

澳元除了是大宗商品货币外，也是世界少有的高息货币。20 世纪 90 年代初，澳元存款利率高达 17% 以上。尽管之后的澳元利率一路下行，但未出现过低于 4% 的情形。由于全球金融危机的不断深化，澳大利亚开始降息以对冲经济风险，令不少原准备享受澳元高息的投资者沽出澳元。

（4）美元短期升值的影响

不少投资者原本认为，金融危机起源于美国，2008 年上半年处于弱势的美元反弹空间应该有限。但未想到的是，欧洲及一些新兴市场受到的冲击更大，美元近期反而成为国际资本的避风港，而且随着市场避险情绪的加剧，美元走势得到进一步支撑，令美元对全球其他主要货币持续出现大幅升值。当美元开始走强，全球经济进入衰退期，全球需求减少，又加速了大宗商品价格泡沫的破灭，这对澳大利亚等资源出口国的经济无疑是一次打击，进而导致了这些国家本币的贬值。

（5）管理失控的教训

中信泰富的外汇合约十分复杂，涉及美元、欧元、澳元和人民币四种货币，有关合约加起来可能获得的最高收益只有约4.3亿港元，但是需要接货的外币数量却超过500亿港元。中信泰富购买的合约价值远远超过了实际需要是加大风险的重要诱因。中信泰富的问题归结起来有四点：一是工具使用不当，只解决了澳元升值时的风险，未控制澳元贬值的风险；二是脱离了实际需要使用衍生工具；三是误判走势；四是对风险认识不足。

中信泰富出现巨额亏损，金融环境、汇率变化是外因；违规操作是内因。外因是条件，内因才是根本。以贸易和投资为主的公司，不应该考虑从金融衍生品上取得收益，而只应该做对冲来防止业务上的汇率风险。如果把外汇交易当作一个业务，则应该有防火墙制度，给予一定的额度限制，并且在操作上要有内部管理制度约束。中信泰富此次在风险极大的外汇交易中赌这个工具，表面看是澳元投机失败，但核心的原因仍然是大公司内部风险控制失效，而更深层次的原因就是国有企业的公司治理存在严重问题。任何的投资，尤其是巨额的金融投资，事先都要有压力测试，要有停损，这是最基本的常识。

中国的企业经营者现在必须充分意识到外汇汇率波动给企业带来风险的重要性，不可等闲视之，不能遇到了损失才临时抱佛脚，应该未雨绸缪、提早布局。首先应该从公司治理上把财务及风险管理列为与经营同等重要的地位，建立框架制度和实施细则，不以拍脑门方式作决策，整个决策、实施和监管流程要纳入制度体系；其次，财务必须与主管外汇头寸的司库分开职能。

总之，中信泰富事件值得深思和研究，中信泰富掀开外汇巨亏的冰山一角后，中国铁路建设最重要的两家上市公司中国中铁和中国铁建分别也爆出了汇兑损失。里昂证券2008年10月23日发表报告指出，由外汇衍生工具所引发的新一轮风暴中，估计香港有27家上市公司受累，当中包括多家H股及红筹股，如湖南有色、中国高速传动、粤海投资及平安保险。因为肆虐全球的金融危机，中信泰富亏损成为业界最为关注的焦点事件，它的警示意义不仅涉及大型国有企业的内部管理和风险防范，更延伸为整个中国企业在全球化进程中暴露出的劣势。金融衍生工具因为其杠杆效应，既能以小搏大赚取巨额收益，也能给投资者带来巨额亏损，如何正确发挥它的作用，仍然是各大企业急需解决的问题。

9.3　太子奶集团危机案

9.3.1　太子奶集团背景介绍

在欧美发达国家和地区，尤其是在城市居民中，每天喝一瓶乳酸菌奶已形成风气。在日本、中国香港等地活性乳酸菌是一种日益盛行的重要奶品饮料，而在中国内地，虽然儿童长期饮用奶制品，但许多家长不知乳酸制品中有菌与无菌区别很大。中国消费者对乳制品的鉴别和了解还处在启蒙时期。1996 年 3 月株洲太子牛奶厂成立，李途纯是发起人和第一任厂长。1996 年 11 月 28 日，第一批活性乳酸菌奶饮料正式出品，李途纯将它命名为太子奶，主要在湖南的株洲、长沙等地销售，不曾想却一炮走红，产品供不应求。李途纯立即着手二期工程，这次他租赁了一家停产企业，通过技术改造，然后进行生产。利用这种低成本扩张模式，他成功地扩大了自己的产能。1997 年 8 月 29 日，第一批可供长途运输，营养更丰富的活性乳酸菌饮料上市，再次火爆市场。同时，中国较大的乳酸菌饮品生产基地在株洲建成。虽然如此，太子奶仍然是一个名不见经传的小厂。在太子奶推出第一批产品之前，国内已经有部分厂商进入这一领域，此时在乳品市场版图中还难觅太子奶踪迹。但仅花了一年多的时间，太子奶就占据国内市场近 50% 的份额，取得了骄人战绩，而取得如此骄人成绩是因为区别于当时市场的同类产品。

2 000 年 8 月，湖南太子奶生物科技股份有限公司成功实现股份制改造，株洲太子牛奶厂、株洲国有资产经营公司、湖南信托投资公司、清华紫光集团公司、北大先锋科技有限公司等近十家国内有影响的企业实现了强强联合，李途纯任董事长。2001 年 8 月 28 日，北京太子奶生物科技发展有限责任公司注册成立；2002 年 7 月，太子奶北京密云开发区生产基地一期正式投产；2002 年底，太子奶集团总部在北京正式成立；2004 年 3 月 29 日，湖北黄冈科研生产基地奠基；2004 年 9 月 26 日，湖南株洲开发区 800 亩太子奶工业园奠基；2004 年 10 月，中国最大的活性乳酸菌发酵奶基地——昆山太子奶基地奠基。太子奶一举奠定了国内乳酸菌奶饮料行业的龙头地位，在 2004 年度全国发酵型乳酸菌饮料行业中以 76.2% 的市场占有率高居同行业榜首，太子奶产品获 1996 香港国际名优新产品及技术博览会最高金奖。2005 年 1 月，太子奶荣获中国十大影响力品牌。太子奶公司的销售收入从 2002 年的近 1.5 亿元跃升为 2005 年的 10 亿元和 2006 年的 18 亿元，公司净利润也从 2002 年的 2 900 万元跃升为 2005 年的 1 亿多元。

湖南太子奶集团生物科技股份有限公司是中国最大的发酵型乳酸菌奶饮料集

团。集团以乳酸菌生物科技为企业核心竞争力，以实业报国为己任，其主导产品日出牌太子奶，被列为中国食品饮料行业唯一“国家火炬计划”高科技产品、中国食品科学技术学会连续十年推荐产品，并获得“国家免检产品”、“中国驰名商标”等荣誉称号。在中国发酵奶行业中产量、销量、市场占有率连续十年遥遥领先。经过十年发展，集团拥有固定资产逾30亿元，员工万余人，从1998年以8 888万元竞得中央电视台标王以来，集团更是投入数亿元，用于品牌推广，连续赞助中央电视台春节晚会等，使太子奶品牌的无形资产已经高达60亿元。

在1996年初到2007年底，太子奶人依靠技术创新，在极其艰苦的条件下成功开发出了乳酸菌产品，为了解决菌种核心技术和提高产品技术含量问题，太子奶先后共投入资金上亿元，先后与中科院、中国农业大学等十多家科研院所和高校联姻，完成了对乳酸菌和新产品的技改和扩建，使乳酸菌年生产能力达到全国第一，世界十强，有效地拓展了太子奶的生存空间。2002年开始，集团先后投资三十多亿元，在湖南株洲、北京密云、湖北黄冈、江苏昆山、四川成都兴建了五大乳酸菌奶生产基地，全国战略布局宣告完成。预计2007年全部基地建成投产后集团年乳酸菌奶饮料产值将达到300亿元，其生产规模将跻身世界第一。

9.3.2 太子奶集团危机案始末

随着产业的壮大，太子奶集团将以科技带动产业迅速膨胀，力争两个五年销售翻番，到2017年集团总产值达到1 000亿元，太子奶已在全国30多个省市的3 000多个县建立了100个营销大区，拥有3 000多个一级经销商和10多万个二级批发商，在县级城市的营销网络具有明显优势。在这个基础上，太子奶集团进行了新尝试，与经销商合资建立了当时的第六大基地——河南许昌基地，使经销商成为股东，提高了积极性。如此之快的发展速度自然就带来了资金紧张的问题。

为了实现发展目标，必须解决太子奶集团资金捉襟见肘的问题，对于从事经营的人来说，资本是最基本的力量，经营活动要实现突破，就必须进行资本运作。太子奶在这方面也不例外，凭借乳酸菌饮料的细分市场，太子奶在第二阵营中处于领先地位。在2002年、2003年、2004年都保持了100%以上的增长率后，2005年开始，这种增长速度有所放缓。相比2004年16亿元的销售规模，2005年太子奶的销售收入为20亿元，增长率为40%。连续几年超40%的增长无疑带给太子奶极大的信心。2006年开始，太子奶集团有了上市融资的打算，多家PE闻风而来。当时正是资本市场大热，PE争夺中国项目白热化的阶段。很快，三家PE确定了对太子奶的投资。2006年11月，英联（Actis)、摩根士丹利、高盛三家公司注资7 300万美元，与太子奶中方股东合资成立离岸公司“中国太子奶

（开曼）控股有限公司”。其中，英联向太子奶集团投资 4 000 万美元，摩根士丹利投资 1 800 万美元，高盛投资 1 500 万美元。

英联是英国一家面向新兴市场的 PE，在 2000 年成立北京办事处，参与过中国海洋石油公司、蒙牛乳业和无锡尚德的投资。最近，英联加快了投资进度，两个月之内，投资呷哺呷哺、安博教育集团和 7 天连锁酒店三个项目，投资规模达 2.18 亿美元。参与太子奶集团投资的摩根士丹利部门为直接投资部（Morgan Stanley Special Situations Group），此前曾参与过低端服装连锁企业 ITAT 等项目的投资，ITAT 曾因财务问题放弃在香港聆讯。高盛投资于太子奶的部门名为 Goldman Sachs Principal Strategies Group，此前主要从事对冲基金投资，很少参与 PE 投资。合资公司中，三家 PE 合计占比约 30%，太子奶创始人李途纯以及其他高管以太子奶集团在境内的实业资产入股，占比约 70%。董事会由 11 名成员组成，李途纯任主席，三家 PE 公司各有一个席位，其余七名董事由双方推举产生。

太子奶集团于 2006 年 11 月与世界顶级金融巨头英联投资、摩根士丹利和高盛三家国际投行签了一份对赌协议，协议的主要内容是：太子奶在收到三家国际投行注资太子奶集团 7 300 万美元后的前三年，如果太子奶集团业绩增长超过 50%，就可调整（降低）对方（三大投行）股权；如完不成 30% 的业绩增长，太子奶集团董事长李途纯将会失去控股权。2007 年 9 月，太子奶获得花旗银行、比利时联合银行、香港华商银行、马来西亚大众银行等六大国际财团提供的 5 亿美元无抵押、无担保、低息三年期信用贷款。

随着资本的介入以及上市计划的推动，太子奶开始了大幅的扩张，在五大乳酸菌饮料基地全部投产的同时，许昌、西安、哈尔滨三大合作基地也将投入运营，这些投资共耗资达 33 亿元。三家 PE 本打算在一年内将太子奶运作上市并尽快套现，并聘请高盛、摩根士丹利作为上市保荐人。2006 年底，太子奶为了谋求海外上市，做了一次非常彻底的资产重组，相对优质的乳业资产并入太子奶集团，负债累累的非乳业资产并入日出江南集团。这样一来，太子奶集团资产虚增，而日出江南集团则欠下了太子奶集团巨额债务。在内地、香港和美国三个上市地点的选择上，多数高管和董事会成员选择 A 股或者 H 股，李途纯则坚定地表示要到美国上市，而且要树立中国第一个在美国上市的乳业品牌。而当时财务人员明确表示，公司尚未做好应对以严格内控闻名的萨班斯法案的准备。上市地点确定后，审计师却不愿合作。按照常规，注册会计师应该审计上市前三个年度的财务数据，并出具标准无保留意见，公司才可以将材料递交。从 2006 年开始，太子奶集团陆续聘请了多家国内外会计师事务所对 2004 年至 2006 年财务报表进行审计，一方面梳理公司的账目，另一方面为上市做准备。2007 年，安永会计师事务所被聘请为负责上市项目的会计师事务所，但最终安永没有签发美国会计准则下三年审计报告，原因集中在部分收入无法确认，以及审计范围受限等方面。为了不丧失上市机会，PE 转而希望将太子奶在香港运作上市，但最终安永只对 2004 年和 2005 年的财务数据出具香港准则下标准无保留意见，没有签发 2006 年度财务报表的审计意见。此后，摩根士丹利和高盛先后放弃了太子奶上市计划。此时的李途纯，只能寄希望于一个新的上市方案，即不再要求太子奶海外整体上市，而是将其拆解为营销业务、制造业务和其他业务（以集团采购贸易为主，包括少量房地产物业），分别在不同地点上市。2007 年 10 月，美国次贷危机愈演愈烈之际，李途纯计划在 2008 年奥运会之前至少有一家公司先上市，然后再用 3 年时间将分拆的几家公司完成上市。这也是太子奶漫漫上市征途上的最后一次挣扎。李途纯没能等到计划实现的那一天。整个 2008 年，受金融危机影响，国内银行信贷收紧，再加上三聚氰胺事件爆发，太子奶受累行业低迷，2008 年 8 月开始，有关太子奶资金链断裂、集团拖欠职工工资、经销商催债等信息就不断见诸报端。太子奶因为快速扩张，已经出现了资金危机，2008 年 10 月初，李途纯公开表示集团公司短期资金确实紧张。随后，德勤会计师事务所受托进入太子奶集团进行尽职调查，得出的结论是，该公司欠银行贷款 13 亿元、经销商预付款 3 亿多元，另外还包括几亿元的工程欠款和原材料欠款，而集团净资产仅为 2 亿元，不到三大投行当年注资额（7 300 万美元）的 40%。2008 年 10 月 23 日，在投行的压力下，根据当初的对赌协议，李途纯在一份“不可撤销协议”上签字，约定双方必须在一个月内完成股权转让。

9.3.3 对赌协议

对赌协议（Valuation Adjustment Mechanism，VAM），即估值调整协议，是投资方（或收购方）与融资方（或出让方）在达成融资（或并购）协议时，双方为确保各自的利益而列出的一系列金融条款，用于对未来不确定的情况进行一种约定。如果约定的条件出现，投资方可以行使一种估值调整协议权利，用以补偿高估企业价值的损失；如果约定的条件不出现，融资方则行使另一种权利，用以补偿企业价值被低估的损失。由于结果是不确定的，与赌博有点类似，因此被形象地称为对赌。其实，作为一项协议，它仅仅只是投资方和企业为确保各自的利益而列出的一系列金融条款，以防范企业未来前景的不确定性风险。有人把对赌协议看作投资人的保护伞。理论上，对赌协议是期权的一种形式，通过条款设计，对赌协议可以有效保护投资人利益。因此其本身并无善恶之分，区别在于是更加维护投资方利益还是更加有利于企业管理层。它们还有一个共同的目标，即努力实现企业盈利水平最大化，提升企业质量，达成对赌双向激励的最终目的。如果对赌协议设计合理，将给双方都带来好处。被投资方首先可以获得资金，并通过超过预期的增长获得额外奖励；而投资方则可以在一定程度上保护自己的权利。在西方资本市场，不管是风险投资还是管理层收购，这些金融条款都被广泛使用。对于投资方而言，他们在提供资金的同时，也需要一些相应的措施来有效保护自身的利益。通常情况之下，投资方会享有清算优先权、股息优先权、投票表决权、转换权、新股认购优先权以及股票回购权。同时，往往还约定反摊薄条款，以确保自己的股权数量不会因新股发行或新的投资方加入而减少，从而也使投资回报不会因股价的下跌而受到影响。外资投资国内企业通常只是采用财务绩效条款，而且一般都以单一的净利润为标尺，以股权为筹码。以财务绩效指标设立业绩的衡量标准时，投资方通常有三种选择，首先是设立单一目标，如以一年的总利润或税前利润为指标，一旦达到这一指标，则股权发生变化，若无法达成，则维持原状。其次是设立一系列渐进目标，每达成一个指标，股权发生一定的相应变化，循序渐进。第三是设定上下限，在此标准之内，股权变化即可实现。历史上的蒙牛、永乐、雨润三个案例中的对赌协议，基本上就是第二和第三种选择的综合。除此之外，西方资本市场还经常使用一些非财务绩效的软性指标。这些指标通常包括企业上市、新战略合作的完成、新产品的面市以及专利权的批准等，涉及企业运营的多个方面。而另一方面，除了以股权为筹码外，也存在管理层和投资方之间还以董事会坐席、二轮注资和期权认购权多种方式来实现对赌。

随着中国企业国际交往的不断扩大，很多企业在融资时采用了对赌协议，结果是有的对赌双方获得了双赢，而有些企业对赌双方并未双赢，如永乐和港湾。但当时市场上有这样一种认识，无论企业家能否达到协议预设的业绩标准，投资方都能获利。因为，如果达到协议标准，投资方虽付出了部分股权，但却得到了股价上升的回报；如果未达到协议标准，投资方则可通过更多的股权甚至企业控制权来弥补股价下跌的损失。基于这种理想化的对赌逻辑，一些人便将对赌协议定性为投资方掠夺企业家财富的圈套或阴谋。事实上这种逻辑忽略了三个重要前提：①股权基金等投资机构自身的资金募集需要付出代价，并且投资风险巨大，同样也需要向投资者承诺支付最低回报，只有超出最低回报部分的盈利，管理机构才有权参与分红。此外，股权基金所做的多个投资项目不可能百分之百都成功。②股权基金等投资机构的价值实现有赖于企业管理层的努力，二者利益捆绑。私募股权投资基金会对所投资企业注入资金、理念、机制以及技术等，但并不会过多参与企业经营管理和发展战略的制定，即便控股也不要求控制权，投资方只是起助推作用，他们希望企业管理层赢了赌局，只有这样才能使自己有一个真正的利益保障。事实上，一旦签署投融资协议，股权投资方与作为融资方的企业家的利益就已经捆绑在一起。企业能否发展壮大，能否顺利实现上市并在资本市场上受到欢迎，直接关系到投资方与企业家的共同利益，二者可谓一荣俱荣、一损俱损。③股权基金等投资机构将股票出售给其他投资者是角色使然。股权基金等投资机构是通过积极提升企业价值，帮助企业上市后向其他投资者出售股票等方式实现退出的，因为股权基金的存续期一般是8~10年（单笔投资期通常为3~5年），到期之时，管理机构必须将基金的全部投资收回（如出售股票），把投资的本金和收益返还和分配给基金投资者。

9.3.4 应用对赌协议需注意的问题

对赌协议在西方资本交易中特别是股权投资中广泛存在，在国际资本对中国企业的投资中也被广泛采纳。类似协议之所以在中国遭到强烈的谴责，原因是对赌标准设定过高，利益明显偏向机构投资者，而融资方缺乏经验，也是造成自己最终处于不利局面的一个重要原因。随着中国股权投资机构的兴起，这种状况正在逐步得到改善。事实上，只要对赌协议条款设计合理，各个环节处理得当，就能起到化解估值分歧和双向激励的作用，是一种值得推广的投融资工具。对于企业融资者来说，在应用对赌协议时应重点注意如下问题：

（1）谨慎评估企业未来的盈利能力，合理设定协议中企业未来的业绩目标。作为融资方的企业管理层应当全面分析市场竞争环境和企业的综合实力，谨慎评估企业未来的盈利能力，理性设定业绩目标。永乐电器和港湾网络都输在了业绩上，同样，蒙牛和尚德也不是赌赢的，而是用实实在在的业绩做赢的。此外，企业在设定业绩目标时应权衡自我积累和外部并购两种实现方式的利弊和风险。外部并购固然有助于迅速扩大企业的营业规模，但是未必能同时迅速增加利润。永乐为达到业绩目标，并购了广州东泽等多个同行，但营业利润并未同步增加，其并购大中电器的计划更以流产告终。

（2）组合设定财务指标与非财务指标，着眼于长远利益，培育企业发展后劲。股权基金管理机构只是在其投资期内为所投资企业的业绩提升及上市提供帮助，企业管理层才是企业长期稳定发展的主导者和责任承担者，也是企业长期稳定发展的最终受益者。企业管理层应借助私募股权资本的力量，完善公司治理，夯实基础，练好内功，增强企业抵御风险和竞争获胜的能力。例如，企业管理层可以争取在对赌协议中，组合设定财务指标之外的其他有利于企业长远发展的软性指标，降低单纯对财务业绩的要求。企业管理层必须避免为获取短期的高收益焚林而田、竭泽而渔。重业绩而轻规范，将可能导致企业在高速增长中聚积很大的风险，一旦市场有变，企业会轰然倒塌。

（3）聘请财务顾问，灵活设定对赌协议条款，最大化自身合理权益。企业管理层如果不熟悉金融运作，则应当聘请合适的投资银行作为财务顾问，请其帮助引入那些不仅能提供资金而且能提供符合企业特点、有利于企业长远发展的股权投资机构。在财务顾问的帮助下，企业管理层可以灵活设定对赌协议条款，尽力争取并维护自身最大合理权益，避免将来可能导致麻烦和纠纷的陷阱。无锡尚德的对赌协议案例值得借鉴。尚德创始人施正荣在财务顾问的帮助下，在对赌协议中对自己的控制权设定了一个万能的保障条款，就是无论优先股转换成普通股的比例如何调整，外资机构的股权比例都不能超过公司股本的40%。此外，他还为公司的董事、员工和顾问争取到了约611万股的股票期权。虽然这会在一定程度上摊薄外资投资者的权益，但未遭异议，因为在外资投资者看来，只有能够留住人才的公司，股权才有价值。此外，无锡尚德在对赌协议中还设定了终止的条款，即一旦企业上市，对赌协议随之终止。

（4）正确评估自我心理承受能力，确定承受底线。第一，只有实现协议约定的业绩目标才能获取高收益，面对未来收益的不确定性和困难，企业家需要付出超常的努力，必须有良好的心理素质。第二，必须向最好处努力，做最坏的打算，企业家必须事先评估自身的心理承受底线，做到愿赌服输，不能一旦失败就将责任完全归咎于投资方和协议本身。

总之，对赌协议在中国资本市场还没有形成一种制度，也没有被经常采用。最近两年开始出现在企业的并购和股改之中，不过还没有形成制度化的安排，应用范围也远称不上广，数量也称不上多。把对赌看成是国际投行机构为中国企业设计的圈套有失偏颇。事实上，应该说主要是中国企业的贪婪无知和遇上了狡猾的国际投行，造成自己最终处于不利局面。

9.4 远期运费协议套期保值案例

9.4.1 远期运费协议与包运租船合约

BDI（Baltic Dry Index）是指国际波罗的海干散货综合运费指数，它反映的是整个干散货运输市场的指数，由伦敦的波罗的海航交所负责发布。波罗的海航交所是世界上第一个也是历史最悠久的航运市场，1744年诞生于美国弗吉尼亚波罗的海咖啡屋，是设在英国伦敦的世界著名的航运交易所，全球46个国家的656家公司都是波罗的海航交所的会员。为了满足客户的需要，波罗的海航交所于1985年开始发布日运价指数——BFI，该指数是由若干条传统的干散货船航线的运价，按照各自在航运市场上的重要程度和所占比重构成的综合性指数。1999年，国际波罗的海综合运费指数（BDI）取代了BFI，成为代表国际干散货运输市场走势的晴雨表。

由此可见，该指数是世界上衡量国际海运情况的权威指数，是反映国际贸易情况的领先指数。如果该指数出现显著的上扬，说明各国经济情况良好，国际贸易火热。前几年由于中国经济的快速发展也带动了全球经济的复苏，全球对于原材料的需求大大增加，导致了海运的快速繁荣。2003 年 9 月，BDI 指数还只有近 3 000 点，而到了 2004 年，该指数最高达到了 6 000 点以上，在 2007 年甚至高达万点。因此，中国和其他国家的贸易以及对于全球初级原材料的需求是导致国际海运价格上涨的主要原因。而该指数上涨的同时，也确实可以看到海运价格的上涨，与商品市场上几个大宗原料价格上涨的曲线是一致的。关于 BDI 指数情况见附录 3 中的附表 8 和附录 5 中的附图 1。所以，作为很多期货市场的战略投资者来说，对于该指数的关注程度不言而喻。在 2008 年很多大宗商品价格仍处于高位的时候，BDI 却已经暴跌，说明了全球市场对于原材料需求的减弱，经济增长也将回落。当然中国 2007 年以来实行的宏观调控政策导致中国需求减缓也是 BDI 数值下跌的原因，而全球性经济增长放缓是该指数暴跌的重要因素。2012 年 11 月 28 日，上海航交所推出“中国 BDI”，主要针对的是进口干散货和原油运价编制的指数。

（1）BDI 指数的组成与价值

1985 年 1 月 4 日国际航运指数 BFI（Baltic Freight Index）开始发布日运价指数，设立为 1 000 点，由 13 条航线的程租运价构成，其运输货物以谷物、煤、矿砂、磷矿石、铝矾为主，没有期租航线。多年来，为满足市场多元化的需求，BFI 的构成航线经过数次调整，增设了单独的航次期租航线，各船型航次期租航线的平均值基本可以代表各船型的现货市场水平。尤其是 1999 年 9 月 1 日，波罗的海交易所将原来反映巴拿马极限型船（Panamax）和海岬型船（Capesize）的 BFI 指数拆解成 BCI（Baltic Capesize Index）和 BPI（Baltic Panamax Index）两个指数，这样与已设立的轻便极限型船运价指数 BHMI（Baltic Handymax Index）共同组成三大船型运价指数，指数构成的航线达到 24 条。1999 年 11 月 1 日，以 BCI、BPI、BHI 各三分之一权重产生的 BDI 取代 BFI，由五国（美、英、挪威、意大利、日本）20 家大型中介商针对数条重要航线，依其每日运价所编制，为市场上最具代表性的散装航运运价的晴雨指标。

在 BDI 指数的组成中，波罗的海海岬型指数（BCI），吨位要求 8 万吨以上，主要运输货物为焦煤、燃煤、铁矿砂、磷矿石、铝矾土等工业原料；波罗的海巴拿马指数（BPI），吨位要求 5 万 ~8 万吨，主要运输货物为民生物资及谷物等大宗物资；波罗的海轻便型指数（BHMI），吨位要求 5 万吨以下，主要运输货物为磷肥、碳酸钾、木屑、水泥等。

一般影响 BDI 指数的因素主要包括：全球 GDP 成长率、全球铁矿及煤矿运输需求量、全球谷物运输需求量、全球船吨数供给量、国际船用燃油平均油价、战争及自然灾害。因此，BDI 指数的重要参考价值体现在：①BDI 指数是全球经济的缩影。全球经济过热期间，初级商品市场的需求增加，BDI 指数也相应上涨。②BDI 指数相对客观。BDI 指数不容易被短线资金炒作，如果短线资金进入大宗商品市场炒作，但同期 BDI 指数不涨的话，则大宗商品市场高昂的价格就值得警惕。③BDI 指数与初级商品市场的价格正相关。也就是说，如果煤炭、有色金属、铁矿石等价格上涨，BDI 指数一般也是要涨的。④BDI 指数与美元指数正相关。美元走强一般反映了美国经济向好，由于美国经济在全球经济总量中占比较大，BDI 指数与其正相关。⑤BDI 指数与美国股市走势正相关。

波罗的海干散货指数（BDI）是投资者研究航运股的重要工具，干散货航运上市公司的股价走势与 BDI 紧密相关。同时，BDI 也是美国和全球经济的晴雨表，是初级商品市场价格走势的风向标。可以说，关注波罗的海干散货指数走势，对投资者来讲是一件一举多得的好事，投资者不妨在未来对它更加留心。

（2）远期运费协议

远期运费协议（Forward Freight Agreement，FFA），是买卖双方达成的一种远期运费协议，协议规定了具体的航线、价格、数量等，双方约定在未来某一时点，收取或支付依据 BDI 指数价格与合同约定价格的运费差额。从本质上说，它是一种运费风险管理工具，类似期货，存在做空机制。

FFA 倚重于公司对市场走势的判断，公司可以通过操作 FFA 来调节头寸。假设 A 公司持有十艘船，如果公司不看好后市的话，可能就会在 FFA 市场上卖出四艘船，减少头寸；相反，如果认为市场会涨的话，就会在 FFA 市场上买入四艘船，增加头寸。

FFA 的初衷是作为一种运价风险管理工具，直接与 BDI 挂钩。如果预期 BDI 上涨，购买运输合同的人（如进出口商）可以通过购买 FFA 产品来规避 BDI 上涨的风险，锁定利润；反之，出售运输合同的人（如船公司）可以出售 FFA 产品来规避 BDI 下跌的风险。

（3）COA 合同

COA 合同（Contract of Affreightment，COA）在海运业中，船舶的经营方式大致分成定期和不定期两种，不定期租船由于租赁方式和承担成本的不同，又分为四种：航次租船；光船租船；期租船；包运租船。

COA 就是包运租船所签订的合同，一般为 1 年或 1 年以上的长期合约。包运合同就是船东只要按照合同上的承诺，在一段时期内运完你们指定的货物，无论他用几个航次或者哪条船，只要船舶和航次数量或者港口没有损害货主的利益，都可以。租金应该是按照航次租船的方式来算的。这样有利于船方调配船舶，从而更加经济；也有利于开展较为长期的合作，在市场价格波动比较大的情况下减少经营的不确定性。

对于这种运输合同，作为中心的是货物，不是船舶。这种合同会要求船东在某段时间内承运某数量的货物，或会表明这段时间内会有多少航次，每次至少承运多少货物。有时合同会表明航次隔开的时间（interval），或会运用“fairly evenly spread”或类似条款表示航次需要在运输合同期间合理地平均隔开。运输合同不会表明船名，通常只会把哪一类型的船舶与特征（例如船龄、大约的载重吨及船舶长短与吃水等）写入合同，并加以说明船东到时提名的船舶必须先取得货主/承租人的批准，但后者不得因不合理拒绝。如果遇上对某一提名的船舶是否符合运输合同要求与承租人有是否不合理拒绝批准与接受的争议，这种争议就由仲裁员去决定（通常运输合同都会有仲裁条款）。

9.4.2 巨亏事件分析

（1）中国远洋概况

中国远洋是中国远洋控股股份有限公司的简称，是一家集干散货航运、集装箱航运、物流、码头和集装箱租赁为一体的综合性航运公司，于2005年3月3日成立，2005年6月30日在香港联交所主板上市，2007年6月26日在上海证券交易所上市。当时已成为全球领先的航运公司，是中国远洋运输（集团）总公司（中远集团）的上市旗舰公司。母公司中远集团是世界第二大的综合性航运企业，拥有大量的优质资产，从货船、油轮到其他资产。中远集团的油轮船队拥有35艘油轮，总载重吨为320万吨，为国内第二位。中国远洋是其旗下最重要的上市公司，拥有国内最大的集装箱航运船队，公司通过其下属各子公司为国际和国内客户提供涵盖整个航运价值链的集装箱航运、码头、集装箱租赁和物流服务，在公司的各项业务中，从营业收入构成看，集装箱航运业务营业收入占总营业收入的比重超过95%。集装箱航运业务主要由中远集装箱运输有限公司（中远集运）完成，中远集运是中国远洋下属专门从事海上集装箱运输的核心企业。截至2011年12月31日，中远集运经营船队包括157艘集装箱船舶，运力达667 970标准箱，在全球超过48个国家和地区的159个港口挂靠，经营76条国际航线、10条国际支线、21条中国沿海航线及67条珠江三角洲和长江支线，承运能力排名世界前列。集装箱运输业务遍及全球，在全球拥有400多个代理及分支机构。在中国本土，拥有货运机构近300个。在境外，网点遍及欧、美、亚、非、澳五大洲。中国远洋经营419艘干散货船，其中202艘属公司拥有，217艘属租入运力。总运力达32 981 460载重吨，为全球最大的干散货船队。中国远洋的另一个重要下属公司中远太平洋有限公司在全球投资经营27个码头项目，总泊位达 140 个，世界排名第五，拥有和代管的集装箱队达 1 519 671 标准箱，集装箱租赁业务占全球市场份额约 13.2%，位居世界第二。

(2) 中国远洋巨亏事件描述

中国远洋于 2008 年 12 月 16 日发布公告称，因运价大幅下跌，2008 年初至 12 月 12 日，所属干散货船公司持有的远期运费协议（FFA），公允价值变动损失合计为 53.8 亿元人民币，较 9 月 30 日扩大了 30.7 亿元。同时，有交割部分实现收益 14.3 亿元。浮亏与实现收益相抵，合计亏损 39.5 亿元。中国远洋公告显示，自进入第四季度以来，全球经济危机进一步加剧，导致国际航运市场受到较大影响。其中，在干散货运输业务方面，反映国际干散货航运市场即期运价水平的 BDI 自 9 月 30 日的 3 217 点跌至 12 月 12 日的 764 点，10 月 1 日至今 BDI 均值为 1 224 点，相比第三季度的均值 7 123 点大幅度下降。在集装箱运输业务方面，需求放缓，主要航线的基本运费水平出现明显下降。此外，基于前期的市场趋势以及公司的实际状况，为锁定租入船运力成本，公司所属干散货船公司前期买入了一定数量的 FFA。由于近期市场的急剧变化，运价大幅下跌，FFA 产生浮动亏损。此次中国远洋 FFA 出现巨额亏损是由于 BDI 暴跌产生的，FFA 具有套期保值的功能，但中国远洋的做法显示其主要是在做多，并未明显体现出该金融衍生产品套期保值的功能。BDI 指数在 2 000 点是航运公司的盈亏线，跌破 2 000 点后，所有航运公司都是亏损运营。而在干散货需求萧条和运力过剩之际，国际金融风暴迫使银行对干散货租船合约不再提供信贷支持，导致近期国际干散货市场雪上加霜，已有航运公司扛不住只好宣告破产。2008 年席卷全球的金融危机对国际航运业的打击是巨大的。波罗的海干散货运价指数（BDI）的一路下跌，最大的跌幅竟然超过 90%，而这直接导致了中国远洋出现了巨额浮亏。

(3) 中国远洋巨亏事件分析

FFA 作为一种与运费挂钩的期货价格指数，可以作为船东运费管理的工具，起到套期保值的功能。例如，中国远洋与宝钢在 2008 年 3 月份签订了一份长期运货合同 COA，合约规定，要从 2008 年 9 月开始帮助宝钢从澳大利亚运输铁矿石 X 吨到上海，运费为 Y 元/吨，在这个 COA 合同中，中国远洋所获得的运费收入是固定的（X × Y）。而中国远洋预期当年 9 月份运力会进一步紧张，运价会进一步上涨，市场上租船的价格也会比现在高出很多，需要通过租入运力来完成这个合约，那么租船的费用将成为这笔 COA 合约中的成本。如果中国远洋在合约签订后随即买入吨位、航线与 COA 内容相同的、9 月份交割的 FFA 合约，来锁定一个 2008 年 9 月份到期的交割运价，则针对这笔 COA 合同，FFA 合约起到锁定运营成本的套期保值作用。通过 FFA 来为租入运力成本套期保值的操作，符合对冲会计法（Hedge Accounting），即在相同的会计期间内，FFA 合约上公允价值的变动可以与被套期项目（租入运力成本）的损益变动冲销匹配起来。这样的会计处理方法体现了套期保值的有效性，平抑了市场波动给公司利润带来的影响。通过对冲会计法，金融市场对冲的收益和损失的会计认可被推延至基础风险暴露的相应收益和损失得到认可之后。由于这种方法使公司能够将对冲成本计入风险暴露的成本基础，因此公司一般倾向使用它。这种方法将收益与损失冲销匹配起来，从而降低了利润的波动性，符合对冲的目的。

根据中国远洋2007年年报和2008年半年报数据披露，FFA在报表中列示的余额如表9－10所示。

表9－10　　FFA在报表中列示的余额　　单位：元

	2007年	2008年上半年
资产方项目小计	2 421 547 061.85	3 188 640 338.46
负债方项目小计	533 522 790.00	1 055 467 484.41

从表9－10中可以看出，FFA基本上仍处于正常水平。但在2008年第三季度的报告中，FFA造成了资产和负债项目的剧烈变化。

①资产方项目。其他流动资产和其他非流动资产均出现了大幅下降，主要原因均为未结算的远期运费协议（即FFA）应收部分公允价值下降。如其他流动资产：年初余额51 832 258.19元，期末余额278 027 526.89元，减少226 195 268.70元或81.4%；其他非流动资产：期末余额29 609 108.46元，年初余额51 829 193.89元，减少22 220 085.43元或42.9%。

②负债方项目。交易性金融负债和其他流动负债则出现了剧烈增加，主要原因均为尚未结算的远期运费协议（即FFA）应付部分公允价值的增加。如交易性金融负债：期末余额2 342 918 902.30元，年初余额528 540 431.91元，增加1 814 378 470.39元或343.3%。

FFA带来收益主要为两部分：公允价值变动损益和投资收益。根据中国远洋报告的披露，2006年、2007年的FFA交易均取得了收益，但在2008年发生了亏损，具体见表9－11。

表9－11　　FFA交易损益情况　　单位：元

	2006年	2007年	2008年上半年	2008年第三季度
公允价值变动损益	304 024 353.42	1 350 677 645.28	－199 791 550.55	－2 305 012 912.46
投资收益	162 000 323.65	1 154 280 131.49	1 409 156 779.04	1 874 266 926.21

从表 9－11 中可以看出，中国远洋的 FFA 在 2008 年第三季度发生了大额的公允价值亏损，扣除期内已交割部分收益 18.74 亿元后，仍亏损 4.31 亿元。在 2008 年 9 月 30 日到 12 月 12 日，亏损的金额足足扩大了 7 倍，达到了 30.7 亿元。

9.4.3　巨亏事件教训

中国远洋 2008 年一年的亏损竟然是 2006 年和 2007 年盈利的近 3 倍。如果是仅仅做套保，公司会根据每年的运量进行相应比例的套保，每年差距不会太大，因此，如此巨大的亏损仅仅从套期保值的角度是无法解释的。

（1）套期保值的逻辑

根据中国远洋 2007 年和 2008 年第三季度的年报披露，公司当时的租入船只艘数和载重吨数已高于自有船只（见表 9－12），此时正是租船的市场价格存在风险之际，中国远洋考虑套期保值是有道理的。

表 9－12　　中国远洋自有船只和租入船只艘数和载重吨数

	自有船		租入船	
	艘数	载重吨	艘数	载重吨
2007 年	202	12 884 916	217	20 096 544
2008 年第三季度	206	13 302 070	256	22 854 916

那么为什么这次损失这么严重呢？中国远洋在 2009 年 5 月 9 日的公告中提到，截至 2008 年末，公司未结算的 FFA 运营天数为 16 000 多天，未执行的 COA 合同运营天数为 18 000 多天。由于未结算 FFA 运营天数小于未执行 COA 的运营天数，所以公司 FFA 的交易符合套期保值功能。公司通过 FFA 与 COA 合同运营天数的匹配情况，来证明现有的 FFA 合约和 COA 合约构成套期保值。若此说法成立，那么这些 FFA 合约的市值损失应该以对冲会计处理，合约的市值损失应该体现在资产负债表中，而不是损益表中。但是实际上，公司在这些 FFA 上的市值损失是体现在损益表中，说明现有的 FFA 合约和 COA 合约没有形成套期保值。

公司提供了一个非正式的说法是，之所以没有符合对冲会计，是因为部分 COA 合约被取消，导致 FFA 出现单边敞口。但是，在补充说明公告中，明确指出，截止到 2008 年底，未结算的 FFA 运营天数为 16 000 多天，未执行的 COA 合同的运营天数为 18 000 多天。未结算 FFA 运营天数小于未执行 COA 的运营天数。这说明，不存在 COA 被取消导致 FFA 单边敞口的问题。

2009年3月25日后，国资委对央企套保所做的规定上限是90%，中国远洋FFA协议主要是套保营运天数，而每年营运总天数是13万~15万天，若确实未结算的FFA运营天数为16 000多天，持有的比例只占实际航运天数的10%左右。同时，从销售收入看，中国远洋持有的FFA才占有实体收入的10%。中国远洋从事散货业务的收入在2008年是500亿元，而2008年亏损50多亿元，且50多亿元是2009年、2010年、2011年未来三年的亏损，从上述角度看，中国远洋的FFA交易似乎又在正常的套保范围之内，之所以出现亏损主要是遇到了不可控的市场风险，以及实体经济的基数大。审计署审计时也认为，从总量比例上看，中国远洋的FFA因其实体经济较大，还处于风险可承受的范围内，不能定义为投机。

事实上，这种解释是存在问题的，因为并非对所有租入船只都做FFA。中国远洋试图以FFA合约和COA合约运营天数的匹配情况，说明现有FFA合约属于套期保值交易的逻辑本身就是不成立的。FFA合约只可能与COA合约中需要依靠租入船只来完成的那部分租入运力成本形成套保关系，而不能和整个COA合约的运力形成套保，更不能简单地和COA合约本身形成套保关系。更具体地说，FFA合约所对应的被套期保值项目应该是为执行COA合约而签订的租入船只合约的成本。假设一个COA合约，需要由15条船完成运输，其中10条属于自有船只，5条属于租入船只，那么FFA合约只应对冲5条租入船只的运力而产生的租入成本。由此分析，公司通过比较COA和FFA运营天数的匹配情况，来判断是否是套期保值交易的逻辑是错误的。更何况在具体操作过程中多少还含有赌博的成分。如在BDI指数已处于历史高位时继续赌涨，继续大量加仓，而且多头头寸巨大，根据波罗的海交易所统计，中国远洋在国际FFA交易排名中居于前十位。中国远洋很有可能利用手中的多头头寸来试图抬高市场的运价水平。

此外，没有有效的停损也是在FFA上亏损的原因。受2008年金融风暴的影响，BDI指数会从1万多点跌到700多点，中国远洋当时判断3 000点是底线，做的准备也是在3 000点停损。但BDI指数到3 000点时在短短不到3个月内狂跌到了1 000点以下，未来得及出手。

（2）FFA合约没有被确认为套期保值

中国远洋在年报中阐述，根据公司对套期保值有效性的持续评估，如果确认套期保值的有效性在80%~125%，被视为高度有效，公司对于套期保值的会计处理为现金流量套期。现金流量套期的处理办法为：套期工具的收益或损失中属于有效套期的部分，计入股东权益，其金额按照套期工具自套期开始的累计利得或损失和被套期项目自套期开始的预计未来现金流量现值的累计变动额两项的绝对额中较低者确定。套期工具利得或损失中属于无效套期的部分，计入当期损益。但是，中国远洋在年报中，并没有就有多少 FFA 头寸属于有效套期保值、有多少 FFA 头寸属于无效套期保值作出明确的说明。而且所有有关 FFA 合约公允价值的变动，均被计入当期损益，体现在合并利润表中。在合并所有者权益表中，并未体现 FFA 合约价值的变化。也就是说，该公司将 FFA 全部确认为无效套期。

（3）国际投行与投机资本

FFA 市场的主要参与者是贸易公司、能源公司、船运公司和金融机构，且金融机构的比例呈增长趋势。据 FIS 统计，2008 年，公司客户中，金融机构达成的成交量所占比例高达 35%，而在 2003 年第一季度，这一比例仅为 2%。2005 年之后，远期运费市场出现活跃趋势，FFA 交易量节节上升，年增长率保持在 20% 左右。根据波罗的海交易所的统计，1997 年 FFA 成交量只有 750 笔，2008 年的成交量已达到 22 000 笔，市场交易金额高达 1 300 亿美元。这种交易额的迅速放大主要是由于越来越多的国际投行参与其中。不过，随着金融危机的爆发，FFA 市场的交易量已经缩减了至少一半，有分析认为主要是国际投行大举撤军。那么，在全球航运公司都巨亏甚至倒闭的背后，谁又是这波 BDI 暴跌狂澜中最大的赢家呢？业内盛传的说法是，曾经一度在 FFA 市场上呼风唤雨的台湾 TMT 公司很有可能赚了大头。早在 2008 年 1 月底该公司通过操控西太平洋上航线的货船，直接空袭 BDI 指数进而在 FFA 市场上空头获取暴利。估计 TMT 的操作模式是，在 FFA 市场上卖出合同，约定 2008 年 8 月份以每艘船日租金 2 万美元的价格从事大西洋远东的运营。随着市场的持续暴跌，2008 年 8 月份日租金跌到 1 万美元时，TMT 再反手平仓套现，来回的差价按月计算可以达到 30 万美元。不过，TMT 是否真是这样做的还不得而知。但是毋庸置疑的一个事实是，2006 年，TMT 曾为了支持其在 FFA 的多头头寸，将其控制的 10 艘好望角型船留在码头上晒太阳，人为地造成运力紧张，从而推高了现货指数。这种类似期货市场里的逼仓行为使 TMT 公司成为那一年 FFA 市场上最大的赢家。

而国际投行对 FFA 的炒作，使其他航运公司也同样遭受了亏损。如干散货航运公司 Britannia 散货控股公司，由于 FFA 交易操作失当导致 1.58 亿美元巨额债务，公司面临破产。丹麦船东 Torm 于 2008 年 11 月宣布在 FFA 和燃油对冲上有数百万美元的浮亏。此外，乌克兰的干散货船运营商 Industrial Carriers 在 2008 年 10 月份宣布倒闭。希腊船东 DRYSHIPS、德国船东 OLDENDORFF、韩国 STX-PANOCEAN 等分别传出在 FFA 市场巨亏的消息，加拿大船舶营运商北美轮船（NASL）更是由于在 FFA 亏损 3 000 万美元而宣告破产。

（4）监管缺失

国资委与证监会在对国有企业境外期货交易的监管上一直存在责任不明和监

管不力的问题。2008 年证监会才发布了正式停止国企境外期货交易的资格审批，这种因噎废食的一刀切做法不利于企业的发展。即便在几年前中航油、国储铜等巨亏案件发生后，亦未引起足够重视。进入 2008 年下半年，随着全球金融危机的日益严重，潜伏的巨大风险才暴露出来，更为严重的是，当风险直接暴露时，国资委作为出资人根本无法评估风险，亦缺少能力去指导企业如何减少损失。如 2008 年第四季度航空公司爆发亏损的时候，有关企业也给主管机关上报材料，希望能够采用一些办法平仓或者展期，但是企业接到的指令是不能继续扩大交易，因为主管机关难以在短时间内评估可能的风险，因此也不会同意企业的进一步操作。

谁也不能否认或者怀疑中国企业参与海外金融市场时的套保初衷，然而，一个又一个巨资亏损的事实又真实地暴露出企业无法回避的投机意图。国内企业从事海外衍生品投资屡遭不测，已经成为中国企业的集体创伤。套保初衷混杂的投机意图最终使诸多企业在 2008 年集体看多的高涨情绪下，栽倒在金融危机的面前。此外，国有企业本身的弊病也使投行有了可乘之机。国有企业决策链条过长，交易员责权不匹配，缺乏激励约束机制，国企从上到下，很容易被投行销售人员以各种形式的公关活动摆平，签下暗含杀机的合同。眼前的事实是，如果 BDI 指数继续下跌，则意味着中国远洋的这部分浮亏仍将进一步扩大。如今，中国远洋要同时承担运费收入下降和远期运费协议巨亏的双重代价。此次中国远洋 FFA 巨亏事件教训是深刻的。事实证明，国际资本市场是非常凶险的，成熟老到的国际投机资本时刻在虎视眈眈，且不可掉以轻心，中国企业更需要练好内功。

9.5 摩根大通巨亏事件

9.5.1 事件背景介绍

2012 年 5 月 11 日，摩根大通 CEO 杰米·戴蒙（Jamie Dimon）在电话会议上说，摩根大通首席投资办公室在合成债券上的仓位出现了 20 亿美元交易损失，现在预期公司第二季度出现 8 亿美元亏损。下面介绍事件背景，首先介绍首席投资办公室是什么性质的部门。

（1）摩根大通的首席投资办公室

摩根大通设一个特殊的部门叫首席投资办公室（Chief Investment Office，简称 CIO），CIO 是摩根大通企业分部之下的一个业务部门，摩根大通对这个部门的正式描述是负责管理整个公司所有主要业务的日常运营所产生的结构性利息、汇率和某些信用风险。摩根大通称 CIO 运营可以对冲结构性风险。CIO 的直接负责人是华尔街最具权势的、最富裕的女人之一德鲁（Ina Drew），55 岁的德鲁是摩根大通的首席投资官。她为摩根大通服务可追溯至 1982 年，当时她加盟了摩根大通的前身之一 Chemical 银行集团。2005 年出任摩根大通首席投资官，负责管理首席投资办公室。德鲁曾在已破产的对冲基金长期资本管理公司（Long-Term Capital Management）中任职，是华尔街最有权势的女性之一。德鲁出任摩根大通首席投资官的第二年聘用马克里斯（Achilles Macris）负责伦敦的交易，首席投资办公室团队开始把业务扩张至风险更大的衍生品，即从基本金融指数或产品中衍生的投资工具，马克里斯就是 CIO 伦敦地区的最高领导人。据摩根大通的证管文件，截至 2011 年 12 月 31 日，CIO 持有约 3 500 亿美元的投资证券，相当于摩根大通资产总额的 15%。摩根大通 CEO 戴蒙曾驱使 CIO 通过投资高收益的资产来增加盈利，其中包括投资于结构化信用产品、股票和衍生品。戴蒙在过去 5 年中将 CIO 进行转型，增加了 CIO 的规模，并提升 CIO 在投机方面的风险。在马克里斯领导下，CIO 开始对企业和抵押债务投资，2010 年 CIO 的投资组合最高达 2 000亿美元，产生了50 亿美元利润，这相当于摩根大通 2010 年净利润的四分之一还多。摩根大通内部可能存在一个强大的 CIO 帮，而此前的良好盈利纪录给了他们更大的话语权。

摩根大通还设首席风险官（Chief Risk Officer，CRO），2012 年 1 月摩根大通投行部门风险管理负责人霍根（John Hogan）出任整个摩根大通集团的首席风险官。霍根和德鲁都是摩根大通 14 人组成的运营委员会的成员，也都是涵盖全公司高管的 68 人执行委员会成员。后一委员会的成员还包括来自 CIO 的马克里斯、萨博（Richard Sabo）和谢爱琳（Irene Tse），CIO 可能不太服从 CRO 在风险管理方面的领导。

摩根大通通过 CIO 来管理基差风险、凸性风险（convexity risk）及汇率风险等的对冲。许多年以来，摩根大通一直通过持有对冲敞口来管理信贷资产组合的“灾难性损失”（stress-loss）风险。相比摩根大通投行分支交易业务的花样百出、光彩夺目，CIO 的业务显得非常单调。CIO 是处于此次丑闻核心的大型交易部门，该部门主要的交易活动最初是为了给银行其他资产提供一种经济对冲来防止损失，负责管理银行的整体风险。CIO 负责对冲摩根大通日常业务产生的规模庞大的信用敞口风险及管理该行的“多余存款”。正是因为这个原因，CIO 的雇员从交易利润中的提成比例要少于投行部门，这也让 CIO 与摩根大通投行及销售部门的关系十分紧张。

摩根大通 2008 年收购陷入困境的华盛顿互惠银行（Washington Mutual）以后，由于华盛顿互惠银行持有风险更大的需要对冲的证券和资产，CIO 部门业务得到了进一步扩张。2008 年金融危机以来，首席投资办公室的部分交易逐渐变成了基本相当于大型方向性押注的交易，其盈利和影响力也日益扩大。2011 年，马克里斯中止了要求交易员在损失超过 2 000 万美元时退出头寸的风险控制规定。监管文件显示，CIO 过去三年实现净利润 50.9 亿美元，占摩根大通同期总利润 480.8 亿美元的 10% 以上。

在以成本控制著称的杰米·戴蒙眼里，CIO 的人员优势以及融资的低成本优势非常明显，因此戴蒙将越来越多的交易业务放到 CIO 进行。事实上，随着时间推移，除了对冲风险的本职工作，CIO 已经变成了利润中心。监管机构和摩根大通高管即将启动的追查集中在 CIO 可能导致多大的亏损，但不容忽视的是，CIO 存在的目的原本是平衡风险而不是加大风险甚至豪赌。事件无疑凸显了控制风险部门由谁控制的问题。

（2）交易员伊科希尔

摩根大通巨亏事件的关键人物伊科希尔（Bruno Iksil）出生于希腊的马克里都，国籍为法国，曾就读于巴黎中央理工学院（Ecole Centrale Paris），1991 年毕业，这是法国最负盛名的工科院校之一。美国双线资本公司的主管巴哈（Bonnie Baha）指出："伯南克对国债市场的地位有多重要，伊科希尔在衍生品市场的地位就有多重要。"但是，相对他的业界地位而言，伊科希尔在圈外实在是不为人知，要知道近年来他每年都为摩根大通赚取约 1 亿美元。当然，现在他一下子亏了 20 亿美元。

2006 年伊科希尔受雇于摩根大通，2007 年底进入 CIO。伊科希尔是摩根大通首席投资办公室驻伦敦的交易员，他每周在伦敦办公室和巴黎的家之间往返。在办公室他有时穿黑色牛仔裤，几乎不打领带。因持有超大规模头寸而被称为"伦敦鲸"（London whale）。2012 年 4 月伊科希尔导致摩根大通出现了逾 20 亿美元的损失。在几个月之前他曾有另一个绰号："野人"（caveman），因为他所进行的交易有时候在对手看来过于急进，但常能带来巨额利润。伊科希尔不是有的人想象的那样，一副极度自我无视风险的流氓交易员形象，至少在纽约办公室里，大家普遍都受过良好的教育，很多人都是数理博士，大家的工作主要是基于建立模型分析市场和产品的内在价值来作出投资决定，从来没有听说靠直觉而不是可靠的论证来作决定的。

加入摩根大通前，他曾于 1997 ~ 1999 年在法国银行 CDC Ixis 担任资金经理，此后加盟 Natexis 国民银行，担任信用衍生品主管。谁第一个给伊科希尔取了"伦敦鲸"的绰号不得而知。但据摩根大通披露的信息看，伊科希尔还没有因为巨亏 20 亿美元被解雇。摩根大通 CEO 戴蒙指出，伊科希尔事件的出现源自摩根大通上上下下出现了太多的失误、粗心草率和误判。

2008 年，伊科希尔曾大举做空追踪次级抵押贷款的 ABX 指数。这一头寸的风险相当大，因为这些指数的交易并不活跃，要退出很难。该银行最终从押注ABX的各种头寸中赚了差不多10亿美元。2011年6月，伊科希尔开始交易一种衍生品指数，该指数追踪100家债券评级为垃圾级的公司的信用状况。这个名为CDX High Yield 11的指数是2008年推出的，基于该指数的三年期交易定于2011年12月20日到期。伊科希尔对这些公司采取了做空策略。他赌组成该指数的一部分公司将会违约。这样的交易只有在两家或两家以上的成分公司在2011年12月底之前深陷困境的情况下，才有可能获得巨额收益。

伊科希尔开始做空该指数的时候，该指数报价为合约面值的87%左右。在伊科希尔卖空的同时，与他对赌的对冲基金和其他投资者则在积极建立多头头寸，伊科希尔卖得越多，押注该指数走强的对冲基金就买得越多。对冲基金认为，只要发生违约的指数成分公司不超过一家，到年底就可以获得14%左右的回报，该指数成分公司的状况都还算健康，只有Dynegy一家可能有违约风险。为缓冲下行风险，一些对冲基金另外购买了Dynegy违约保险。

2011年9月下旬，该指数报价在面值的82%左右，当时指数成分公司伊士曼柯达公司（Eastman Kodak Co.）意外动用了信贷额度，令违约风险增加，导致CDX跌破面值的70%。这时伊科希尔获得了账面盈利，而与他对赌的交易员则蒙受了账面损失。一些对冲基金减持了多头头寸，令该指数进一步走软，使摩根大通获得了更多利润。到了11月份，剩下的一些与摩根大通对赌的交易员开始增持多头头寸，还有一些交易员新建了多头头寸。这一轮买进浪潮推动该指数再度上涨，报价升至面值的83%左右，对伊科希尔的头寸构成了一定压力。

伊科希尔继续做空该指数，该指数很快就走软了，但这一结果引起了对手的震动。一家机构的交易员称，这次交易叫"痛苦交易"和"夺命交易"，价格莫名其妙地不断下跌。经纪人告诉他所有做空操作都出自伊科希尔之手，这名交易员说，感觉伊科希尔在试图把所有人都清除出局。在11月29日发生了一件令人震惊的事情，美国航空的母公司申请了破产保护，因为是该指数成分公司，所以该指数大幅走软，使摩根大通从这项交易中总共获得4.5亿美元左右的利润，而竞争对手则蒙受了规模相当的损失。

（3）Markit CDX. NA. IG指数

摩根大通巨亏事件主要出现在Markit CDX. NA. IG系列指数上，该系列指数是合成信用违约互换（CDS）指数，专为信贷市场编制，由一家叫Markit的数据公司提供。公司以提供信用违约互换（CDS）的价格数据起家，成立于2001年，创办人是加拿大人Lance Uqgla，曾在多家投行任职。NA（North America）代表北美，该指数包括了北美125家公司债券的CDS产品，指数是用这些企业的CDS（Credit Spread）平均值来计算的，也就是说价格由息差计算。指数越高，信贷风险越大。该指数会根据其等级划分滚动更新成分公司。IG（Invest Grade）表示投资级，一般是指评级在 BBB - 以上的发债主体，反之则是 HY（High Yield），高息或垃圾级发债主体。当时共有编号 IG9 ~ IG18 的 10 个指数，图 9 - 4 是 Markit CDX. NA. IG. 9 ~ IG. 18 各指数的市场名义净值。

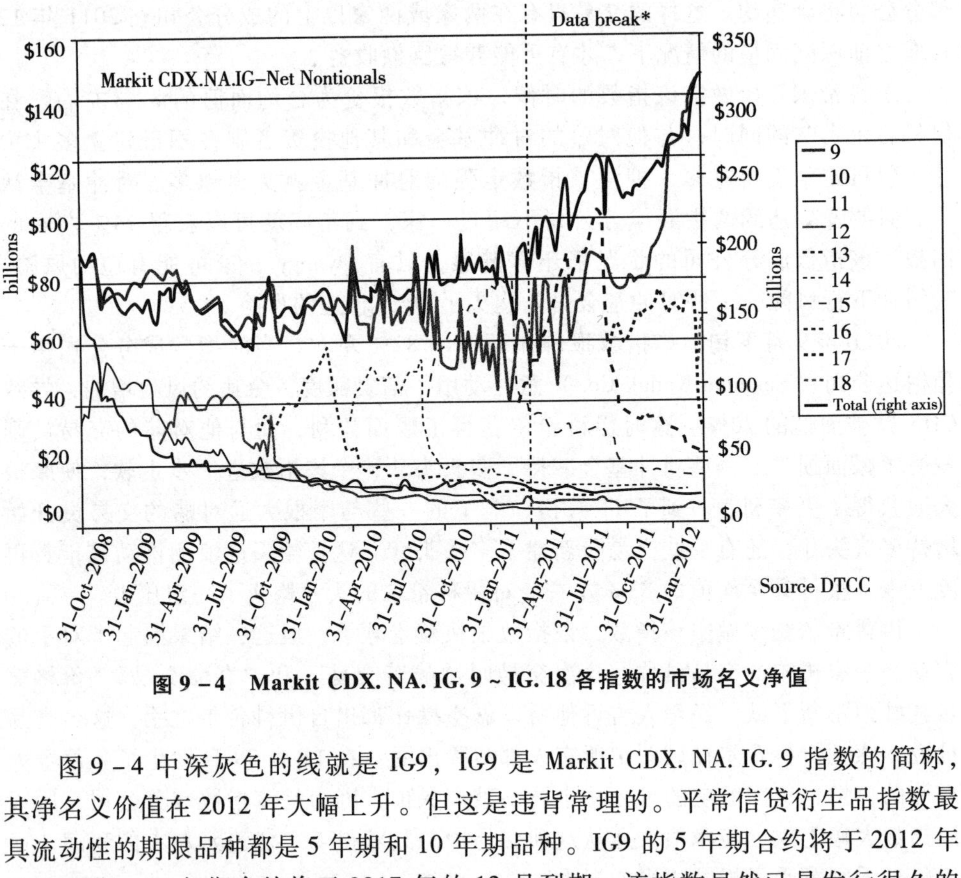

图 9 - 4　Markit CDX. NA. IG. 9 ~ IG. 18 各指数的市场名义净值

图 9 - 4 中深灰色的线就是 IG9，IG9 是 Markit CDX. NA. IG. 9 指数的简称，其净名义价值在 2012 年大幅上升。但这是违背常理的。平常信贷衍生品指数最具流动性的期限品种都是 5 年期和 10 年期品种。IG9 的 5 年期合约将于 2012 年 12 月到期，10 年期合约将于 2017 年的 12 月到期。该指数显然已是发行很久的旧指数，最新的系列是 IG18。

这些指数每半年滚动一次，在每年 9 月和 3 月，将有一个程序来确定 125 家投资级企业，从而产生新的指数。一些公司将被剔除出指数，另一些会替换它们。当一个新的指数开始交易，它被称为是当期券（on the run），通常最近开始交易的指数流动性最好。这个市场的许多参与者都会转移头寸以确保自己持有最具流动性的指数。这就是为何在图 9 - 4 中，每个系列都是在刚问世时，净名义价值增加的最多。同样的，净名义价值在成为非当期券（off the run）时下跌。

摩根大通 CIO 办公室伊科希尔的信贷衍生品交易的核心是 IG9 指数。IG9 指投资等级的高评级 CDS 第 9 号，发行于 2007 年 9 月，该指数针对 121 家美国领先公司的信用状况提供保护。这 121 家公司基本上都是大名鼎鼎的，其中包括麦当劳、美国运通、惠普、迪斯尼和梅西百货。最初该指数涵盖 125 家公司的信用保护，后来随着房利美、房地美、贷款提供商美联信集团（CIT）和华尔街互惠银行 WaMu 陷入违约，它们都从这个指数中被移除，结果就剩下 121 家。因为市场 CDS 的年期可以是 1、2、3、4、5、7 和 10 年，所以 CDX 指数亦按同样年期再分类。IG9 的合约将于 2012 年 12 月到期，一般来说应该缺乏活跃性。但 IG9 流通量一直高企，这是因为它是 2008 年金融海啸爆发前最后发行的系列，此后，信贷衍生市场便一蹶不振，跟随的系列流通量一直比不上它。图 9－5 是 IG9 的走势。

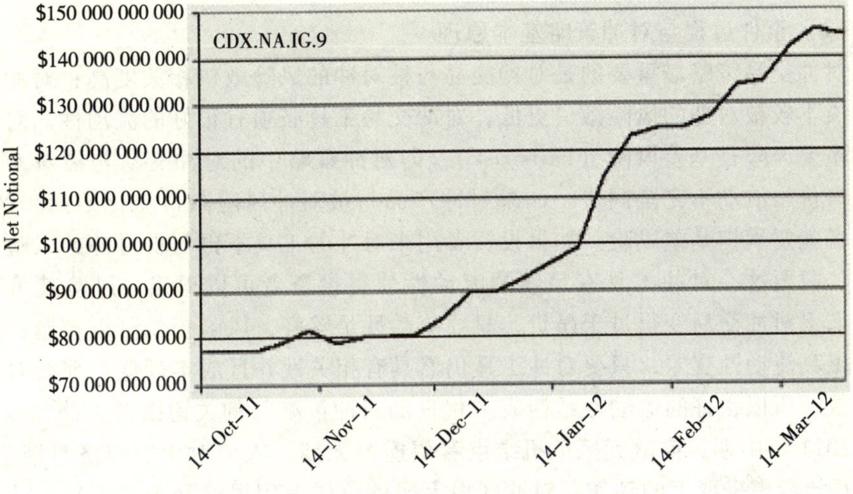

图 9－5　IG9 的市场名义净值

以 5 年期为例，IG9 的未平仓合约由 2011 年 11 月开始暴升，从图 9－5 中可以看出 IG9 指数净名义敞口价值在快速增长。在 2011 年底，该指数的净名义敞口总额为 900 亿美元，但到了 4 月份的第一周，该数值上升至 1 480 亿美元，这金额已经是主体债券市场的倍数。其交易量近期大幅上升的一些解释是因为 IG9 是最后一个危机全面爆发前发行的指数。当时，受益于“当期券”，它沐浴在充裕的流动性之中，此后，世界在它周围崩溃，其成分债券中有违约券。IG9 曾被用来构建结构化产品，对冲其他更传统的结构化产品。它还是最后拥有以其为基础的交投活跃的衍生品交易的指数。所以该指数相对于其他指数的高名义净值并非怪事。

IG9是最后拥有指数分层衍生品的指数。金融危机前，信贷指数被大量用来构筑结构化产品（CDO），所以每个指数都有相对应的指数分层衍生品。从IG10开始，因为CDO市场崩溃，没有客户需要新的指数分层衍生品来构建或者对冲基于新指数的CDO。伊科希尔可能是看中指数分层衍生品的某些特性，例如购买处于资本结构高端的指数分层衍生品，可以用很小的代价来购买只有121家的IG9指数，公司总共的破产损失达到或者超过40%的情况下才开始赔付的保险合同，可用来防范系统性风险。但是指数分层衍生品拥有很大的金融杠杆和复杂的风险，必须用大量的指数去随时动态对冲，如果不能用指数对冲，就会有很大的单向看空或看多的市场风险。而且为了减少其他的复杂风险，或者减少成本，他还做了曲线交易（curve trade）。从他们自己的模型里看，可能这桩交易很完美。

9.5.2 事件过程和策略

（1）事件过程与对冲策略基本原理

对冲交易策略最重要的是对冲交易与被对冲的风险敞口相关度高；对冲交易执行成本较被对冲的风险敞口更低，对冲交易工具必须有很好的流动性。对冲策略的主要风险是基差风险（basis risk），即对冲策略中的对冲交易与被对冲的风险敞口价格波动不完全同步。如果对冲产品与被对冲风险敞口变化不同步的话，投资者就要承担基差风险。如果投资者用来对冲的工具不再与被对冲的风险敞口相关，只要这一对冲工具有足够的流动性使得投资者可以退出，风险就可以控制；如果对冲交易变得过于昂贵，只要流动性足够好，风险仍然可以控制；如果对冲工具流动性变差，只要对冲工具仍然具有相关性并且成本较低，那么对冲仍然有效。所以，好的流动性是构成“优良的对冲策略”的关键因素。

2011年中期，离欧元区危机结束看似遥遥无期，人们对美国经济日渐担忧。CIO开始考虑采取大的动作，对冲摩根大通的整体信用风险和既有交易头寸。摩根大通当时面临两个问题。第一，直接做空信用衍生品成本高昂，因为摩根大通并非仅有的一家对未来感到担忧的机构，许多中小机构都没有采取类似的做法，使当时简单的对冲工具更昂贵。其次，市场的剧烈波动性使得任何方向性敞口在短期内都有可能蒙受损失。

摩根大通的CIO的任务是针对摩根大通集团整体的高评级债券投资风险敞口进行对冲，他们采取的对冲策略是针对北美优质评级企业CDS指数进行对冲。该策略优点在于成本较低且符合摩根大通整体战略对冲目标。CIO采取的策略是针对Markit CDX. NA. IG（北美投资级评级企业CDS）指数中的IG9系列指数实施熨平策略，也就是曲线交易。在实施这一曲线交易时，CIO并未简单地直接购买短期合约，而是购买了构建在IG9 5年期合约之上的份额产品（tranches）。所谓的份额产品是结构性金融产品的一种，它能够给予买家更大的杠杆以及在相关企业违约的相关度上更大的敞口。为了能够达到中性对冲策略目标，CIO必须出售更多便宜的IG9指数的远端合约（10年期合约）来对冲其在近端合约的敞口。

对于摩根大通而言，在此后的一段时间里，这一策略非常有效。在2011年下半年，部分投资级企业如美国航空申请破产等事件的发生，使得CIO的对冲组合起到了很好的效果。然而到了12月时，欧洲央行实施了大规模的LTRO操作，向市场注入大量流动性，这导致了所有债券的反弹。短期债券价格走高，违约率降低，CDS价格下降，CDX也跟随着价格变低，做多短期的部分发生亏损。

摩根大通的风险对冲组合的两个部分（近端与远端合约敞口），此时却未按照此前所预计的那样波动，这意味着CIO的敞口没有被完美地对冲。如同此前许多债券模型那样，摩根大通似乎是错判了投资组合的相关性，这是最难用数学来准确把握的市场现象之一。

为了维持对冲策略的风险中性，这一动态对冲策略要求出售更多的远端合约。CIO持续出售IG9的10年期合约，巨大的头寸导致了市场价格的扭曲，异常的市场现象也引起了越来越多对冲基金的注意。但是CIO运用的对冲工具被自己高估了，而且流动性很差；由于体量太大，导致市场偏离相对均衡，大量套利者的出现最终导致了摩根大通巨亏事件。

（2）熨平（flattener）策略

所谓熨平策略，也就是曲线交易（curve trade）策略，即下注该曲线会变得平坦的策略，比如买短期CDS，卖长期CDS。采取这种交易意味着你对市场是看空的，实施熨平策略有多种不同方式，关键点是这种对冲策略赌的是该指数曲线的形状会如何变化。熨平策略的第一步是选择合适的指数。假设摩根大通的CIO在2011年初计划采取熨平策略，并且希望通过CDS指数来进行，就必须找到最具流动性并将继续保持流动性的指数，其交易发生在Markit CDX. NA. IG指数是合理的，该指数每六个月滚动生成新的系列指数。根据观察，在2011年1月1日，最具流动性的指数有两个：一个是IG15，但该指数在当时是当期券。当指数不再是当期券时，随着市场参与者转移头寸，它们的流动性将变差。事实上，IG15的未结清合约金额也在IG16出现后大幅下滑。另一个是IG9，作为金融危机全面爆发前的最后一个指数，它具有高流动性，这有一些结构性的原因，它被嵌入许多结构化产品。因此，如果由于看空后市并希望对冲此前使用多余存款购买的高评级债券敞口，投资者希望采取熨平策略，那么IG9是个合适的操作对象。

第二步是曲线交易。CIO不直接针对该指数购买保险来表达看空的意图。当然，这么做没错，但此类针对债券的直接的敞口风险很高并且波动性较大，而更重要的是，成本较高。曲线向上倾斜的形状是健康的，而当反过来的曲线（向下倾斜）形状出现时就要非常小心。2011 年在意大利 CDS 曲线上实施这一策略的投资者赚到了很多钱，因为意大利的曲线迅速变平。

例如，2011 年在意大利 CDS 曲线上单独采用购买保险的方法，购买这条曲线上任何一个期限保护合约的投资者都会赚钱，但需要支付昂贵的保费。然而，如果投资者实施曲线交易，那么他们将会获利，同时成本和风险都更低。因为购买曲线近端保险的成本能够由出售曲线远端保护的收入来支付。

摩根大通 CIO 采取的大额交易是针对 IG9 指数的熨平交易，因而导致了 IG9 净名义金额的上升。这种类型的交易使对冲指数标的公司的短期信用下滑，因而是对投资级债券整体状况恶化的对冲。针对 IG9 的熨平策略就是购买 5 年期合约的保险（到期时间 2012 年 12 月），假设名义金额 3 亿美元，出售 10 年期合约的保险（到期时间 2017 年 12 月），假设名义金额 1 亿美元。通过在 2011 年初实施这一交易，信贷息差可能改善或恶化，但只要变动在整个曲线上是相等的，这种交易策略的市场价值变动就是 0，即中性交易。然而，当信贷息差开始显示市场认为近期局势将恶化而长期将再度转好时，该曲线形状开始变平，曲线的近端（短期）息差扩大幅度超过远端（长期），即熨平策略的方式获利。

（3）偏斜度（skew）

如果交易规模足够大，熨平策略下曲线交易的两个部分可能导致被卖出的 10 年期合约将会变得过于便宜，即基差点数过低，而被买入的 5 年期合约变得过于昂贵，即基差点数过高。如何判断信贷衍生品的公允价格和一个指数是便宜还是昂贵，偏斜度就是判断信贷衍生品和交易的公允价值的一个指标。

首先要衡量 CDS 指数的公允基差。基于构成该指数的公司的单一 CDS 基差，该指数的基差的公允价值是所有这些公司单一 CDS 的平均值。模型计算出来的公允基差与市场交易指数的实际基差之间的差额就是偏斜度。偏斜度从长期看应该非常小，因为市场参与者的套利会缩小偏斜度。摩根大通的巨额体量及不断操作，控制了市场价格，使市场不能修正，许多做该策略的对冲基金发生亏损。

偏斜度越大，指数相对于单一 CDS 就较便宜。此时，摩根大通 CIO 就抛售 10 年期合约。对冲基金交易员可能在 2011 年夏末和秋天看到了如此大的偏斜度，因而对其做了套利交易，就是购买（便宜的）IG9 指数的 10 年期合约，出售（昂贵的）单一公司 CDS，然后，坐等市场在越来越多的此类交易涌入后的修正。然而，偏斜度此后仍然维持高位，偏斜度十分异常。即使在 IG9 指数的基差收紧时，该偏斜度仍在增加。另一方面，关于 IG9 的 5 年期合约偏斜度相对于单一公司 CDS 的比例，显示出 IG9 的 5 年期合约变得昂贵。

在一个流动性较好的指数里，出现上述持续性的偏斜程度是不正常的，这种偏斜度本应被市场的套利交易所抹平。由于伊科希尔的交易规模非常巨大，而这种偏斜度仍在持续增加。通过 IG9 的 10 年期合约偏斜度与更新的指数 IG17 的 5 年期合约（生成于 2011 年 9 月）偏斜度的比较发现两个指数的到期日相差 1 年（前者在 2017 年 12 月到期，后者在 2016 年 12 月到期），但这并不会产生显著影响，像 IG9 这种偏斜度对于一个流动性较好的指数是不同寻常的。

2011 年 12 月，欧洲央行（ECB）向市场注入了大量流动性，引发了最猛烈信用市场回升。但摩根大通上述交易两部分头寸的变动关系，却背离了该行此前的预期，这意味着这些头寸开始得不到完全对冲。摩根大通继续卖出针对 IG9 的信用保护，导致定价出现扭曲，而越来越多的对冲基金注意到这种扭曲并试图从中谋利，但这种扭曲却不肯消失。

9.5.3　事件的反思与深远影响

（1）摩根大通使用 CDS 衍生品来对冲债券风险的原因

戴蒙曾在事件发生后谈到，摩根大通之所以需要 CIO 的交易，是因为摩根大通的负债（即存款）为 1.1 万亿美元，超过其大约 7 200 亿美元的贷款资产。摩根大通使用多余的存款进行投资，至今这些投资组合的总金额大约 3 600 亿美元。摩根大通的投资集中在高评级、低风险的证券上，包括 1 750 亿美元的 MBS、政府机构证券、高评级及担保（covered）债券、证券化产品、市政债券等。这些投资中的绝大部分都是政府或政府支持证券。摩根大通投资这些证券以对冲银行因负债与资产错配而产生的利率风险。因此，使用 CDS 衍生品来对冲债券风险的原因主要有以下几点：①随着企业越来越依赖债券市场，企业的贷款需求下降。而对于摩根大通来说，保持其在企业部门的贷款上的净息差要比在二级市场购买企业债券更有吸引力。②戴蒙多次公开表示美国房地产市场已接近底部，所有的迹象都是向好的，因此摩根大通承担投资级企业风险的做法就说得通了。③他们可能同时做空高收益级（high yield）企业债券 CDS。他们已经开始垄断了当期债券 CDS 的发行市场，因此很可能做空这些债券。④美联储的压力测试可能促使摩根大通采用份额交易和衍生品来对冲风险。

（2）媒体的作用

由于偏斜度一直没有得到修正，对冲基金始终无利可图，他们如往常那样，利用 IG9 这种异常大的偏斜度进行套利，并准备等待市场纠正行为发生后赚取丰厚利润。然而市场的纠正却迟迟不来，相反，一直有参与者在大量出售 CDS。对冲基金眼睁睁地看着市场处于不正常状态，不仅没有收益，反而却一直在亏钱。

对冲基金开始猜测有交易员在幕后操纵市场，猜测是摩根大通的 CIO 交易部门的交易员干的。然而对冲基金投诉无门，因为这是在场外市场（OTC），CDS衍生品的场外市场不受监管。对冲基金相信正是这家银行的操纵让自己的交易亏损了，开始向记者抱怨。于是就有了4月份，华尔街主流媒体出现的铺天盖地的“伦敦鲸”的报道，一贯神秘的衍生品敞口问题突然暴露在媒体的聚光灯下。媒体的关注加大了摩根大通的压力，摩根大通起初对此不以为然。更多的对冲基金加入到了套利行为中，同时也要求摩根大通停止操纵市场行为，美国监管部门也针对市场操纵事件进行了司法调查。

（3）对冲模型存在缺陷

曲线交易对冲策略的成本很低，但需要相当小心地每天关注和维护、调整对冲敞口等。而随着市场反弹，这些敞口要求出售大量的CDS来维持对冲策略。熨平策略意味着需要保持在CDS指数期限曲线的近端（短期合约）的购买与远端（长期合约）出售之间的比例。由于摩根大通的对冲头寸巨大，一旦对冲错误，其敞口风险将变得巨大。

随着信用市场在4月份急剧恶化，伊科希尔押注的多头头寸的规模不断扩大，最后逐渐变成了流动性很差的公司信用多头头寸，这笔交易已无法再保持平衡。摩根大通立即从投行部门抽调了两名顶尖的风控经理，帮助评估该交易模型及模型的假设条件，结果发现风险管理模型有重要错误，该事实让摩根大通不得不尴尬地彻底改变此前的态度。摩根大通在发现风险敞口计算错误后，停止管理对冲交易比例。但是停止管理对冲比例意味着摩根大通的敞口变为单向的看空或看多，违背了对冲的初衷，同时也使自己的敞口暴露在市场风险之下。

对冲敞口过大，造成了本就流动性不算很好的CDX市场扭曲，对冲基金的针锋相对获取了利益。摩根大通CEO戴蒙称，这笔交易的亏损按市价计算已达20亿美元，而且CIO的一个关键风险管理模型是存在缺陷的。由于IG9的交易活动在1月至4月上旬持续增加，但随后又再度平静下来。到了4月上旬，随着欧债危机的传染以及美国宏观数据不佳的消息出现，债市和股市开始感受到颤抖。而摩根大通持有的CDX指数也经历了大幅波动，有几天波动超过3sigma，CIO的巨量敞口在这种市场波动中遭受了重大损失。

摩根大通决定减少其在CDS指数上的对冲敞口，即对此前的对冲敞口进行“再对冲”（re-hedge）。CIO开始使用高收益级企业债券CDS市场上的当期券指数来对冲此前的风险敞口。但未结清合约净名义金额仅仅小幅下降。从CDX指数的未结清合约净名义金额及指数偏斜度的变化看，随着市场稍显平静，CIO在上周再度尝试关闭更多此前的巨额敞口，但CIO的补救措施显然未能奏效。

（4）深远影响

摩根大通一直以优秀的风险管理著称，如果连摩根大通都可以在风控毫无预警的情况下巨亏，那其他银行呢？真正的问题是内控。一家内控水平被公认为业内优秀的银行出现这种问题说明什么呢？随着这个季度市场波动，可以预见可能会有更多的问题出现，因为摩根大通的问题反映的是银行业最基本的资产负债的管理。

根据美国货币监理署2011年第四季度的银行交易和衍生品活动报告，在2011年第四季度美国所有230.8万亿美元衍生品未结清余额中，五大银行（摩根大通、美银、花旗、高盛和汇丰）共计占据95.7%的份额。在所有未结清衍生品余额中，高达92.2%的信用敞口已是“双边净额结算”（bilaterally netted），即部分完全对冲。但有分析认为前五大银行衍生品风险敞口巨大。2011年第二季度报告更糟，其中前五大银行占据250万亿美元衍生品余额中的95.9%。一旦引发连锁反应，220万亿美元足以摧毁世界。而所谓的双边净额结算无疑是个谎言。

站在全球角度看，根据国际清算银行（BIS）2011年上半年的报告，全球衍生品总敞口增加107万亿美元至创纪录的707万亿美元。欧洲银行业在2011年增加了数以百万亿计的衍生品，且绝大部分是利率互换敞口。这意味着一旦央行失去对政府债券曲线的控制导致利率再度走高，因此产生的全球催缴保证金的量将是史无前例的。摩根大通公布巨亏消息后，主要银行股价盘后重挫，花旗集团下挫2.4%，美国银行跌1.7%，摩根士丹利大跌3.2%，高盛重挫2.7%。

无论从哪方面看，摩根大通此次巨亏的影响都是深远的，这些影响绝不仅仅体现在摩根大通一家，主要是：①如果评级机构对美国银行的风控能力产生质疑，进而影响其评级决定的话，考虑到大银行们手里持有的衍生品规模，对银行的资金压力非常大。②以禁止银行自营交易为核心的沃克尔规则一旦重新提上日程，那么对美国的银行交易业务是重大打击，对其盈利预期同样如此。③摩根大通如果未来发生更大亏损，其股价持续下跌的话，其他银行股价也将受到影响。美国银行板块在债券市场上也将遭受打击，而美国银行板块的股票显然还在支撑。一旦摩根大通带头下跌，那么美国银行板块股票无疑将向债市靠拢。④如果本就惜贷的银行业再遭打击，美国经济复苏的前景也将蒙上阴影。

9.5.4 深刻教训

（1）风险控制不严格，盈利掩盖了风险

CIO部门最根本的职责是控制摩根大通的整体风险，而不是以盈利为考核目的，并以是否实现目标为考核标准。在全球实体经济不好引起金融市场低迷的大背景下，CIO以对冲为目的的交易策略，为摩根大通贡献了巨额的利润。随着CIO盈利越来越多，从最高的管理层到CIO的交易员，开始麻痹，把目标逐渐转向盈利，CIO 部门开始变成利润中心。为了追求盈利，CIO 开始不断地承担风险，管理层对部门的交易风险也没有严格的控制。交易员伊科希尔时常拒绝向上级提供其交易头寸的某些细节，CIO 部门为了提高摩根大通的利润并在经济下行期间保护其利益免受损害而冒险押注。最终导致头寸越来越大，剑走偏锋，发生了巨亏。

（2）对冲工具流动性风险失控

当一个对冲工具的流动性不好的时候，一旦市场情况发生变化，想要清仓改变对冲策略非常困难，亏损极有可能发生。摩根大通发现自己的对冲策略有误时，由于选用的 IG9 指数是流动性不好的指数，没办法及时平仓。而交易对手都是以套利对赌为目的，没有太多的参与者接盘。外加摩根大通持有的合约数量巨大，一旦开始平仓，价格势必大幅朝不利的方向变动，亏损就迅速发生了。另外监管流于形式，没有起到真正控制风险的作用。此次巨亏事件中，涉及一个著名的 VaR 模型的调整，模型调整后出现头寸数额的调整，最后出现了单向的敞口。有分析师怀疑，模型所起的作用不过是满足监管者在报告中披露的需要。交易时的实际数额是按照交易员的自行判断进行，VaR 模型在实际中起到的约束令人质疑。

（3）维护盈利对抗市场相对均衡

伊科希尔曾表示他持有的头寸规模非常巨大，实在难以削减。他试图出售头寸时，券商就会为了对他造成冲击而让大盘走低。伊科希尔的应对方法是以这些走低的价格买进，以“惩罚”券商，并因此增加了自己的头寸规模。为了保护自己的盈利，拼命的运用手里的大量现金，试图把价格撑到一直对自己有利的位子。从利用市场相对均衡变为创造相对均衡，从市场参与者变成单向的大庄家，和整个市场作对。“伦敦鲸”的债券衍生品持仓越来越大，最终超出有限的市场所能轻易消化的容量。媒体的曝光使摩根大通的行为收敛，监管机构的稽查使其不得不停手，越来越多的对冲基金的针锋相对最终击败了“伦敦鲸”。

（4）盲目自信

“伦敦鲸”的熨平策略是建立在整个市场不好基础之上，持对市场看空的态度。但 2011 年 12 月，欧洲央行实施了大规模的 LTRO 操作向市场注入大量流动性，导致了所有债券的反弹。短期债券价格走高，违约率降低，CDS 价格下降，CDX 也跟随着价格变低，做多短期的部分发生亏损。伊科希尔为了维护盈利，不得不扩大多头头寸的规模，最后逐渐变成了流动性很差的公司信用的单一多头。虽然价格被支撑住，但是偏离市场相对均衡水平，盲目自信、市场的误判导致了实际亏损的不断扩大。

（5）风险对冲过于集中于某个交易员

按照摩根大通的解释，CIO 及“伦敦鲸”的使命是对摩根大通整体债券投资风险敞口的对冲。也就是说，其交易是针对摩根大通整体投资组合的对冲（portfolio hedging），即将所有的信贷风险捆绑在一起，然后交由在伦敦的一个交易员来对冲。这种对冲策略与让负责交易的交易员自行对冲自己的风险不同。组合对冲将所有担子都压在一个人身上，一旦这个人犯错，影响范围将非常巨大。如果把对冲任务分给几个交易员，那么即使某个策略出问题，也不会造成如此巨大的亏损。

9.6 本章小结

本章主要分析了碧桂园股份掉期协议、中信泰富累计期权合约、太子奶集团危机案、远期运费协议套期保值和摩根大通巨亏事件 5 个案例。从这 5 个案例的分析中可以看出，任何一个实体在参与对赌协议或衍生品交易时，不仅要分析这种行为结果是否具有防范风险的能力和作用效果，还必须考虑对赌协议或衍生品交易本身是否存在风险，而且还要有控制风险的心理准备和具体应对措施，决不能认为对自己不利的情况不会发生，而疏于防范。同样，企业参与套期保值是正常的企业经营行为，重要的是应该符合套期保值的原则，不能借套期保值之名，行投机赌博之实。加强制度建设，树立防范风险的理念是企业风险管理的根本，把不可承受的风险消灭在萌芽中，从源头上控制风险。

复习思考题

1. 从你所了解和掌握的众多案例中，总结一下哪些是目标累计赎回合约（Target Accrue Redemption Note，简记为 TARN），哪些是展期三项式合约（Extendible 3-Ways）。这两类合约各有什么特征。
2. 从本章的 5 个案例中可以归纳出哪些共同的特征。
3. 从本章的 5 个案例中可以总结出哪些深刻的经验教训。
4. 中国东方航空套期保值案例说明了什么？
5. 雷曼兄弟公司倒闭案说明了什么？
6. 从美国国际集团（AIG）巨额亏损案中能总结出什么经验？
7. 中盛粮油套保巨亏事件说明了什么？
8. 江西铜业套期保值案例有什么问题？
9. 合俊集团倒闭风波说明了什么？
10. 花旗银行危机案给了我们什么启示？
11. 全球最大主权财富基金损失 1 250 亿美元说明了什么？
12. 从远期运费协议套期保值案例中能否联系到组合套期保值？

附录

附录1 赌场中压大小和幸运轮游戏的事件频率及赌场优势

附表1 表示事件的符号及事件出现的次数

事件符号	事件描述	出现次数
A1	3个数字之和等于3	1
A2	3个数字之和等于4	3
A3	3个数字之和等于5	6
A4	3个数字之和等于6	10
A5	3个数字之和等于7	15
A6	3个数字之和等于8	21
A7	3个数字之和等于9	25
A8	3个数字之和等于10	27
A9	3个数字之和等于11	27
A10	3个数字之和等于12	25
A11	3个数字之和等于13	21
A12	3个数字之和等于14	15
A13	3个数字之和等于15	10
A14	3个数字之和等于16	6
A15	3个数字之和等于17	3
A16	3个数字之和等于18	1
A17	3个数字含有指定1个数字，如6	91
A18	3个数字含有指定2个不同的数字，如5和6	30
A19	3个数字含有指定2个相同的数字，如6和6	16
A20	3个数字含有指定3个相同的数字（如围骰6，6，6）	1
A21	3个数字含有3个相同的数字（全围）	6
A22	3个数字含有2个相同数字的指定3个数字，如5，5，6	3
A23	3个数字含有指定3个不同的数字（如4，5，6）	6
A24	3个数字在指定4个数字中，如3，4，5，6的6，6，5	64

续表

事件符号	事件描述	出现次数
A25	3个数字在指定4个数字中，且3个数字不同，如3，4，5，6的4，5，6	24
A26	3个数字在指定4个数字中，且仅有2个数字相同，如3，4，5，6的3，3，5	36
A27	3个数字在指定4个数字中，且3个数字相同，如3，4，5，6的3，3，3	4
A28	大点11~17	105
A29	小点3~10	105
B1	落在数字1上	24
B2	落在数字3上	12
B3	落在数字5上	8
B4	落在数字10上	4
B5	落在数字20上	2
B6	落在数字45上	1
B7	落在数字45上	1

附表2　　赌客平均收益及赌场优势

	事件	出现概率	赔率	赌客平均收益	赌场平均收益	赌场优势
大小点	A1	0.00463	150	0.6944	0.9954	0.3009
	A2	0.01389	50	0.6944	0.9861	0.2917
	A3	0.02778	18	0.5000	0.9722	0.4722
	A4	0.04630	14	0.6481	0.9537	0.3056
	A5	0.06944	12	0.8333	0.9306	0.0972
	A6	0.09722	8	0.7778	0.9028	0.1250
	A7	0.11574	6	0.6944	0.8843	0.1898
	A8	0.12500	6	0.7500	0.8750	0.1250
	A9	0.12500	6	0.7500	0.8750	0.1250
	A10	0.11574	6	0.6944	0.8843	0.1898
	A11	0.09722	8	0.7778	0.9028	0.1250
	A12	0.06944	12	0.8333	0.9306	0.0972
	A13	0.04630	14	0.6481	0.9537	0.3056
	A14	0.02778	18	0.5000	0.9722	0.4722
	A15	0.01389	50	0.6944	0.9861	0.2917
	A16	0.00463	150	0.6944	0.9954	0.3009

续表

	事件	出现概率	赔率	赌客平均收益	赌场平均收益	赌场优势
大小点	A17	0.42130	1.186	0.5000	0.5787	0.0787
	A18	0.13889	5	0.6944	0.8611	0.1667
	A19	0.07407	8	0.5926	0.9259	0.3333
	A20	0.00463	150	0.6944	0.9954	0.3009
	A21	0.02778	24	0.6667	0.9722	0.3056
	A22	0.01389	50	0.6944	0.9861	0.2917
	A23	0.02778	24	0.6667	0.9722	0.3056
	A24	0.29630	2	0.5926	0.7037	0.1111
	A25	0.11111	6	0.6667	0.8889	0.2222
	A26	0.16667	3	0.5000	0.8333	0.3333
	A27	0.01852	30	0.5556	0.9815	0.4259
	A28	0.48611	1	0.4861	0.5139	0.0278
	A29	0.48611	1	0.4861	0.5139	0.0278
幸运轮	B1	0.4615	1	0.4615	0.53846	0.0769
	B2	0.2308	3	0.6923	0.76923	0.0769
	B3	0.1538	5	0.7692	0.84615	0.0769
	B4	0.0769	10	0.7692	0.92308	0.1538
	B5	0.0385	20	0.7692	0.96154	0.1923
	B6	0.0192	45	0.8654	0.98077	0.1154
	B7	0.0192	45	0.8654	0.98077	0.1154

注：事件 A17 的赌客平均收益为（$0.00463\times3+0.069\times2+0.347\times1$）$=0.5$。

赔率是这样计算的 $0.5/0.4213=1.186$。

附表 3　　多次重复的不利结果

事件	连续 5 次不出现概率	连续 6 次不出现概率	连续 8 次不出现概率	连续 9 次不出现概率	连续 10 次不出现概率
A1	0.9771	0.9725	0.9636	0.9591	0.9547
A2	0.9325	0.9195	0.8941	0.8817	0.8695
A3	0.8686	0.8445	0.7982	0.7761	0.7545
A4	0.7890	0.7525	0.6844	0.6527	0.6225
A5	0.6978	0.6493	0.5623	0.5232	0.4869

续表

事件	连续5次不出现概率	连续6次不出现概率	连续8次不出现概率	连续9次不出现概率	连续10次不出现概率
A6	0.5997	0.5414	0.4412	0.3983	0.3596
A7	0.5406	0.4781	0.3738	0.3305	0.2923
A8	0.5129	0.4488	0.3436	0.3007	0.2631
A9	0.5129	0.4488	0.3436	0.3007	0.2631
A10	0.5406	0.4781	0.3738	0.3305	0.2923
A11	0.5997	0.5414	0.4412	0.3983	0.3596
A12	0.6978	0.6493	0.5623	0.5232	0.4869
A13	0.7890	0.7525	0.6844	0.6527	0.6225
A14	0.8686	0.8445	0.7982	0.7761	0.7545
A15	0.9325	0.9195	0.8941	0.8817	0.8695
A16	0.9771	0.9725	0.9636	0.9591	0.9547
A17	0.0649	0.0376	0.0126	0.0073	0.0042
A18	0.4735	0.4077	0.3023	0.2603	0.2242
A19	0.6806	0.6302	0.5403	0.5002	0.4632
A20	0.9771	0.9725	0.9636	0.9591	0.9547
A21	0.8686	0.8445	0.7982	0.7761	0.7545
A22	0.9325	0.9195	0.8941	0.8817	0.8695
A23	0.8686	0.8445	0.7982	0.7761	0.7545
A24	0.1726	0.1214	0.0601	0.0423	0.0298
A25	0.5549	0.4933	0.3897	0.3464	0.3079
A26	0.4019	0.3349	0.2326	0.1938	0.1615
A27	0.9108	0.8939	0.8611	0.8452	0.8295
A28	0.0358	0.0184	0.0049	0.0025	0.0013
A29	0.0358	0.0184	0.0049	0.0025	0.0013
B1	0.0453	0.0244	0.0071	0.0038	0.0020
B2	0.2693	0.2072	0.1226	0.0943	0.0725
B3	0.4338	0.3670	0.2628	0.2224	0.1881
B4	0.6702	0.6186	0.5271	0.4866	0.4491
B5	0.8219	0.7903	0.7307	0.7026	0.6756
B6	0.9075	0.8900	0.8561	0.8397	0.8235
B7	0.9075	0.8900	0.8561	0.8397	0.8235

附录 2　投资组合保险策略

附表 4　　投资组合保险策略（$r = 0.05$，$\sigma = 25\%$，$X = 19$）

时间段	当时价格（元/股）	标准正态	标准正态	现值	看涨期权	看跌期权	当时保险比例（万元）		不变保险比例（万元）			调整保险比例（万元）		
t	S	N(d1)	N(d2)	Xexp(－rt)	期权 C	期权 P	股票	现金	股票	现金	合计	股票	现金	合计
0.500	20.00	0.698	0.634	18.531	2.216	0.746	13.969	6.777	13.969	6.777	20.746	13.969	6.777	20.746
0.460	19.00	0.587	0.520	18.568	1.497	1.065	11.158	8.907	13.271	6.791	20.061	11.158	8.903	20.061
0.421	18.50	0.518	0.454	18.605	1.147	1.252	9.592	10.160	12.921	6.804	19.726	9.592	10.194	19.785
0.381	17.00	0.301	0.250	18.642	0.465	2.106	5.125	13.981	11.874	6.818	18.691	5.125	13.903	19.028
0.341	16.00	0.162	0.129	18.679	0.187	2.866	2.590	16.276	11.175	6.831	18.007	2.590	16.164	18.754
0.302	17.50	0.337	0.288	18.716	0.499	1.715	5.898	13.316	12.223	6.845	19.068	5.898	13.131	19.029
0.262	18.00	0.399	0.350	18.753	0.608	1.361	7.180	12.182	12.572	6.858	19.431	7.180	12.044	19.224
0.222	19.50	0.646	0.601	18.790	1.299	0.589	12.590	7.498	13.620	6.872	20.492	12.590	7.256	19.846
0.183	20.00	0.732	0.696	18.827	1.542	0.369	14.641	5.728	13.969	6.886	20.855	14.641	5.542	20.183
0.143	21.00	0.881	0.862	18.865	2.256	0.120	18.509	2.611	14.668	6.899	21.567	18.509	2.417	20.926
0.103	20.50	0.853	0.834	18.902	1.727	0.129	17.492	3.137	14.318	6.913	21.231	17.492	2.998	20.490
0.063	21.00	0.953	0.946	18.940	2.087	0.027	20.005	1.022	14.668	6.927	21.594	20.005	0.918	20.923
0.024	20.80	0.992	0.991	18.977	1.825	0.002	20.628	0.174	14.528	6.941	21.468	20.628	0.106	20.734

附表 5 投资组合保险策略（$r=0, \sigma=25\%, X=19$）

时间段	当时价格（元/股）	标准正态	标准正态	现值	看涨期权	看跌期权	当时保险比例（万元）		不变保险比例（万元）			调整保险比例（万元）		
t	S	N(d1)	N(d2)	Xexp(- rt)	期权 C	期权 P	股票	现金	股票	现金	合计	股票	现金	合计
0.500	20.00	0.647	0.580	19.000	1.931	0.931	12.950	7.981	12.950	7.981	20.931	12.950	7.981	20.931
0.460	19.00	0.534	0.466	19.000	1.284	1.284	10.142	10.142	12.302	7.981	20.283	10.142	10.141	20.283
0.421	18.50	0.467	0.403	19.000	0.978	1.478	8.635	11.343	11.979	7.981	19.959	8.635	11.381	20.016
0.381	17.00	0.260	0.212	19.000	0.382	2.382	4.418	14.964	11.007	7.981	18.988	4.418	14.898	19.316
0.341	16.00	0.135	0.106	19.000	0.150	3.150	2.158	16.992	10.360	7.981	18.341	2.158	16.898	19.056
0.302	17.50	0.298	0.252	19.000	0.422	1.922	5.214	14.209	11.331	7.981	19.312	5.214	14.045	19.259
0.262	18.00	0.360	0.313	19.000	0.527	1.527	6.479	13.048	11.655	7.981	19.636	6.479	12.929	19.408
0.222	19.50	0.610	0.564	19.000	1.176	0.676	11.895	8.281	12.626	7.981	20.607	11.895	8.052	19.947
0.183	20.00	0.703	0.665	19.000	1.424	0.424	14.064	6.360	12.950	7.981	20.931	14.064	6.188	20.252
0.143	21.00	0.866	0.844	19.000	2.140	0.140	18.180	2.960	13.597	7.981	21.578	18.180	2.775	20.956
0.103	20.50	0.838	0.818	19.000	1.646	0.146	17.180	3.466	13.274	7.981	21.254	17.180	3.343	20.523
0.063	21.00	0.947	0.940	19.000	2.030	0.030	19.896	1.134	13.597	7.981	21.578	19.896	1.046	20.942
0.024	21.30	0.999	0.998	19.000	2.300	0.000	21.269	0.031	13.791	7.981	21.772	21.269	-0.043	21.226

附表6　　不同执行价格不同期望下的资产配置策略（r=0.1）

期初价格	期末价格		执行价格	套期比	借资金	看涨期权	看跌期权
S	上升	下降	X	h	B	C	p
20	26	16	17	0.9	13.7143	4.2857	0.4762
20	26	16	18	0.8	12.1905	3.8095	0.9524
20	26	16	19	0.7	10.6667	3.3333	1.4286
20	26	16	20	0.6	9.1429	2.8571	1.9048
20	26	16	21	0.5	7.6190	2.3810	2.3810
20	26	16	22	0.4	6.0952	1.9048	2.8571
20	26	16	23	0.3	4.5714	1.4286	3.3333
20	**26**	**16**	**23.636363**	**0.236363**	**3.6017**	**1.1255**	**3.6364**
20	26	16	24	0.2	3.0476	0.9524	3.8095
20	26	16	25	0.1	1.5238	0.4762	4.2857
20	26	16	25.5	0.05	0.7619	0.2381	4.5238

不同执行价格期望总资产200万元不产生损失的资产配置结果（万元）

有看涨期权的资产配置			有看跌期权的资产配置			无期权的资产配置	
存银行资金	买看涨期权	期权份数	买看跌期权	买股票	存银行资金	股票	存银行资金
190.4762	9.5238	2.2222	1.0582	44.4444	154.4974	40	160
190.4762	9.5238	2.5000	2.3810	50.0000	147.6190	40	160
190.4762	9.5238	2.8571	4.0816	57.1429	138.7755	40	160
190.4762	9.5238	3.3333	6.3492	66.6667	126.9841	40	160
190.4762	9.5238	4.0000	9.5238	80.0000	110.4762	40	160
190.4762	9.5238	5.0000	14.2857	100.0000	85.7143	40	160
190.4762	9.5238	6.6667	22.2222	133.3333	44.4444	40	160
190.4762	**9.5238**	**8.4615**	**30.7692**	**169.2308**	**0.0000**	**40**	**160**
190.4762	9.5238	10.0000	38.0952	200.0000	-38.0952	40	160
190.4762	9.5238	20.0000	85.7143	400.0000	-285.7143	40	160
190.4762	9.5238	40.0000	180.9524	800.0000	-780.9524	40	160

不同执行价格期望总资产200万元不低于190万元的资产配置结果（万元）

180.9524	19.0476	4.4444	2.1164	88.8889	108.9947	80	120
180.9524	19.0476	5.0000	4.7619	100.0000	95.2381	80	120

续表

不同执行价格期望总资产200万元不低于190万元的资产配置结果（万元）							
有看涨期权的资产配置		有看跌期权的资产配置				无期权的资产配置	
存银行资金	买看涨期权	期权份数	买看跌期权	买股票	存银行资金	股票	存银行资金
180.9524	19.0476	5.7143	8.1633	114.2857	77.5510	80	120
180.9524	19.0476	6.6667	12.6984	133.3333	53.9683	80	120
180.9524	19.0476	8.0000	19.0476	160.0000	20.9524	80	120
180.9524	19.0476	10.0000	28.5714	200.0000	-28.5714	80	120
180.9524	19.0476	13.3333	44.4444	266.6667	-111.1111	80	120
180.9524	**19.0476**	**16.9231**	**61.5385**	**338.4615**	**-200.0000**	**80**	**120**
180.9524	19.0476	20.0000	76.1905	400.0000	-276.1905	80	120
180.9524	19.0476	40.0000	171.4286	800.0000	-771.4286	80	120
180.9524	19.0476	80.0000	361.9048	1600.0000	-1761.9048	80	120
不同执行价格期望总资产200万元不低于206万元的资产配置结果（万元）							
196.1905	3.8095	0.8889	0.4233	17.7778	181.7989	16	184
196.1905	3.8095	1.0000	0.9524	20.0000	179.0476	16	184
196.1905	3.8095	1.1429	1.6327	22.8571	175.5102	16	184
196.1905	3.8095	1.3333	2.5397	26.6667	170.7937	16	184
196.1905	3.8095	1.6000	3.8095	32.0000	164.1905	16	184
196.1905	3.8095	2.0000	5.7143	40.0000	154.2857	16	184
196.1905	3.8095	2.6667	8.8889	53.3333	137.7778	16	184
196.1905	**3.8095**	**3.3846**	**12.3077**	**67.6923**	**120.0000**	**16**	**184**
196.1905	3.8095	4.0000	15.2381	80.0000	104.7619	16	184
196.1905	3.8095	8.0000	34.2857	160.0000	5.7143	16	184
196.1905	3.8095	16.0000	72.3810	320.0000	-192.3810	16	184

附表7 不同执行价格不同期望下的资产配置策略（r=0.05，σ=25%，t=0.5，S=20）

执行价格 X	标准正态 N（d1）	标准正态 N（d2）	现值 Xexp（-rt）	看涨期权 期权C	看跌期权 期权P
17	0.8748	0.8346	16.5803	3.6577	0.2380
18	0.7955	0.7418	17.5556	2.8874	0.4430
19	0.6985	0.6343	18.5309	2.2155	0.7464
20	0.5909	0.5211	19.5062	1.6520	1.1582
21	0.4816	0.4118	20.4815	1.1977	1.6792

续表

执行价格	标准正态	标准正态	现值	看涨期权	看跌期权
X	N (d1)	N (d2)	Xexp (- rt)	期权 C	期权 P
22	0.3785	0.3134	21.4568	0.8452	2.3020
23	0.2875	0.2304	22.4321	0.5813	3.0134
23.054247	**0.2829**	**0.2264**	**22.4850**	**0.5692**	**3.0542**
24	0.2114	0.1640	23.4074	0.3903	3.7978
25	0.1509	0.1133	24.3827	0.2563	4.6391
29	0.0306	0.0202	28.2840	0.0395	8.3235

不同执行价格最差情况下期望总资产20万元不产生损失的资产配置结果（万元）							
有看涨期权的资产配置			有看跌期权的资产配置			无期权的资产配置	
存银行资金	买看涨期权	期权份数	买看跌期权	买股票	存银行资金	股票	存银行资金
19.5062	0.4938	0.1350	0.0321	2.7001	17.2678	2.3619	17.6381
19.5062	0.4938	0.1710	0.0758	3.4204	16.5039	2.7211	17.2789
19.5062	0.4938	0.2229	0.1664	4.4577	15.3759	3.1135	16.8865
19.5062	0.4938	0.2989	0.3462	5.9782	13.6756	3.5324	16.4676
19.5062	0.4938	0.4123	0.6923	8.2458	11.0618	3.9710	16.0290
19.5062	0.4938	0.5843	1.3450	11.6855	6.9696	4.4233	15.5767
19.5062	0.4938	0.8495	2.5599	16.9897	0.4504	4.8840	15.1160
19.5062	**0.4938**	**0.8675**	**2.6496**	**17.3504**	**0.0000**	**4.9091**	**15.0909**
19.5062	0.4938	1.2651	4.8045	25.3015	-10.1059	5.3489	14.6511
19.5062	0.4938	1.9263	8.9364	38.5265	-27.4629	5.8146	14.1854
19.5062	0.4938	12.4880	103.9440	249.7594	-333.7034	7.6422	12.3578
不同执行价格最差情况下期望总资产20万元不低于18万元的资产配置结果（万元）							
17.5556	2.4444	0.6683	0.1590	13.3659	6.4751	11.6919	8.3081
17.5556	2.4444	0.8466	0.3750	16.9315	2.6935	13.4698	6.5302
17.5556	2.4444	1.1033	0.8235	22.0665	-2.8900	15.4125	4.5875
17.5556	2.4444	1.4797	1.7138	29.5934	-11.3072	17.4862	2.5138
17.5556	2.4444	2.0409	3.4271	40.8187	-24.2458	19.6574	0.3426
17.5556	2.4444	2.8923	6.6579	57.8454	-44.5034	21.8962	-1.8962
17.5556	2.4444	4.2051	12.6719	84.1028	-76.7747	24.1767	-4.1767
17.5556	**2.4444**	**4.2944**	**13.1162**	**85.8880**	**-79.0042**	**24.3012**	**-4.3012**

续表

不同执行价格最差情况下期望总资产20万元不低于18万元的资产配置结果（万元）							
有看涨期权的资产配置			有看跌期权的资产配置			无期权的资产配置	
存银行资金	买看涨期权	期权份数	买看跌期权	买股票	存银行资金	股票	存银行资金
17.5556	2.4444	6.2624	23.7831	125.2476	-129.0307	26.4779	-6.4779
17.5556	2.4444	9.5357	44.2371	190.7144	-214.9514	28.7833	-8.7833
17.5556	2.4444	61.8181	514.5445	1236.3613	-1730.9057	37.8306	-17.8306
不同执行价格最差情况下期望总资产20万元不低于20.2万元的资产配置结果（万元）							
19.7013	0.2987	0.0817	0.0194	1.6335	18.3471	1.4289	18.5711
19.7013	0.2987	0.1035	0.0458	2.0692	17.8849	1.6462	18.3538
19.7013	0.2987	0.1348	0.1006	2.6968	17.2025	1.8836	18.1164
19.7013	0.2987	0.1808	0.2094	3.6167	16.1739	2.1370	17.8630
19.7013	0.2987	0.2494	0.4188	4.9886	14.5926	2.4024	17.5976
19.7013	0.2987	0.3535	0.8137	7.0695	12.1169	2.6760	17.3240
19.7013	0.2987	0.5139	1.5487	10.2784	8.1729	2.9547	17.0453
19.7013	**0.2987**	**0.5248**	**1.6030**	**10.4966**	**7.9004**	**2.9699**	**17.0301**
19.7013	0.2987	0.7653	2.9066	15.3069	1.7865	3.2359	16.7641
19.7013	0.2987	1.1654	5.4063	23.3077	-8.7141	3.5177	16.4823
19.7013	0.2987	7.5550	62.8840	151.0993	-193.9832	4.6234	15.3766

附录 3　BDI 指数月历史数据

附表 8　　BDI 指数月历史数据

日期	波罗的海干散货运价指数	日期	波罗的海干散货运价指数
2000 年 1 月	1 319	2002 年 6 月	1 005
2000 年 2 月	1 531	2002 年 7 月	968
2000 年 3 月	1 660	2002 年 8 月	1 036
2000 年 4 月	1 628	2002 年 9 月	1 367
2000 年 5 月	1 566	2002 年 10 月	1 417
2000 年 6 月	1 616	2002 年 11 月	1 560
2000 年 7 月	1 642	2002 年 12 月	1 738
2000 年 8 月	1 652	2003 年 1 月	1 530
2000 年 9 月	1 739	2003 年 2 月	1 764
2000 年 10 月	1 759	2003 年 3 月	1 939
2000 年 11 月	1 672	2003 年 4 月	2 142
2000 年 12 月	1 599	2003 年 5 月	2 127
2001 年 1 月	1 504	2003 年 6 月	2 125
2001 年 2 月	1 537	2003 年 7 月	2 181
2001 年 3 月	1 438	2003 年 8 月	2 265
2001 年 4 月	1 459	2003 年 9 月	2 993
2001 年 5 月	1 389	2003 年 10 月	4 555
2001 年 6 月	1 386	2003 年 11 月	4 417
2001 年 7 月	1 049	2003 年 12 月	4 765
2001 年 8 月	927	2004 年 1 月	5 551
2001 年 9 月	952	2004 年 2 月	5 263
2001 年 10 月	861	2004 年 3 月	4 822
2001 年 11 月	868	2004 年 4 月	3 958
2001 年 12 月	876	2004 年 5 月	3 286
2002 年 1 月	908	2004 年 6 月	3 005
2002 年 2 月	1 031	2004 年 7 月	4 048
2002 年 3 月	1 082	2004 年 8 月	4 186
2002 年 4 月	1 027	2004 年 9 月	4 105
2002 年 5 月	1 042	2004 年 10 月	4 922

续表

日期	波罗的海干散货运价指数	日期	波罗的海干散货运价指数
2004 年 11 月	6 051	2007 年 6 月	6 278
2004 年 12 月	4 598	2007 年 7 月	6 967
2005 年 1 月	4 488	2007 年 8 月	7 702
2005 年 2 月	4 726	2007 年 9 月	9 474
2005 年 3 月	4 637	2007 年 10 月	10 656
2005 年 4 月	3 850	2007 年 11 月	10 210
2005 年 5 月	3 219	2007 年 12 月	9 143
2005 年 6 月	2 521	2008 年 1 月	6 052
2005 年 7 月	1 804	2008 年 2 月	7 613
2005 年 8 月	2 592	2008 年 3 月	8 081
2005 年 9 月	2 907	2008 年 4 月	9 356
2005 年 11 月	2 770	2008 年 5 月	11 440
2005 年 10 月	3 113	2008 年 6 月	9 589
2005 年 12 月	2 407	2008 年 7 月	8 341
2006 年 1 月	2 081	2008 年 8 月	6 809
2006 年 2 月	2 680	2008 年 9 月	3 217
2006 年 3 月	2 496	2008 年 10 月	851
2006 年 4 月	2 368	2008 年 11 月	715
2006 年 5 月	2 436	2008 年 12 月	774
2006 年 6 月	2 964	2009 年 1 月	1 070
2006 年 7 月	3 285	2009 年 2 月	1 986
2006 年 8 月	3 847	2009 年 3 月	1 615
2006 年 9 月	3 944	2009 年 4 月	1 786
2006 年 10 月	4 037	2009 年 5 月	3 494
2006 年 11 月	4 336	2009 年 6 月	3 757
2006 年 12 月	4 397	2009 年 7 月	3 350
2007 年 1 月	4 225	2009 年 8 月	2 421
2007 年 2 月	4 765	2009 年 9 月	2 220
2007 年 3 月	5 388	2009 年 10 月	3 103
2007 年 4 月	6 248	2009 年 11 月	3 887
2007 年 5 月	5 971	2009 年 12 月	3 005

续表

日期	波罗的海干散货运价指数	日期	波罗的海干散货运价指数
2010 年 1 月	2 848	2011 年 7 月	1 264
2010 年 2 月	2 738	2011 年 8 月	1 619
2010 年 3 月	2 998	2011 年 9 月	1 899
2010 年 4 月	3 354	2011 年 10 月	1 965
2010 年 5 月	4 078	2011 年 11 月	1 846
2010 年 6 月	2 406	2011 年 12 月	1 624
2010 年 7 月	1 967	2012 年 1 月	680
2010 年 8 月	2 713	2012 年 2 月	750
2010 年 9 月	2 446	2012 年 3 月	934
2010 年 10 月	2 678	2012 年 4 月	1 155
2010 年 11 月	2 099	2012 年 5 月	923
2010 年 12 月	1 773	2012 年 6 月	1 004
2011 年 1 月	1 107	2012 年 7 月	897
2011 年 2 月	1 251	2012 年 8 月	703
2011 年 3 月	1 530	2012 年 9 月	752
2011 年 4 月	1 269	2012 年 10 月	1 026
2011 年 5 月	1 480	2012 年 11 月	1 086
2011 年 6 月	1 413	2012 年 12 月	700

附录4　中国上市银行流动性和资本充足性统计及巴塞尔协议Ⅲ实施安排

附表9　　上市银行按年度流动性比率描述性统计　　单位：%

银行名称＼年度	2005	2006	2007	2008	2009	2010	2011
中国银行	48.90	37.70	32.60	48.80	45.30	43.20	47.00
工商银行	48.90	48.90	26.80	33.30	30.70	31.80	27.60
农业银行	26.30	27.71	37.04	44.79	40.99	38.36	40.18
建设银行	59.08	39.05	40.98	52.74	49.63	51.96	53.70
交通银行	30.47	33.62	27.07	39.62	27.83	32.23	35.37
招商银行	56.52	51.10	41.70	43.14	34.47	37.04	44.28
光大银行	59.75	42.18	39.71	41.71	35.15	45.63	37.67
民生银行	45.77	51.42	34.94	45.50	34.56	32.35	39.69
兴业银行	32.22	37.94	39.22	41.04	32.07	38.45	30.71
中信银行	60.69	38.66	38.90	51.37	48.12	56.75	58.97
北京银行	70.87	71.30	72.01	63.00	46.99	37.71	33.64
华夏银行	51.79	64.29	48.15	52.90	28.68	38.10	39.39
宁波银行	82.59	62.61	61.62	56.44	46.17	53.00	52.19
南京银行	75.22	79.76	43.80	50.24	40.24	40.24	39.21
上海浦东发展银行	41.57	44.24	39.60	55.24	48.71	40.28	42.80
深圳发展银行	35.89	45.99	39.33	41.50	38.59	52.52	51.93
平均数	51.66	48.53	41.47	47.58	39.26	41.85	42.15
中位数	50.35	45.12	39.47	47.15	39.42	39.35	39.94
方差	265.13	206.21	131.69	57.74	56.88	63.03	76.57

附表10　　上市银行按年度存贷比描述性统计　　单位：%

银行名称＼年度	2005	2006	2007	2008	2009	2010	2011
中国银行	60.35	59.38	64.78	61.30	70.30	70.20	68.77
工商银行	57.34	50.50	56.30	56.40	59.50	62.00	63.50
农业银行	70.09	66.37	65.71	50.84	55.19	55.77	58.50
建设银行	61.37	60.86	61.27	59.50	60.24	62.47	65.05

续表

银行名称 \ 年度	2005	2006	2007	2008	2009	2010	2011
交通银行	62.36	64.14	70.99	65.29	71.97	72.10	71.94
招商银行	58.91	60.46	71.35	70.75	73.69	74.59	71.80
光大银行	65.87	66.47	74.47	74.86	78.15	71.63	71.67
民生银行	77.34	76.71	82.68	83.78	78.28	74.67	72.85
兴业银行	64.74	72.41	68.73	70.82	71.90	71.21	71.46
中信银行	69.78	74.90	73.07	70.30	79.62	72.83	72.97
北京银行	56.30	55.59	57.77	57.98	58.94	58.22	64.41
华夏银行	62.22	63.38	64.36	70.44	70.97	67.00	66.72
宁波银行	52.26	57.79	63.95	64.49	69.40	66.22	66.62
南京银行	48.05	52.14	60.14	61.60	64.00	60.04	61.77
上海浦东发展银行	74.61	77.27	72.17	73.64	71.71	69.96	71.93
深圳发展银行	58.23	71.36	75.78	78.70	69.12	69.23	72.94
平均数	62.49	64.36	67.72	66.92	68.94	67.38	68.31
中位数	61.80	63.76	67.22	67.80	70.64	69.60	70.12
方差	60.65	71.16	51.62	77.17	54.59	35.67	21.13

附表 11　　上市银行按年度资本充足率描述性统计　　单位:%

银行名称 \ 年度	2005	2006	2007	2008	2009	2010	2011
中国银行	10.42	13.59	13.34	13.43	11.14	12.58	12.97
工商银行	9.89	14.05	13.09	13.06	12.36	12.27	13.17
农业银行	na	na	9.41	9.41	10.07	11.59	11.94
建设银行	13.59	12.11	12.58	12.16	11.70	12.68	13.68
交通银行	11.20	10.83	14.44	13.47	12.00	12.36	12.44
招商银行	9.06	11.40	10.67	11.34	10.45	11.47	11.53
光大银行	-1.47	-0.39	7.19	9.10	10.39	11.02	10.57
民生银行	8.26	8.12	10.73	9.22	10.83	10.44	10.86
兴业银行	8.20	8.71	11.73	11.24	10.75	11.22	11.04
中信银行	8.11	9.41	15.27	14.32	10.14	11.31	12.27
北京银行	12.06	12.78	20.11	19.66	14.35	12.62	12.06

续表

年度 银行名称	2005	2006	2007	2008	2009	2010	2011
华夏银行	8.23	8.28	8.27	11.40	10.20	10.58	11.68
宁波银行	10.81	11.48	21.00	16.15	10.75	16.20	15.36
南京银行	13.09	11.71	30.67	24.12	13.90	14.63	14.96
上海浦东发展银行	8.04	9.27	9.15	9.06	10.34	12.02	12.70
深圳发展银行	3.70	3.71	5.77	8.58	8.88	10.19	11.51
平均数	8.88	9.67	13.34	12.86	11.14	12.07	12.42
中位数	9.06	10.83	12.16	11.78	10.75	11.81	12.17
方差	14.22	14.58	38.72	17.75	2.05	2.41	1.86

附表 12　　上市银行按年度核心资本充足率描述性统计　　单位:%

年度 银行名称	2005	2006	2007	2008	2009	2010	2011
中国银行	8.08	11.44	10.67	10.81	9.07	10.09	10.07
工商银行	8.11	12.23	10.99	10.75	9.90	9.97	10.07
农业银行	na	na	8.04	8.04	7.74	9.75	9.50
建设银行	11.08	9.92	10.37	10.17	9.31	10.40	10.97
交通银行	8.78	8.52	10.27	9.54	8.15	9.37	9.27
招商银行	5.58	9.58	9.02	6.56	6.63	8.04	8.22
光大银行	-1.47	-0.39	6.20	5.98	6.84	8.15	7.89
民生银行	4.80	4.35	7.40	6.60	8.92	8.07	7.87
兴业银行	4.97	4.80	8.83	8.94	7.91	8.80	8.20
中信银行	5.72	6.57	13.14	12.32	9.17	8.45	9.91
北京银行	7.59	8.60	17.47	16.42	12.38	10.51	9.59
华夏银行	5.08	4.82	4.30	7.46	6.84	6.65	8.72
宁波银行	8.68	9.71	18.99	14.60	9.58	12.50	12.17
南京银行	8.71	8.39	27.38	20.68	12.77	13.75	11.76
上海浦东发展银行	4.13	4.51	5.01	5.03	6.90	9.37	9.20
深圳发展银行	3.71	3.68	5.77	5.27	5.52	7.10	8.46
平均数	6.24	7.12	10.87	9.95	8.60	9.44	9.49
中位数	5.72	8.39	9.65	9.24	8.54	9.37	9.39
方差	9.05	11.77	36.06	18.75	3.96	3.40	1.71

附表 13 巴塞尔协议Ⅲ阶段性实施安排（阴影部分表示过渡期）

	2011 年	2012 年	2013 年	2014 年	2015 年	2016 年	2017 年	2018 年	2019 年 1 月 1 日以后
杠杆比例	监督性检测		平行运行期 2013 年 1 月 1 日 ~2017 年 1 月 1 日 2015 年 1 月 1 日开始信息披露					迁徙至第一支柱	
最低普通股比率			3.5%	4.0%	4.5%	4.5%	4.5%	4.5%	4.5%
资本留存超额资本						0.63%	1.25%	1.88%	2.5%
最低普通股加上资本留存超额资本			3.5%	4.0%	4.5%	5.13%	5.75%	6.38%	7.0%
分阶段从核心一级资本扣除的项目（包括超过递延所得税资产、抵押服务权和财务额度的金额）				20%	40%	60%	80%	100%	100%
最低一级资本			4.5%	5.5%	6.0%	6.0%	6.0%	6.0%	6.0%
最低资本总额			8.0%	8.0%	8.0%	8.0%	8.0%	8.0%	8.0%
最低资本总额加资本留存超额资本			8.0%	8.0%	8.0%	8.625%	9.25%	9.875%	10.5%
不符合核心一级资本或二级资本条件的资本工具			从 2013 年开始逐步取消						
流动资金覆盖率	观察期开始				实施最低标准				
净稳定资金比率		观察期开始						实施最低标准	

附录 5　波罗的海干散货运价指数、沪深 300 指数和香港恒生指数走势图

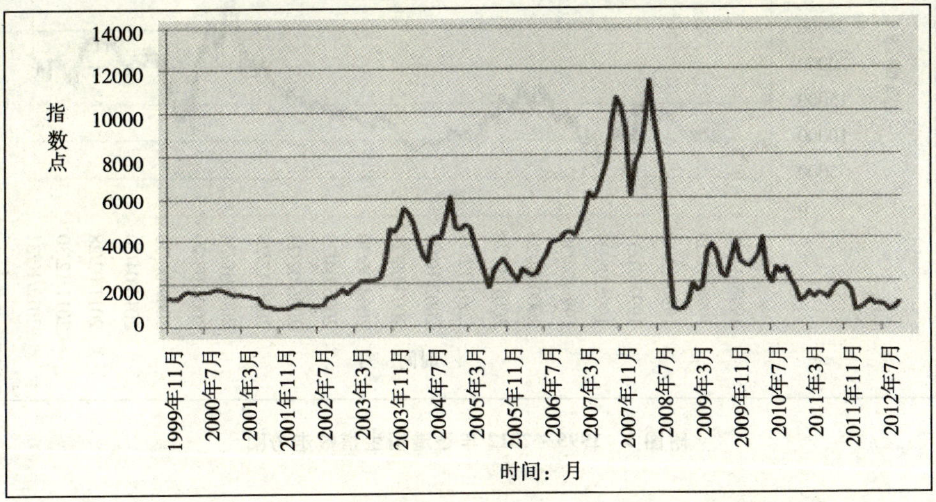

附图 1　1999～2012 年波罗的海干散货运价指数走势图

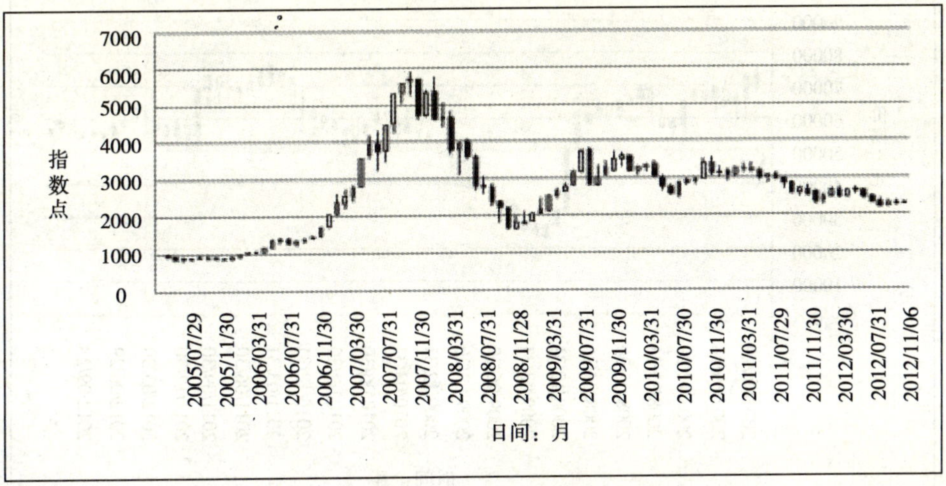

附图 2　2005～2012 年沪深 300 指数走势图

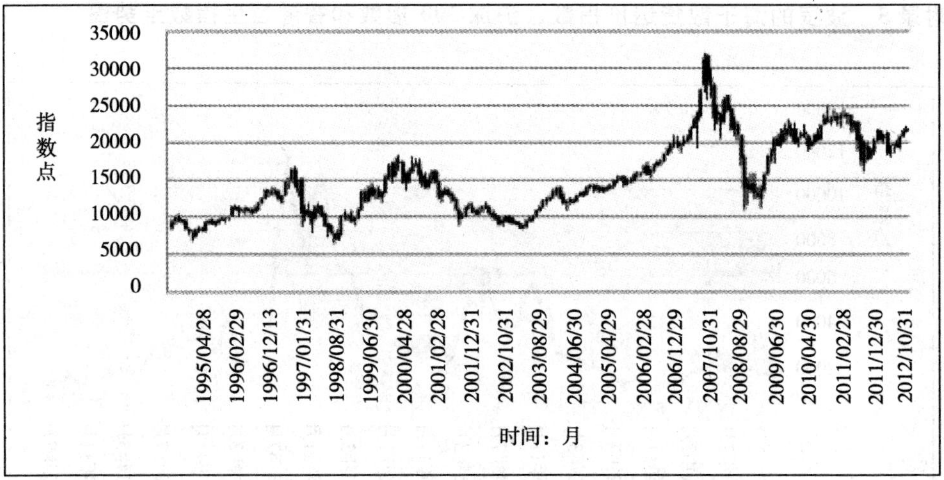

附图 3　1995～2012 年香港恒生指数走势图

附录 6　铜期、PTA 及大庆原油现货价走势图

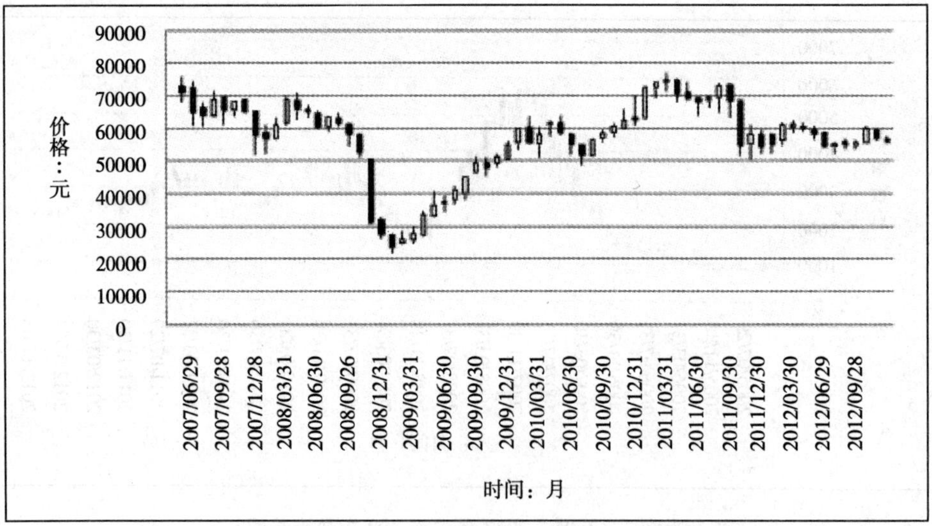

附图 4　2007～2012 年上海铜期货连续价格走势图

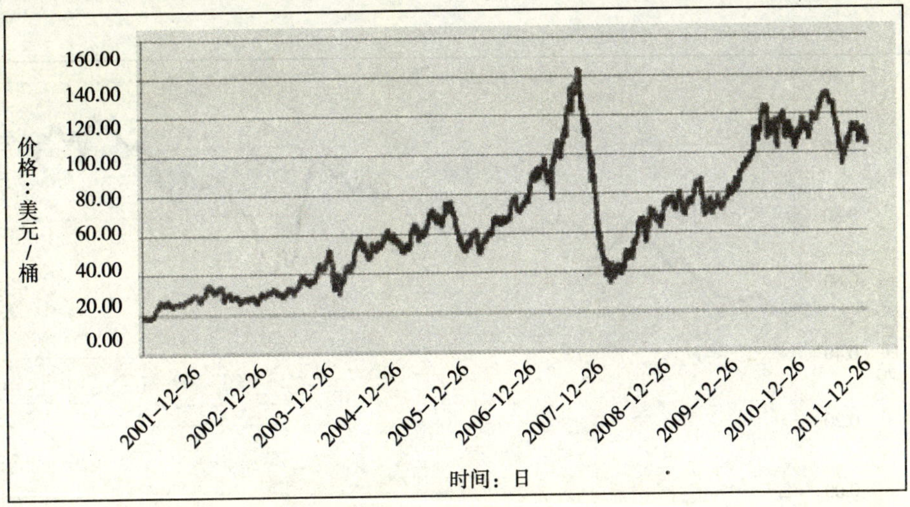

附图 5　2001 ~ 2011 年中国大庆原油价格现货走势图

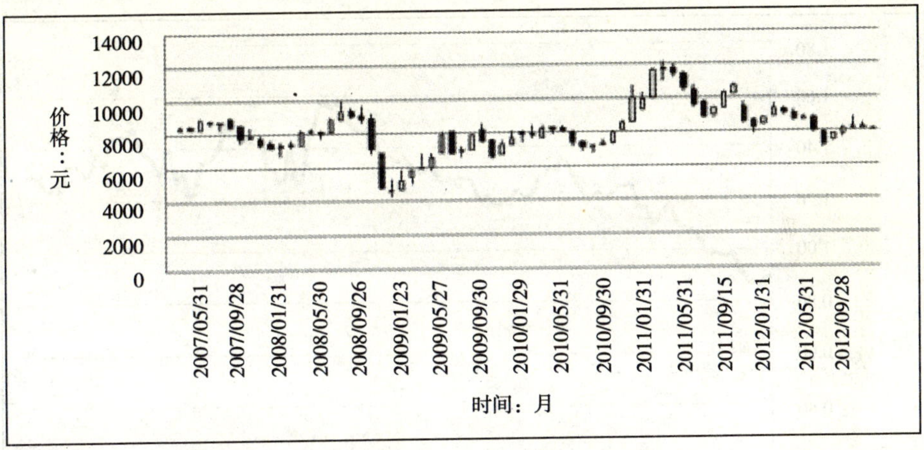

附图 6　2007 ~ 2012 年郑州 PTA 期货价格走势图

附录 7 几种汇率走势图

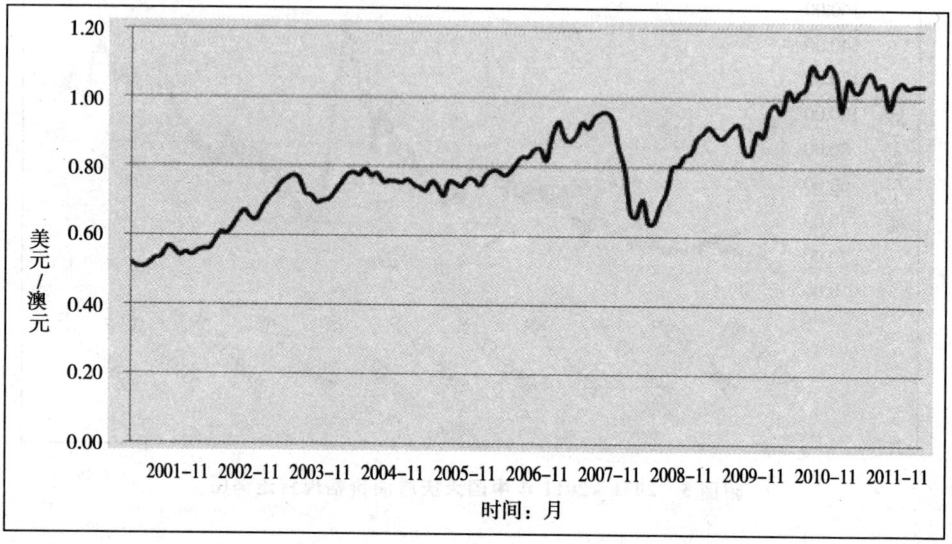

附图 7 2001～2011 年澳元兑美元汇率走势图

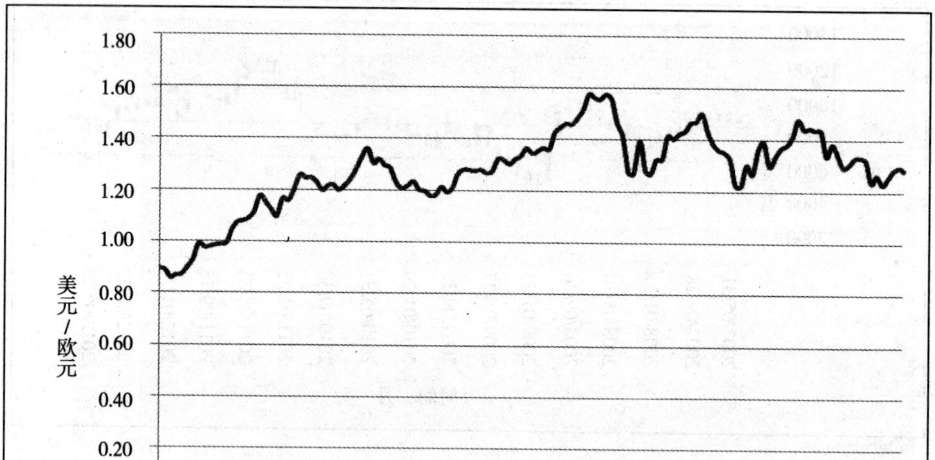

附图 8 2001～2011 年欧元兑美元汇率走势图

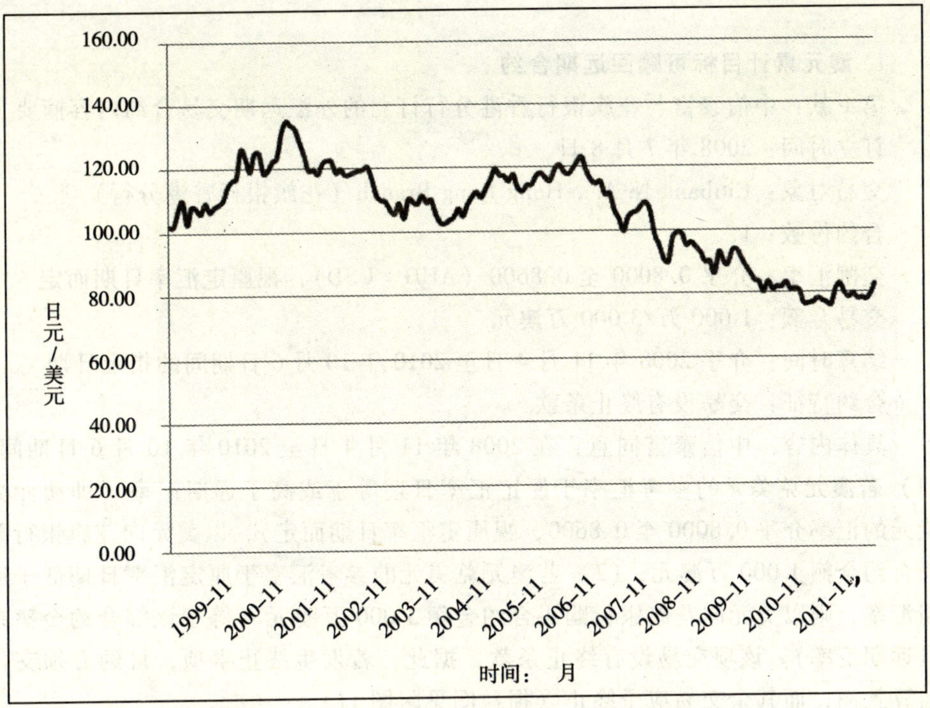

附图 9　1999～2011 年美元兑日元汇率走势图

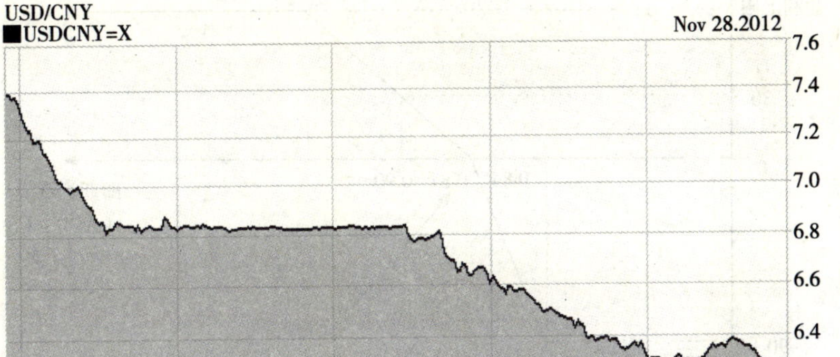

附图 10　2008～2012 年美元兑人民币汇率走势图

附录8　24款外汇期权合约内容摘要及到期结算损益图

1. 澳元累计目标可赎回远期合约

第1款：中信泰富与花旗银行香港分行订立的外汇远期交易合约内容摘要

订立时间：2008年7月8日

交易对象：Citibank N. A., Hong Kong Branch（花旗银行香港分行）

合约份数：1

交割汇率：介乎0.8000至0.8600（AUD：USD），视厘定汇率日期而定

交易金额：1 000万/3 000万澳元

结算时间：介乎2008年11月4日至2010年10月6日期间的指定日期

合约特征：交易设有终止条款

具体内容：中信泰富同意，在2008年11月4日至2010年10月6日期间：（1）若澳元兑美元的参考汇率于厘定汇率日期等于或高于远期汇率（即澳元兑美元的汇率介乎0.8000至0.8600，视厘定汇率日期而定），以美元向花旗银行购买合约金额1 000万澳元；（2）若澳元兑美元的参考汇率于厘定汇率日期低于远期汇率，则以美元向花旗银行购买合约金额3 000万澳元（等于该等合约金额乘以远期汇率）。该项交易设有终止条款，据此，若发生终止事项，订约方须支付结算款额，而其余交易应予终止（损益图见附图11）。

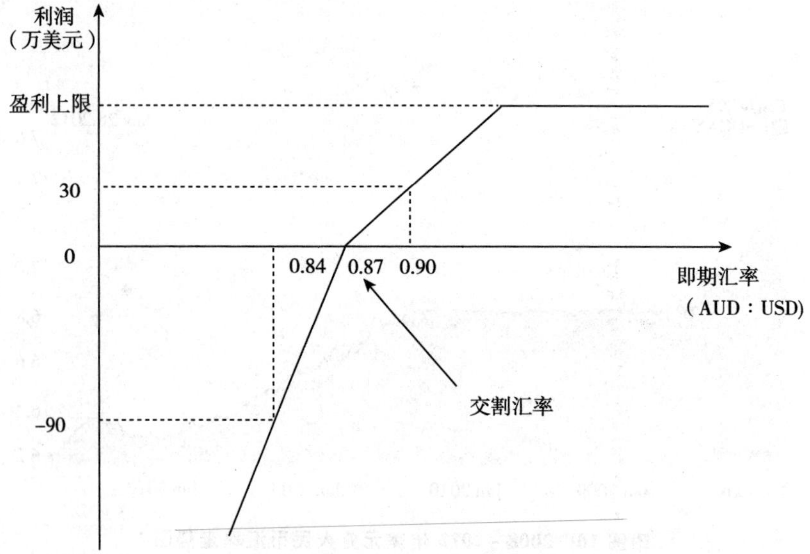

附图11　中信泰富与花旗银行香港分行订立的外汇远期交易合约损益图

第 2 款：中信泰富与 Rabobank International 订立的外汇远期交易合约内容摘要

订立时间：2008 年 7 月 16 日

交易对象：Rabobank International

合约份数：24

交割汇率：介乎 0.7815 至 0.9600（AUD：USD），视到期日而定

交易金额：1 000 万/2 500 万澳元

到期时间：介乎 2008 年 10 月 16 日至 2010 年 9 月 16 日期间的指定日期

合约特征：各项交易设有终止条款

具体内容：中信泰富同意就每项交易：（1）若澳元兑美元的参考汇率于到期日等于或高于远期汇率（即澳元兑美元的汇率介乎 0.7815 至 0.9600，视到期日而定），以美元向 Rabobank 购买 1 000 万澳元（等于该等澳元款额乘以有关到期日的远期汇率）；（2）若澳元兑美元的参考汇率于到期日低于远期汇率，则以美元向 Rabobank 购买 2 500 万澳元（等于该等澳元款额乘以指定到期日的远期汇率），该等交易的到期日为介乎 2008 年 10 月 16 日至 2010 年 9 月 16 日期间的指定日期。各项交易均设终止条款，据此，若发生终止事项，订约方须支付结算款额，而其余交易应予终止（损益图见附图 12）。

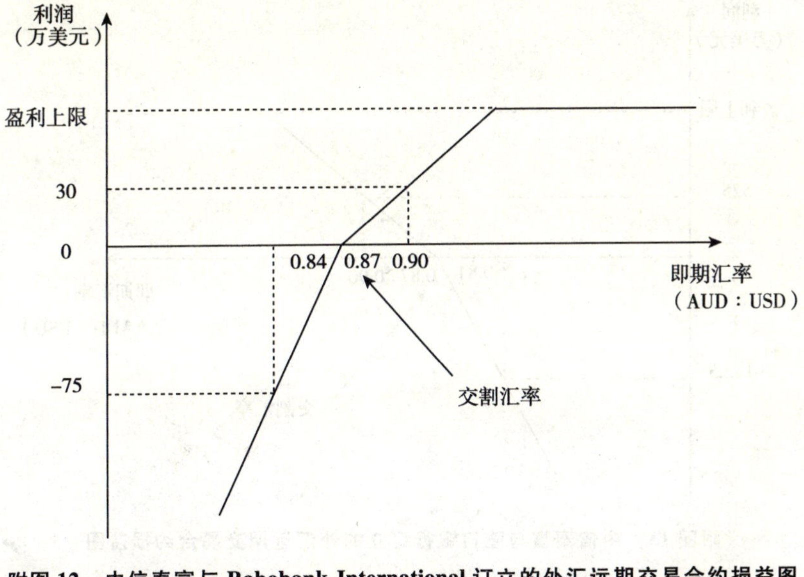

附图 12　中信泰富与 Rabobank International 订立的外汇远期交易合约损益图

第3款：中信泰富与渣打银行订立的外汇远期交易合约内容摘要

订立时间：2008年7月16日

交易对象：Standard Chartered Bank（渣打银行）

合约份数：24

交割汇率：介乎0.7840至0.9600（AUD：USD），视到期日而定

交易金额：1 500万/3 750万澳元

到期时间：介乎2008年10月16日至2010年9月16日

结算时间：介乎2008年12月18日至2010年9月20日

合约特征：各项交易设有目标终止条款

具体内容：中信泰富同意就每项交易：（1）若澳元兑美元的汇率于到期日高于或等于履约价（即澳元兑美元的汇率介乎0.7840至0.9600，视到期日而定），以美元向渣打银行购买1 500万澳元；（2）若澳元兑美元的汇率于到期日低于履约价，则以美元向渣打银行购买3 750万澳元（等于该等澳元款额乘以履约价），24项交易的到期日介乎2008年10月16日至2010年9月16日，而结算日则介乎2008年12月18日至2010年9月20日。各项交易设有目标终止条款，据此，若发生目标终止事项，订约方须支付结算款额，而其余交易应予终止（损益图见附图13）。

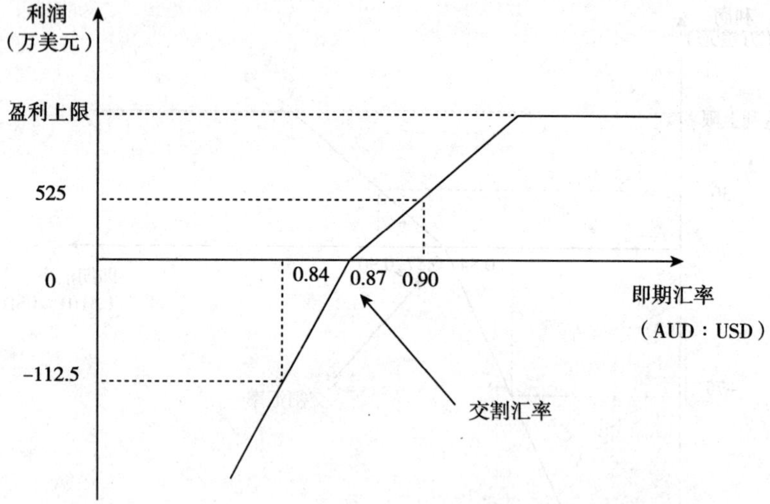

附图13　中信泰富与渣打银行订立的外汇远期交易合约损益图

第 4 款：中信泰富与 NATIXIS 订立的外汇远期交易合约内容摘要

订立时间：2008 年 7 月 18 日

交易对象：NATIXIS

合约份数：1

交割汇率：介乎 0.7810 至 0.9400（AUD：USD），视厘定日期而定

交易金额：1 000 万/2 500 万澳元

厘定时间：介乎 2008 年 10 月 20 日至 2010 年 9 月 20 日

结算时间：介乎 2008 年 10 月 22 日至 2010 年 9 月 22 日

合约特征：交易设有终止条款

具体内容：中信泰富同意就每项交易：（1）若澳元兑美元的汇率于厘定日期等于或高于履约价（即澳元兑美元的汇率介乎 0.7810 至 0.9400，视厘定日期而定），以美元向 NATIXIS 购买 1 000 万澳元；（2）若澳元兑美元的汇率于厘定日期低于履约价，则以美元向 NATIXIS 购买 2 500 万澳元（等于该等澳元款额乘以履约价），24 个厘定日期介乎 2008 年 10 月 20 日至 2010 年 9 月 20 日，而结算日则介乎 2008 年 10 月 22 日至 2010 年 9 月 22 日。该项交易设有终止条款，据此，若发生终止事项，订约方须支付结算款额，而其余交易应予终止（损益图见附图 14）。

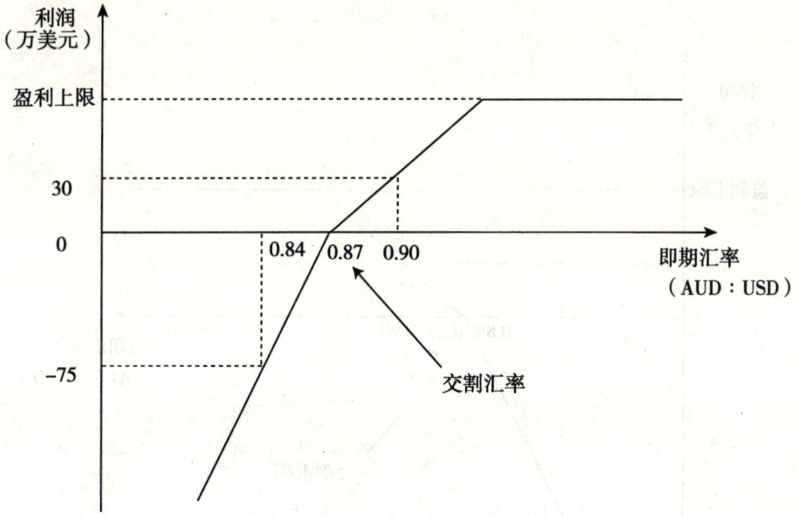

附图 14　中信泰富与 NATIXIS 订立的外汇远期交易合约损益图

第5款：中信泰富与 Credit Suisse International 订立的外汇远期交易合约内容摘要

订立时间：2008年7月22日

交易对象：Credit Suisse International

合约份数：1

交割汇率：介乎0.7810至0.9430（AUD：USD），视估值日期而定

交易金额：1 000万/2 500万澳元

估值时间：介乎2008年10月29日至2010年9月28日的24个日期

结算时间：介乎2008年10月31日至2010年9月30日

合约特征：交易设有终止条款

具体内容：中信泰富同意：（1）若澳元兑美元的外汇汇率于估值日期等于或高于履约价（即澳元兑美元的汇率介乎0.7810至0.9430，视估值日期而定），以美元向CSIN购买1 000万澳元；（2）若澳元兑美元的外汇汇率于估值日期低于履约价，则以美元向CSIN购买2 500万澳元（等于该等澳元款额乘以有关估值日期的履约价），24个估值日期介乎2008年10月29日至2010年9月28日，而结算日则介乎2008年10月31日至2010年9月30日。该交易设有终止条款，据此，若发生终止事项，订约方须支付结算款额，而其余交易应予终止（损益图见附图15）。

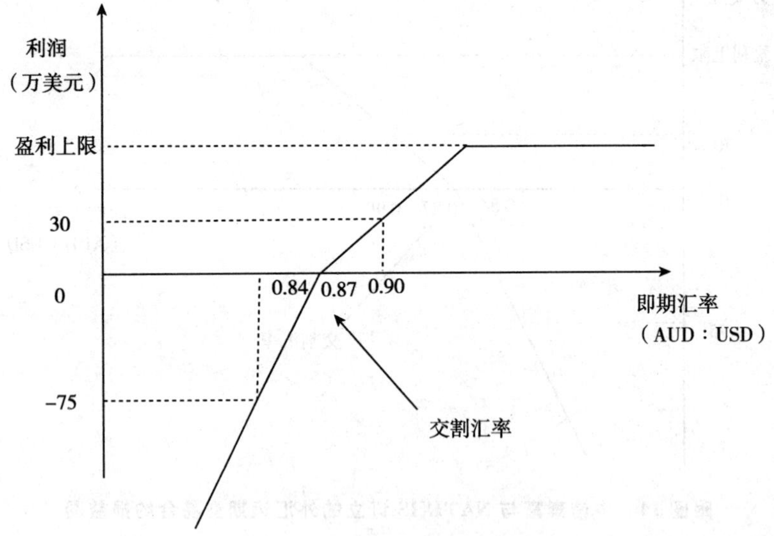

附图15　中信泰富与 Credit Suisse International 订立的外汇远期交易合约损益图

第6款：中信泰富与美国银行订立的外汇远期交易合约内容摘要

订立时间：2008年7月23日

交易对象：Bank of America, N. A.（美国银行）

合约份数：1

交割汇率：介乎0.7765至0.9400（AUD：USD），视估值日期而定

交易金额：653.3333万/1 633.3333万澳元

估值时间：介乎2008年10月23日至2010年9月23日的24个日期

结算时间：介乎2008年10月27日至2010年9月27日

合约特征：交易设有终止条款

具体内容：中信泰富同意：（1）若澳元兑美元的参考汇率于估值日期高于或等于远期汇率（即澳元兑美元的汇率介乎0.7765至0.9400，视估值日期而定），以美元向美国银行购买653.3333万澳元；（2）若澳元兑美元的参考汇率于估值日期低于远期汇率，则以美元向美国银行购买1 633.3333万澳元（等于该等澳元款额乘以远期汇率），24个估值日期介乎2008年10月23日至2010年9月23日，而结算日则介乎2008年10月27日至2010年9月27日。该项交易设有终止条款，据此，若发生终止事项，订约方须支付结算款额，而其余交易应予终止（损益图见附图16）。

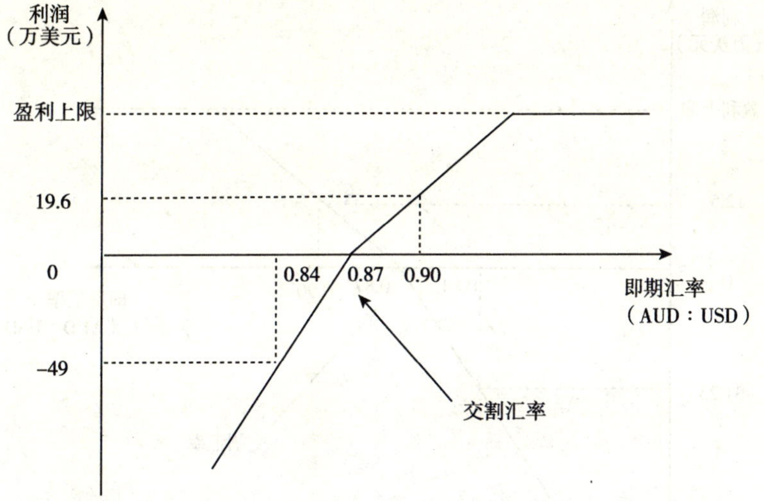

附图16 中信泰富与美国银行订立的外汇远期交易合约损益图

第7款：中信泰富与巴克莱银行订立的外汇远期交易合约内容摘要

订立时间：2008年7月23日

交易对象：Barclays Bank PLC（巴克莱银行）

合约份数：24

交割汇率：介乎0.7735至0.9400（AUD：USD），视到期日而定

交易金额：416.666667万/1 041.666668万澳元

到期时间：介乎2008年10月23日至2010年9月22日

结算时间：介乎2008年10月27日至2010年9月27日

合约特征：交易设有触发条款

具体内容：中信泰富同意就每项交易：（1）若澳元兑美元的汇率于到期日高于或等于履约价（即澳元兑美元的汇率介乎0.7735至0.9400，视到期日而定），以美元向巴克莱购买416.666667万澳元；（2）若澳元兑美元的参考汇率于到期日低于履约价，则以美元向巴克莱购买416.666667万澳元的2.5倍［就（1）而言，等于澳元款额乘以履约价；就（2）而言，等于澳元款额的2.5倍乘以履约价］，24项交易的到期日介乎2008年10月23日至2010年9月22日，而结算日则介乎2008年10月27日至2010年9月27日。各项交易设有触发条款，据此，若发生触发事项，订约方须支付结算款额，而其余交易应予终止（损益图见附图17）。

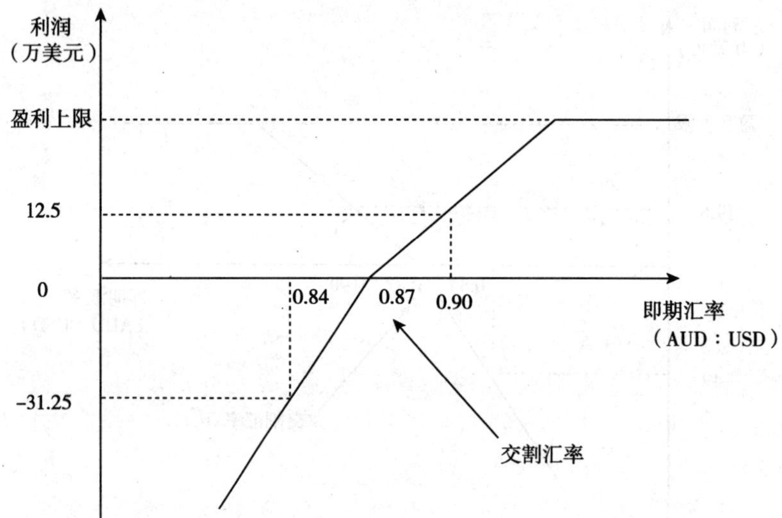

附图17　中信泰富与巴克莱银行订立的外汇远期交易合约损益图

第 8 款：中信泰富与法国巴黎银行香港分行订立的外汇远期交易合约内容摘要

订立时间：2008 年 7 月 25 日

交易对象：BNP Paribas Hong Kong Branch（法国巴黎银行香港分行）

合约份数：1

交割汇率：介乎 0.7880 至 0.9395（AUD：USD），视估值日期而定

交易金额：1 000 万/2 000 万澳元

估值时间：介乎 2008 年 9 月 25 日至 2010 年 8 月 26 日的 24 个日期

结算时间：介乎 2008 年 9 月 29 日至 2010 年 8 月 30 日

合约特征：交易设有终止条款

具体内容：中信泰富同意：(1) 若澳元兑美元的汇率于估值日期等于或高于远期汇率（即澳元兑美元的汇率介乎 0.7880 至 0.9395，视估值日期而定），以美元向法国巴黎银行购买 1 000 万澳元；(2) 若澳元兑美元的汇率于估值日期低于远期汇率，则以美元向法国巴黎银行购买 2 000 万澳元（等于该等澳元款额乘以远期汇率），24 个估值日期介乎 2008 年 9 月 25 日至 2010 年 8 月 26 日，而结算日则介乎 2008 年 9 月 29 日至 2010 年 8 月 30 日。该交易设有终止条款，据此，若发生终止事项，订约方须支付结算款额，而其余交易应予终止（损益图见第 9 章图 9-3）。

第 9 款：中信泰富与 CSIN 订立的外汇远期交易合约内容摘要

订立时间：2008 年 7 月 28 日

交易对象：CSIN

合约份数：1

交割汇率：介乎 0.7730 至 0.9430（AUD：USD），视估值日期而定

交易金额：1 000 万/2 500 万澳元

估值时间：介乎 2008 年 10 月 28 日至 2010 年 9 月 28 日的 24 个日期

结算时间：介乎 2008 年 10 月 30 日至 2010 年 9 月 30 日

合约特征：交易设有终止条款

具体内容：中信泰富同意：(1) 若澳元兑美元的外汇汇率于估值日期等于或高于履约价（即澳元兑美元的汇率介乎 0.7730 至 0.9430，视估值日期而定），以美元向 CSIN 购买 1 000 万澳元；(2) 若澳元兑美元的外汇汇率于估值日期低于履约价，则以美元向 CSIN 购买 2 500 万澳元（等于该等澳元款额乘以有关估值日期的履约价），24 个估值日期介乎 2008 年 10 月 28 日至 2010 年 9 月 28 日，而结算日则介乎 2008 年 10 月 30 日至 2010 年 9 月 30 日。该项交易设有终止条款，据此，若发生终止事项，订约方须支付结算款额，而其余交易应予终止（损

益图见附图 18)。

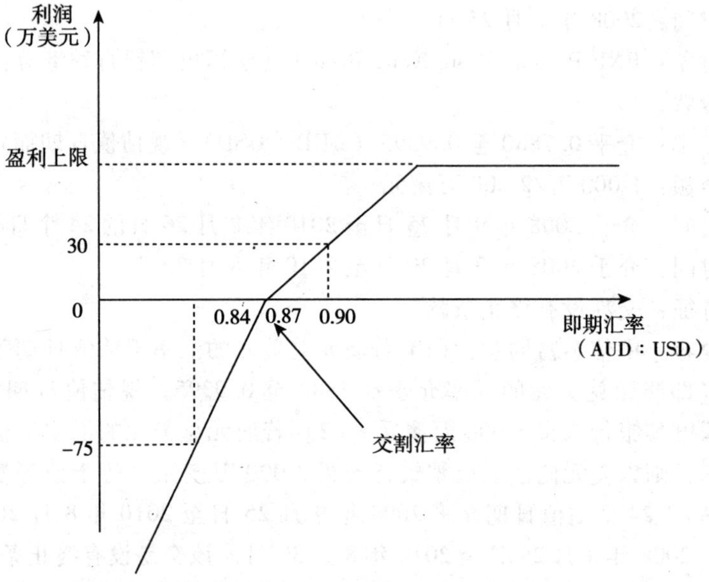

附图 18　中信泰富与 CSIN 订立的外汇远期交易合约损益图

第 10 款：中信泰富与 Morgan Stanley Capital Services Inc. 订立的外汇远期交易合约内容摘要

订立时间：2008 年 7 月 29 日

交易对象：Morgan Stanley Capital Services Inc.

合约份数：1

交割汇率：介乎 0. 7770 至 0. 9560（AUD：USD），视到期日而定

交易金额：1 000 万/2 500 万澳元

到期时间：介乎 2008 年 9 月 26 日至 2010 年 8 月 26 日

结算时间：介乎 2008 年 9 月 30 日至 2010 年 8 月 30 日

合约特征：交易设有目标赎回条款

具体内容：中信泰富同意：(1) 若澳元兑美元的汇率于到期日等于或高于参考履约价（即澳元兑美元的汇率介乎 0. 7770 至 0. 9560，视到期日而定），以美元向 MS 购买 1 000 万澳元；(2) 若澳元兑美元的汇率于到期日低于参考履约价，则以美元向 MS 购买 2 500 万澳元（等于该等澳元款额乘以参考履约价），24 个到期日介乎 2008 年 9 月 26 日至 2010 年 8 月 26 日，而结算日则介乎 2008 年 9 月

30 日至 2010 年 8 月 30 日。该项交易设有目标赎回条款，据此，若发生目标事项，订约方须支付结算款额，而其余交易应予终止（损益图见附图 19）。

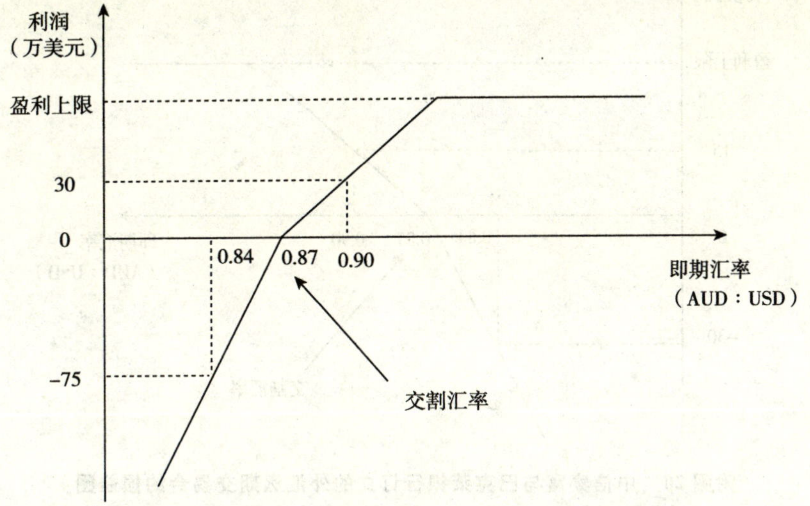

附图 19　中信泰富与 MS 订立的外汇远期交易合约损益图

第 11 款：中信泰富与巴克莱银行订立的外汇远期交易合约内容摘要

订立时间：2008 年 8 月 5 日

交易对象：Barclays Bank PLC（巴克莱银行）

合约份数：24

交割汇率：介乎 0.7725 至 0.9350（AUD：USD），视到期日而定

交易金额：500 万/1 000 万澳元

到期时间：介乎 2008 年 10 月 2 日至 2010 年 9 月 3 日

结算时间：介乎 2008 年 10 月 8 日至 2010 年 9 月 7 日

合约特征：交易设有触发条款

具体内容：中信泰富同意就每项交易：（1）若澳元兑美元的参考汇率于到期日高于或等于履约价（即澳元兑美元的汇率介乎 0.7725 至 0.9350，视到期日而定），以美元向巴克莱购买 500 万澳元；（2）若澳元兑美元的参考汇率于到期日低于履约价，则以美元向巴克莱购买 1 000 万澳元［就（1）而言，等于澳元款额乘以履约价；就（2）而言，等于澳元款额的两倍乘以履约价］，24 项交易的到期日介乎 2008 年 10 月 2 日至 2010 年 9 月 3 日，而结算日则介乎 2008 年 10 月 8 日至 2010 年 9 月 7 日。各项交易设有触发条款，据此，若发生触发事项，

订约方须支付结算款额，而其余交易应予终止（损益图见附图20）。

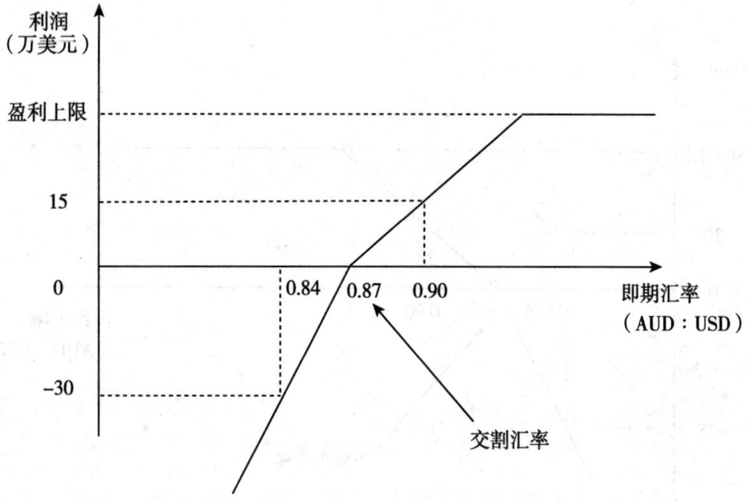

附图20　中信泰富与巴克莱银行订立的外汇远期交易合约损益图

第12款：中信泰富与渣打银行订立的外汇远期交易合约内容摘要

订立时间：2008年6月12日

交易对象：Standard Chartered Bank（渣打银行）

合约份数：24

交割汇率：0.7975（AUD：USD）

交易金额：800万/2 000万澳元

到期时间：介乎2008年9月12日至2010年8月12日

结算时间：介乎2008年11月17日至2010年8月16日

合约特征：各项交易设有终止条款

具体内容：中信泰富同意就每项交易：（1）若澳元兑美元的汇率于到期日高于或等于远期汇率（即澳元兑美元的汇率为0.7975），以美元向渣打银行购买800万澳元；（2）若澳元兑美元的汇率于到期日低于远期汇率，则以美元向渣打银行购买2 000万澳元（等于该等澳元款额乘以远期汇率），24项交易的到期日介乎2008年9月12日至2010年8月12日，而结算日则介乎2008年11月17日至2010年8月16日。各项交易设有终止条款，据此，若发生终止事项，订约方须支付结算款额，而其余交易应予终止（损益图见附图21）。

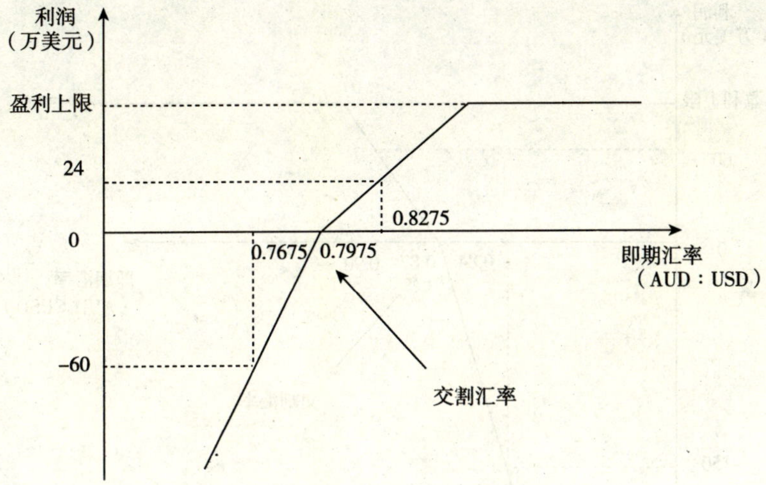

附图 21　中信泰富与渣打银行订立的外汇远期交易合约损益图

第 13 款：中澳铁矿（Sino Iron）与国家开发银行订立的外汇远期交易合约内容摘要

订立时间：2008 年 7 月 29 日

交易对象：China Development Bank（国家开发银行）

合约份数：24

交割汇率：介乎 0.7750 至 0.9600（AUD：USD），视到期日而定

交易金额：2 000 万/5 000 万澳元

到期时间：介乎 2008 年 10 月 15 日至 2010 年 9 月 15 日

结算时间：介乎 2008 年 10 月 17 日至 2010 年 9 月 17 日

合约特征：交易设有终止条款

具体内容：Sino Iron 就各指定期间同意：（1）若澳元兑美元的结算汇率于到期日等于或高于每月履约价（即澳元兑美元的汇率介乎 0.7750 至 0.9600，视到期日而定），以美元向国家开发银行购买 2 000 万澳元；（2）若澳元兑美元的结算汇率于到期日低于每月履约价，则以美元向国家开发银行购买 5 000 万澳元（等于该等澳元款额乘以每月履约价），24 个到期日介乎 2008 年 10 月 15 日至 2010 年 9 月 15 日，而结算日则介乎 2008 年 10 月 17 日至 2010 年 9 月 17 日。该等交易设有终止条款，据此，若发生终止事项，订约方须支付结算款额，而其余交易应予终止（损益图见附图 22）。

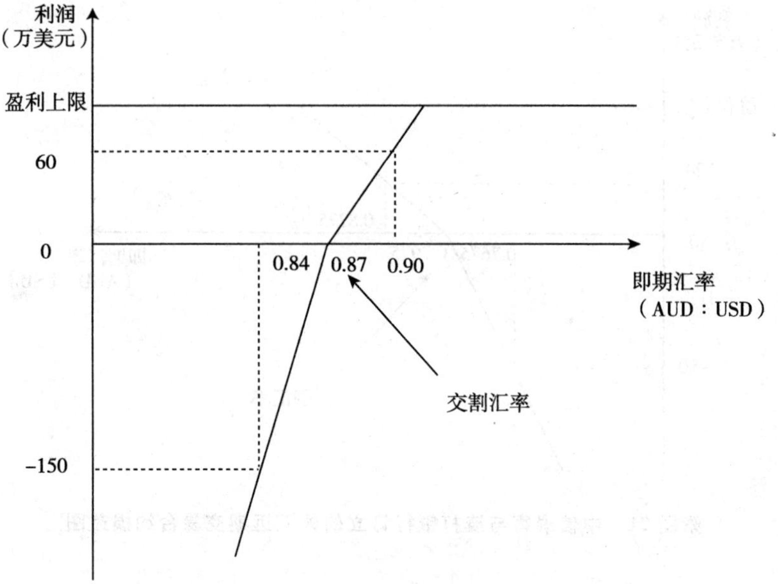

附图 22　中澳铁矿（Sino Iron）与国家开发银行订立的外汇远期交易合约损益图

第 14 款：中信泰富与汇丰银行订立的外汇远期交易合约内容摘要

订立时间：2008 年 8 月 8 日

交易对象：HSBC（汇丰银行）

合约份数：24

交割汇率：0.7900（AUD：USD）

交易金额：1 000 万/2 000 万澳元

厘定时间：介乎 2008 年 9 月 10 日至 2010 年 8 月 10 日

合约特征：交易设有目标赎回条款

具体内容：中信泰富同意就每项交易：(1) 若澳元兑美元的汇率于厘定日期等于或高于远期汇率（即澳元兑美元的汇率为 0.7900），以美元向汇丰购买1 000万澳元；(2) 若澳元兑美元的汇率于厘定日期低于远期汇率，则以美元向汇丰购买 2 000 万澳元（等于该等澳元款额乘以远期汇率），24 项交易的厘定日期介乎 2008 年 9 月 10 日至 2010 年 8 月 10 日。各项交易设有目标赎回条款，据此，若发生目标事项，订约方须支付结算款额，而其余交易应予终止（损益图见附图 23）。

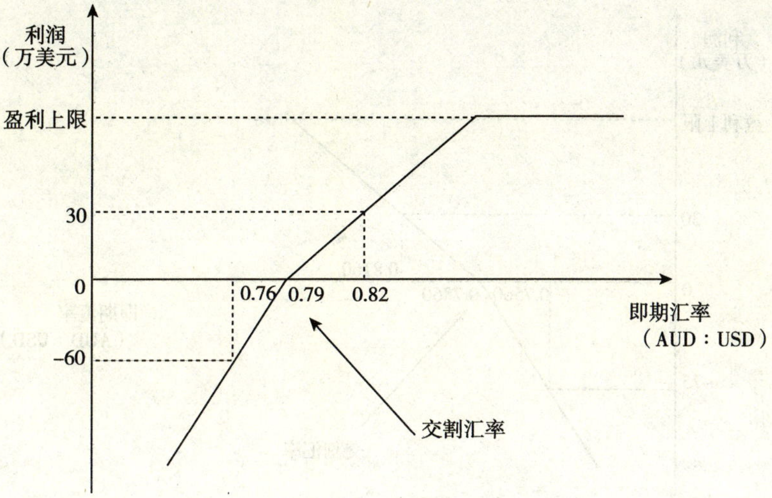

附图 23 中信泰富与汇丰银行订立的外汇远期交易合约损益图

第 15 款：中澳铁矿（Sino Iron）与国家开发银行订立的外汇远期交易合约内容摘要

订立时间：2008 年 8 月 8 日

交易对象：China Development Bank（国家开发银行）

合约份数：1

交割汇率：0.7860（AUD：USD）

交易金额：1 000 万/2 500 万澳元

到期时间：介乎 2008 年 9 月 10 日至 2010 年 8 月 10 日 24 个到期日

结算时间：介乎 2008 年 9 月 12 日至 2010 年 8 月 12 日

合约特征：交易设有终止条款

具体内容：Sino Iron 同意：(1) 若澳元兑美元的结算汇率于到期日等于或高于 0.7860，以美元向国家开发银行购买 1 000 万澳元；(2) 若澳元兑美元的结算汇率于到期日低于 0.7860，则以美元向国家开发银行购买 2 500 万澳元（等于该澳元款额乘以 0.7860），24 个到期日介乎 2008 年 9 月 10 日至 2010 年 8 月 10 日，而结算日则介乎 2008 年 9 月 12 日至 2010 年 8 月 12 日。该项交易设有终止条款，据此，若发生终止事项，订约方须支付结算款额，而其余交易应予终止（损益图见附图 24）。

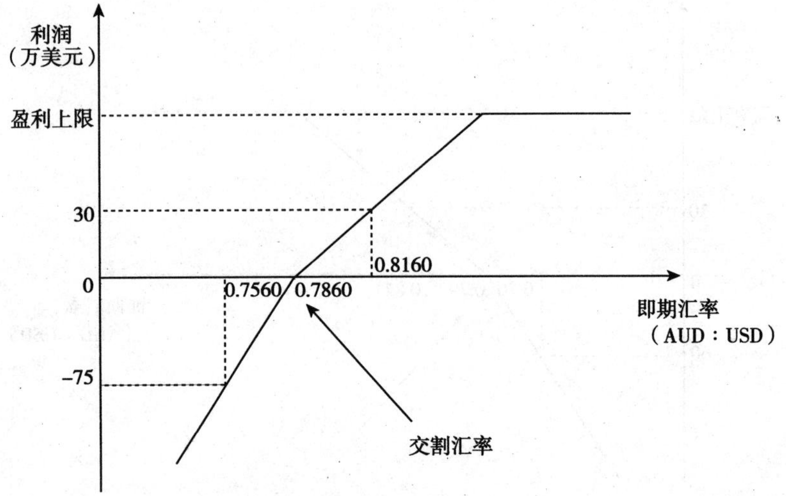

附图 24　中澳铁矿（Sino Iron）与国家开发银行订立的外汇远期交易合约损益图

第 16 款：中信泰富与 Calyon 订立的外汇远期交易合约内容摘要

订立时间：2008 年 8 月 11 日

交易对象：Calyon

合约份数：1

交割汇率：0.7900（AUD：USD）

交易金额：1 000 万/2 000 万澳元

估值时间：介乎 2008 年 9 月 11 日至 2010 年 8 月 11 日

结算时间：介乎 2008 年 9 月 16 日至 2010 年 8 月 13 日

合约特征：交易设有终止条款

具体内容：中信泰富同意：（1）若澳元兑美元的汇率于估值日期等于或高于履约价（即澳元兑美元的结算汇率为 0.7900），以美元向 Calyon 购买 1 000 万澳元；（2）若澳元兑美元的汇率于估值日期低于履约价，则以美元向 Calyon 购买 2 000万澳元（等于该等澳元款额乘以履约价），估值日期介乎 2008 年 9 月 11 日至 2010 年 8 月 11 日，而结算日则介乎 2008 年 9 月 16 日至 2010 年 8 月 13 日。该项交易设有终止条款，据此，若发生终止事项，订约方须支付结算款额，而其余交易应予终止（损益图见附图 25）。

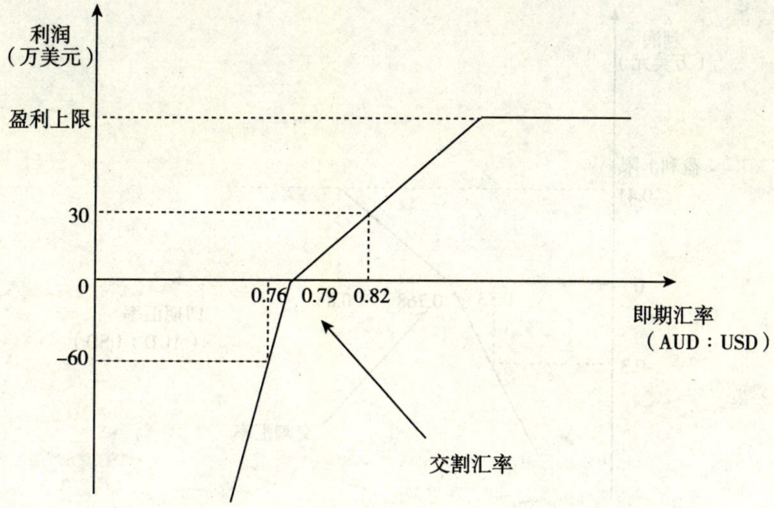

附图 25 中信泰富与 Calyon 订立的外汇远期交易合约损益图

2. 每日累计澳元远期合约（每日结算）

第 17 款：中信泰富与 Calyon 订立的外汇远期交易合约内容摘要

订立时间：2007 年 8 月 30 日

交易对象：Calyon

合约份数：1

交割汇率：0.7680（AUD：USD）

交易金额：15 万/30 万澳元

累计起止时间：2007 年 8 月 30 日至 2009 年 2 月 25 日

累计结算时间：2008 年 2 月 29 日至 2009 年 2 月 27 日

具体内容：中信泰富同意向 Calyon 以美元（等于有关金额以 0.7680 的汇率由澳元兑换为美元）购入（1）零澳元（若结算汇率等于或高于 0.8500）；（2）5万澳元（若结算汇率等于或高于 0.7680 及低于 0.8500）；（3）10 万澳元（若结算汇率低于 0.7680），有关金额由 2007 年 8 月 30 日至 2009 年 2 月 25 日指定期间将每日计算，并于 2008 年 2 月 29 日至 2009 年 2 月 27 日期间的指定日期结算（损益图见附图 26）。

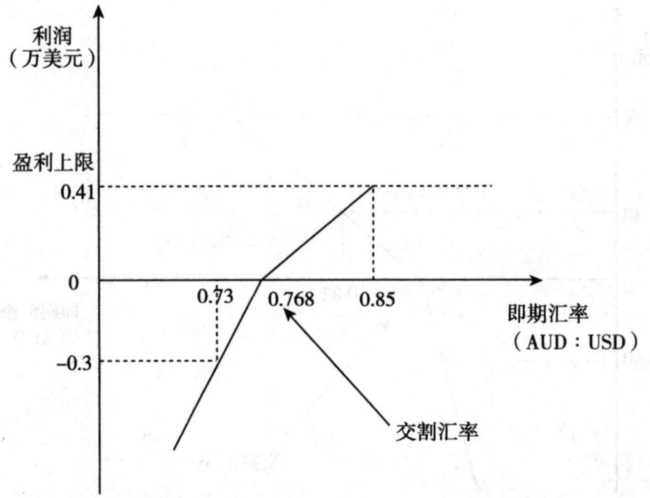

附图 26　中信泰富与 Calyon 订立的外汇远期交易合约损益图

第 18 款：中信泰富与汇丰银行订立的外汇远期交易合约内容摘要

订立时间：2007 年 9 月 7 日

交易对象：HSBC（汇丰银行）

合约份数：19

交割汇率：0.7800（AUD：USD）

交易金额：10 万澳元

累计起止时间：2007 年 9 月 10 日至 2009 年 9 月 9 日

累计结算时间：2008 年 3 月 11 日至 2009 年 9 月 11 日

具体内容：中信泰富同意向汇丰购入等于 10 万澳元乘以指定累计期间的日数（若结算汇率低于 0.8500），以换取等于 7.8 万美元乘以指定累计期间的日数的金额（若结算汇率低于 0.8500），首个累计期间由 2007 年 9 月 10 日开始，最后的累计期间于 2009 年 9 月 9 日结束，而该等交易将于 2008 年 3 月 11 日至 2009 年 9 月 11 日期间的指定日期结算（损益图见附图 27）。

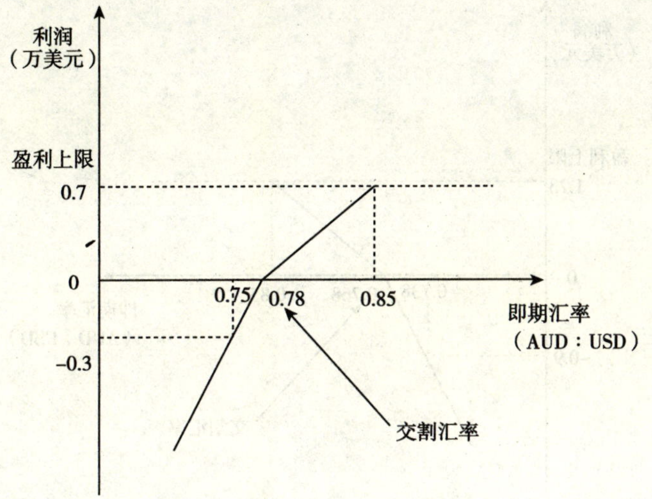

附图 27　中信泰富与汇丰银行订立的外汇远期交易合约损益图

第 19 款：中信泰富与汇丰银行订立的外汇远期交易合约内容摘要

订立时间：2007 年 9 月 7 日

交易对象：HSBC（汇丰银行）

合约份数：19

交割汇率：0.7680（AUD：USD）

交易金额：15 万/30 万澳元

累计起止时间：2007 年 9 月 10 日至 2009 年 9 月 9 日

累计结算时间：2008 年 3 月 11 日至 2009 年 9 月 11 日

具体内容：中信泰富同意向汇丰购入等于（i）15 万澳元乘以指定累计期间的日数（若结算汇率等于或高于 0.7680 但低于 0.8500），另加（ii）等于 30 万澳元的金额乘以相同指定累计期间的日数（若结算汇率低于 0.7680），以换取等于（iii）11.52 万美元乘以相同指定累计期间的日数的金额（若结算汇率等于或高于 0.7680 但低于 0.8500），另加（iv）等于 23.04 万美元乘以相同指定累计期间的日数的金额（若结算汇率低于 0.7680），首个累计期间由 2007 年 9 月 10 日开始，最后的累计期间于 2009 年 9 月 9 日结束，而该等交易将于 2008 年 3 月 11 日至 2009 年 9 月 11 日期间的指定日期结算（损益图见附图 28）。

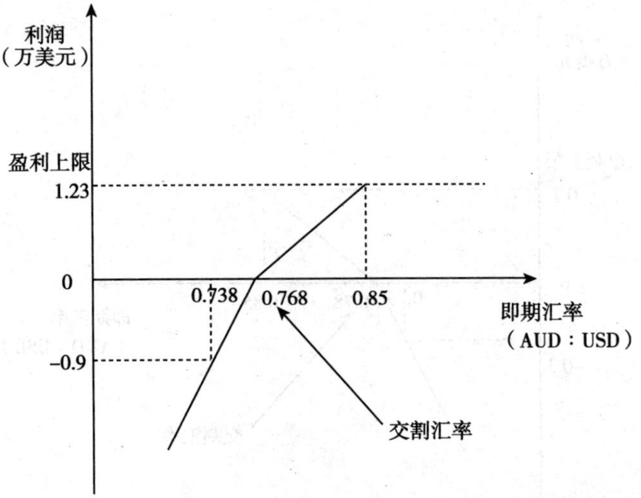

附图28　中信泰富与汇丰银行订立的外汇远期交易合约损益图

3. 双货币累计目标可赎回远期合约（每月结算）

第20款：中信泰富与汇丰银行订立的外汇远期交易合约内容摘要

订立时间：2008年7月15日

交易对象：HSBC（汇丰银行）

合约份数：24

交割汇率：0.8450（AUD：USD）；1.4400（EUR：USD）

交易金额：400万/800万澳元；200万/400万欧元

厘定时间：介乎2008年8月14日至2010年7月15日

合约特征：交易设有目标赎回条款

具体内容：中信泰富同意向汇丰购入（1）（i）400万澳元（若澳元兑美元的汇率于有关厘定日期等于或高于0.8450），以换取等于400万澳元乘0.8450的美元金额（「条件1」）；或（ii）800万澳元（若澳元兑美元的汇率于有关厘定日期低于0.8450），以换取等于800万澳元乘0.8450的美元金额（「条件2」）；及（2）（i）200万欧元（若欧元兑美元的汇率于有关厘定日期等于或高于1.4400），以换取等于200万欧元乘1.4400的美元金额（「条件3」）；或（ii）400万欧元（若欧元兑美元的汇率于有关厘定日期低于1.4400），以换取等于400万欧元乘1.4400的美元金额（「条件4」）；该24项交易的厘定日期为由2008年8月14日至2010年7月15日期间内相隔一个月的日期，若条件1和条件3均于一厘定日期达致，该项交易将根据确认函件的条款所计算产生每月较低货币配对收益的有关条件结算。该等交易设有目标可赎回条款，据此，若发生相关目标事项，订约方须支付结算款项，而余下的交易应予终止（损益图见附图 29 和附图 30）。

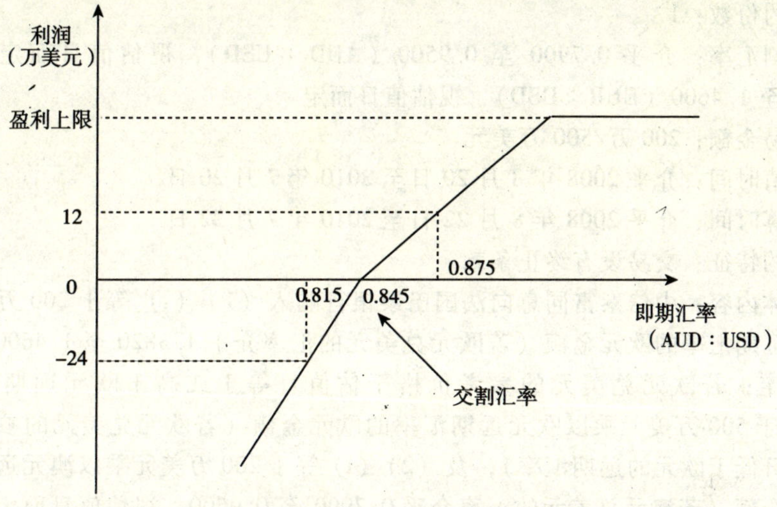

附图 29　中信泰富与汇丰银行订立的外汇远期交易合约损益图（澳元）

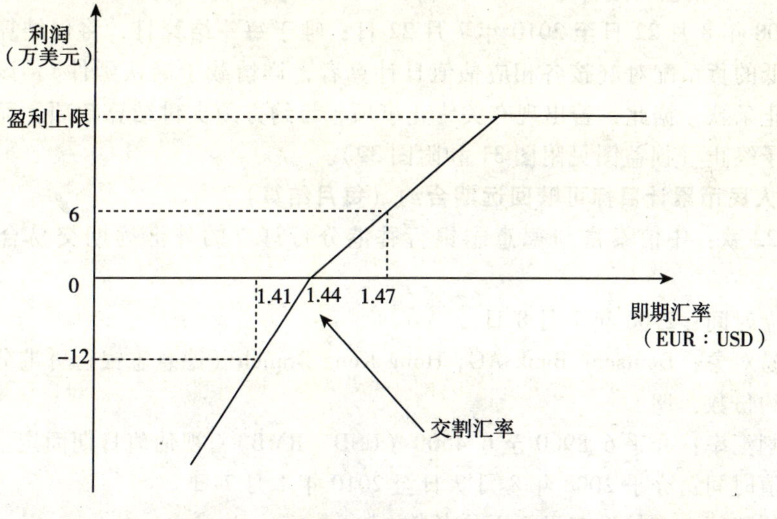

附图 30　中信泰富与汇丰银行订立的外汇远期交易合约损益图（欧元）

第21款：中信泰富与法国巴黎银行订立的外汇远期交易合约内容摘要订立时间：2008年7月18日

交易对象：BNP（法国巴黎银行）

合约份数：1

交割汇率：介乎0.7900至0.9500（AUD：USD），视估值日而定；介乎1.3820至1.4600（EUR：USD），视估值日而定

交易金额：200万/500万美元

估值时间：介乎2008年8月20日至2010年7月20日

结算时间：介乎2008年8月22日至2010年7月22日

合约特征：交易设有终止条款

具体内容：中信泰富同意向法国巴黎银行购入（1）（i）等于200万美元乘以欧元远期汇率的欧元金额（若欧元兑美元的汇率介乎1.3820至1.4600，视估值日而定；若欧元兑美元的参考价格于估值日等于或高于欧元远期汇率），（ii）等于500万美元乘以欧元远期汇率的欧元金额（若欧元兑美元的参考价格于估值日低于欧元的远期汇率）；及（2）（i）等于200万美元乘以澳元远期汇率的澳元金额（若澳元兑美元的汇率介乎0.7900至0.9500，视估值日而定；若澳元兑美元的参考价格于估值日等于或高于澳元远期汇率），（ii）等于500万美元乘以澳元远期汇率的澳元金额（若澳元兑美元的参考价格于估值日低于澳元远期汇率），24个估值日期介乎2008年8月20日至2010年7月20日，而结算日则介乎2008年8月22日至2010年7月22日；唯于每一结算日，将仅结算每月内在值较低的货币配对（按各相应估值日计算者，详情载于确认函件）。该项交易设有终止条款，据此，若出现有关终止事项，订约方须支付结算款项，而余下的交易应予终止（损益图见附图31和附图32）。

4. 人民币累计目标可赎回远期合约（每月结算）

第22款：中信泰富与德意志银行香港分行订立的外汇远期交易合约内容摘要

订立时间：2008年7月8日

交易对象：Deutsche Bank AG, Hong Kong Branch（德意志银行香港分行）

合约份数：18

交割汇率：介乎6.8900至6.4500（USD：RMB），视估值日期而定

估值时间：介乎2008年8月7日至2010年1月7日

合约特征：交易设有目标溢价条款

具体内容：（1）德意志银行同意，若美元兑人民币的汇率于估值日低于或等于结算汇率（即介乎6.8900至6.4500的汇率，视估值日而定），则向中信泰富

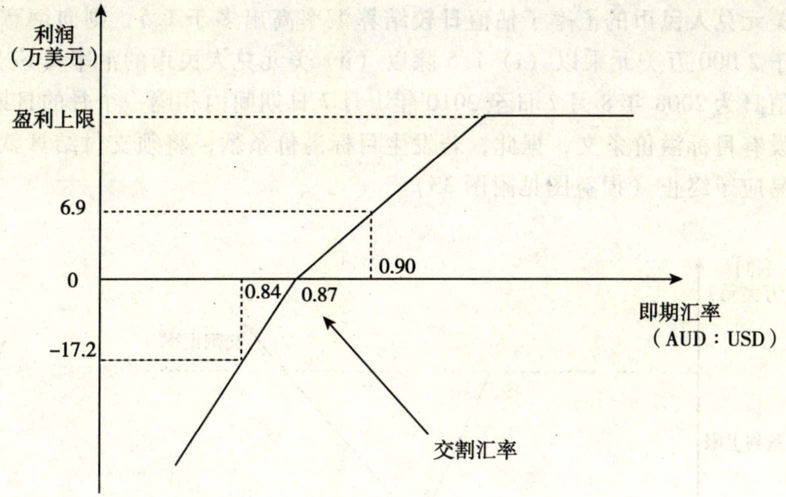

附图31　中信泰富与法国巴黎银行订立的外汇远期交易合约损益图（澳元）

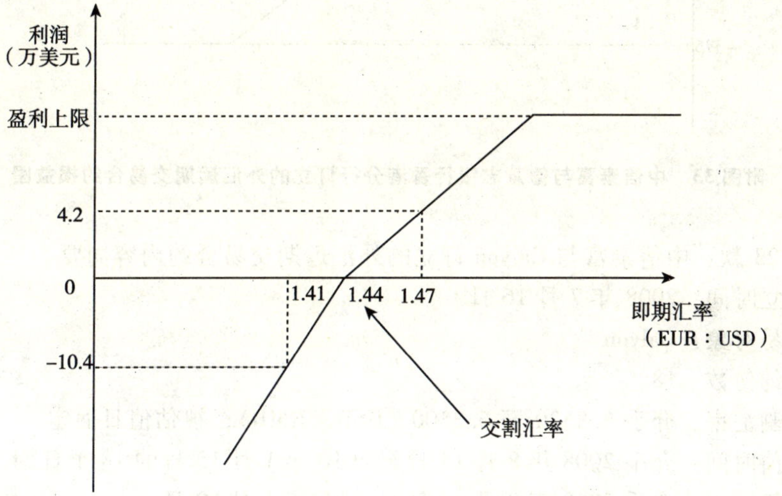

附图32　中信泰富与法国巴黎银行订立的外汇远期交易合约损益图（欧元）

支付等于1 000万美元乘以（i）结算汇率减美元兑人民币的汇率除以（ii）美元兑人民币的汇率；（2）中信泰富同意，若美元兑人民币的汇率于估值日较结算汇率高出少于或等于1.5，则向德意志银行支付等于2 000万美元乘以（i）美元兑人民币的汇率减结算汇率除以（ii）美元兑人民币的汇率；及（3）中信泰富同意，若美元兑人民币的汇率于估值日较结算汇率高出多于1.5，则向德意志银行支付等于2 000万美元乘以（i）1.5除以（ii）美元兑人民币的汇率（该18项交易的估值日为2008年8月7日至2010年1月7日期间内相隔一个月的日期）。该等交易设有目标溢价条文，据此，若发生目标溢价条款，将须支付结算款项，而余下交易应予终止（损益图见附图33）。

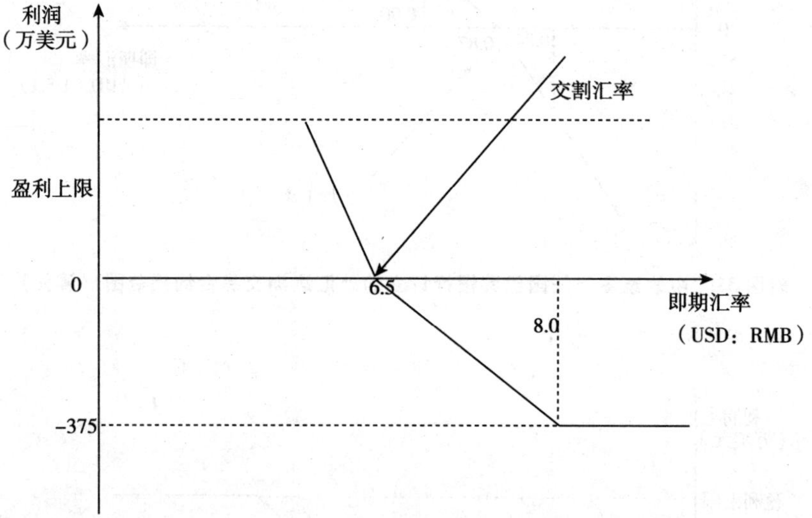

附图33　中信泰富与德意志银行香港分行订立的外汇远期交易合约损益图

第23款：中信泰富与Calyon订立的外汇远期交易合约内容摘要

订立时间：2008年7月16日

交易对象：Calyon

合约份数：18

交割汇率：介乎6.8520至6.3500（USD：RMB），视估值日而定

估值时间：介乎2008年8月14日至2010年1月15日的18个日期

结算时间：介乎2008年8月18日至2010年1月19日

合约特征：交易设有终止条款

具体内容：（1）Calyon同意，若美元兑人民币的汇率于估值日低于或等于履约汇率（即介乎6.8520至6.3500的汇率，视估值日而定），则向中信泰富支付等于1 000万美元乘以（i）履约汇率减美元兑人民币的汇率除以（ii）美元兑人民币的汇率；（2）中信泰富同意，若美元兑人民币的汇率于估值日高于履约汇率，则向Calyon支付等于2 000万美元乘以（i）美元兑人民币的汇率减履约汇

率除以（ii）美元兑人民币的汇率，18 个估值日期介乎 2008 年 8 月 14 日至 2010 年 1 月 15 日，而结算日则介乎 2008 年 8 月 18 日至 2010 年 1 月 19 日；该等交易设有终止条款，据此，若发生终止事项，将须支付结算款项，而余下的交易则予终止（损益图见附图 34）。

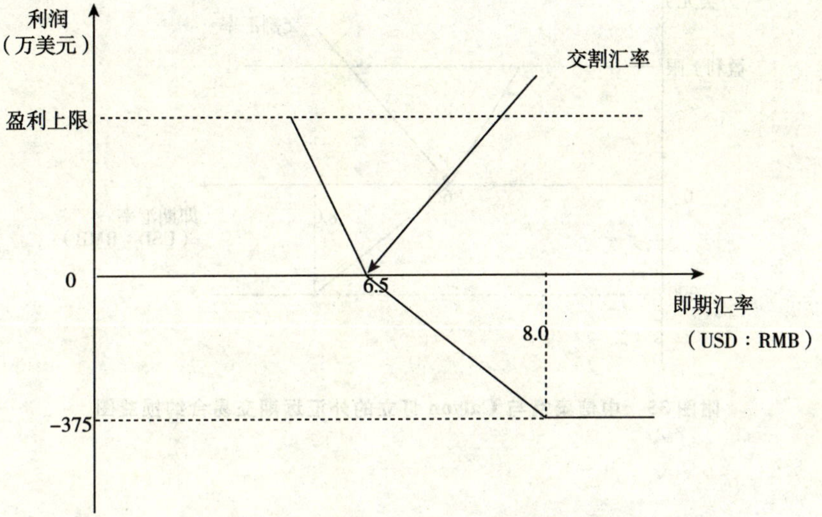

附图 34　中信泰富与 Calyon 订立的外汇远期交易合约损益图

第 24 款：中信泰富与 Calyon 订立的外汇远期交易合约内容摘要

订立时间：2008 年 7 月 18 日

交易对象：Calyon

合约份数：1

交割汇率：介乎 6. 8520 至 6. 1000（USD：RMB），视厘定日期而定

厘定时间：介乎 2008 年 8 月 20 日至 2010 年 7 月 20 日的 24 个日期

结算时间：介乎 2008 年 8 月 22 日至 2010 年 7 月 22 日

合约特征：交易设有终止条款

具体内容：（1）Calyon 同意，若美元兑人民币的汇率于厘定日期低于或等于履约汇率（即介乎 6. 8520 至 6. 1000 的汇率，视厘定日期而定），则向中信泰富支付等于 800 万美元乘以（i）履约汇率减美元兑人民币的汇率除以（ii）美元兑人民币的汇率；（2）中信泰富同意，若美元兑人民币的汇率于厘定日期高于履约汇率，则向 Calyon 支付等于 1 600 万美元乘以（i）美元兑人民币的汇率减履约汇率除以（ii）美元兑人民币的汇率，24 个厘定日期介乎 2008 年 8 月 20 日至

2010 年 7 月 20 日，而进行结算的交付日期则介乎 2008 年 8 月 22 日至 2010 年 7 月 22 日。该等交易设有终止条款，据此，若发生终止事项，将须支付结算款项，而余下的交易则予终止（损益图见附图 35）。

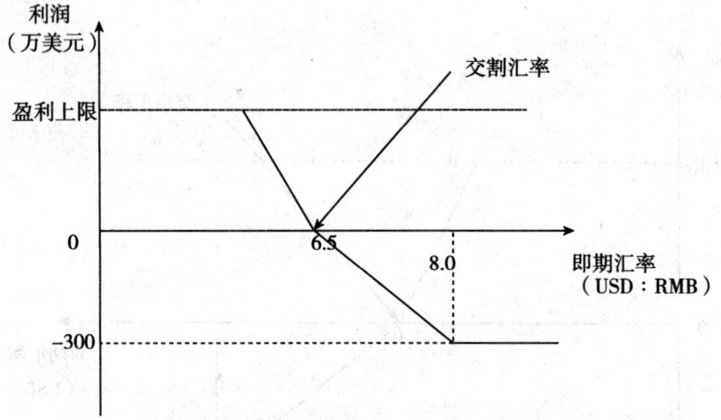

附图 35　中信泰富与 Calyon 订立的外汇远期交易合约损益图

参考文献

Basel Committee on Banking Supervision, 2003, The New Basel Capital Accord Third consultative document.

Basel Committee on Banking Supervision, 2004, International Convergence of Capital Measurement and Capital Standards: A Revised Framework.

Das, Sanjiv and Perer Tufano. 1996, Prcing credit sensitive debt when interest rates, credit ratings and credit spreads are stochastic. Journal of financial engineering.

Duffie, Donald and Kenneth Singletonv. 1994, Econometric modeling of term structure of defaulable bonds. Working paper, Graduate school of business, Stanford University.

Durrleman V A, Riboulet N G, RoncalliT. 2001, Copulas: An open field for risk management.

Ellsberg D. 1961. Risk, ambiguity, and the Savage axioms. The Quarterly Journal of Economics 75 (4): 643 ~669.

Embrechts P, Hoeing A, Juri A. 2003, Using copulae to bound the value-at-Risk for function of dependent risks. Finance and Stochastics, 7: 145 ~167.

Embrechts P, McNeil A, Strausmann D. 2002. Correlation and dependence in risk management: Properties and pitfalls. In: Dempster, M. A. H. (Ed), Risk Management: Value at Risk and Beyond. Cambridge University Press, Cambridge, England, pp. 176 ~233.

Erik Banks. 2005. Liquidity Risk——Managing Asset and Funding Risk.

Estep T, Kritzman M. 1988, TIPP: insurance without complexitx. The Journal of Portfolio Management, Summer, 38 ~42.

Fama E F. 1970. Multiperiod consumption-investment decisions. The American Economic Review: 163 ~174.

Grossman S J, Stiglitz J E. 1976. Information and competitive price systems. The American Economic Review, 246 ~253.

Grossman S J, Stiglitz J E. 1980. On the impossibility of informationally efficient markets. The American Economic Review: 393 ~408.

Hirshleifer D. 2001. Investor psychology and asset pricing. The Journal of Finance

64 (4): 1533 ~ 1597.

Hirshleifer D, Shumway T. 2003. Good day sunshine: Stock returns and the weather. The Journal of Finance 58 (3): 1009 ~ 1032.

Hull J , White A. 1990, Pricing interest rate derivative securities [J] . Review of Financial Studies, 3: 573 ~ 592.

Joshua V. Rosenberg , Til Schuermann. 2006, A general approach to integrated risk management with skewed, fat-tailed risk Journal of Financial Economics. 79 (3): 569 ~ 614.

Kahneman, D. and A. Tversky 1979. Prospect Theory: An Analysis of Decision under Risk. Econometrica 47 (2): 263 ~ 291.

Kahneman, D. and A. Tversky 1982. The psychology of preferences. Scientific American; Scientific American 246 (1): 160 ~ 173.

Lisa Pollack. 2012 - 08 - 25. Too Big To Hedge. http: //ftalphaville. ft. com/2012/05/11 /996131 /too-big-to-hedge/.

Marcelo G, Cruz. 2002. Modeling, measuring and hedging operational risk, New York.

Marshall C L. 2001. Measuring and Managing Operational Risks in Financial Institutions: Tools, Techniques, and Other Resources, Singapore: John Wiley &Sons.

Medova E. 2000. Extreme value theory: extreme values and the measurement of operational risk, Operational Risk.

Merton R. 1974, On the pricing of corporate debt: The risk structure of interest rates. Journal of Finance. 28, 449 ~ 470.

Michaelk K. Ong:《内部信用风险模型——资本分配和绩效度量》, 李志辉译, 南开大学出版社2004年版。

Peter Grundke. 2007. Computational aspects of integrated market and credit portfolio models. OR Spectrum. Heidelberg: Vol. 29, Iss. 2; pg. 259.

Plous S. 1993. The psychology of judgment and decision making, Mcgraw-Hill Book Company.

Reddington F M. 1952, Review of the principles of life office valuations. Journal of the Institute of Actuaries, (78): 286 ~ 340.

Robert Repetto, Daniel Dias. 2007. Integrated Environmental and Financial Performance Metrics for Investment Analysis and Portfolio Management. Simon Thomas. Corporate Governance. Oxford: 15 (3): p 421.

Saunders E. M. 1993. Stock prices and Wall Street weather. The American

Economic Review 83 (5): 1337 ~ 1345.

Shefrin H, Statman M. 1994. Behavioral capital asset pricing theory. Journal of Financial and Quantitative Analysis 29 (3): 323 ~ 349.

Thaler R H. 1985. Mental accounting and consumer choice. Marketing Science 4 (3): 199 ~ 214.

Thaler R H. 1999. The end of behavioral finance. Financial Analysts Journal: 55 (6): 12 ~ 17.

Tracy Alloway, Sam Jones. 2012 - 09 - 11. How a storm in a teapot became a tidal wave, in New York, in London, http: //www. ftchinese. com/story/001044699/en.

Tversky A, Kahneman D. 1971. Belief in the law of small numbers. Psychological Bulletin; Psychological Bulletin 76 (2): 105 ~ 110.

Tversky A, Kahneman D. 1973. Availability: A heuristic for judging frequency and probability. Cognitive psychology 5 (2): 207 ~ 232.

Tversky A, Kahneman D. 1974. Judgment under Uncertainty: Heuristics and Biases. Science 185 (4157): 1124 ~ 1131.

Tversky A, Kahneman D. 1981. The Framing of Decisions and the Psychology of Choice. Science 211 (4481): 453 ~ 458.

Tversky A, Kahneman D. 1982. Judgments of and by representativeness. In D. Kahneman, P. Slovic, & A. Tversky (Eds.), Judgment under uncertainty: Heuristics and biases. New York: Cambridge University Press.

Tversky A, Kahneman D. 1983. Extensional versus intuitive reasoning: The conjunction fallacy in probability judgment. Psychological review 90 (4): 293 ~ 315.

Tversky A, Kahneman D. 1986. Rational Choice and the Framing of Decisions. The Journal of Business 59 (4): S251 ~ S278.

Xiaopi. 2012 - 5 - 11. 伦敦鲸的覆灭——摩根大通巨亏全解析, http: //wallstreetcn. com/node/13913。

阿曼:《信用风险评估——方法·模型·应用》,杨玉明译,清华大学出版社 2004 年版。

阿诺·德·瑟维吉尼等:《信用风险——度量与管理》,任若恩等译,中国财政经济出版社 2005 年版。

巴鲁克:《在股市大崩溃前抛出的人——巴鲁克自传》,张伟译,机械工业出版社 2012 年版。

扁虫鱼:《投机者的扑克》,机械工业出版社 2010 年版。

范·K. 撒普:《通向金融王国的自由之路》,鲍健儿译,机械工业出版社

2001 年版。

菲利普·乔瑞著:《风险价值 VaR》, 陈跃译, 中信出版社 2005 年版。

冯燮刚、杨文化:“风险、风险资本与风险偏好”,《国际金融研究》, 2005 年第 2 期。

格兰特:《交易风险管理》, 蒋少华、代玉簪译, 万卷出版公司 2010 年版。

格雷厄姆:《聪明的投资者》, 王中华、黄一义译, 人民邮电出版社 2010 年版。

江南:“期货女将李咏泽:投机不是玩儿命”,《第一财经日报》, 2012 年 7 月 28 日。

刘海龙, 王惠:《金融风险管理》, 中国财政经济出版社 2009 年版。

李心丹:《行为金融学——理论及中国的证据》, 上海三联书店 2004 年版。

罗伯特·库佩尔:《投资心理规则:锤炼赢者心态》, 清华大学出版社 2003 年版。

洛伦兹·格利茨:《金融工程学》, 唐旭等译, 经济科学出版社 1998 年版。

米歇尔·科罗赫等:《风险管理》, 曾刚等译, 中国人民大学出版社 2005 年版。

潘闽:“增强商业银行风险管理能力的思考”,《广西金融研究》, 2004 年第 12 期。

潘秀红:“完善我国商业银行内部控制的思考”,《经济师》, 2005 年第 2 期。

皮埃特罗·潘泽, 维普·班塞尔:《用 VaR 度量市场风险》, 机械工业出版社 2001 年版。

饶育蕾、贺雪迎:“我国国有银行操作风险的成因及对策研究”,《事业财会》, 2000 年第 2 期。

申林:“浅析 PTA 期货和 PTA 现货及原油期货价格的相关性”,《现代商业》, 2010 年第 8 期。

宋清华, 李志辉:《金融风险管理》, 中国金融出版社 2003 年版。

孙同徽:“完善银行内部控制系统初探”,《现代财经》, 2004 年第 10 期。

唐纳德等:《信用风险与巴塞尔协议》, 中国人民大学出版社 2005 年版。

唐纳德等:《高级信用风险管理》, 朱世武等译, 中国人民大学出版社 2006 年版。

王明涛:《证券市场风险测度——管理模型研究》, 上海财经大学出版社 2006 年版。

威廉·庞德斯通:《无价》, 闾佳译, 华文出版社 2011 年版。

韦艳华、张世英、郭炎:“金融市场相关程度和相关模式的研究”,

《系统工程学报》，2004 年第 4 期。

邬瑜骏：《现代金融风险管理——衍生金融工具的使用与风险管理技术的应用》，南京大学出版社 2007 年版。

吴冲锋、刘海龙、冯芸、吴文锋：《金融工程学》，高等教育出版社 2005 年版。

谢云山："信用风险和利率风险的相关性研究"，《国际金融研究》，2004 年第 10 期。

杨宝峰："投资组合保险策略应用研究"，上海交通大学硕士论文，2005 年。

张小东：《起诉高盛》，中国经济出版社 2011 年版。

北京银联信信息咨询中心：《中国金融风险案例每月精解》，2008 年第 10 期。

周大庆：《风险价值理论与应用》，中国人民大学出版社 2004 年版。

朱剑峰："借鉴国际银行经验构建我国银行业风险管理体系"，《国际金融研究》，2004 年第 4 期。

朱忠明、张淑艳：《金融风险管理学》，中国人民大学出版社 2004 年版。